Methoden in der Frauenforschung

Symposium
an der Freien Universität Berlin
vom 30.11. – 2.12.1983

Methoden in der Frauenforschung

Symposium

an der Freien Universität Berlin vom 30.11. – 2.12.1983

Herausgegeben von der
Zentraleinrichtung zur Förderung von Frauenstudien
und Frauenforschung an der Freien Universität Berlin

R.G. Fischer Verlag

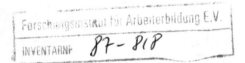
CIP-Kurztitelaufnahme der Deutschen Bibliothek

Methoden in der Frauenforschung : Symposium an d.
Freien Univ. Berlin vom 30.11. – 02.12.1983 / hrsg. von
d. Zentraleinrichtung zur Förderung von Frauen-
studien u. Frauenforschung an d. Freien Univ. Berlin. –
Frankfurt (Main) : R. G. Fischer, 1984.
  ISBN 3 - 88323 - 497 - 4

NE: Universität <Berlin, West> / Zentraleinrichtung zur
Förderung von Frauenstudien und Frauenforschung

© 1984 by R. G. Fischer Verlag,
Alt Fechenheim 73, D-6000 Frankfurt 61
Alle Rechte vorbehalten
Satz: Satz-Service Hannelore Kniebes, Titlmoos
Herstellung: difo-druck schmacht, Bamberg
Umschlagentwurf: Weishappel, Meyer, Rosenberger
Printed in Germany
ISBN 3 - 88323 - 497 - 4

INHALT

Vorwort

Hans OSWALD 1
Zur Förderung des weiblichen wissenschaftlichen
Nachwuchses an der Freien Universität Berlin

Hellmuth BÜTOW 4
Frauenforschung in der Soziologie

Elisabeth BÖHMER 5
Die Förderung von Frauenstudien und Frauen-
forschung an der Freien Universität Berlin
- Erfahrungen mit einer dezentralen Konzeption

Ulla BOCK 16
Einführung in die Diskussion der Methoden
bzw. Methodologie in der Frauenforschung

Ursula MÜLLER 29
Gibt es eine "spezielle" Methode in der Frauenforschung?

GESCHICHTSWISSENSCHAFTEN

Gisela BOCK 51
Der Platz der Frauen in der Geschichte

Claudia OPITZ 76
Der "andere Blick" der Frauen in der Geschichte
- Überlegungen zu Analyse- und Darstellungsmethoden
feministischer Geschichtsforschung

RECHTSWISSENSCHAFT

Vera SLUPIK 94
Methode oder Meinung?
Gedanken zur frauenforschenden Jurisprudenz

Claudia BURGSMÜLLER 100
Zur Wahrnehmung von Sexismen in der Rechtswirklichkeit und Entwicklung von anti-
sexistischen Forderungen sowie Durchsetzungsmöglichkeiten im Bereich von Recht und Justiz

SPRACHWISSENSCHAFTEN

Fritjof WERNER   115
Vermeidung emotionaler Offenheit - der Gesprächs-
stil in einer Männergruppe

Luise F. PUSCH   141
Was unterscheidet die feministische Linguistik
von anderen feministischen Disziplinen und
von der Maskulinguistik?

Senta TRÖMEL-PLÖTZ   153
Frauengesprächskultur - Risse im patriarchalen
Diskurs

KULTUR- UND SOZIALWISSENSCHAFTEN

Maria MIES   165
Die Debatte um die "Methodischen Postulate"
zur Frauenforschung

Helge PROSS   198
"Gibt es politische Ziele für Frauenforschung
bzw. Feministische Forschung?
Ist es möglich, mit herkömmlichen Methoden
der Sozialforschung diese Forschung zu
betreiben?"

Monika BOLBRÜGGE, Sabine HERMANN,   206
Sabine HENCK, Brigitte PAPEN, Brigtte SALZMANN
Von der Theorie zur Praxis.
Erfahrungen und Ergebnisse aus dem Umgang
mit einem feministischen Ansatz

Regine BECKER-SCHMIDT   224
Probleme einer feministischen Theorie
und Empirie in den Sozialwissenschaften

Gudrun SCHIEK   239
Spezifische, gegenstandsangemessene Methode
und die Möglichkeiten von Theoriebildung im
selbstreflexiven Ansatz

Heide GÖTTNER-ABENDROTH   250
Wissenschaftstheoretische Positionen in der
Frauenforschung (Amerika, Frankreich,
Deutschland)

VORWORT

Mit dieser Publikation werden die Vorträge, die auf dem
Symposium "Methoden in der Frauenforschung" - am
30. November - 2. Dezember 1983 an der Freien Universität Berlin - gehalten wurden, gesammelt vorgelegt. Die
Vorträge von Senta Trömel-Plötz und Heide Göttner-Abendroth wurden zu einem späteren Zeitpunkt, außerhalb des
Symposiums als Gastvorträge an der Freien Universität
vorgetragen und in diesen Band mit aufgenommen, weil
sie thematisch der Diskussion um Methoden bzw. Methodologie und der Frauenforschung zuzuordnen sind.
Das Symposium und die Gastvorträge wurden von der Zentraleinrichtung zur Förderung von Frauenstudien und
Frauenforschung an der Freien Universität Berlin organisiert und durchgeführt. Die Organisation von solchen
und vergleichbaren öffentlichen Veranstaltungen gehört
zu den Aufgaben der Zentraleinrichtung. Diese Öffentlichkeitsarbeit dient zum einen der Bekanntmachung neu-
gewonnener 'Ergebnisse' aus der Frauenforschung der einzelnen wissenschaftlichen Disziplinen und zum anderen
der kritischen Auseinandersetzung mit den wissenschaftstheoretischen und methodologischen Positionen innerhalb
der Frauenforschung und deren Bedeutung für die Auswahl
und Weiterentwicklung von Methoden der Erkenntnisgewinnung.
Die Ständige "Kommission für Forschung und wissenschaftlichen Nachwuchs" (FNK) an der Freien Universität stimmte
der Durchführung des Symposiums zu, um damit die angestrebte Verankerung von Frauenstudien und Frauenforschung
an der FU zu fördern. Die FNK unterstützte zudem mit
finanziellen Mitteln die vor- und nachbereitenden Arbeiten, wodurch nicht zuletzt die Herausgabe des vorliegenden Buches ermöglicht wurde.

Hans OSWALD

ZUR FÖRDERUNG DES WEIBLICHEN WISSENSCHAFTLICHEN NACH-
WUCHSES AN DER FREIEN UNIVERSITÄT BERLIN

Meine sehr verehrten Damen und Herren,

die FNK hat diese Tagung im Rahmen ihrer Möglichkeiten
unterstützt. Wir haben dies getan in der Absicht, nicht
nur die Diskussion über die **Frauenforschung**, sondern
auch über **Frauen in der Forschung** zu beleben. Und zu
letzterem möchte ich einige Worte sagen.

Auf dem letzten Kongreß der amerikanischen soziologischen
Gesellschaft wurde festgestellt, daß Frauen auch in der
Professorenschaft der Soziologie unterrepräsentiert sind
(wenn auch bei weitem nicht so stark wie hierzulande).
Wenn man aber die Verfügbarkeit kontrolliert, Verfügbarkeit gemessen am Vorhandensein des PhD, des Doktorgrades
also, dann sind Frauen kaum noch unterrepräsentiert.

Für alle, die etwas dafür tun wollen, daß sich die Chancen von Frauen in den höheren Rängen der Universität
verbessern, ist dies ein wichtiges zu beachtendes Problem: Warum studieren so viele Frauen, aber warum arbeiten
so wenige wissenschaftlich? - Warum schreiben **die** Frauen,
die wissenschaftlich arbeiten, seltener eine Dissertation? Ich möchte mir nicht anmaßen, im Rahmen dieser
Tagung eine Antwort zu versuchen, aber ich möchte aus
der FNK-Sicht (FNK = Zentrale "Kommission für Forschung
und wissenschaftlichen Nachwuchs", die den Akademischen
Senat und Präsidenten der FU Berlin in Forschungsfragen
berät und Vorschläge macht zur Verteilung zentral zu
vergebender Forschungsmittel) Sie auf 3 Möglichkeiten
hinweisen:

1. Studentinnen könnten sich stärker als bisher vorhandenen Forschungsprogrammen anschließen. Es ist, besonders
in den Sozial-und Geisteswissenschaften, leider immer
noch üblich, daß fast jeder sich das Thema seiner Exa-
mens- oder Doktorarbeit selbst aussucht. Das soll immer
möglich bleiben. Aber insgesamt ist es eine Verschleude-
rung von Ressourcen und weder im Interesse des wissenschaftlichen Nachwuchses noch im Interesse der etablierten Forschung. Versuchen Sie, in bestehende Forschungsprogramme hineinzukommen, gleichgültig, ob sie von einem
Mann oder einer Frau geleitet werden, gleichgültig, ob
es sich um Frauenforschung im engeren Sinne handelt oder
nicht, und zwar deshalb, weil dies die Ausbildung, die
Beratung und damit die Chancen verbessert. In den Gei-
stes- und Sozialwissenschaften ist dies Hineinkommen für
Frauen relativ leicht. Das Problem ist, daß auch die
Frauen in solchen Programmen die Promotion anstreben,
und sich nicht mit Diplom oder Magister zufriedengeben.

Das Problem von der anderen Seite ist, daß auch den
Frauen die Promotion in diesen Programmen ermöglicht
wird, daß nicht Programme aufgelegt werden, in denen
nur Examensarbeiten vorgesehen werden.

2. Frauen, die eine befristete oder unbefristete Stelle
an der Universität haben, und die eine Idee oder einen
Plan für eine Forschungsarbeit, z.B. eine Promotion,
haben, mit der sie aber in ihrem Fachbereich und in verwandten Fachbereichen als Frauen allein stehen, können
versuchen, sich mit bestehenden Forschungsprogrammen
zu assoziieren, in bestehenden oder neu zu formierenden
Programmen Teilprojekte zu bilden. Ich denke dabei an
wissenschaftliche Mitarbeiterinnen, deren Qualifikations-
und Promotionschancen dadurch steigen können. Ich denke
aber auch an Hochschullehrerinnen, die in ihrem und in
benachbarten Bereichen nicht genügend gleichgesinnte
Frauen finden, um ein Forschungsprogramm auszulegen.
Sie könnten versuchen, ein Teilprojekt, etwa zu einer
Frauenforschungsfrage, zu etablieren in einem Gesamtpro-
jekt, dessen andere Teilprojekte von Männern durchgeführt
werden. Es ist dies besser als der Verzicht auf ein eigenes Programm, weil so wieder studierende Frauen und
Frauen des wissenschaftlichen Nachwuchses bessere Chancen
bekommen (vgl. oben Punkt 1).

3. Mein wichtigster Punkt, der eigentlich Anlaß für meine
Rede, ist die Bildung von Forschungsschwerpunkten. Die
FNK ist zuständig für ein Programm, in dem **kooperative
Forschungsprojekte** gefördert werden (vgl. die "Richtlinien", erhältlich bei Frau Eltester, Altensteinstr.
48, Tel. 838-2387). Kooperation heißt, daß es mindestens
2 Forschungsgruppen gibt, die von Hochschullehrerinnen
oder -lehrern, mindestens aber von promovierten Mitarbeiterinnen oder Mitarbeitern geleitet werden, und die
sich als mindestens 2 Teilprojekte zu einem Forschungs-
projektschwerpunkt zusammenschließen. Die Anträge werden
einer auswärtigen Begutachtung unterzogen, fällt diese
positiv aus, dann wird der Forschungsschwerpunkt für
zunächst 2 Jahre durch Sachmittel, hierzu gehören auch
Werkauftragsmittel, gefördert. Zweimalige Verlängerung
ist möglich. Die maximale Gesamtdauer beträgt also 6
Jahre. Personalmittel stehen uns **nicht** zur Verfügung,
abgesehen von einer geringen Zahl von stud. Hilfskraft-
stellen.

Als die FNK dem Präsidenten empfahl, diese Tagung zu
fördern, da hat sie dies in der Begründung mit der Hoffnung verbunden, daß sich Forschungsschwerpunkte aus dem
Bereich der Frauenforschung bilden lassen. Mein Appell
an Sie: Benutzen Sie diese Tagung dazu, herauszufinden,
wo an unserer Universität Frauen sind, die ähnliche Forschungsinteressen verfolgen. Versuchen Sie, eine Diskussion auch über die Fächergrenzen hinweg in Gang zu
bringen darüber, welche Themen sich bündeln lassen. Der
Nutzen solcher Forschungsschwerpunkte für Ihre Probleme,

die Probleme der Frauenforschung, liegt auf der Hand.
Es kommt folgendes hinzu: Wenn Sie an unserem Forschungs-
förderungsprogramm erfolgreich teilnehmen, dann steigen
Ihre Chancen, Drittmittel einzuwerben. Mit Drittmitteln
können auch Personalstellen finanziert werden. An solchen
Drittmittelprojekten teilgenommen zu haben, verbessert
die Chancen des wissenschaftlichen Nachwuchses. Der Weg,
über die FNK-Förderung zu Drittmitteln zu kommen, ist
zugegebenermaßen nicht leicht. Aber er ist lohnend und
nützt Ihrer Sache.

Sie werden verstehen, daß ich Ihnen für das Genehmigungs-
verfahren der Forschungsprojektschwerpunkte von Frauen
keine "positiv discrimination" zusagen kann. Ich darf
Ihnen aber versichern, daß die FNK ihre Aufgabe darin
sieht, Forschung zu fördern, nicht sie zu verhindern.
Und ich möchte Sie zum Abschluß auf ein mögliches Hinder-
nis, das leicht zu umgehen ist, aufmerksam machen. Ich
glaube, in Gesprächen über kooperative Projekte aus dem
Bereich Frauenforschung, festgestellt zu haben, daß Frau-
en das Wort "Kooperation" ernster, wörtlicher nehmen
als Männer. Mancher Forschungsschwerpunkt mag deshalb
nicht zustande kommen, weil man meint, nicht kooperieren
zu können. Unter kooperativen Teilprojekten ist folgendes zu verstehen: Die Teilprojekte sind inhaltlich oder
methodisch aufeinander bezogen, es gibt also einen inhaltlichen Zusammenhang; Ergebnisse werden ausgetauscht
und wechselweise einer Kritik unterzogen; Anträge werden
gemeinsam gestellt; der finanzielle Bedarf wird abgesprochen. Nicht weniger, aber auch nicht notwendig mehr.
Kooperation zwischen Teilprojekten ist etwas anderes
als Kooperation im Team. Teilprojekte bilden Teams, deren
Mitglieder häufig interagieren. Kooperation zwischen
Teams beschränkt sich auf das Notwendige und für die
Sache Nützliche.

Ich fasse zusammen. Aus der Sicht der Forschungsförde-
rung möchte ich Ihr Augenmerk auf folgendes lenken:

1. Studentinnen können sich mehr als bisher Forschungsprogrammen anschließen und auf Promotionsmöglich-
   keiten bestehen.

2. Angestellte Wissenschaftlerinnen können Teilprojekte
   in bestehende Forschungsprogramme einbringen, wenn
   die Kapazität nicht ausreicht, eigene Programme zu
   bilden.

3. Angestellte Wissenschaftlerinnen können Forschungsschwerpunkte zu Fragen der Frauenforschung bilden,
   wenn sich mindestens 2 Arbeitsgruppen mit Teilprojekten zusammenschließen. Die Förderung durch die
   FNK setzt allerdings voraus, daß die Leiterinnen
   der Teilprojekte Hochschullehrerinnen oder mindestens
   promovierte Wissenschaftlerinnen sind, und für die
   beantragte Dauer des Schwerpunktes eine Stelle haben.

Hellmuth BÜTOW

FRAUENFORSCHUNG IN DER SOZIOLOGIE

Die These lautet, Soziologie in einer androzentrischen
Gesellschaft sei immer auch Soziologie der androzentrischen Gesellschaft. Bisherige Soziologie wäre demnach
das fehlerhafte Erzeugnis einer falschen Weise der Organisation zwischenmenschlicher Beziehungen, erhalte sich
in ihren herrschaftlichen Aspekten auch vermittels der
herrschenden sozialen Theorien und der diesen Theorien
dienenden Methodologie.

Nun kann darüber gestritten werden, ob der in dieser
These geäußerte totale Ideologieverdacht zu halten ist,
ob es sinnvoll ist, dem sozialwissenschaftlichen Erken-
nen-Können generelle, geschlechtsspezifisch bedingte
Grenzen zu setzen. Das Recht, so fragen zu können, bliebe
allerdings von solchen Vorbehalten unberührt, und Antworten lassen sich nicht vorwegnehmen. Eine prinzipielle
Eingrenzung der Fragemöglichkeit wäre zudem dem Verdacht
ausgesetzt, nichts weiter zu sein, als der interessen-
hafte Versuch, frauenspezifische Wissenschaft und Forschung abzuwehren.

Es ist ja nicht nur die Welt der Männer, die in diesem
Symposion in den wissenschaftlichen Diskurs gerät. Es
werden Erkenntnis-, Erklärungs- und Verhaltensmuster
zur Disposition gestellt, die alle Menschen angehen und
die Muster betreffen, denen möglicherweise nicht mehr
eignet, als die Dignität des Selbstverständlichen. Gegen
andere Festlegungen wird gesagt, es gebe ein Recht anzunehmen, daß die eigenen Empfindungen Gültigkeit hätten
und dies um so mehr, je stärker die persönliche Erfahrung und die Solidarität mit anderen, die an diesen Erfahrungen teilhaben, dazu zwingen.
Dies provoziert dann wieder die Frage, was wohl sozialwissenschaftliche Theorie und Methodologie mit persönlichen und solidarischen Erfahrungen zu tun haben mögen.

Wer aber meint, mit solchen oder vergleichbaren Fragen
in der Abwehr gegen etwas weiterzukommen, das er insgeheim fürchtet, der möge sich erinnern, daß das, was heute
als gesicherter Bestand an sozialwissenschaftlichen Theorien und Methoden Geltung besitzt, in nichts anderem
seinen Ursprung nahm. Die Anerkennung, die diese Systeme
von Erklärungen und Regeln finden, beruht unter Umständen
zu einem erheblichen Teil nur auf anderen Erfahrungen,
auf einer anderen Solidarität, auf anderen Interessen
und Übereinstimmungen. Wenn dem aber so wäre, und genau
dies ist zu prüfen, könnte das, was unter frauenspezifischen Fragestellungen verhandelt wird, mehr sein als
nur ein anderer Blick.

Elisabeth BÖHMER

DIE FÖRDERUNG VON FRAUENSTUDIEN UND FRAUENFORSCHUNG AN
DER FREIEN UNIVERSITÄT BERLIN
- ERFAHRUNGEN MIT EINER DEZENTRALEN KONZEPTION -

I. Gründe für eine **dezentrale** Organisation von Frauenstudien und -forschung

Sehr geehrte Damen und Herren,

ich möchte über die Gründe für eine dezentrale Organisation von Frauenstudien und Frauenforschung und
die daraus folgenden Konsequenzen für die Aufgaben
in der Zentraleinrichtung zur Förderung von Frauenstudien und Frauenforschung* zu Ihnen sprechen.
Allzu oft treffen wir auf Erwartungen, die wir weder

- aufgrund der dezentralen Konzeption unserer Einrichtung,
- noch dem dahinter stehenden Begriff von Frauenforschung,
- noch der personellen Ausstattung nach, (3 wissenschaftliche Mitarbeiterinnen, mit auf 5 Jahre
  befristeten Verträgen und eine Sachbearbeiterin)

erfüllen können und wollen.
Zum Verständnis: Zentraleinrichtung zur Förderung
von Frauenstudien und Frauenforschung heißt: Förderung von Frauenstudien und -forschung in den einzelnen wissenschaftlichen Einrichtungen, Instituten
und Fachbereichen, meint also: die dezentrale Verankerung von Frauenstudien und -forschung mit Hilfe
einer zentralen Förderungseinrichtung.
Die ZE Frauenstudien ist keine Frauenforschungs-
stätte, kein Institut für Frauenforschung, sondern
ein Instrument zur Förderung von Frauenforschung.
Auf die Gründe, die zur Etablierung **dieser** Einrichtung führten und nicht zur Gründung eines Zentral-
institutes, komme ich im folgenden zu sprechen.

1. Zielsetzungen von Frauenforschung

Die dezentrale Organisationsform ist in engem
Zusammenhang mit dem Begriff **Frauenforschung** zu
sehen. Frauenforschung ist keine eigenständige
Disziplin, die sich - in Abgrenzung zu anderen
Wissenschaftszweigen - über einen spezifisch zu
erforschenden Gegenstandsbereich einen Platz neben
anderen Disziplinen schaffen muß.

---

* im folgenden 'ZE Frauenstudien' abgekürzt

Frauenforschung hat jedoch grundsätzlich mit jedem
wissenschaftlichen Gegenstand zu tun, insofern
sie die Erkenntnis der **Beeinflussung des Forschungsprozesses durch die Geschlechtszugehörigkeit** angemessen in die Forschungstat umsetzt.
Die Aneignung und Durcharbeitung der vorliegenden
wissenschaftlichen Ergebnisse vorausgesetzt, ermöglicht sie:

1. ein Sichtbarmachen und Aufarbeiten von Theo-
   rielücken;
2. eine Revision der männlich-ideologisch geprägten Geistesprodukte und
3. eine Konfrontation der entfremdeten geistigen
   Arbeit mit ihrer ursprünglichen Intention.

Dieser inhaltlichen Bestimmung von Frauenforschung
entspricht die organisatorische Form der Verankerung von Frauenstudien und Frauenforschung, die
die Auslagerung von Frauenforschung aus den einzelnen wissenschaftlichen Bereichen verbietet.
Denn:

- Abgesehen davon, daß eine Zentralisierung der
  Ghettobildung von Frauenforschung Vorschub
  leisten und die Ansätze von Frauenforschung
  in den verschiedenen Fachbereichen und Zentralinstituten im Keim ersticken könnte, würde
  so auch ein wesentliches Moment von Frauenforschung, die 'Herausforderung' an jeden wissenschaftlichen Inhalt, nicht zur Geltung kommen.
- Die Abtrennung von den Orten der Wissenschafts-
  vermittlung, also der Lehre und damit dem unmittelbaren Kontakt zu den Studentinnen und
  Studenten, würde der Intention der Sensibilisierung aller am Wissenschaftsprozeß Teilnehmenden nicht gerecht.
- Die Wissenschaftler/innen in den verschiedenen
  Disziplinen könnten die Chance, die die 'Herausforderung' bietet, nicht unmittelbar nutzen
  bzw. ignorieren. (Die 'Herausforderung' geschieht ja an einem anderen Ort!)
- Die Mitwirkung an der Veränderung von Wissen-
  schaftsinhalten durch alle Betroffenen wäre
  durch eine Ausgrenzung ebenfalls nur 'gefil-
  tert' möglich.

Dem steht zwar gegenüber, daß Erfolge in Form
konkreter wissenschaftlicher Ergebnisse in einem
Forschungsinstitut schneller erreichbar wären,
doch könnten diese nur im Sinne der vorbenann-
ten Zielsetzungen wirksam werden, wenn gesichert
ist, daß **alle** wissenschaftlichen Theorien sich
aus der Befangenheit patriarchaler Orientierung
lösen und sich der 'feministischen Herausforderung' stellen können.

2. Ausgangspunkt von Frauenforschung

Wissenschaftlerinnen aus der Frauenbewegung deckten Wissenschaftsergebnisse als ideologisch, als Herrschaftswissen, als dessen Objekte Frauen immer schon definiert sind, auf. Sie konnten den Zusammenhang zwischen gesellschaftlicher Unterdrückung von Frauen einerseits und Theorieproduktion andererseits aufzeigen. Das geschah zunächst exemplarisch in einigen Bereichen, wie in der Psychologie, der Gynäkologie, der Jurisprudenz und den Erziehungswissenschaften z.B., in denen sich die Auswirkungen von wissenschaftlicher Forschung auf die Lebens- und Arbeitsbereiche von Frauen besonders deutlich nachweisen ließen. Es gibt mittlerweile eine beachtliche Zahl von Frauenforschungsergebnissen, die ihren Einfluß sowohl innovativ als auch Praxis-verändernd geltend gemacht haben. (1) Sie belegen auf eindrucksvolle Art, welche Ergebnisse Forschende erbringen können, wenn sie die **persönlichen** Interessen, die auch durch die Geschlechtszugehörigkeit determiniert sind, **bewußt** in den Forschungsprozeß einbringen und Erkenntnis-gewinnend nutzen.
Erkenntnis-Suche geschieht hier nicht als Selbstzweck, sondern mit dem Ziel der Veränderung von Bewußtsein und Veränderung von Lebenspraxis.

Das Bewußtsein und die Erfahrung der gesellschaftlichen Diskriminierung von Frauen sind Motor der Erkenntnissuche. Frauenforschung sieht das bewußte Einbringen persönlicher Betroffenheit in den Forschungsprozeß als Chance, nicht als Hemmnis der Erkenntnisgewinnung.
Die Identifikation mit den 'Beforschten' soll den Hierarchieabbau ermöglichen und den Forschungsprozeß als Interaktionsprozeß gestalten.

Allerdings soll nicht geleugnet werden, daß eine **gewisse Distanz** der Forschenden zur Untersuchungsgruppe notwendig ist, die aber nicht ausgrenzenden Charakter haben darf. Auch auf die 'Projektionsgefahr' sollte hingewiesen werden, die sich aus der Forderung nach Identifikation mit den 'Beforschten' ergeben kann. Hier liegt sicher eines der ungelösten Probleme der 'Objektivitätsgewinnung'.

Wie aber die Grenzen des Identifikationsprozesses bestimmt werden können, darüber hoffen wir, mehr auf diesem Symposium zu erfahren!

Frauenforschung, wie ich sie bisher definiert habe, setzt sich von 'traditioneller' Forschung ab, für deren Bedingungs- und Situationsbeschrei-

bung ich mir im nächsten Punkt die Worte von
Christa Wolf geborgt habe:

3. Ausgangspunkt 'traditioneller' Forschung

"Kürzlich, als ich in einer Runde jüngerer
Naturwissenschaftler nicht nur die Neuzeit-
Problematik ihrer Wissenschaft, auch die Geschichte der Frau im Abendland diskutierte,
erklärte einer der jungen Männer - offensichtlich entschlossen, endlich Klartext zu reden-:
Man solle aufhören, das Los der Frau in der
Vergangenheit zu beklagen. Daß sie sich dem
Manne unterordnete, ihn umsorgte, ihm diente
- genau das war die Bedingung dafür, daß der
Mann sich auf die Wissenschaft, oder auch auf
die Kunst, konzentrieren und in beiden Gebieten
Höchstleistungen vollbringen konnte. Anders
war und ist der Fortschritt nicht zu haben,
alles andere sei sentimentales Geschwätz.
- Ein Gemurmel erhob sich im Raum. Ich fand,
der Mann hatte recht. Die Art Fortschritt in
Kunst und Wissenschaft, an die wir uns gewöhnt
haben: ausgefallene Spitzenleistungen, ist
nur so zu haben. Ist nur durch Ent-Persönli-
chung zu haben. Die Diskussionsteilnehmer
hatten gerade meinen Vorschlag für unrealis-
tisch erklärt, für die exakten Wissenschaften
eine Art hippokratischen Eid einzuführen, der
es jedem Wissenschaftler verbieten würde, an
Forschungen mitzuwirken, die militärischen
Zwecken dienten. Wenn nicht hier, dann anderswo
würden diese Eide sowieso gebrochen, hielt
man mir entgegen. Für Forschung dürfe es keine
Tabus geben. Der Preis für die Art Fortschritt,
die die Institution Wissenschaft seit längerem
hervorbringe, sagte ich, sei mir allmählich
zu hoch. - Später hörte ich, einige der Teilnehmer an der Diskussion hätten mir eine Tendenz zur Wissenschaftsfeindlichkeit angemerkt.
Ein absurdes Mißverständnis! dachte ich im
ersten Moment, dann hielt ich inne: Einer Wissenschaft, die sich so weit von dem Erkenntnishunger entfernt hat, aus dem sie kommt und
mit dem ich sie doch insgeheim noch immer iden-
tifiziere - konnte ich der denn 'freundlich'
gesinnt?" - (2)

Erkenntnishunger, der sich von den konkreten Lebenszusammenhängen der Menschen so weit entfernt
hat, hat destruktive Folgen gezeitigt.
Die gesellschaftliche Unterdrückung von Frauen,
die einher geht mit der 'Ausgrenzung' der Frauen
aus der Wissenschaft, belegt dies hinreichend.

4. Folgerungen für die dezentrale Verankerung von Frauenforschung

Gleichberechtigte Teilhabe am wissenschaftlichen Produktionsprozeß ist als Erfolg (nur) dann zu werten, wenn mit ihr ein Abbau von Strukturen einhergeht, die diskriminierend und ausgrenzend wirksam sind!
Bei der Forderung nach 50 % der Stellen für Wissenschaftlerinnen an der Freien Universität Berlin, (Voraussetzung: gleiche Qualifikation) haben wir oft gegen das Argument anzugehen, die Forderung sei eine rein quantitative, die mit wissenschaftsimmanenten Kriterien nichts gemein habe. Dahinter steht allerdings unsere Erwartung, daß - würde diese Forderung bei der Einstellungspraxis ernst genommen - sich auch die Inhalte der Wissenschaft durch die Bearbeitung von weiblichen Subjekten tendenziell menschenfreundlicher gestalten würden.

Potentiell sind Wissenschaftsergebnisse aller Disziplinen am Unterdrückungsverhältnis beteiligt. **In welchem Grade** und **mit welchen Mitteln**, muß analysiert werden - Frauenforschung sollte dies auch leisten.
Ergebnisse solcher Analysen aus verschiedenen Bereichen liegen vor; das Symposium wird einen Überblick geben.
Längst sind nicht alle wissenschaftlichen Bereiche vertreten, doch auch die fehlenden sollten im Sinne des Akademischen Senats-Beschlusses (3) handeln:

".... Der Akademische Senat strebt eine gleichmäßige Repräsentanz beider Geschlechter unter allen Beschäftigungsgruppen des wissenschaftlichen Personals an der FUB an. Er setzt sich für dieses Ziel ein, weil die bisherige Dominanz von Männern in vielen Fächern Forschungsthemen und -methoden zu eng gehalten und sich einseitig auf den Lehrbetrieb ausgewirkt hat.."

II. Konsequenzen für die Aufgaben in der ZE Frauenstudien

Der zitierte Akademische Senatsbeschluß hat nur 'empfehlenden' Charakter; damit korrespondiert die Tatsache, daß die Zentraleinrichtung bar jeder Machtbefugnis und Entscheidungskompetenz ist.
Wir nehmen die Möglichkeiten der Einflußnahme auf vielfältige Weise wahr, z.B. durch:

1. Informations- und Öffentlichkeitsarbeit

Jeweils zu Beginn eines Semesters geben wir ein 'Fraueninformationsblatt' heraus, in dem wir über

unsere aktuelle Arbeit berichten und alle uns
zugänglichen Informationen über speziell Frauen
interessierende Veranstaltungen veröffentlichen.
In diesem Info sind auch die im Vorlesungsver-
zeichnis gesondert ausgewiesenen 'frauenbezogenen
Lehrveranstaltungen' - von den jeweiligen Dozen-
tinnen kommentiert - aufgeführt. Dieser Teil des
Infos dient nicht nur der Dokumentation frauenbezogener Lehre, sondern ist auch hilfreich bei
unserer Beratungstätigkeit, die einen Großteil
unserer Arbeit in Anspruch nimmt. Dabei können
wir bei der Suche nach der Betreuung von frauenbezogenen wissenschaftlichen Abschlußarbeiten
behilflich sein, Tips und Anregungen bei der Erstellung von Projektanträgen geben, einen Austausch von inhaltlich an ähnlichen Themen Arbeitenden vermitteln.

In unregelmäßigen Abständen erstellen wir 'Extra-
Infos', in denen jeweils ein bestimmtes Thema
bearbeitet ist. (Z.B.: Dokumentation frauenbezogener Abschlußarbeiten an der Freien Universität
Berlin, Statistiken, demnächst wird eine Studie
über die 'Behandlung' von Frauenforschung seitens
ausgewählter Forschungsgemeinschaften und Stif-
tungen erscheinen.)
Öffentlichkeitsarbeit leisten wir auch durch
Presse-Artikel, Interviews, Informationsveranstal-
tungen innerhalb der Universitäten, durch Vorträge
vor Frauenverbänden und gewerkschaftlichen Organisationen.

2. Dokumentationsarbeit

Es ist wichtig, den Beweis für die offensichtliche Diskriminierung von Frauen auch anhand von
Zahlen zu erbringen! Wir erstellen deshalb in
regelmäßigen Abständen Statistiken über den weiblichen Anteil am Personal der Freien Universität
Berlin, differenziert nach Statusgruppen und Disziplinen.
Dieser Teil unserer Tätigkeit dient sowohl der
Dokumentation als auch der Information und bildet
eine gute Grundlage für Forderungen, die wir
- in Zusammenarbeit mit Bündnispartner/innen/n,
mit den Beirätinnen z.B. - zur Verbesserung der
Situation von Frauen und damit einhergehend: zur
Förderung von Frauenstudien und -forschung entwickeln.

So konnte zu Beginn des WS 1983/84 - relativ kurz-
fristig - ein 'Lehrauftragsmittel-Pool' für frauenbezogene Lehre bereitgestellt werden, der die
negative Tendenz der Rückwärtsentwicklung dieser
Lehrveranstaltungen auffangen soll.
So ein 'Extra-Pool' darf nur ein kurzfristiges

Hilfsinstrument sein: Wird erst einmal akzeptiert,
daß geschlechts- und frauenbezogene Lehre und
Forschung aus 'Extra-Töpfen' finanziert wid, dann
ist der Anspruch auf die Umverteilung regulärer
Haushaltsmittel zugunsten von Frauenstudien und
Frauenforschung nicht mehr glaubwürdig zu vertreten.

Für die Beratungstätigkeit ist die bibliographi-
sche Auswertung der Buch-Neuerscheinungen, Zeitschriften, Zeitungen und Forschungsdokumentati-
onen unverzichtbar. Ein großer Teil derer, die
unsere Sprechstunden aufsuchen, bedient sich dieses von uns bereitgestellten Angebots. Der noch
relativ kleine Buchbestand (800 Titel) unserer
Bibliothek wird von Angehörigen aller Fachbereiche zunehmend genutzt. Es gibt bisher an den In-
stituts- und Zentralbibliotheken der Freien Universität Berlin keinen angemessenen Bestand und
Nachweis von für die Frauenforschung relevanten
Publikationen. Um diesen Mißstand zu beseitigen,
sind Kooperationsbeziehungen zu anderen Mitarbeiterinnen von Bibliotheken und Dokumentationsstel-
len aufgenommen worden.
Wenn ich jetzt die Herausgabe eines Readers, der
die von uns im SS 1982 und WS 1982/83 organisierten Gastvorträge enthält, erwähne, komme ich auf
einen weiteren Schwerpunkt unserer Arbeit zu sprechen:

3. Anregung und Unterstützung von Aktivitäten in
   Fachbereichen und Zentralinstituten

   Wir haben Gastvorträge ermöglicht, die folgende
   Funktionen hatten:

   - Die Einbindung der Fachbereiche bei der Dis-
     kussion um die Inhalte frauenbezogener Themen,
     und zwar fächerspezifisch;
   - die theoretische Vermittlung frauenbezogener
     Arbeiten anhand eines gemeinsamen Themas (z.B.
     'Frauen und Arbeit', 'Gesundheitsforschung
     für Frauen');
   - die Schaffung von Foren für Wissenschaftle-
     rinnen, auf denen sie ihre Arbeitsergebnisse
     einer breiten Öffentlichkeit vorstellen können.

   Nach diesen Grundsätzen werden wir auch in Zukunft
   weitere Vorträge initiieren; in diesem Semester
   findet stattdessen dieses Symposium statt.

   Wir mischen uns in Berufungsangelegenheiten ein.
   Wenn es um die Stelle einer 'Frauenprofessur'
   geht, haben wir die uneingeschränkteste Legitimation dazu. Aber auch bei der Besetzung aller
   wissenschaftlich qualifizierten Stellen versuchen

wir, durch Öffentlichmachen und Motivieren fachlich geeigneter Wissenschaftlerinnen 'Einfluß' geltend zu machen. 'Mitwirkungs'kompetenz bei der Qualifikationsbeurteilung haben wir nicht, wohl aber die Aufgabe, die Forderung nach mindestens einer Frau in **jeder** Berufungskommission, die die Wissenschaftlerinnen-Interessen - laut oben zitiertem Akademischen Senats-Beschluß - vertritt, durchzusetzen.

4. Erarbeitung von Beschlußempfehlungen für zentrale Gremien der Universität

Bei der Planung von Maßnahmen zur Beseitigung von Frauendiskriminierung im Wissenschaftsbetrieb gehen wir von den Situationen aus, von denen **potentiell alle Frauen** an der Hochschule betroffen sind.
So haben wir vehement gegen die Aufhebung der Verwaltungsvorschrift durch den Senator für Wissenschaft Stellung bezogen, die die Abschaffung der Verlängerung von befristeten Verträgen bei Schwangerschaft und Geburt eines Kindes vorsieht. In Zusammenarbeit mit Betroffenen und engagierten Juristinnen haben wir eine Vorlage ins Kuratorium der Freien Universität Berlin eingebracht, die von der Mehrheit dieser Gremiumsmitglieder gestützt wurde. Erfolg: Vorerst werden weiterhin die Zeitverträge um die Zeit des Mutterschaftsurlaubs verlängert!

Bei der Beschlußfassung über das Modell der 'Teilzeit-Professur' konnten wir erreichen, daß auch hier der Anspruch festgeschrieben wurde, Wissenschaftlerinnen überproportional einzustellen, um der eklatanten Unterrepräsentanz - gerade von Professorinnen - entgegenzuwirken.

Schwieriger stellt sich für uns das Problem, Forderungen und Maßnahmen zu entwickeln und durchzusetzen, die sich auf die **jeweils besonderen Formen der Benachteiligung** der Frauen in den einzelnen Fachgebieten beziehen.

Kooperation mit Frauen und Frauengruppen, wie z.B. der Gruppe 'Frauen und Arbeitsmarkt' des Fachbereichs Wirtschaftswissenschaften, mit der zusammen wir ein 'Bewerbungsseminar für Hochschulabsolventinnen' durchgeführt haben, leistet hier gute Voraussetzungen. Diese Kooperation hängt in erster Linie von der Existenz einer kontinuierlich arbeitenden Fachbereichs-Frauengruppe ab. Es läßt sich zeigen, daß überall dort, wo diese Gruppen seit Jahren bestehen und trotz verschlechterter Bedingungen (Stellenstreichungen z.B.) sich in die Fachbereichs-Entscheidungen einmischen, diese 'kritische Öffentlichkeit' eine

Voraussetzung der Bestandswahrung und Weiterentwicklung im Sinne der Frauenförderung ist.

Eine weitere Voraussetzung für die dezentrale
Durchsetzung unserer Bemühungen ist die Zusammenarbeit mit dem Beirat der ZE Frauenstudien, in
dem Frauen aus den Fächer- und Statusgruppen der
Universität die Wechselbeziehung zwischen unserer
Einrichtung und den verschiedenen Fachgebieten
gewährleisten sollen.

5. Die Funktion des Symposiums 'Methoden in der Frauenforschung'

Wir haben eingangs versucht, den Begriff **Frauen-
forschung** mit der inhaltlichen **Bestimmung** von
Wissenschaft - die identisch mit der inhaltlichen
Bestimmung von **Demokratie** ist (4) - zu verknüpfen.

Wir wollten ferner aufzeigen, welche Funktion
die ZE Frauenstudien bei dem Prozeß der Veränderung von Wissenschaft hat, welcher Mittel sie
sich dabei bedienen kann.

Dieses Symposium z.B. hat die Funktion, Ergebnisse
von Frauenforschung aus verschiedenen Bereichen
und die Wege ihrer Erlangung aufzuzeigen.
Wir haben dabei den sozialwissenschaftlichen,
den historischen, den sprach- und rechtswissen-
schaftlichen Bereich gewählt, um

1. die Besonderheiten der einzelnen Fachgebiete
   in Bezug auf konkrete methodische Fragen aufzuzeigen, aber
2. darüberhinaus auch die allgemeine fächerüber-
   greifende Fragestellung nicht aus den Augen
   zu verlieren. (5)

In der Diskussion mit Wissenschaftlerinnen, die
in Frauenprojekten arbeiten, bzw. gearbeitet haben, möchten wir erfahren, **ob** und **wie** sie mit
den von Maria Mies entwickelten 'Methodische(n)
Postulate(n) zur Frauenforschung' (6) umgehen
konnten. Unser großes Interesse gilt dabei auch
der Bestimmung der Grenzen der Identifikation,
die zwar eine notwendige Voraussetzung von 'Parteilichkeit' im Forschungsprozeß ist, aber nicht
zu verzerrter Wahrnehmungsfähigkeit bei der Erkenntnisgewinnung führen darf.

Diese Diskussionen sind im Anschluß an die Referate möglich und erwünscht; für vertiefende Reflexion der Vortragsinhalte sollen - für jedes Fach-
gebiet - Arbeitsgruppen gebildet werden.

Danke für Ihre Mitarbeit und Ihre Teilnahme.

Anmerkungen und Literatur

(1) Als Beispiel verweise ich auf die differenzierten
Analysen zum Arbeitsbegriff, die Frauenforscherinnen
in den letzten Jahren geleistet haben, und die wohl
auch Auswirkungen auf die Wahl des Schwerpunktthemas
des 21. Deutschen Soziologentages, Bamberg, 1982:
'Krise der Arbeitsgesellschaft', hatten; s. dazu:
Beiträge zur Frauenforschung am 21. Deutschen Soziologentag, Bamberg, 1982, Hg.: Sektion Frauenforschung
in den Sozialwissenschaften in der Deutschen Gesellschaft für Soziologie, München, 1982.

Als Praxis-verändernd meine ich hier die Arbeiten,
die zur Entstehung der 'Frauenhäuser' z.B. geführt
haben; s. auch: Hilfen für mißhandelte Frauen, Bd.
124 der Schriftenreihe des Bundesministers für Jugend, Familie und Gesundheit, Stuttgart 1981.

(2) Wolf, Christa: Voraussetzungen einer Erzählung:
Kassandra, Neuwied 1983, S. 136

(3) s. Akademischer Senats-Beschluß der Freien Universität Berlin, vom 2.7.1980, Nr. 240/1447/I/80.

(4) "Die inhaltliche Bestimmung von Wissenschaft und
die inhaltliche Bestimmung von Demokratie sind identisch und das haben jahrhundertelang die Wissenschaftler des Okzidents nicht nur verstanden, sondern praktiziert", schreibt Klaus Heinrich in: 'Vernunft und Mythos', Frankfurt/M. 1983, S. 75, nachdem
er zuvor, S. 74, sich zur Aussprache einer "Binsenwahrheit" genötigt sah: "Die Geschichte der europäischen Wissenschaft ist eine Geschichte der Selbst-
befreiung des Menschen. Ihr Erkennen war ein Sieg
über animalische Ohnmacht und Angst. Sie hatte die
großen, unser Leben verändernden Erfolge, weil animalische Mächtigkeit in den Dienst solchen
Erkennens trat: Trieb, der die sofortige Erfüllung
sucht, in den langfristigen Plan; Denken, das sich
über die unbequeme Realität erhebt, in den planmäßi-
gen Eingriff in diese; Angst vor dem Tod und Sorge
für das Überleben in einen Kampf gegen Todesfurcht
und Entwürfe für ein menschenwürdigeres Leben verwan-
delnd. Das ist eine Binsenwahrheit, und vergleichs-
weise intakt sind Wissenschaften, in denen von ihr
abzusehen das Ende dieser Wissenschaften bedeuten
würde. Ich nenne das eine Beispiel der Medizin. Aber
- damit greife ich meine Bemerkung über den Geist
als das Lebendige, das eine Richtung hat, noch einmal auf - was ist in den Geisteswissenschaften aus
dieser Binsenwahrheit geworden? Der Inhalt der Wissenschaft - die Sache, um die es ihr einmal gegangen
ist und um die es weiter gehen muß, wenn sie den
Namen Wissenschaft behalten will - ist weitgehend
verschwunden. Er ist verraten im Namen einer rich-

tungslosen Sachlichkeit."

(5) Von dem einleitenden Vortag von Frau Dr. Ursula
    Müller: " Gibt es eine 'spezielle' Methode in der
    Frauenforschung?" und dem 'Streitgespräch' zwischen
    Frau Prof. Dr. Helge Pross und Frau Prof. Dr. Maria
    Mies: "Welche 'politischen' Ziele hat die Frauen-
    forschung bzw. feministische Forschung? Ist es mög-
    lich, mit herkömmlichen Methoden der empirischen
    Sozialforschung diese Forschung zu betreiben?", er-
    warten wir letzteres.

(6) Mies, Maria: Methodische Postulate zur Frauenfor-
    schung - dargestellt am Beispiel der Gewalt gegen
    Frauen, in: Beiträge zur Feministischen Theorie
    und Praxis, 1/1978, S. 41 - 63

Ulla BOCK

EINFÜHRUNG IN DIE DISKUSSION DER METHODEN BZW. METHODO-
LOGIE IN DER FRAUENFORSCHUNG

Die **Methoden** in der Frauenforschung sind das Thema des
dreitätigen Symposiums. Die Mitarbeiterinnen der Zentraleinrichtung zur Förderung von Frauenstudien und Frauenforschung an der FU Berlin haben Wissenschaftlerinnen
und Wissenschaftler aus den vier Fachdisziplinen Geschichtswissenschaften, Rechtswissenschaften, Sprachwissenschaften und Kultur- und Sozialwissenschaften ein-
geladen und sie gebeten, uns in Vorträgen mitzuteilen,
wie sie im Rahmen ihrer eigenen Forschungspraxis die
Diskussion um die Methoden in der Frauenforschung führen;
welche Position(en) sie beziehen, wie sie andere Positionen einschätzen, unterstützen oder kritisieren.

Die Suche nach adäquaten Forschungsmethoden in der Frauenforschung - vor allem in den Disziplinen der "Menschenwissenschaften" (Elias 1983) (1)-erfolgte notwendigerweise
in dem Moment, als deutlich wurde, daß Frauenforschung
nicht lediglich bisher unerforschte oder vernachlässigte
Gebiete, "weiße Flecken" auf der Wissenschafts-Landkarte,
zu füllen, sondern ebenso die bekannten und tief ins
Alltagswissen hineinreichenden wissenschaftlichen Theorien über die "Rolle der Frau in der Gesellschaft" und
ihre "Funktion in Beruf und Familie" sowie über das
"Weibliche", etc., einer Kritik zu unterziehen und dem
realen Frauenleben 'angemesseneres' Wissen zu schaffen
hat.

Mit dem Erkennen und dem Nachweis des **androzentrischen
Charakters** vieler wissenschaftlicher Theorien wurden
zunehmend auch die Methoden der Erkenntnisgewinnung kritisch in den Blick genommen, die als wichtige Wegweiser
die Forschenden auf den langen und verschlungenen Weg
von der Problem- bzw. Fragestellung bis hin zu den gefundenen Antworten (Ergebnissen) führen und nicht zuletzt
auch die Interpretation der Ergebnisse beeinflussen.

Die verstärkte Diskussion um die **Methoden** in der Frauenforschung wurde eingeleitet durch einen programmatischen
Aufsatz von Maria MIES mit dem Titel "Methodische Postulate zur Frauenforschung - dargestellt am Beispiel der
Gewalt gegen Frauen", der 1978 in der ersten Nummer der
Kölner Theorie-Zeitschrift "Beiträge zur Feministischen
Theorie und Praxis" erschien. Diese methodischen "Postulate" werden von der Autorin nicht als "Neues methodisches Paradigma für Frauenforschung" begriffen, sondern
als "Anreiz und Einladung zu einer erneuten Methodendiskussion, vor allem unter Wissenschaftlerinnen." (Mies
1978: 44)

Die Methodenkritik innerhalb der empirischen Sozialforschung, die sich Anfang der 60er Jahre herausbildete, bewegt sich zum einen auf der Ebene der 'Ethik der Sozialwissenschaften' und der Suche nach der "objektiven Wahrheit" (Myrdal 1971:7) und zum anderen auf der Ebene der Methoden, hier sowohl der Begriffe und Modelle der Theoriebildung als auch der Instrumente der Erkenntnisgewinnung. In der Frauenforschung wird weitgehend an der Kritik, die bereits im Rahmen der Herausbildung einer **Aktionsforschung** (2) seit Ende der 60er Jahre formuliert wurde, angeknüpft. Die Momente der Kritik gelten in der Hauptsache:

- der asymmetrischen Forschungssituation als Widerspiegelung eines gesellschaftlichen Machtverhältnisses, in dem die 'Beforschten' zu Objekten verdinglicht werden.

- den wissenschaftlichen (empirischen) Gütekriterien wie : Intersubjektivität, Validität, Reliabilität, Repräsentativität und Signifikanz als Maßstab für den Grad der Wissenschaftlichkeit.

- dem für das Wissenschaftssystem konstitutiven Moment der Trennung von Theorie und Praxis.

Diese Kritik zielt - im allgemeinen - auf eine Bewußtmachung der dichten Verflechtung der Sozialwissenschaften mit ökonomischen und politischen Interessen und damit auf die Bewußtmachung der "kurzsichtige(n) Parteilichkeit unserer Gesellschaft für Verwertungsinteressen und deren Wiederholung auf der Ebene der Theoriebildung." (Ostner 1980:215)

Der Anspruch der Aktionsforschung, der auch von der Frauenforschung als übergreifendes Ziel aufrecht gehalten wird, ist kein geringerer als die Freisetzung der ursprünglich aufklärerischen und emanzipatorischen Potentiale wissenschaftlicher Erkenntnisgewinnung. Dazu gehört die Grundannahme, daß es **keine** objektive Wissenschaft gibt und geben kann, sondern die angestrebte "Objektivität" stets ein Moment des Subjektiven und als solches transparent zu machen ist. Die Fähigkeit, die Subjekthaftigkeit des menschlichen Wissens von sich und der umgebenden Welt zu erkennen, bestimmt (mit) den Grad der "Objektivität" dieses Wissens.

Im Rahmen der neuen Frauenbewegung und insbesondere der Frauenforschung wurde ein zusätzliches, die Frauenforschung kennzeichnendes Moment der Wissenschaftskritik herausgeschält: die Blindheiten, Verzerrungen und Manipulationen in der Wissenschaftsproduktion durch den vorherrschenden **Androzentrismus**. Mit dem Hinweis auf die immer wieder zu erkennenden Androzentrismen in den wissenschaftlichen Theorien gewinnt die Kritik an der em-

pirischen Sozialforschung eine Schärfe, die bis in die
Methoden der Datenerhebung hineinreicht.
Die Methodenkritik in der empirischen Sozialforschung
wurde anfänglich vor allem am Beispiel der Feldfor-
schungen, der Ethnologie und Anthropologie geführt. In
der Erforschung fremder Kulturen konnte plastisch hervorgehoben werden, in welchem Ausmaß die herkömmlichen Forschungsmethoden die Realität verzerren, in vielen Fällen
lediglich die Oberfläche abzeichnen und die Tiefenstruk-
tur des menschlichen Seins unerkannt und unbegriffen
lassen und zudem der Legitimation von Unterordnung und
Ausbeutung Vorschub leisten.

Auch Maria MIES entwickelte ihr grundsätzliches Mißtrauen
gegenüber dem wissenschaftlichen Wert von Forschungen,
die vor allem mit qualitativen Methoden der Sozialforschung durchgeführt und erhoben wurden, in ihrer Arbeit
in der 'Dritten Welt'.
Desgleichen versucht MIES deutlich zu machen, daß aus
der "widersprüchlichen Sein- und Bewußtseinslage der
Frauen im akademischen Bereich" ("double consciousness"),
d.h. aus der Tatsache, daß Frauen trotz ihrer relativ
privilegierten Situation im Wissenschaftsbetrieb den
Status einer Minderheit, von Unterdrückten, tragen, und
daß dies auf ihr gesamtes Sein erhebliche Auswirkungen
hat, spezifische Forderungen bezüglich der Problemstellungen, der Theorien und der Methoden erwachsen. So formuliert sie ihre Ausgangsthese, von der sie die "methodischen Postulate" ableitet, folgendermaßen: "Wenn Frauen
anfangen, ihre Situation zu verändern (...), dann hat
das Rückwirkungen auf die Forschungen, die sich mit der
gesellschaftlichen Position der Frau befassen ...(das)
bedeutet, daß sich engagierte Frauen im Hochschulbereich
mit der gesellschaftlichen Unterdrückung der Frauen insgesamt so beschäftigen, daß sie auf eine Aufhebung dieser
Unterdrückung hinwirken. Dabei sind sie sowohl **Betroffene**
die die Unterdrückung in irgendeiner Weise selbst erfahren haben, und gleichzeitig **Forschende**, die sich wissenschaftlich mit dieser Unterdrückung und den Möglichkeiten
ihrer Aufhebung befassen (Mies 1978:44/45). In diesem
Sinne sind die MIESschen Postulate denn auch weniger
methodische, als vielmehr methodologische und wissenschaftstheoretische.

Die Tatsache, daß Wissen - egal mit welchen Mitteln erhoben - von Menschen geschaffen wird, ist eine ebenso
triviale wie weitreichende Aussage für die Bedeutung
der wissenschaftlichen Theoriebildung.
Die kritische Methoden-Diskussion im Rahmen der Sozialwissenschaften trägt diesem Aspekt der Subjektivität
- DEVEREUX spricht von einem "intrapsychischen Mangel
an Objektivität" (1967:65) - zwar Rechnung, doch der
Hinweis, daß damit auch das **Geschlecht** der Wissenschaf-
ler eine entscheidende Bezugsgröße ist, wird entweder
vehement geleugnet oder zwar gesehen aber im Ausmaß

unterschätzt. Am Beispiel von DEVEREUX möchte ich verdeutlichen, was damit gemeint ist.

Der Anthropologe und psychoanalytisch geschulte George
DEVEREUX veröffentlichte 1967 seine umfassende "Epistemo-
logie der Verhaltenswissenschaft", die der "Angst und
Methode in den Verhaltenswissenschaften" nennt. Diese
Arbeit wird in der letzten Zeit zunehmend zitiert, wo
es um eine "Rückeroberung der Subjektivität" (vgl. Schiek
in diesem Band) geht. DEVEREUX ist einer der wenigen
Theoretiker, die einen Großteil ihrer wissenschaftlichen
Arbeit in den Dienst einer Wissenschaftstheorie gestellt
haben, die sich massiv gegen die Verdinglichung des Menschen als Forschungs**objekt** richten und der Subjektivität
im Forschungsprozeß besonderen Raum einräumen. Wie oben
bereits erwähnt, bezweifelt DEVEREUX zutiefst die Möglichkeit der Objektivität und Neutralität vor allem in
den Human- und Sozialwissenschaften. Er geht in seinen
Überlegungen von einem elementaren Datum der Psychoanalyse aus: dem Phänomen der Gegenübertragung und versucht
an zahlreichen Fall-Beispielen aus der Verhaltenswissenschaft nachzuweisen, daß die die Realität verzerrenden
Gegenübertragungen immer dann am stärksten sind, wenn
eine Situation bzw. die gewonnenen Daten Ängste erzeugen.
Und Ängste entstehen z.B. dann, wenn Abgewehrtes ange-
rührt und kognitive Überzeugungen angegriffen werden
und damit zur Desorientierung und Verunsicherung führen.
Mit diesem Wissen im Hintergrund fordert DEVEREUX auf,
die eigenen Ängste, Hemmungen und "blinden Flecken",
die die Erkenntnisse der Realität behindern, verzerren
und verfälschen, zu thematisieren und ihnen Rechnung
zu tragen.

Anhand eines von DEVEREUX selbst angeführten Beispiels
aus der anthropologischen Arbeit, dem er mehr Raum gibt
als seinen übrigen, ist nachzuzeichnen, daß auch das
Wissen um das Netz der eigenen unbewußten Strebungen,
Ängste, Hemmungen, etc. nicht davor schützt, sich in
ihnen auch gründlich zu verfangen. DEVEREUX beschreibt
und analysiert in einem Fall ausführlich die Reaktionen
einer Gruppe von Anthropologen und Psychoanalytikern
sowie einer Gruppe von Psychoanalytikern und Psychiatern
auf einen Film, der in den 30er Jahren in Norman Tinsdale
gedreht wurde und äußerst drastische australische Be-
schneidungs- und Subinzisions-Riten zeigt. DEVEREUX legt
in seinen Ausführungen Bedeutung in den Unterschied der
Reaktionen, die er einerseits der Berufszugehörigkeit,
andererseits der Geschlechtszugehörigkeit zuschreibt.
Auf letzteres, auf die Bedeutung des Geschlechts für
die Analyse und Interpretation von Beobachtungsdaten,
werde ich hier eingehen.

Für die Gruppe der Anthropologen (sie bestanden aus 12
bis 15 Personen im Alter von 21 - 28 Jahren; beide Geschlechter waren gleich stark vertreten) beschreibt DEVE-
REUX die unterschiedliche Reaktion der Geschlechter fol-

- 20 -

gendermaßen: "Die Männer waren ziemlich still, sahen
blaß und unbehaglich aus. Im Gegensatz dazu schienen
einige der Mädchen erregt und erröteten, und ich erinnere
mich genau, daß ich von ihrem Kichern während der Höhe-
punkte des Rituals schockiert war. Da ich zu der Zeit
psychoanalytisch noch unerfahren war, verstand ich die
vergeltende und triumphierende Natur des Kicherns nicht
bewußt und dachte deshalb, daß mich einfach ihre ihrem
Fach unangemessene Reaktion auf einen wissenschaftlichen
Film schockierte" (ebda:74). Abgesehen davon, daß das
Lachen - als unterdrücktes Lachen: das Kichern - auch
als Ausdruck von Scham, Spannung und Fremdheit gedeutet
werden könnte, also nicht unbedingt als triumphale Freude
über eine 'gerechte Vergeltung', ist auffällig, daß DEVE-
REUX hier von seiner eigenen spezifischen Betroffenheit
keinen Abstand gewinnt. Was er als eine "angemessene
Reaktion", d.h. "reife" und "wissenschaftliche" ansieht,
wird schließlich im weiteren Verlauf dieses Fall-Bei-
spiels deutlich.
In der zweiten Gruppe von Psychoanalytikern und Psychiatern befand sich eine junge Frau, die sich "ganz und
gar anders" verhielt als die kichernden jungen Anthropologinnen. Sie war ihm aufgefallen und hatte ihn durch
"ihr vernünftiges und echt (d.h. unaufdringlich) weibliches Verhalten beeindruckt" (ebda:77). Er befragte
einige Analytiker und Lehranalysanden, darunter auch
die erwähnte junge Psychiaterin nach ihren Träumen bezogen
auf den Film sowie nach ihren Assoziationen, die DEVEREUX
dahingehend interpretiert, daß sie im Gegensatz zu den
Anthropologinnen den "Männern gegenüber freundlich em-
pfindet und sich deren Kastration widersetzt." (ebda:101)
Und entsprechend der Auffassung von der komplementären
Entwicklung der Geschlechter interpretiert er weiter:
"Überflüssig zu sagen, daß die Träumerin mit ihrem Widerstand gegen die männliche Kastration - wenn auch nur
nebenher - auch die weibliche Kastration zu vermeiden
suchte. Doch ist ihre Verneinung des weiblichen Kastra-
tionskomplexes dem weit intensiveren Wunsch, die Männer
vor der Kastration zu bewahren, völlig untergeordnet,
da eine normale Frau einen unkastrierten Mann braucht,
um ein erfülltes Leben führen zu können. So kann die
schützende Haltung dieser jungen Frau am besten als
'Scheu (oder Ehrfurcht) vor dem Phallus' verstanden werden, die für normale und echt weibliche Frauen charakteristisch ist."(ebda:101)

DEVEREUX fragt sich selber nach den Gründen seiner schar-
fen Reaktion - nicht auf den Film - sondern auf das Verhalten der jungen Anthropologinnen beim Ansehen des Fil-
mes und gibt sich selber die Begründung: "Die 'unwissen-
schaftliche' Oberfläche der weiblichen Zuschauer stieß
mich stark ab. Heute sehe ich ein, daß meine Empörung
hauptsächlich davon herrührte, daß mein Unbewußtes ihre
Reaktion besser verstanden hatte als mein Bewußtsein."
(ebda:103) Das wird so sein, doch bleibt die kritische
Selbstbefragung selber an der Oberfläche hängen. Die

Antwort erklärt lediglich die Intensität und prompt empfundene Empörung, nicht den möglichen tieferen Grund. Völlig unbefragt läßt DEVEREUX (3) seine Erwartungen an das komplementäre, auf den Mann bezogene Verhalten der Frau und seine moralischen und wertenden Deutungen und Begrifflichkeiten bei der Erfüllung, bzw. Nichterfüllung dieser seiner Erwartungen. Das Verhalten von Frauen jenseits von DEVEREUXs vorgestellter "Normalität" ist somit unweigerlich dem Urteil des Unnormalen, Unreifen, Unechten gleich Unwissenschaftlichen ausgesetzt. Diese Definitionsmacht dessen, was unweiblich bzw. "echt weiblich" ist, und ebenfalls dessen, was wissenschaftlich und unwissenschaftlich ist, liegt i.d.R. nicht nur bei **wissenschaftlichen** Autoritäten, sondern vor allem bei **männlichen** wissenschaftlichen Autoritäten, die - wie DEVEREUX an anderer Stelle formuliert - Gedankensysteme aufbauen, die immer und seien sie noch so logisch und wissenschaftlich "eine subjektive Bedeutung für das Unbewußte der Person, die es entwickelt oder annimmt, (haben). Als Abwehr gegen Angst und Desorientierung entspringt jedes Gedankensystem - einschließlich meines eigenen, versteht sich - im Unbewußten." (ebda:41)

Es bleibt DEVEREUX verborgen, daß seine Theorien bzw. die, die er zu seinen macht, über die "normale weibliche Sexualität", über die "reife weibliche Persönlichkeit", über die "wahren Ziele" der Geschlechterbeziehung vor allem - wie er selber sagt, aber dennoch nicht in Rechnung stellt - seinem Unbewußten, seiner androzentrischen Sichtweise, seinen Ängsten, Wünschen und Bedürfnissen entstammen. Seine ausgeprägte Skepsis gegenüber der mangelnden Fähigkeit des Menschen zur objektiven Realitätssicht scheint nicht an seiner festen Überzeugung zu rütteln, vermeintlich Wahres über das Weibliche erkannt zu haben. Die Parteilichkeit für das eigene Geschlecht ist deutlich auch hinter der selbstkritischen Haltung auszumachen. Das schmälert nicht das Verdienst DEVEREUXs, in umfassender Weise die Bedeutung der Subjektivität bei der Erkenntnissuche und -findung nachgewiesen und überzeugend illustriert zu haben. Ganz im Gegenteil, er beweist mit seiner eigenen subjektiven Befangenheit die Richtigkeit seiner Theorie. Diese Parteilichkeit vieler wissenschaftlicher Theorien, die auch als männliche Parteilichkeit bezeichnet werden kann, insofern die vorherrschenden patriarchalen Denkstrukturen ein anderes Sein und Erleben der Frauen nicht in den Blick genommen haben oder nehmen konnten, - diese einseitige Parteilichkeit gilt es ins Licht zu rücken und einer radikalen Kritik zu unterziehen.

Das Bekenntnis zur Parteilichkeit und Betroffenheit vieler Frauenforscherinnen ist eine z.Z. notwendige Gegenwehr, um zum einen die (meist geleugnete) Parteilichkeit der gegebenen Wissenschaftspraxis für sowohl kapitalistische als auch patriarchalische Interessen zu entlarven (Ostner 1980), und zum anderen, um eine neue, bzw. andere

Sichtweise, die der Frauen, verstärkt in die Wissenschaft
einzubringen.

Mit den vergangenen fünf Jahren - seit der Veröffentlichung des programmatischen Aufsatzes von Maria MIES -
liegt eine intensive Phase der Forschungsarbeit mit
frauenbezogener Themenstellung hinter uns. Eine Zeit,
in der wir konkrete Erfahrungen mit den uns zur Verfügung
stehenden anerkannten Forschungsmethoden - vor allem
der Sozialwissenschaften - sammeln konnten. Eine Zeit
auch der Erfahrungen mit den Versuchen, im Zuge der Kritik an den traditionellen Erkenntnismethoden 'neue'
oder 'andere'Methoden in der Frauenforschung zu entwik-
keln bzw. auszuprobieren. Doch müssen, ja können wir
überhaupt **Neues** entwickeln? - Dieser Überlegung entsprechend hieß dann auch der Eingangsvortrag des Symposiums
von Ursula MÜLLER "Gibt es eine 'spezielle' Methode in
der Frauenforschung?" Ursula MÜLLER verneint diese Frage.
Es gibt "keine spezielle Methode in der Frauenforschung
oder eine 'spezielle weibliche Methode'..., wohl aber
eine spezielle Methodologie in der Frauenforschung."
(vgl. Müller, in diesem Band). In dieser speziellen
Methodologie erfährt nicht nur die Subjekthaftigkeit
des Theoriebildungsprozesses, sondern ebenso das Sub-
jektsein des Forschungs"objekts" eine besondere Betonung.

Regine BECKER-SCHMIDT reflektiert in ihrem Beitrag u.a.
den Anspruch einer kritischen Sozialforschung, den sich
auch die Frauenforschung zu eigen gemacht hat: die Menschen in Untersuchungen nicht wie Objekte zu behandeln,
und fragt: "aber was soll heißen, sie zu **Subjekten des
Forschungsprozesses** zu machen? Zunächst gilt es festzuhalten: innerhalb der vorgegebenen Realität sind Individuen zwangsläufig **Objekte und Subjekte** der sozialen
Wirklichkeit. Sie sind Objekte, soweit sie ihre Geschicke
und Geschichte nicht aus eigenem Willen und Bewußtsein
lenken können; und sie sind Subjekte, soweit sie selber
- bewußt oder unbewußt - die Anpassungsmechanismen an
gesellschaftliche Prozesse steuern, ihnen widerstehen
oder in ihnen nicht aufgehen.

Ich kann also Menschen nicht einfach zu Subjekten des
Forschungsprozesses erklären, solange ich lediglich die
Instrumente humaner gestalte, die sie verdinglichende
Realität aber nicht grundsätzlich im gemeinsamen Unter-
suchungsverlauf aufhebe. Ich muß mich sogar fragen, ob
ich die Individuen, mit denen und über die ich forsche,
nicht gerade als Subjekte verfehle, indem ich sie als
Objekte - der Forschung und Realität - verleugne. Wenn
sie sich nämlich selber begreifen wollen, müssen sie
zu sich selber nicht nur in ein Verhältnis der Betroffenheit treten, sondern ebenso in eine sachliche gegenständ-
liche Beziehung." (Becker-Schmidt in diesem Band)

Mit dieser dialektischen Sicht von sich und dem jeweiligen Gegenüber als Subjekt **und** Objekt des eigenen Selbst

und der Geschichte verweist Regine BECKER-SCHMIDT auf
eine mögliche Erkenntnisschranke bei einer unzureichen-
den reflexiven Distanz von der Unmittelbarkeit des Er-
lebens.

Die Chance durch die und trotz der **Betroffenheit** zu tief-
greifenden Erkenntnissen zu kommen, ist eng verbunden
mit dem Grad der Selbsterkenntnis, d.h. mit der Fähigkeit, Anderes und Fremdes wahrzunehmen und unverhüllt
zuzulassen.

Die Methoden-Diskussion in der Frauenforschung, besser:
die Diskussion über die Methodologie und wissenschaftstheoretischen Implikationen befindet sich im deutsch-
sprachigen Raum noch in den Anfängen. Es liegen m.W.
lediglich drei Texte in deutscher Sprache vor, die sich
ausdrücklich mit den Methoden und wissenschaftstheoretischen Positionen in der Frauenforschung beschäftigen.
Das ist 1. der schon genannte Aufsatz von Maria MIES
(1978), 2. die Kritik und der Versuch einer Weiterentwicklung der MIESschen Postulate durch Heide GÖTTNER-
ABENDROTH (1980 u. 1983) (3), und es ist 3. der Aufsatz
von Christine WOESLER DE PANAFIEU (1980) mit der Überschrift "Ein feministischer Blick auf die Sozialforschung." (4)

Obwohl seit der Veröffentlichung der 'Postulate' von
Maria MIES in den unterschiedlichsten Wissenschaftsdis-
ziplinen zahlreiche empirische und analytische Forschungsarbeiten entstanden sind, die sich den Zielen
der Frauenbewegung verpflichtet fühlen, und die sich implizit auch an den "methodischen Postulaten" orientieren,
existiert bis heute keine explizit formuliertes wissenschaftstheoretisches Konzept. Was hier als 'Mangel' oder
fehlende Voraussetzung einer kritischen Theoriebildung
erscheint, ist der nicht eindeutig beantwortbaren Frage
geschuldet, ob solche Konzepte, insofern Konzepte immer
auch normative Kraft gewinnen, in der Frauenforschung
überhaupt entwickelt werden sollen. Mit dieser Frage
leitet auch Heide GÖTTNER-ABENDROTH ihre Überlegungen
zu den "Wissenschaftstheoretischen Positionen in der
Frauenforschung" (1980) ein. Sie beantwortet diese Frage
dahingehend, daß Konzepte einem verfestigenden Charakter
nur entgehen können, wenn sie im selbstreflexiven Prozeß
der Frauenbewegung eingebettet sind und bleiben. Sie
spricht aus diesem Grund im weiteren auch nicht von Konzepten, sondern von **Modellen**, die die konkrete Forschungsarbeit erleichtern sollen."...theoretische Verallgemeinerungen werden als Versuche in einem permanenten
Diskussionsprozeß angesehen, der Selbstreflexion neue
Anstöße zu geben, ohne sich in hegemonialen Mustern zu
verfestigen. Es gibt daher kein wissenschaftstheoretisches Konzept, auf das Frauenforscherinnen eingeschworen
sind, und es soll auch keins geben." (ebda:113)
Theoretische Verallgemeinerungen, und damit sind hier
vor allem wissenschaftstheoretische gemeint, sollen nicht

zu einem starren, unanfechtbaren Gerüst für wissenschaftliches Arbeiten werden, sondern den Diskussions**prozeß**
über die 'angemessenen' Methoden in der Frauenforschung
öffnen und in **Bewegung** halten. Aus diesem Grund erwähnt
Heide GÖTTNER-ABENDROTH kritisch ablehnend die "Wissenschaftstheorie-Feindschaft" unter einigen Feministinnen,
die sie als eine "'Theoriefeindschaft' auf höherer Stufe"
(ebda:114) bezeichnet und die den notwendigen selbstreflexiven Prozeß in der Frauenforschung erst gar nicht
in Gang kommen läßt.

Die Theoriefeindschaft "einiger Feministinnen", auf die
Heide GÖTTNER-ABENDROTH hier abhebt, entwickelte sich
angesichts der theoretischen Verallgemeinerungen, in
denen die Frauen, bzw. ihr konkretes Sein, als das Besondere dem Allgemeinen, der Universalkategorie: Mensch
(und d.h. hier dem Mann), untergeordnet wird und damit
erkenntnismäßig aus dem Blick gerät. Heide GÖTTNER-
ABENDROTH betont, daß sie die Kritik gegenüber theoretischen Verallgemeinerungen deshalb auf ihre **Funktion**,
auf die Unterordnung des Weiblichen unter das männliche
Prinzip auch auf der Theorieebene, richten muß, und weniger auf ihre dichotome Struktur (Partikularismus vs.
Universalismus). "Nichts zwingt uns dazu, theoretische
Verallgemeinerungen und wissenschaftstheoretische Universalismen ebenso zu verwenden, vor allem nicht, wenn
wir uns dessen bewußt sind...." (ebda)

Doch reicht es aus, theoretische Universalismen lediglich
anders zu verwenden, um ihnen ihre diskriminierende Wirkung für das Besondere zu nehmen? Solange die Bestimmung
des Besonderen (als das Weibliche) von der Setzung des
Allgemeinen (als das Männliche) abhängig geschieht,
bleibt jeder bloßen Umwertung eine tiefe Ambivalenz in-
härent. Zudem kann m.E. die Annahme von einer Theorie-
feindlichkeit in der Frauenbewegung, die sich in der
Frauenforschung auf einer höheren Ebene als Wissen-
schaftstheorie-Feindlichkeit zeigen soll, angesichts
der zunehmenden und sich immer mehr ausdifferenzierenden
Theoriebildung und selbstreflexiven Prozessen in der
Frauenforschung nicht aufrecht gehalten werden.

In einem vergleichbaren Zusammenhang schreibt Christine
WOESLER DE PANAFIEU (1981) von einer "mehrdeutigen Haltung" bei den Sozialwissenschaftlerinnen gegenüber der
Empirie. Sie zeigen "Hochachtung vor ihrer Präzision,
Ablehnung ihrer 'Fliegenbeinzählerei' und gleichzeitig
Furcht vor ihren Wahrheitskriterien..." "Als Folge davon
schwanken viele Sozialwissenschaftlerinnen zwischen Über-
anpassung und strikter Ablehnung empirischer Forschung."
(ebda:31) Ihre Kritik gegenüber der Empirie richtet sich
denn auch nicht gegen Empirie als solche, sondern gegen
die "wissenschaftslogische und -politische Vorherrschaft"
einer empirischen Sozialforschung, die sich am Erkennt-
nismodell der Naturwissenschaften orientiert und hierin
den eigentlichen **wissenschaftlichen** Weg, die Wirklich-

keit zu erfassen, sieht. So ist es für sie eine zentrale
Aufgabe der Frauenforschung, die "einschüchternde Funktion dieser positivistisch orientierten Sozialforschung
aufzuspüren, ihrem inneren Zusammenhang mit einer Gesellschaftsstruktur nachzugehen, in der nur das Qualität
hat, was sich in Zahlen fassen läßt ..."(ebda)

Neben diesen drei expliziten Aufsätzen zur Methodologie
und Wissenschaftstheorie in der Frauenforschung kennen
wir methodische und methologische Reflexionen, die die
konkreten, uns vorliegenden Forschungsarbeiten begleiten,
die bisher wenig Öffentlichkeit erfahren haben, oder
lediglich im engeren fachspezifischen Rahmen zur Diskussion kamen.

Mit diesem Symposium beabsichtigen wir, durch das Zusam-
mentragen der verschiedenen Positionen und den damit
hoffentlich angeregten intensiven und kritischen Auseinandersetzungen, den momentanen Stand der Diskussion zu
erfassen und - so gebündelt - als 'Ergebnisse' wieder
in die erneute Diskussion hineinzutragen.

Die Diskussion um Methoden und Methodologie ist eine
fächer**übergreifende**, wie auch die Frauenforschung weitgehend **inter**disziplinär verstanden wird. Sie muß ebenso
fächer**spezifisch** geführt werden, insofern jede wissenschaftliche Disziplin dem Fach eigene Aspekte und Heran-
gehensweisen und somit auch Erkenntnismethoden und Dar-
stellungsweisen entwickelt. Es gibt die unterschiedlichsten und mannigfaltigsten Themen im Bereich der Frauenforschung, doch ein Thema ist wohl das allgemeinste,
das richtiger als Erkenntnisinteresse bezeichnet ist:
Die Aufhebung der Unterdrückung und Ausbeutung der Frauen
auf den unterschiedlichsten Ebenen der verschiedenen
gesellschaftlichen Bereiche.
Dieses Erkenntnisinteresse macht die Frauenforschung
oder Feministische Frauenforschung, wie wir dann auch
sagen können, zu einer **Politischen** Wissenschaft. Dieses
eminent politische Moment beeinflußt auch die Methoden-
Diskussion, insbesondere die Überlegungen zu den wissenschaftstheoretischen Positionen in der Frauenforschung.
Bei dem Versuch, der Frauenforschung im System der bestehenden Wissenschaften einen Ort zu geben, bilden sich
äußerst differente Positionen heraus. Wenn wir uns diese
Positionen auf einer Skala vorstellen, dann bilden m.E.
die Darlegungen von Maria MIES und Helge PROSS die jeweiligen Endpunkte. Aus diesem Grund baten die Organisa-
torinnen des Symposiums die beiden Wissenschaftlerinnen,
diese unterschiedlichen Positionen in einem Streitge-
spräch deutlich zu machen. Im Zentrum dieses Streitge-
sprächs stehen die beiden Fragen: 1. Gibt es einen Unterschied zwischen Frauenforschung und Feministischer Forschung? und 2. Können wir mit den herkömmlichen Methoden
der empirischen Sozialforschung Frauenforschung betreiben? (Mies und Pross in diesem Band)

Schon bei der Vorbereitung des Symposiums wurde deutlich,
daß das Interesse am Thema sehr stark ist. Dieses Interesse an der Methoden-Diskussion, die in dieser konzen-
trierten Form zum ersten Mal in Westdeutschland bzw.
West-Berlin geführt wird, ist für uns ein Indikator sowohl für das zunehmende Bedürfnis nach wissenschaftstheoretischen Auseinandersetzungen in der Frauenforschung
als auch für die Suche nach Hilfestellungen und Gesprächspartnerinnen und -partnern für die Probleme in
der konkreten Forschungspraxis, die erst oder insbesondere erst mit dem wirklichen **Tun** in den Blick kommen.

Anmerkungen

(1) Norbert ELIAS verwendet in seiner jüngsten Arbeit
zur Wissenssoziologie "Engagement und Distanzierung"
den Begriff **Menschenwissenschaften** für Sozial- bzw.
Gesellschaftswissenschaften und verweist damit auf
einen in unserem Zusammenhang wichtigen Aspekt: daß
in der Erforschung des menschlichen und gesellschaftlichen Seins der abstrakte wissenschaftliche Standard
der Distanzierung des Forschenden von seinem For-
schungsobjekt, wie modellhaft in den physikalischen
Wissenschaften entwickelt, nicht nur nicht aufrecht
zu erhalten ist, sondern zudem den Zugang zu den
spezifischen Schwierigkeiten in den Menschenwissenschaften, gegeben insbesondere durch die **Betroffenheit**, versperrt. "Deshalb gibt die Verwendung einer
Methode, die der in den physikalischen Wissenschaften
entwickelten ähnelt, den Sozialwissenschaften häufig
den Anstrich eines hohen Niveaus der Distanzierung
oder 'Objektivität', das denen, die diese Methode
benutzen, in Wirklichkeit fehlt. Sie dient oft als
ein Mittel, um Schwierigkeiten, die aus dem spezifischen Dilemma der Menschenwissenschaften erwachsen,
zu umgehen, ohne sich ihm zu stellen; in vielen Fällen schafft sie eine Fassade von Diskriminierung,
hinter der sich eine höchst engagierte Einstellung
verbirgt." (Elias 1983:35)

(2) vgl. hierzu den grundlegenden Aufsatz von Werner
FUCHS 1976

(3) Heide GÖTTNER-ABENDROTH veröffentlichte ihre Überlegungen zu "Wissenschaftstheoretischen Positionen
in der Frauenforschung" zum 1. Mal in "Die Eule"
4/1980. Eine überarbeitete und erweiterte Fassung
ist in dem 1983 erschienenen Buch "Was Philosophinnen
denken" nachzulesen.

(4) Dieser Aufsatz erschien in überarbeiteter Form ein
Jahr später in der Zeitschrift "Psychologie heute"
unter dem Titel "Wie weiblich kann Wissenschaft
sein?", aus dem im weiteren zitiert wird. Weitere
"Methodische Überlegungen zur Erarbeitung von Frauengeschichte", die Christine WOESLER und Xiane GERMAIN

im Rahmen einer Biographie-Forschung mit älteren
Frauen in Frankreich vornahmen, sind abgedruckt in:
Eine stumme Generation berichtet, hrsg. v. G. Disch-
ner, Frankfurt 1982, 155-224.

Literatur

DEVEREUX, Georges,: Angst und Methode in den Verhaltenswissenschaften, München 1967

ELIAS, Norbert,: Engagement und Distanzierung. Arbeiten
zu Wissenssoziologie I, Frankfurt a.M. 1983

FUCHS, Werner,: Empirische Sozialforschung als politische
Aktion, in: Ritsert, J. (Hg.): Zur Wissenschafts-
logik einer kritischen Soziologie, Frankfurt a.M.
1976, 147-174

GÖTTNER-ABENDROTH, Heide,: Wissenschaftstheoretische
Positionen in der Frauenforschung: Frankreich,in:
Die Eule 4/1980, 113-118

dies.:Wissenschaftstheoretische Positionen in der Frauenforschung (Amerika, Frankreich, Deutschland), in:
Bendkowski, Halina, Weisshaupt, Brigitte (Hg.) Was
Philosophinnen denken. Eine Dokumentation, Zürich
1983, 253-270

MIES, Maria,: Methodische Postulate zur Frauenforschung
- dargestellt am Beispiel der Gewalt gegen Frauen,
in: Beiträge zur Feministischen Theorie und Praxis
1/1978, 41-63

MYRDAL, Gunnar,: Objektivität in der Sozialforschung,
Frankfurt a.M. 1971, (1969)

OSTNER, Ilona,: Wissenschaft für Frauen - Wissenschaft
im Interesse von Frauen, in: Böhme, Gernot: Alternativen der Wissenschaft, Frankfurt a.M. 1980, 215-243

WOESLER DE PANAFIEU, Christine,: (1980): Ein Feministischer Blick auf die Empirische Sozialforschung.
Vortrag anläßlich der Tagung der Sektion der DGS
'Frauenforschung' am 22.2.1980 in Dortmund, in: Dokumentation II der Tagung der Frauenforschung in
den Sozialwissenschaften in Dortmund, Febr. 1980

dies.: Wie "weiblich" kann Wissenschaft sein?, in: Psychologie heute 6/1981, 30-34

dies. und GERMAINE, Xiane: Wie Frauen Kriege bewältigen. Gespräche mit der Generation unserer Großmütter. Hier bes. Kap. IV Methodische Überlegungen zur Erarbeitung von Frauengeschichte, in: Dischner, G. (Hg.): Eine stumme Generation berichtet, Frankfurt a.M. 1982

Ursula MÜLLER

GIBT ES EINE "SPEZIELLE" METHODE IN DER FRAUENFORSCHUNG?*

Vorbemerkung:

Gibt es eine spezielle Methode in der Frauenforschung?
So lautet das Thema meines Vortrages. Zu dieser Frage
werde ich im folgenden Stellung nehmen; ich gebe zunächst
einen Überblick darüber, wie ich meinen Beitrag aufgebaut habe.

Ich werde zunächst einige Worte zu meiner Person sagen,
da es zu den berechtigten Postulaten der neuen Frauenforschung gehört, zu wissen, aus welchen Forschungs-
und Praxiszusammenhängen heraus eine Frau zu einem Thema
etwas sagt. Das methodologische Kriterium "Selbstbetrof-
fenheit" meint unter anderem, daß die Akzentuierung eines
Themas, das Erkenntnisinteresse einer Arbeit und die
methodische Vorgehensweise beeinflußt sind von den Handlungsbedingungen der Frauen, die sich in der Frauenforschung betätigen (Abschnitt 1).

Als nächstes werde ich die Frage danach, ob es eine spezielle Methode in der Frauenforschung gibt, verneinen
und diese Verneinung begründen, und zwar anhand einer
Diskussion der sogenannten "offenen" oder "qualitativen"
Forschungsverfahren (Abschnitt 2).

In einem weiteren Schritt werde ich erläutern, daß es
meiner Meinung nach zwar keine spezielle Methode in der
Frauenforschung oder eine "speziell weibliche" Methode
gibt, wohl aber eine spezielle Methodologie in der Frauenforschung. Diese befindet sich wie die Frauenforschung
selbst in der Entwicklung und in einem steten Auseinan-
dersetzungsprozeß mit der Realität; das Entwicklungssta-
dium dieser Methodologie ermöglicht es gleichwohl, einige
Prinzipien feministischer Forschung darzulegen, zu dis-
kutieren, zu problematisieren und offene oder noch nicht
ausdiskutierte Aspekte zu benennen. Hier werde ich mich
besonders auf die Aktionsforschung als methodologische
Orientierung konzentrieren, sowie auf eine Frage, die
mir sehr am Herzen liegt, nämlich die der Relevanz von
Theorie in der Frauenforschung, oder genauer gesagt:
das Verhältnis von Theorie und Methode (Abschnitt 3).

---

*Für Anregungen zum Thema und Diskussion einer früheren
Fassung danke ich Ulla Bock, Gerhard Bosch, Petra Glöß,
Monika Goldmann, Sigrid Metz-Göckel und Maria Rerrich.

Einen ursprünglich vorgesehenen vierten Abschnitt zur
Rolle feministischer Methodologie in der Sozialwissenschaft, zum Charakter feministischer Methodologie als
allgemeiner Wissenschafts- und Gesellschaftskritik und
zur Rolle feministischer Wissenschaftlerinnen im Wissen-
schafts- und Gesellschaftssystem habe ich aus meinem
Manuskript gestrichen, um der Diskussion Raum zu geben.
Einige Thesen zu diesem Aspekt werden jedoch aus meinem
Beitrag herauszulesen sein.

1. Erläuterungen meiner Sichtweise

Mein Interesse am Thema dieser Tagung und das, was
ich zum Thema dieser Tagung sagen kann, resultiert
aus meinen verschiedenen Erfahrungen in der praktischen Forschungsarbeit in der Soziologie, meinen
Erfahrungen in der Frauenbewegung sowie der Frauen-
politik. Ich forsche seit nunmehr fast acht Jahren
im Bereich der Berufsausbildung und der Erwerbsarbeit, zunächst in einem "klassisch" männlichen Bereich, nämlich dem der industriellen Facharbeiter,
und seit einiger Zeit auch in einem "klassischen"
Frauenbereich, nämlich in einem Projekt mit jungen
Frauen, die den Beruf der Verkäuferin erlernen. Ich
gehöre zu den Mitbegründerinnen der Sektion Frauenforschung in den Sozialwissenschaften in der Deutschen
Gesellschaft für Soziologie und des Vereins Sozialwissenschaftliche Forschung und Praxis für Frauen
e.V.; auch arbeite ich mit im Arbeitskreis Wissenschaftlerinnen in Nordrhein-Westfalen. Methodenfragen beschäftigen mich seit dem Beginn meines Studiums
1967 in Köln, das ich dann später in Frankfurt fort-
gesetzt habe. Meine Äußerungen zum Tagungsthema sind
also u.a. geprägt durch das Verhältnis von Methode
zu einem spezifischen Gegenstand, nämlich der Erforschung der Bedeutung von Ausbildung und Erwerbsarbeit im Lebenszusammenhang und der Lebensperspektive
junger Frauen (und junger Männer). Für meine Sichtweise ist ferner von Bedeutung, daß ich als vollbe-
rufstätige Mutter ein Kind unter drei Jahren weit
überwiegend allein erziehe, und von daher mit der
ungenügenden Vergesellschaftung der Kinderbetreuungs-
arbeit als Realität von Frauen tagtäglich konfrontiert bin.

Ich mache diese kurzen Ausführungen auch, um darauf
zu verweisen, daß Frauen sich im Zuge der Frauenbewegung auf der Verkehrsebene des Wissenschaftssystems
in den letzten Jahren eine wissenschaftliche Infrastruktur mit Durchlässigkeit zu anderen Bereichen
gesellschaftlicher Praxis geschaffen haben (z.B.
Sektion, Verein), und zwar vermittelt über die gemeinsame Betroffenheit durch die Unterdrückung der
Frauen in unserer Gesellschaft. Diese Infrastruktur
bietet nicht nur Rückhalt, Kommunikationsraum, Austausch, sie stellt vielmehr eine zentrale Voraus-

setzung dafür dar, daß Ansätze einer feministischen
Wissenschaft in unserer Gesellschaft entwickelt werden konnten. Ich bin davon überzeugt, daß diese Infrastruktur auch nicht ohne Einfluß darauf ist, daß
wir zur Zeit die erste Generation von Müttern in
der Wissenschaft haben, die zahlenmäßig überhaupt
ein wenig nennenswert ist. Nicht zu übersehen ist
andererseits, daß die Präsenz von Frauen mit Frauenstandpunkt in der Wissenschaft zur Zeit wieder stark
gefährdet ist; die nächsten Jahre werden zeigen,
ob diese erste zahlenmäßig umfangreichere Generation
von Frauen und Müttern in der Wissenschaft zugleich
schon wieder auf längere Sicht die letzte Generation
ist oder nicht, und wir sollten diesem Prozeß gegenüber uns nicht auf eine Beobachterinnen-Rolle beschränken.

2. Gibt es eine spezielle Methode in der Frauenforschung?

Diese Frage ist u.a. die Frage nach der "Originalität" der Frauenforschung.
Viel ist geredet worden über das, was an der Frauenforschung neu sei; auch haben viele sich bemüht,
herauszustellen, daß das, was die Frauenforschung
so bringe und wie sie vorgehe, überhaupt nicht neu
sei, sondern alter Wein in neuen Schläuchen. Es gibt
ein gängiges Kritikmuster in der Wissenschaft, mit
dem neue Ansätze abgebügelt werden; dieses Muster
lautet: "Was an diesem Ansatz neu ist, ist nicht
gut; und was an diesem Ansatz gut ist, ist nicht
neu."

Kann diese Kritik und diese Diskussion tatsächlich
das Problem der Frauenforschung oder genauer: der
Frauenforscherinnen sein? Es kann ihnen nur dann
zum Problem werden, wenn ihnen nicht klar ist, daß
sie den Originalitätsbeweis für ihr Vorgehen nicht
anzutreten brauchen. Die Berechtigung und der Erfolg
einer Vorgehensweise hängen nicht damit zusammen,
daß niemand anders vorher auf diese Idee gekommen
wäre. Mit einem Nachweis der Originalität würden
Frauenforscherinnen eine unnötige Unterwerfung unter
unsinnige Rituale vollziehen und damit Kräfe ver-
schwenden, die sie nötig für anderes brauchen.

Es gibt die neue Frauenforschung, gerade weil sie
nicht voraussetzungslos ist. Sie entwickelt sich
in der Auseinandersetzung mit der vorherrschenden
Forschung als Wissenschaftskritik, und in Auseinandersetzung mit den herrschenden gesellschaftlichen
Verhältnissen als Gesellschaftskritik. (1) Das "Ori-
ginelle" an der Frauenforschung liegt darin - und
hier schließe ich mich an Maria Mies an bzw. daran,
wie ich ihre Formulierung ihres Themas auf dieser
Tagung verstanden habe - daß sie feministische For-

derung ist. Was ist damit gemeint?

Feministische Forschung ist parteiliche Forschung.
Sie nimmt Partei für die Sache der Frauen; sie will
dazu beitragen, daß die Frauen selbst für sich Partei
ergreifen; sie will die Parteinahme der Frauen für
sich selbst, ihren Kampf gegen ihre Unterdrückung
unterstützen.

Diese begriffliche Fassung von feministischer Forschung enthält mehrere Hintergrundannahmen. Die wichtigste davon ist:

In unserer Gesellschaft werden die Frauen aufgrund
ihres Geschlechts unterdrückt; unsere Gesellschaft
ist nicht nur kapitalistisch, sondern auch patriarchalisch.

Diese These feministischer Wissenschaft und Forschung
ist vielfach mißverstanden worden, und wird es noch.
Eines der häufigsten Mißverständnisse liegt in der
individualisierten Interpretation dieses Satzes.
Ein einzelner Mann sagt: "Ich unterdrücke keine
Frau"; eine einzelne Frau sagt: "Ich fühle mich nicht
unterdrückt". Feministische Wissenschaft benennt
demgegenüber die Unterdrückung der Frau als ein zentrales gesellschaftliches Verhältnis, das durch individuell alternative Verhaltensweisen nicht außer
Kraft gesetzt wird. Um es mit Adorno zu sagen, der
möglicherweise mehr recht hatte, als er selber wußte:
"Es gibt kein richtiges Leben im falschen." (Adorno
1951) (2)

Warum gibt es keine "spezielle" Methode der Frauenforschung?

Die Vorstellung, es gäbe eine spezielle Methode der
Frauenforschung, suggeriert etwas, was es meines
Erachtens nicht gibt. Sie unterstellt, daß Frauen
eine ganz besondere Spezies von Forschungsgegenstand
seien, die nur mit ganz bestimmten Methoden erforscht
werden könne. Unterstellt wird ferner, es gäbe ein
bestimmtes Set von Methoden, mit denen Frauenforschung betrieben werde, oder anders herum: Was Frauenforschung sei, das könne man an den Methoden erkennen, mit denen vorgegangen werde. Beide Unterstellungen gehen aus von einem technizistischen Verständnis von dem, was Methode ist. Dieses Mißverständnis ist in der traditionellen Sozialforschung,
die von der feministischen Wissenschaft kritisiert
wird, weit verbreitet. Methoden werden oft als theo-
rieneutrale Werkzeuge betrachtet, mit denen Hypothesen überprüft werden, deren Formulierung vor dem
Einsatz der Forschungsinstrumente abgeschlossen ist
und mit ihr auch die Phase der theoretischen Arbeit.
Diese beginnt erst wieder, nachdem der Einsatz der

Instrumente abgeschlossen ist. Der Methodeneinsatz
selbst bleibt als theoretische Aktivität unerkannt
(Müller 1979).

Das Anliegen der neuen Frauenforschung in ihrem
Selbstverständnis als feministische Forschung ist
es nicht, durch die Erweiterung des traditionellen
Methodenkanons einen Beitrag zu leisten zur besseren
Erforschbarkeit eines den herkömmlichen Methoden
nicht befriedigend zugänglichen Terrains, nämlich:
Frauen. Frauenforschung ist keine neue Bindestrich-
soziologie. Wir müssen nicht nach den Methoden der
Frauenforschung fragen, sondern nach ihrer Methodo-
logie.

Ehe ich zur Methodologie komme, möchte ich noch Stellung nehmen zu der immer noch aktuellen, aber leider
auch immer noch nicht ganz ausgestandenen Kontroverse um "weiche" versus "harte" Methoden, "qualitative" versus "quantitative" oder auch "offene"
versus "geschlossene" Forschungsmethoden. (Ich verwende diese Begrifflichkeit ungern, da sie dem Sachverhalt nicht gerecht wird; für die Zwecke meines
Vortrags benutze ich sie trotzdem und gehe davon
aus, daß wir alle mit dieser Begrifflichkeit nicht
besonders zufrieden sind).

Die Frage, der ich mich nun zuwende, lautet zugespitzt: Sind "weiche" Methoden besonders "weiblich"?

Frauenforschung hat sich schnell für die Verwendung
"offener" Forschungsmethoden entschieden (für Nicht-
Soziologinnen: Unter "offenen", "weichen" oder "qualitativen" Erhebungsverfahren sind Methoden zu verstehen, wie z.B. ein Interview, das Antwortalterna-
tiven nicht vorformuliert, sondern den Befragten
die Akzentsetzung ihrer Antwort überläßt und damit
das Interesse am Verstehen von Zusammenhängen im
Bedeutungskontext der Forschungssubjekte ausdrückt).

Für die Entscheidung für "offene" Forschungsmethoden
gab es eine Reihe methodologischer Gründe: Der Standpunkt der Befragten sollte von diesen selbst und
nicht von den Forscherinnen formuliert werden; der
Umstand, daß traditionelle Forschung häufig die Mehrdeutigkeit der Alltagssprache durch rigide Reduktion
der Ausdrucksmöglichkeiten der Befragten zu lösen
versucht, war ein zentraler Aspekt der Kritik an
dieser Forschung; offene Verfahren sollten demgegenüber die Mehrdeutigkeit und Widersprüchlichkeit der
Äußerungen, die im Grunde der Lebenslage der Frauen
viel eher entsprechen, zum Ausdruck kommen lassen.
Die Entscheidung für offene Verfahren also auch aus
Respekt vor den Forschungssubjekten, als ein Ausdruck der Haltung, diese nicht nur als Forschungsobjekte zu sehen, sondern als Subjekte mit eigenen

Relevanzstrukturen ernst zu nehmen. (3)

Diese Begründung für die Wahl offener Erhebungsverfahren belegt jedoch bereits meine These, daß es
sich bei der Wahl dieser Verfahren weniger um die
Entscheidung für eine bestimmte Methode als vielmehr um eine methodologische Grundhaltung handelt.
Diese These werde ich etwas später noch ausführen.

Offene Verfahren werden in der traditionellen Sozialforschung in aller Regel immer noch in den Bereich
der Heuristik verwiesen; dies heißt auf Deutsch:
Sie sind nützlich zur Hypothesenfindung, aber für
das eigentlich "Wissenschaftliche", nämlich das
Testen von Hypothesen bezogen auf eindeutig definierte Einzelvariablen sind sie nicht zu gebrauchen.
(Friedrichs 1973) Diese Haltung hat sich vor kurzem
ein wenig geändert; die Sektion Methoden der Deutschen Gesellschaft für Soziologie hat sich eine Zeit-
lang ausführlich um offene Verfahren gekümmert und
damit dokumentiert, daß die alten Verfahren irgendwo
an eine Grenze stoßen, was die Produktion gesellschaftlich relevanten Wissens anbelangt. Dies hat
jedoch die Legitimationsprobleme von Forschung mit
offenen Verfahren bisher nicht wesentlich ändern
können. Nach wie vor wird gefragt: Welchen Geltungs-
bereich haben eigentlich die so gewonnenen Ergebnisse? Werden die Forschungssubjekte nicht stark
beeinflußt? und andere Fragen mehr, die merkwürdiger-
weise nur an offene Verfahren, nie jedoch an die
geschlossenen gestellt werden. Deren methodischer
Oktroy (Ritsert 1975) gilt vielmehr nach wie vor
als Standardbeispiel von "Objektivität".

Die Legitimationsproblematik traditioneller Sozialforschung braucht Frauenforscherinnen, die sich offener Verfahren bedienen, nicht zu beunruhigen; zu
deutlich ist, daß die bisherige Forschung über die
Situation der Frauen in der Gesellschaft wenig bis
gar nichts hervorgebracht hat, bzw. ein sehr geschul-
tes feministisch orientiertes Auge notwendig ist,
um in einer chaotischen Mannigfaltigkeit vorliegen-
der Forschungsergebnisse zu allem und jedem doch
die wenigen Punkte zu erkennen, an denen es offensichtlich etwas über Frauen zu erfahren gibt - über
ihre Lebenssituation, ihr Denken, ihre Perspektiven
u.a.m. Dies tritt jedoch meist nur zutage, wenn vorliegende Studien sehr stark 'gegen den Strich gebürstet' werden. Der Verweis in den Bereich der Heuristik kann daher nicht sehr beunruhigen; zwar wissen
die meisten Frauenforscherinnen schon, mit welchen
Fragen sie ihre Forschung beginnen wollen und warum;
die Forschungsaufgabe bedeutet jedoch in jedem Fall
das Betreten von Neuland - die Perspektive der Frauen
ist das Unbekannte, das mit dem Blick "von oben"
nicht erfaßbar ist. Daß diese Haltung nur "explo-

rative" Ergebnisse bringe, wird von der Frauenforschung daher offensiv gewendet: Sie hat sich aufgemacht, das Unbekannte bekannt zu machen, und das Negativetikett der traditionellen Kritik - nur "explorativ" zu sein - erscheint ihr die zur Zeit einzig legitimierbare methodologische Strategie.

Die Orientierung auf diese Verfahren ist daher dem derzeitigen Wissenstand und dem Forschungsinteresse durchaus angemessen; als methodische Orientierung feministischer Forschung insgesamt scheint sie mir jedoch nicht ausreichend, und zwar aus folgendem Grund:

Forschungsmethoden müssen einem Gegenstand adäquat sein - ein altes methodologisches Postulat. Ein bestimmter Forschungsgegenstand verlangt eine bestimmte Methode oder eine bestimmte Vielfalt von Methoden. Umgekehrt gilt aber auch: Bestimmte Methoden konstituieren einen Forschungsgegenstand mit, oder: Methoden haben eine bestimmte Reichweite von explorativer Wirkung, und diese können sie nicht überschreiten. Dies gilt z.B. für das Interview. Was - aus welchen Gründen auch immer - nicht in die Sprache gelangen kann, wird durch das Interview auch nicht erfahrbar sein (ein Beispiel in Glöß 1983).

Dies läßt sich für den gesamten Bereich der "qualitativen" Methoden verallgemeinern. Sie decken nur einen Teilbereich des Lebenszusammenhanges von Frauen ab, und nur einen Teilbereich der Bedingungen, die das Leben von Frauen kennzeichnen. Wir sollten uns jedoch nicht durch unsere Methodenwahl in ein Ghetto (wieder) zurückdrängen lassen, und diesem Prozeß auch noch Vorschub leisten, indem wir sagen: Quantitative Vorgehensweisen kommen für uns nicht in Frage, weil sie nicht auf die Sichtweise der Subjekte selbst Bezug nehmen, u.a.m. Wenn wir nicht wissen, wie die Lebenslage der Frauen in ihrer statistisch abbildbaren Struktur aussieht, sind unseren Forschungs- und Handlungsmöglichkeiten enge Grenzen gesetzt. Blicken wir aber einmal auf diesen von uns, wie ich meine, bisher vernachlässigten Bereich, so sehen wir:

Vieles über die Struktur des Lebens von Frauen in unserer Gesellschaft wissen wir gar nicht, weil

- Daten nicht nach Geschlecht gesondert erhoben werden
- oder nicht nach Geschlecht gesondert veröffentlicht werden
- oder die erhobenen Daten von Frauen nicht publiziert werden, sondern nur die der Männer (ein Beispiel: BMA 1983; weitere Beispiele in Strauß 1983).

Die Realität des Lebens der Frauen wird ferner vielfach durch die Erhebungsraster öffentlicher Statistiken verdeckt; gleiches gilt auch für die (statistische) Konstruktion der Grundgesamtheit, aus der Stichproben für alle möglichen sozialwissenschaftlichen Studien gezogen werden (Delphy 1981; Llewellyn 1981).

Diese Zustände müssen von uns kritisiert werden, unter anderem deshalb, weil diese Daten Politik sind, und mit ihnen auch weiterhin Politik gemacht werden wird, und zwar häufig oder meist gegen die Frauen, solange wir uns nicht darum kümmern. Mit einer Beschränkung auf "qualitative" Verfahren würde Frauenforschung nicht nur den Gegenstand ihrer Forschungstätigkeit einschränken, sondern auch die Reichweite ihrer Kritik an der etablierten Forschungstätigkeit und an den gesellschaftlichen Verhältnissen.

"Qualitative", "offene" Verfahren können ebenso wie die "quantitativen", "geschlossenen" auch gegen Frauen gewendet werden. Es handelt sich auch hier wieder um eine methodologische Frage, nicht um eine der speziellen Methode.

Die Frage, die ich als Quintessenz meiner These in diesem Teil meines Referates zugespitzt formulieren möchte, lautet: Ist eine feministische Repräsentativerhebung - die notwendigerweise schon allein wegen der großen Fallzahl standardisiert vorgehen müßte- undenkbar? Oder wäre sie nicht - in einigen Jahren, wenn mehr explorativ gewonnene Ergebnisse vorliegen- denkbar und auch nützlich, und zwar als kritische Forschungstätigkeit und Kritik an den gesellschaftlichen Verhältnissen zugleich? Wäre es nicht möglich, die kritisierten Verfahren und ihre Anwendung unter frauenspezifischen Gesichtspunkten zu verändern?(4)

3. Methodologie in der Frauenforschung

Unter "Methodologie" verstehe ich hier die Reflexionsebene wissenschaftlichen Vorgehens, auf die die Grundentscheidungen darüber fallen, wie Sozialforschung mit ihrer Reflexivität umgeht; d.h. mit dem Umstand, daß ihre gesellschaftliche Bedingtheit mit zu ihrem Forschungsbereich gehört, und die Forschung selbst immer beeinflußt. Das bedeutet z.B.: Ist eine Gesellschaft - wie z.B. unsere - durch zentrale Interessengegensätze gekennzeichnet, ist die Forschung davon nicht unberührt. Ob sie dies reflektiert oder aber ignoriert, ist eines der Kriterien, an denen man Typen von Methodologie unterscheiden kann (Müller 1979). Frauenforschung befindet sich methodologisch betrachtet in der Tradition methodologischer Ansätze, die die Verbindung von wissenschaftlichem Vorgehen

und dessen gesellschaftlicher Bedingtheit mit reflektieren.

Die Methodologie befaßt sich nach meinem Verständnis

- mit dem Verhältnis von Theorie und Methode,
- mit dem Erkenntnisinteresse und dem Adressaten-
  bezug von Forschung (Praxis),
- mit dem Verhältnis von Methode und Forschungsgegenstand, u.a.m. (Ritsert 1978, Müller 1979).

Die Methodologie der Frauenforschung befindet sich
wie die Frauenforschung selbst in der Entwicklung.
Einige ihrer allgemein geteilten Prinzipien sind:

- Die grundlegende und bewußte Parteilichkeit der
  Forschung für die Sache der Frauen.
- Die Entlarvung der Postulate von "Interessenneu-
  tralität" und "Wertfreiheit" oder auch "Objektivität" als Ideologie, die den sexistischen Charakter
  der traditionellen Methodologie verdecken soll.

Ich möchte im folgenden zu zwei weiteren Aspekten
der Methodologie in der Frauenforschung Stellung
nehmen, die mir sehr am Herzen liegen und die kon-
trovers diskutiert werden. Es handelt sich um

a) die "Aktionsforschung" als methodologische Orientierung (5)
b) die Rolle der Theorie in der Frauenforschung,
   bzw. das Verhältnis von Theorie und Methode.

a) In der Frauenforschungsdiskussion hat Aktionsforschung als methodologische Orientierung zeitweise
   eine dominante Rolle gespielt; sie vertritt entschieden die Demokratisierung des Forschungsprozesses, die Organisation des Forschungsprozesses
   als gemeinsamen Lern- und Bewußtwerdungsprozeß
   aller Beteiligten, und die gemeinsame Veränderung
   einer als veränderungsbedürftig empfundenen Situation.

Wegen ihres interaktiven Charakters ist die Aktionsforschung in ihrer analysierenden und verändernden Wirkung auf Problembereiche zugeschnit-
ten, die durch das gemeinsame Handeln der Betroffenen tatsächlich berührt und verändert werden können. Ich halte es jedoch für gefährlich,
diese methodologische Entscheidung zu verabsolu-
tieren, d.h. unkritisch auf alle möglichen Problembereiche zu übertragen.

Frauenforschung auf Aktionsforschung reduzieren
zu wollen, also nur einer Forschung, die sich als
Aktionsforschung begreift, die Bezeichnung "Frauenforschung" oder "feministische Forschung" vor-

behalten zu wollen, halte ich für falsch. Es bedeutet 1. eine Reduktion des Anspruchs von Frauenforschung auf interaktive Forschung und Praxis;
es bedeutet 2. eine Reduktion des Gegenstandsbereichs, in dem überall Frauenforschung notwendig
wäre, auf den Bereich der uns unmittelbar hand-
lungsmäßig zugänglichen Erfahrung; es bedeutet
3. eine Reduktion des Anspruchs von Frauenforschung, zu welchen Bereichen gesellschaftlicher
Probleme sie etwas zu sagen haben will, und es
bedeutet schließlich die Reduktion des Adressa-
tenkreises von Frauenforschung auf die von einem
Einzel-Forschungsprozeß jeweils Betroffenen. Ein
Ursprung feministischer Forschung ist aber die
umfassende Wissenschaftskritik vom Frauenstandpunkt aus, und diesen Anspruch sollten wir in
der Entwicklung unserer eigenen methodologischen
Orientierung nicht aufgeben. (6)
Die methodologischen Postulate, die im Diskussionszusammenhang um die Aktionsforschung entwickelt wurden (Mies 1978), haben m.E. eine Relevanz, die sie für mehr als nur für einen For-
schungstypus gültig macht, wenn sie nicht als
direkte methodische Hinweise mißverstanden werden.
Ich denke hier an die Nicht-Beliebigkeit der
Themenauswahl von Forschung, an den Respekt vor
dem Subjekt, an die Notwendigkeit, das Erkenntnisinteresse und den Adressatenzusammenhang
(Praxis) von Forschung offenzulegen, an die Legitimierung von methodischen Vorgehensweisen; ich
denke an das Postulat, die Verantwortung für die
eigene Forschungspraxis zu übernehmen, und an
das Kriterium, daß eine Forschung, die nur den
status quo bestätigt, keine Frauenforschung sein
kann.

b) Die Frage nach den Methoden in der Frauenforschung
ist unlösbar verknüpft mit der Frage nach der
Theorie. Die Subjektorientierung als methodologische Strategie der Forschung bleibt ohne eine
gesellschaftstheoretische Fundierung verkürzt,
die auch darüber reflektiert, inwieweit Frauen
in unserer heutigen patriarchalisch-kapitalisti-
schen Gesellschaft überhaupt Subjekt sein **können**
(Ostner 1981, Mies 1981), inwieweit ihnen ihre
Biographie **gehört** und wie sie sich diese **aneignen**
können.

Ohne eine gesellschaftskritisch-theoretische Perspektive läuft auch die Frauenforschung Gefahr,
lediglich die Oberfläche der schlechten Realität
zu verdoppeln. Sie würde dann den Blick dafür
verlieren, daß es nicht nur Methoden gibt, die
die Realität verzerren und verdecken, sondern
daß es ebenso theoretische Konzepte gibt, die
verzerren und verdecken.

In der traditionellen sexistisch strukturierten
Forschung sind solche Konzepte gang und gäbe;
seit einiger Zeit wird zunehmend Kritik an diesen
geübt.

So ist zum Beispiel der Irrtum nicht auszurotten,
daß faktische Entscheidungen von Menschen als
deren von ihnen selbst gewünschtes Verhalten zu
interpretieren seien, d.h.: vom faktischen Verhalten wird auf die dazu passende "Einstellung" geschlossen.

Dieser Schluß ist für Frauenforschung besonders
fatal; er führt einmal mehr dazu, daß Frauen
"stumm" bleiben, um mit Regina Becker-Schmidt
(1983) zu sprechen. Die Verstummung der Frauen
führt andererseits dazu, daß sie einmal mehr dazu
benutzt werden, zur Bestätigung von ihnen gegenüber bestehenden Vorurteilen herhalten zu müssen.
Einige Beispiele dafür sind:

- Frauen sind deshalb so massenhaft in den Berufen "Verkäuferin" und "Friseuse" zu finden,
  weil diese Berufe bei ihnen so beliebt sind.
- Frauen sind weniger häufig als Männer in Gewerkschaften organisiert, weil ihr Arbeitneh-
  merbewußtsein defizitär ist.
- Frauen sind deshalb so selten in höheren Re-
  gierungsfunktionen, weil sie sich nicht so
  sehr für Politik interessieren.

Es handelt sich hier ausschließlich um Beispiele,
die das Verharren von Frauen auf traditionellen
Positionen erklären wollen. Dies verleiht ihnen
teilweise tautologischen Charakter: **weil** Frauen
so "weiblich" orientiert sind, ergreifen sie nur
ganz bestimmte Berufe; weil diese Berufe den
Frauen so entsprechen, werden sie von den Frauen
gewählt. Es entspinnt sich ein ewiger Kreislauf
zur Beschreibung der Funktionsweise des status
quo als System, und wie er aufrechterhalten wird.

Wir müssen fragen:
Warum? Wem nützt das? Wer ist der Adressat einer
solcherart ausgerichteten Forschung?

Es drängt sich der Verdacht auf, daß Frauen deshalb so gern Immobilität zugeschrieben wird,
weil dies die Angst besiegen hilft, sie könnten
sich tatsächlich - bewegen (frei nach Devereux
1976).

Ich halte es jedoch für notwendig zu betonen,
daß Frauenforschung von solchen Unterstellungen
auch nicht frei ist.

(Ich kürze hier ab, lasse einige Beispiele weg und komme zu meinem Hauptbeispiel, das zugleich die positive Wendung meines Arguments verdeutlichen soll:)

Die Relevanz der theoretischen Perspektive und die Konsequenzen, die die theoretische Perspektive für das methodische Vorgehen und die Resultate von Frauenforschung hat, sind in letzter Zeit besonders deutlich und differenziert von Regina Becker-Schmidt und ihren Kolleginnen in Hannover hervorgehoben worden. Das Aufsehen und die breite Rezeption, die die Überlegungen dieser Gruppe in der Frauenforschung und darüberhinaus findet, scheint mir anzudeuten, daß hier eine Problematik zur Sprache gebracht und zugleich ein Zugang zur Lösung versucht wird, der dem Bedürfnis der Frauenforscherinnen entspricht, die sich schon länger mit einem Problem herumschlagen, das ich wie folgt benennen möchte:

Warum lassen sich die Frauen das alles gefallen? Warum tun sie nichts? Warum nehmen sie patriarchalische Familienverhältnisse, unzumutbare Öffnungszeiten von Kinderbetreuungseinrichtungen, schlecht bezahlte, anstrengende, intellektuell unterfordernde und dafür physisch überfordernde Tätigkeiten in Kauf? Warum begründen sie ihre Absicht, während der ersten Lebensjahre eines Kindes zuhause zu bleiben, ausgerechnet mit dem Argument, daß ein Kind die Mutter brauche? Warum wenden sie die Ideologie unserer Gesellschaft, daß es nämlich nur an jedem selbst läge, welche Position er im Leben erreichen werde, ausgerechnet auch noch gegen sich selbst usw., usw.?(7)

Die Antwort, die ich zur Zeit auf diese Fragen geben würde, lautet: Der Handlungsspielraum von Frauen in unserer Gesellschaft ist nach wie vor außerordentlich gering. Die Handlungsbedingungen, innerhalb deren sich Frauen gleichwohl zu bewegen versuchen, stellen widersprüchliche Verhaltensanforderungen an sie, die jede Frau selbst auf dem Hintergrund ihrer individuellen Situation und Perspektive, in irgendeiner Form zu lösen versucht. Welche Lösung auch immer gewählt wird: Jede geht mit einer nicht erwünschten Reduktion von Lebensmöglichkeiten einher.

Daß ich mich durch das genannte Hannoveraner Projekt - ähnlich wie viele andere Frauen in der feministischen Forschung - sehr angesprochen fühle, hat u.a. folgenden Grund: es wird hier deutlich, daß feministische Forschung Aussagen und Orientierungen der Frauen auf deren Handlungsbedingungen beziehen muß, und erst in diesem Rahmen zu einer Interpretation kommt, die der Situation der Frauen und deren Situationsinterpretation überhaupt ansatzweise gerecht werden kann. Die Erklärungsmuster, die sich mit den

Stichworten Widerspruch, Ambivalenz und Ambiguität
verbinden, scheinen mir auf dem derzeitigen Stand
meiner Auseinandersetzung damit eine Art Schlüssel
zu sein für vieles, was jede von uns, die sich in
empirischer Forschung mit der Frauenthematik befaßt,
immer wieder zu einseitigen Interpretationen ver-
führen kann. Die Vereinseitigung ihrer Lebensmöglichkeiten auf "Nur"-Hausarbeit oder - seltener - auf
Erwerbsarbeit ohne eigene Kinder, die den Frauen
vielfach zugemutet wird, verführt auch feministisch
orientierte Forscherinnen dazu, den Frauen diese
Vereinseitigung als Orientierung zu unterstellen.
Damit wird z.B. Fabrikarbeiterinnen oder Verkäufe-
rinnen abgesprochen, daß sie ein Bewußtsein von dem
Verlust hätten, der ihnen durch den Verzicht auf
Erwerbsarbeit entsteht, und zwar eben nicht nur unter
finanziellem Aspekt.

In ihrer Antwort auf Regina Becker-Schmidt auf dem
letzten Soziologentag in Bamberg wirft Helgard Kramer
dem Hannoveraner Projekt unter anderem vor, den Arbeiterinnen - zugespitzt formuliert - arbeitsinhalt-
liche Identifikation mit Arbeitstätigkeiten zuzu-
sprechen, die die Arbeiterinnen selbst überhaupt
nicht haben, und aufgrund der Struktur ihrer Arbeits-
tätigkeit auch nicht haben könnten; die Chance zur
Realisierung arbeitsinhaltlicher Bedürfnisse wird
in dieser Sichtweise auf die Hausarbeit verlagert.

Das Problem dieser These liegt meiner Ansicht nach
u.a. in dem empirischen Datum, das Kramer zur Unterstützung ihrer Argumentation heranzieht: "Ein arbeitsinhaltlicher Bezug zur ausgeübten Tätigkeit
müßte sich auf der Verhaltensebene als berufsähnli-
ches Verhalten äußern: in einer Bindung an bestimmte
ausgeübte Tätigkeiten, ferner in nur geringen Unterbrechungen der Lohnarbeit zugunsten ausschließlicher
Hausarbeit." (Kramer 1982, S. 34) Dies sei aber in
der Realität nicht so: die Fluktuation von Arbeiterinnen im Bereich un- und halbqualifizierter Industriearbeit sei sehr hoch, verheiratete Frauen mit
Kleinkindern unterbrächen ihre Erwerbsarbeitsbio-
graphie mindestens einmal, oft mehrmals zugunsten
ausschließlicher Hausarbeit, Arbeiterinnen bevor-
zugten Teilzeitarbeit und wechselten, wenn sich die
Chance biete, aus der Industriearbeit in Dienst-
leistungstätigkeiten.

Diese empirischen Daten widersprechen jedoch der
Hannoveraner Studie nicht; hier wird vielmehr ein
männliches Modell, nämlich das der kontinuierlich
ausgeübten Lohnarbeit, zum Prüfstein für die Ernst-
haftigkeit arbeitsinhaltlicher Orientierungen von
Frauen erhoben. Folgende Aspekte bleiben dabei aus
dem Blick:

- Der Handlungsspielraum der Frauen ist, wie bereits
erwähnt, sehr eingeschränkt. Widersprüchliche Verhaltensanforderungen sind gesellschaftlich produziert,
werden ihnen aber als individuell zu lösendes Problem
zugemutet. Da Frauen jedoch nicht nur Opfer von Verhältnissen sind, sondern auch Täter (F. Haug) bzw.
Täterinnen, darf hier nicht unerwähnt bleiben, daß
es sich nicht nur um Verhaltensanforderungen und
-erwartungen handelt, sondern auch um produktive
Lebensbedürfnisse von Frauen, deren Verwirklichung
aufgrund der geschlechtsspezifischen Arbeitsteilung
für Frauen häufig nur in einem Nacheinander, oder
durch eine Reduktion von Lohnarbeit u.a. erreicht
werden kann. Sicher bedeutet die Unterbrechung von
Lohnarbeit oder auch der stete Wunsch, dereinst für
immer aus der Lohnarbeit auszuscheiden, auch die
Kritik an unerträglichen Zumutungen im Lohnarbeits-
bereich; es bedeutet aber auch die Kritik an der
Unerträglichkeit der geschlechtsspezifischen Arbeitsteilung in einem sehr viel allgemeineren Sinne.

- Daß Frauen aus der Fabrik in Dienstleistungstätig-
keiten wechseln, wenn sich ihnen die Chance bietet,
stellt vermutlich in vielen Fällen ein sehr rationa-
les Arbeitnehmerverhalten dar, wobei Bedingungen
beider Branchen abgeprüft werden, und schließlich
eine Entscheidung für die als günstiger scheinende
Möglichkeit getroffen wird. Dies widerspricht der
These von der arbeitsinhaltlichen Identifikation
mit der Arbeit in der Fabrik als solcher jedoch
nicht.

- In unserer eigenen Untersuchung mit jungen Frauen,
die den Verkaufsberuf erlernen, ist uns ebenfalls
die Diskontinuität von Erwerbsarbeit in der Zukunfts-
planung aufgefallen. Allerdings muß zunächst gesagt
werden, daß nur ein kleiner Teil, nämlich 1/5 der
von uns befragten jungen Frauen, die auch im Ver-
kaufsbereich häufig unterstellte Perspektive teilen
würden, noch ein paar Jahre erwerbstätig zu sein
und bei der Geburt des ersten Kindes endgültig aus
dem Erwerbsleben auszuscheiden. Alle anderen jungen
Frauen planen, Beruf und Familie in irgendeiner Weise
zu vereinbaren. Als ein interessantes Phänomen zeigt
sich dabei, daß der Plan, bei der Geburt eines Kindes
die Berufsausübung für mehrere Jahre zu unterbrechen und dann zurückzukehren, oft ein Plan der Konti-
nuisierung der eigenen Berufsperspektive ist. Einige
junge Frauen sind ferner der Meinung, es sei besser,
für einige Jahre aufzuhören, und dann eine Vollzeit-
Tätigkeit wieder aufzunehmen, als eine Teilzeitarbeit
im Verkauf zu akzeptieren, was in jedem Fall den
Abschied von beruflichem Aufstieg bedeuten würde.
(Müller/Goldmann 1983)

Ich möchte hier nicht auf das Argument hinaus, daß
alles ganz anders sei, und Frauen in den ihnen gesellschaftlich zugewiesenen Erwerbsarbeitsbereichen
in Wirklichkeit glücklich seien, und daß nur die
Frauenforscherinnen das noch nicht gemerkt hätten;
das ist nicht mein Argument. Es spricht auch viel
mehr für die These (Martiny/Kulms 1980), daß die
Frauen sich im Hin und Her zwischen dem Bereich der
Erwerbsarbeit und dem Bereich der häuslichen Arbeit
in der Belastungsbewältigung so verschleißen, daß
ihre Kraft zur Aufrechterhaltung des status quo ausreicht, aber nicht zu dessen Aufhebung. Es liegt
mir jedoch viel daran zu betonen, daß der Zustand
der Unbeweglichkeit, den wir häufig bei oberfläch-
licher Betrachtung sehen, in der Tat nur die Oberfläche darstellt, und der Analyse durch theoretische
Konzepte und einer daran orientierten Methodologie
bedarf, die der Prozeßhaftigkeit und der widersprüchlichen Dynamik des Lebens der Frauen gerecht werden.(8)

Dies bedeutet konkret: Das Handeln der Frauen und
ihre Erlebnisverarbeitung , die sich in Orientierungen niederschlägt, die sie mitteilen, bezieht
sich auch immer konkret auf Handlungsbedingungen.
Das Handeln der Frauen verändert sich, wenn sie in
irgendeiner Form eine Veränderung der Bedingungen
erfahren oder aber eine Chance sehen, selbst ihre
Handlungsbedingungen zu verändern.

Interpretieren wir Äußerungen von Frauen zum Problem-
komplex "Beruf und Familie" lediglich immanent,
tun wir ihnen das an, was sie überall erfahren: Wir
interpretieren ihre Äußerungen über die Gegenwart
als ihre Absichten für die Zukunft, wir interpretieren ihre realistische Einschätzung ihrer einge-
schränkten Möglichkeiten als Resignation, wir interpretieren den Umstand, daß viele nach der Geburt
von Kindern die Berufstätigkeit unterbrechen oder
aufhören, als Verwirklichung ihres eigentlichen Wun-
sches nach Haus- und Beziehungsarbeit als ausschließlicher Tätigkeit.

Wem nützt eine solche Forschung? Bedeutet dies tatsächlich, Frauen ernst zu nehmen? Was unterscheidet
eine Frauenforschung, die nur die Immobilität sieht
und beschreibt, von der Forschung über Frauen, die
wir bekämpfen?

Meine These ist hier, daß auch die "offenen" Forschungsverfahren dann nichts nützen, wenn die mit
ihrer Hilfe erhobenen Äußerungen anhand eines theoretischen Konzepts interpretiert werden, das keine
Widersprüche und Ambivalenzen sucht, sondern die
Vielschichtigkeit der Aussagen zugunsten des Interesses an einer eindimensional- schlüssigen Er-

gebnisaussage wieder reduziert. (9) Hiermit werde
ich nicht nur den Äußerungen der Frauen nicht gerecht, sondern ich leiste einen Beitrag zur Zemen-
tierung des status quo, möglicherweise ohne dies
zu beabsichtigen.

Dies gilt aus meiner Perspektive besonders für theoretische Konzepte, die dazu führen, daß die Ergebnisse, die in ihrem Bezugsrahmen interpretiert werden, lediglich traditionelle Vorurteile über Frauen
letztlich bestätigen, die in relevanten Praxisbereichen vorherrschend sind, und das Leben der Frauen
sehr betreffen. Entweder wird mit diesen Vorurteilen
bewußt Politik gemacht, oder sie dienen als Orien-
tierungspunkte für politische Einschätzungen und
Handlungen, solange Alternativen nicht in Sicht sind.
(Hier meine ich z.B. theoretische Konzepte, die mehr
oder minder implizit darauf ausgerichtet sind, den
Frauen selbst letztlich die Schuld für ihre gesellschaftliche Unterdrückung zuzuschieben).

Den latenten Konservativismus in Theoremen aufzuspüren und zu kritisieren, mit denen heute Forschung
zu Frauenthemen betrieben wird - und zwar auch von
Frauen - halte ich für eine zentrale Aufgabe feministischer Methodologie. Auch für die Ebene der
Theorie möchte ich bekräftigen: "Frauenforschung",
die nur und ausschließlich zum Fortschritt der Wissenschaft beitragen will, ohne zugleich zur Veränderung der Praxis der Wissenschaft und der Situation
der Frauen beitragen zu wollen, genügt nicht.

4. Statt einer Zusammenfassung

Ich komme zum Schluß, der nicht den Charakter eines
Fazits haben kann.

In ihren Frankfurter Poetik-Vorlesungen reflektiert
Christa Wolf u.a. die Auswirkungen der männlichen
Vorherrschaft in der Geschichte und der Wissenschaft,
d.h. die Auswirkungen der Abwesenheit von Frauen.
Sie interpretiert ein Gedicht von Ingeborg Bachman
mit dem Titel "Erklär mir Liebe"; mich interessieren
hier besonders die Schlußzeilen:

> Erklär mir nichts. Ich seh' den Salamander
> durch jedes Feuer gehen.
> Kein Schauer jagt ihn und es schmerzt ihn nichts.

Christa Wolf interpretiert: "Merkt er noch, gestählt
und gepanzert, wie er ist, ob es Feuer oder Kälte
sind, durch die er geht? Er wird Instrumente mit
sich führen, die Temperatur zu messen, denn was ihn
umgibt, muß eindeutig sein." (Wolf 1983, S. 129)

Diese Aussagen lassen sich, wie ich finde, in mehrerer Hinsicht auf die Frage nach den Methoden in der Frauenforschung übertragen. Die Aussagen formulieren eine Kritik an einer Vorgehensweise, die das ganz Offensichtliche, das unmittelbar zu Empfindende nicht bemerkt, bzw. zu deren Kennzeichen es gehört, das unmittelbar Auffällige, Einsichtige nicht zu bemerken oder nicht zu begreifen. So erleben viele Frauen die Tatsache der sexuellen Diskriminierung und ihrer Nichtbeachtung in der bisherigen Forschung.

Unmittelbar sinnlich wahrnehmbare Phänomene wie Feuer oder Kälte werden zum Zweck der exakten Erforschung in ein System von Zeichen übersetzt, dem eine Entsprechung in der Realität unterstellt wird. Meßinstrumente halten die Ausprägung fest, die die in dieser Weise übersetzte, d.h. konstruierte Eigenschaft annimmt; die konstruierte Eigenschaft wird einem in der Realität vorhandenen Objekt zugeschrieben. Das Bewußtsein einer außerhalb dieses Konstrukts vorhandenen Realität geht dabei verloren, und die Betroffenheit durch Feuer und Kälte wird neutralisiert.

Ich möchte nicht für eine Frauenforschung plädieren, die von einem naiv-unmittelbaren Standpunkt der Erkenntnis ausgeht. Auch Frauenforscherinnen wissen nicht einfach so und von vornherein, was in einer Situation vor sich geht. Auch Frauenforschung kann nicht auf Erhebungsinstrumente und theoretische Konstrukte verzichten. Christa Wolfs Beispiel sagt uns jedoch meiner Meinung nach folgendes:

- Wir müssen uns den Sinn für die Differenz von Realität und Konstrukt bewahren.
- Wir sollten falsche Eindeutigkeiten meiden.
- Wir sollten von unserer Betroffenheit ausgehen; wir müssen fähig sein, immer zu merken, ob es Feuer oder Kälte sind, durch die wir gehen, und die Schmerzen, die wir überall spüren, sind unsere Stärke und unsere Hoffnung.

Anmerkungen

(1) Die spezifische Wendung, die die Reflexivität der Soziologie in der Frauenforschung erfährt, hängt mit der eigentümlichen Position von Frauen im Wissenschaftsbetrieb zusammen, die Forschung vom Frauenstandpunkt aus betreiben. Als Frauen befinden sich die Forscherinnen in einem sehr umfassenden Sinn in einer Unterdrückungssituation aufgrund ihres Geschlechts, die sie mit allen Frauen in der Gesellschaft teilen. Als Wissenschaftlerinnen befinden

sie sich in einer relativ privilegierten Position
gegenüber der großen Masse der Frauen, soweit sie
ihre Tätigkeit zu den "Normalbedingungen" ausüben
können, die sich in der Gesellschaft für wissenschaftliche Tätigkeit etabliert haben. Die Reflexivität der Soziologie, d.h. der Umstand, daß die Soziologie von den gesellschaftlichen Bedingungen bestimmt
ist, die zugleich Gegenstand ihrer Analyse sind,
betrifft die Frauen im Wissenschaftsprozeß in besonderer Weise. Sie empfinden sich als "Subjekt"
im Wissenschaftsprozeß, in dem sie selbst Wissenschaft betreiben, und zugleich als "Objekt" von
Wissenschaft, indem sie fortwährend mit wissenschaftlichen Ansätzen und Ergebnissen konfrontiert werden,
in denen Frauen - und damit sie selbst - entweder
gar nicht vorkommen oder in einem Zustand der Ver-
zerrung bis zur Unkenntlichkeit. Ansatzpunkt der
feministischen Wissenschaftskritik ist die Erkenntnis gewesen, daß die etablierte Wissenschaft sexistisch strukturiert ist; dies betrifft ihre theoretischen Konzepte, ihre Methodologie, ihre Sprache,
ihre Ergebnisse und wie diese interpretiert werden.
Es betrifft darüberhinaus die Situation von Frauen
im Wissenschaftsbetrieb; der Anteil der Frauen an
den Hochschullehrern z.B. hat bundesweit niemals
die 5%-Grenze überschritten.

(2) Ich finde vieles in den Arbeiten der Kritischen
Theorie auch heute noch sehr wichtig, wenn ich auch
Barbara Sichtermanns Ansicht über deren weitgehende
Blindheit gegenüber der Patriarchatsproblematik
teile. (Sichtermann 1980)

(3) Ich stimme Helge Pross darin zu, daß weder die Kritik
an den "geschlossenen" Verfahren noch die Begründung
für die "offenen" Verfahren in allen Einzelpunkten
originäre Leistungen der neuen Frauenforschung sind.
Die Methodendiskussion in der Soziologie ist so alt
wie diese selbst, und die "offenen" Verfahren haben
auch eine lange Tradition. Allerdings bin ich der
Meinung, daß die Kritik des "traditionellen" Typs
von Sozialforschung an sich selbst wegen der diesem
zugrunde liegenden methodologischen Orientierungen
an relativ enge Grenzen stößt; dies hat bis heute
zu einer eher konfrontativen als befruchtenden Auseinandersetzung geführt. (Müller 1979)

(4) Die "feministische Repräsentativerhebung" hat in
der Diskussion meines Vortrags einen breiten Raum
eingenommen. Ich möchte daher klarstellen, daß mir
eine solche Erhebung nicht als Ziel vorschwebt, für
das die bisherigen Arbeiten der Frauenforschung lediglich vorbereitenden Charakter hätten. Ich teile
nicht die traditionelle Auffassung, daß explorative
Verfahren und Studien vorwissenschaftlich seien.
Die Erwähnung der "feministischen Repräsentativer-

hebung " hat für mich mehr symbolisch-provokativen
Charakter; ich möchte gern dazu anregen, quantitative Verfahrensweisen einer kritischen Prüfung zu
unterziehe, was ihre Nutzbarkeit für Frauenforschung
angeht. Die pauschale Verdammung dieser Methoden
als "Zerstückelung der Realität" und "orientiert
auf die Produktion von Herrschaftswissen" halte ich
in dieser Verallgemeinerung für verkehrt; wenn wir
nach Methode und Methodologie differenzieren, sind
wir in der Wertung und den Möglichkeiten alternativer Verwendung herkömmlicher Methoden (zu denen
auch die "offenen" Verfahren gehören) m.E. einen
großen Schritt weiter.

(5) "Aktionsforschung" verwende ich hier als Kürzel für
einen bestimmten Typus methodologischer Orientierung,
der die gesellschaftskritisch gewendete und politi-
sierende Interpretation eines ursprünglich als So-
zialtechnik entworfenen Konzepts (Lewin) darstellt.
Das Verständnis von Aktionsforschung, Handlungsfor-
schung, aktivierender Forschung u.a.m., das in der
Frauenforschungsdiskussion eine große Rolle spielt,
wurde für den deutschen Sprachraum zum ersten Mal
mit durchschlagender Wirkung von Werner Fuchs (1970)
formuliert und seitdem für verschiedene Forschungs-
und Praxisbereiche differenziert.

(6) Hinzu kommt das Problem, daß eine Verabsolutierung
von "Aktionsforschung" als methodologische Orientierung implizit das Theorem enthalten würde: wenn
die Strukturen sich nicht verändern lassen, müssen
eben die Frauen sich verändern. Dieses Theorem wird
durch die Erfahrungen in der Frauenbewegung scheinbar
bestätigt. Ohne den Kampf gegen den § 218, ohne den
Kampf für Frauenhäuser, usw., sähe die gesellschaftliche Wirklichkeit anders aus. Als alleinige Perspektive für Frauenforschung kann diese Orientierung
aber den Blick dafür verstellen, daß es gesellschaftliche Umstände gibt, die dem verändernden Handeln
einer Gruppe von Frauen nicht ohne weiteres zugänglich sind. Wird dann trotzdem ein Aktionsforschungs-
konzept verfolgt, bedeutet dies, daß den betroffenen
Frauen selbst - implizit und ohne es zu wollen -
die Verantwortung für die Zustände, durch die sie
unterdrückt werden, zugeschoben wird.

(7) Ich pointiere hier eine Problematik, die sich auch
unter der Überschrift "traditionelle" Frauen - "fortschrittliche" Forscherinnen formulieren ließe. Damit
ist gemeint, daß viele Frauen, die Frauenforschung
betreiben, sich mit Frauen schwer tun, die so ganz
anders sind als sie selbst. Die Lebenssituation der
Wissenschaftlerinnen, d.h. ihre jeweils spezifische
Betroffenheit durch die allgemeine Unterdrückungssituation der Frauen in unserer Gesellschaft, trägt
u.a. zu unterschiedlichen Hintergrundannahmen für

ihre wissenschaftliche Arbeit bei. Dies kann zu Konzepten führen, die entweder jeden kleinsten Hinweis
als Ansatzpunkt für Widerstandsleistungen von Frauen
interpretieren oder aber zu Konzepten, die ein herme-
tisches Gebäude bezeichnen, in dem "objektive" Bedingungen und die Lebenssituation der Frauen so in-
einandergreifen, daß jegliche Bewegung zum Erliegen
kommt.

(8) Dies ist nicht als Plädoyer dafür mißzuverstehen,
jedwede Äußerungen und Handlungen von Frauen emanzipatorisch umzuinterpretieren.

(9) Diese Gefahr besteht auch bei Ansätzen, die sich
ihrem Selbstverständnis nach kritisch auf die Situation der Frauen in unserer Gesellschaft beziehen
wollen (Lowien u.a., 1983; Frauenformen 1980,
S. 79 ff).
In neueren Forschungsarbeiten zur Erwerbsarbeit von
Frauen besteht eine solche Eindimensionalität z.B.
in der Unterstellung eines Kontinuums von Orientierung, das zwischen den Polen "Familie" und "Erwerbsarbeit" sich erstreckt; gelegentlich findet
sich dann noch die Differenzierung in "Berufs-" und
"Erwerbs"-orientierung. Frauen haben sich dann ge-
fälligst für eine dieser Orientierungssorten zu entscheiden; sehen sie sich dazu außerstande, gerät
die Forschung mit ihren auf diesem Kontinuum basie-
renden Instrumenten in Schwierigkeiten. Die Chance,
die Nicht-Eindeutigkeit in der Orientierung von
Frauen und in ihren Äußerungen davon als Ansatzpunkt
zur Entwicklung von Strategien zur Veränderung zu
nutzen, wird häufig vertan.

Literatur

ADORNO,T.W.: Minima Moralia. Reflexionen aus dem beschä-
digten Leben, Frankfurt a.M. 1951

BECKER-SCHMIDT, R.: Entfremdete Aneignung, gestörte Anerkennung, Lernprozesse: Über die Bedeutung von Erwerbsarbeit für Frauen, in: Sektion Frauenforschung
in den Sozialwissenschaften (Hrsg.)
Beiträge zur Frauenforschung am 21. Deutschen Soziologentag, Bamberg 1982

dies. u.a.: Arbeitsleben - Lebensarbeit, Bonn 1983

COOK, J.A. und FONOW, Mary M.: Knowledge and Women's
Interest: Feminist Methodology in the Field of Sociology, Paper presented at the 78th Annual Meeting
of the American Sociological Association, Detroit/
Michigan 1983

DELPHY, Chr.: Women in Stratification Studies, in: H. Roberts, 1981

DEVEREUX, G.: Angst und Methode in den Verhaltenswissenschaften, Frankfurt/Berlin/Wien 1976

FRAUENFORMEN: Argument-Sonderband 45, Berlin 1980

FRIEDRICHS, J.: Methoden empirischer Sozialforschung, Reinbek 1973

FUCHS, W.: Empirische Sozialforschung als politische Aktion, in: Soziale Welt 1970/71

GAMARNIKOW, E. u.a.: The Public and the Private, London 1983
GLÖß, P.: Durchsetzungsprobleme im Modellversuch, verv. Man. Dortmund 1983

GRAHAM, H.: Do her Answers Fit His Questions? Women and the Survey Method, in: E. Gamarnikow u.a. 1983

KRAMER, H.: Koreferat zu Regina Becker-Schmidt, in: Sektion Frauenforschung a.a.O., 1982

LLEWELLYN, C.: Occupational Mobility and the Use of the Comparative Method, in: H. Roberts, 1981

LOWIEN, E. u.a.: Frauenarbeit in der Familie und im Beruf, verv. Man. Bielefeld 1983

MARTINY, U.; KULMS, A. und Projektgruppe: Umgehen mit Belastungen aus dem Zusammenhang von Erwerbs- und Familienarbeit, in: Sektion Frauenforschung in den Sozialwissenschaften, Dokumentation II, Tagung in Dortmund 1980

MIES, M.: Methodische Postulate zur Frauenforschung, in: Beiträge zur feministischen Theorie und Praxis 1, 1978

dies.: Weibliche Lebensgeschichte und Zeitgeschichte, in: Beiträge zur feministischen Theorie und Praxis 7, 1981

MORGAN, D.: Men, Masculinity and the Process of Sociological Enquiry, in: H. Roberts, 1981

MÜLLER, U.: Reflexive Soziologie und empirische Sozialforschung, Frankfurt/New York 1979

dies. und GOLDMANN, M.: Junge Frauen als Auszubildende im Warenverkauf. Berufseinmündung, Arbeitserfahrungen und Zukunftsperspektiven aus der Sicht der Auszubildenden, Projektbericht, Dortmund 1983

OSTNER, I.: Zur Vergleichbarkeit von Aussagen in lebens-
geschichtlichen Interviews, in: Beiträge... 7, 1981

RITSERT, J.: Wissenschaftsanalyse als Ideologiekritik,
Frankfurt/New York 1975

ders. und BRUNKHORT, H.: Theorie, Interesse, Forschungs-
strategien, Frankfurt/New York 1978

ROBERTS, H.(Hrsg.): Doing Feminist Research, London/
Boston 1981

SICHTERMANN, B.: Kommentar zu Adornos "Constanze", in:
Freibeuter 4/1980

STRAUß, J.: Strukturen und Entwicklungen von Ausbildung
und Beschäftigung junger Frauen in Nordrhein-Westfalen, Gutachten im Auftrag des Ministeriums für
Arbeit, Gesundheit und Soziales NW, Dortmund 1983

WOLF, Chr.: Voraussetzungen einer Erzählung: Kassandra,
Darmstadt/Neuwied 1983

Gisela BOCK

DER PLATZ DER FRAUEN IN DER GESCHICHTE

Frauen hatten in der herkömmlichen Geschichtsschreibung
keinen Platz: Geschichte war etwas, worüber Männer
schrieben, was Männer machten, was Männer erlitten. Dies
zeigt sich nicht nur in dem Kanon und den Werken der
Historiographie, sondern auch in den Auseinandersetzungen
unter Gelehrten darüber, was Geschichte sei und wie über
sie zu schreiben sei. Spätestens seit dem 18. Jahrhundert
setzte sich die moderne Erkenntnis von der sozialen Rela-
tivität historiographischer Urteile durch. Zu unterschiedlichen Ergebnissen führe es, so schrieb etwa Johann
Martin Chladenius, wenn ein Ereignis z. B. eine "Rebellion", von einem "treuen Unterthanen", von einem
"Rebellen", von einem "Ausländer", von einem "Hofmann",
von einem "Bürger oder Bauer" angesehen werde. Denn "das,
was in der Welt geschiehet, wird von verschiedenen Leuten
auch auf verschiedene Art angesehen", je nach "den Umständen ihres Leibes, ihrer Seele und ihrer gantzen Person": Geschichtsschreiber könnten nicht als "Menschen
ohne Religion, ohne Vaterland, ohne Familie" betrachtet
werden. Dementsprechend gebe es unterschiedliche "Sehe-
Puncte von derselben Sache", und "aus dem Begriff des
Sehe-Puncts folgt, daß Personen, die eine Sache aus
verschiedenen Sehe-Puncten ansehen, auch verschiedene
Vorstellungen von der Sache haben müssen." (1) Mochte
diese Einsicht geleugnet, als Vorteil oder als Nachteil
für historische Erkenntnis anerkannt werden, so war doch
den "Sehe-Puncten" eines gemeinsam: es war die Sicht
von Männern, von "Großvätern, Vätern oder Enkeln".(2)
Daß diese Gemeinsamkeit ansonsten divergierender historiographischer "Sehe-Puncte" in den Debatten um Erfahrung
und Wahrheit, um Subjektivität und Objektivität, um parteiliche und unparteiliche Geschichtsschreibung nicht
thematisiert wurde, hatte seinen Grund darin, daß Frauen
und ihre "Sehe-Puncte" in der Debatte nicht vertreten
waren. Ursache ebenso wie Folge davon war ein androzentrischer Blick auf Geschichte: männliche Erfahrung
in der und von der Geschichte wurde identifiziert mit
"allgemeiner" Geschichte, mit "Geschichte überhaupt".
Die Verwissenschaftlichung der Geschichtsschreibung und
das Aufkommen von Sozialgeschichte im 19. Jahrhundert(3)
änderten nichts an dieser Sicht, sondern befestigten
sie. Zu Beginn unseres Jahrhunderts faßte Eduard Fueter,
Verfasser einer bekannten Geschichte der neueren Historiographie, diesen Sachverhalt zusammen. Daß im 14. Jahrhundert Giovanni Boccaccio dem "Liber de viris illustri-
bus" seines Zeitgenossen Francesco Petrarca eine Sammlung
von Frauenbiographien, "De claris mulieribus", an die

Seite gestellt hatte, bewog Fueter zu dem Urteil: "Es
war ein sonderbarer Gedanke, davon auszugehen, daß
Petrarca nur von Männern rede, und daraus den Schluß
zu ziehen, die Gerechtigkeit oder die Galanterie erfor-
dere nun noch ein weibliches Gegenstück". Denn Petrarca
habe nicht so sehr Männer als vielmehr "Feldherrn und
Staatsmänner" und damit "die militärische und politische
Größe des alten Roms" behandelt. Boccaccio hingegen habe
mit seinen Frauendarstellungen "das Gebiet der Geschichte
überhaupt" verlassen.(4)
Eine Änderung zeichnete sich jedoch ab, als gleichzeitig,
im Zug der älteren Frauenbewegung und vor allem durch
die Arbeit von Historikerinnen, auch Frauen einen Platz
in der Geschichte fanden.(5) In den legitimen Kanon der
Geschichtsschreibung wurden diese Ansätze aber nur spora-
disch, als nebensächlicher Teilbereich, ohne langfristige
Auswirkungen oder - vor allem - gar nicht aufgenommen.
Als seit den 1960er Jahren Sozialgeschichte sich einen
anerkannten Platz innerhalb der Geschichtswissenschaft
eroberte und vielen nun als die allgemeine Geschichte
par excellence galt, handelte es sich um die Geschichte
des "kleinen Mannes",(6) aber weder um diejenige "kleiner" noch "großer" Frauen; gelegentlich wurde ihnen ein
bescheidener Platz im großen Ganzen der Wirtschafts-
und Sozialgeschichte eingeräumt.(7) Der Platz der Frau
in der Geschichtswissenschaft war im 20. Jahrhundert,
jedenfalls in der englischsprachigen Literatur, hauptsächlich der Schlußabschnitt von Vorworten: weibliche
Hausarbeit, Geduld, Verzicht, Einfühlung, wissenschaftliche und technische Arbeit wurden hier des Dankes, wenn
auch nicht der Geschichte würdig.(8)
Die historiographische Situation änderte sich wieder
mit dem Aufkommen der neueren Frauenbewegung seit den
1960er Jahren, mit ihrem Ausgreifen auf die Wissenschaften und mit ihren Bemühungen, die Gelehrtenrepublik zu
demokratisieren. Stellt die Frauenbewegung die Unsichtbarkeit und Unterordnung von Frauen in der gegenwärtigen
Gesellschaft in Frage, so stellt die neuere historische
Frauenforschung die Unsichtbarkeit und Unterordnung von
Frauen in Geschichte und Geschichtswissenschaft in Frage.
Ein erster Schritt, das herkömmliche Verhältnis von Wich-
tigem und Unwichtigem, von Geschichtswürdigem und Ge-
schichtsunwürdigem zu verändern, hieß "Sichtbarmachen".
Zuerst in den Vereinigten Staaten, bald auch in anderen
Ländern, wurden Frauen zu einem wichtigen Gegenstand
der Forschung erklärt, und das Verhältnis von Tradition
und Herausforderung schlug sich in anschaulichen Titeln
nieder: "Hidden from History", "Im Dunkel der Geschichte", "Becoming Visible", "Frauen suchen ihre Geschichte".
(9) Dabei ging es um mehr als nur darum, einen zu Unrecht
vernachlässigten Teilbereich zum historischen Objekt
zu machen. Es ging um einen neuen "Sehe-Punct": um einen
neuen Blick, eine neue Sichtweise, eine neue Perspektive

auf Geschichte überhaupt.(10) Die Debatte um Fragestellungen und Methoden, welche die Geschichte von Frauen
erhellen, in bezug auf Geschichte insgesamt bestimmen
und ihre Verdrängung aus der Geschichtsschreibung erklären können, ist bis heute noch nicht abgeschlossen. Einige der wichtigsten Beiträge zu dieser Debatte, die hier
vor allem herangezogen werden, stammen aus dem angelsächsischen Sprachbereich, wo sich (wie im übrigen auch
in Italien und Frankreich) die historische Frauenforschung schon größerer Anerkennung erfreut als in Deutschland.(11)

1. Frauen in der Geschichte - Geschichte von Frauen

Frauen sind hauptsächlich deshalb unsichtbar geblieben,
weil sie und die Orte, wo sie sich bewegen, des historischen Interesses nicht würdig schienen. Bei den Versuchen, das institutionalisierte Desinteresse aufzubrechen, zeigte sich jedoch schnell, daß Frauengeschichte
sich nicht darauf beschränken darf, weiße Flecken auf
der Landkarte der Wissenschaft zu konstatieren, dann
auszufüllen und auf diese Weise ein Defizit zu kompensieren: so etwa, wenn den berühmten Männern nun berühmte
Frauen an die Seite gestellt werden, wie es von Boccaccio bis Burckhardt üblich war und immer noch üblich
ist, (12) oder wenn "kleinen" wie "großen" Männern nun
"ihre" Ehefrauen, Mütter, Töchter an die Seite gestellt
werden. Solche "kompensatorische" Geschichtsschreibung
(13) ist unzureichend, da sie Frauen der herkömmlichen
Geschichtsschreibung lediglich hinzuaddiert und sie in
herkömmliche historiographische Kategorien (Ruhm, Klasse,
Schicht, Familie, Bevölkerung) zu inkorporieren sucht.
Frauen erscheinen hier als ein "Sonderproblem". Seinen
Niederschlag findet es in dem gängigen Begriff von "frauenspezifischen" Themen. Dieser Begriff, zu dem es eine
"männerspezifische" Entsprechung aus guten Gründen nicht
gibt, zeigt, daß sich hinter der Addition tatsächlich
eine Subsumtion, eine Unterordnung verbirgt: das "frauenspezifisch"-Besondere wird dem männlich-"Allgemeinen",
der männlichen Gattung Menschheit wird eine Sonderform
Frau hinzugefügt. Aber die Frage nach Frauen in der Geschichte bezieht sich nicht auf einen Sonderfall, sondern
auf die Hälfte der Menschheit. Sie betrifft nicht nur
fehlende Fakten, einzelne Personen oder einzelne Teilbereiche, sondern grundsätzlich alle Bereiche von Geschichte und Gesellschaft: solche, wo nur Frauen vorkommen (z. B. Frauenorganisationen, moderne Hausarbeit),
solche, wo sie in der Mehrheit sind (z. B. Hexenverfol-
gungen, Armenpflege), solche, wo ebenso viele Frauen
wie Männer vorkommen (z. B. Familien, Klassen, Wirtschaft, Sexualität), solche, wo sie in der Minderheit
sind (z. B. die Geschichte der Geschichtsschreibung),
und solche, wo sie abwesend sind oder scheinen (z. B.

die Institutionen der Politik). Ebenso wie Frauengeschichte getrennt von der "allgemeinen" Geschichte problematisch ist, ebenso ist es problematisch, die "allgemeine" bzw. Männergeschichte getrennt von der Geschichte von Frauen oder gar ohne diese zu sehen: Frauengeschichte betrifft deshalb nicht nur die Geschichte der
halben, sondern die der ganzen Menschheit.
Einen anderen, aber parallelen Weg zum Sichtbarmachen
von Frauen verfolgt die "kontributorische" Geschichtsschreibung.(14) Sie hebt den "Beitrag" von Frauen zu
der von Männern bestimmten Geschichte, zu deren Prozessen
und Institutionen, Fortschritten und Rückschritten in
Politik, Wirtschaft und Kultur, also in männerdominierten
Bereichen hervor. Sie entstammt der immer noch relevanten
Kritik an dem, was ein bekannter deutscher Arzt um die
Jahrhundertwende als den "physiologischen Schwachsinn
des Weibes" beschrieb, und was Charles Darwin unter dem
Titel der "Abstammung des Mannes (gewöhnlich übersetzt
als: des Menschen) und Selektion in bezug auf das Ge-
schlecht" in immer noch aktueller Weise beschrieb: "Der
Hauptunterschied der intellektuellen Fähigkeiten beider
Geschlechter zeigt sich darin, daß der Mann in allem, was er
unternimmt, eine vorzüglichere Leistung als das Weib
aufzuweisen vermag, ob es nun tiefes Denken, Vernunft
und Imagination oder bloß den Gebrauch der Sinne und
Hände erfordert. Wenn je ein Verzeichnis der bedeutend-
sten Männer und Frauen auf dem Gebiet der Dichtkunst,
Malerei, Bildhauerei, Musik (sowohl Komposition wie auch
Darstellung), Geschichte, Naturwissenschaft und Philosophie hergestellt, und unter jedem Gegenstand ein halbes
Dutzend Namen verzeichnet würden, so könnten beide Listen
nicht den Vergleich miteinander bestehen. Auch können
wir nach dem Gesetz von der Abweichung vom Durch-
schnitt...folgern, daß, wenn der Mann in mancher Beziehung eine entschiedene Überlegenheit besitzt, das Durch-
schnittsmaß seiner geistigen Befähigung größer sein muß
als das des Weibes."(15) Ein Beispiel für die Widerlegung
solcher Geschichtsphilosophie und der androzentrischen
Vorverständnisse, die in sie eingehen, ist das 1946 erschienene klassische Werk von Mary R. Beard über "Woman
as Force in History". Es suchte, und mit beträchtlichem
Erfolg, den Mythos zu zerstören, daß Frauen zur Geschichte nichts beigetragen hätten, oder jedenfalls nichts
anderes, als Kinder zu gebären und zu erziehen.(16) Untersucht wurde z. B. der "Beitrag" von Frauen zu Arbeiter-
und Reformbewegungen und zu Kriegspolitik, zum Nationalsozialismus und zum Widerstand gegen ihn, zum "Patriarchat" und zur Geschichtswissenschaft.(17)
Ohne Zweifel haben kompensatorische und kontributorische
Forschungen zu der neuen Sichtbarkeit einst unsichtbarer
Frauen in der Geschichte beigetragen.(18) Dennoch führen

sie letztlich nur bis zu der Feststellung, daß es in
der Geschichte "auch" Frauen gibt, daß Frauen, wie andere
Gruppen auch, häufig in Abhängigkeit und Unterdrückung
leben, daß sie, wie andere Gruppen auch, sich häufig
gegen solche Abhängigkeit wehren, und daß sie, wie andere
Gruppen auch, manchmal an gesellschaftlicher und politi -
scher Macht teilhaben oder teilzuhaben suchen. Dieses
"auch" bleibt jedoch unbefriedigend. Die Erkenntnis der
Grenzen, an welche die Frage nach Frauen in der Geschichte stößt, wenn sie ihren Gegenstand einzig an Kategorien
herkömmlicher Geschichtsschreibung mißt, führte zur Suche
nach Möglichkeiten, die Geschichte von Frauen "on their
own terms" zu konzipieren (19): nach Möglichkeiten also,
Frauen in der Geschichte weder als Addition noch als
Subsumtion noch als Kontribution zu einem frauenlosen
"Allgemeinen" zu konzipieren. Sie zeigten sich im gleichen Maß, wie der Perspektivwechsel des Sichtbarmachens
sich als ein doppelter erwies. Die Notwendigkeit, "to
restore women to history", führte zu der weiteren Notwendigkeit, "to restore history to women": nicht nur
sollen der Geschichte die Frauen wiedergegeben werden,
sondern den Frauen soll ihre Geschichte wiedergegeben
werden.(20) Die Frage nach Frauen in der Geschichte führte zur Frage nach der Geschichte von Frauen, nach einer
Geschichte also, die zwar nicht unabhängig von derjenigen
von Männern ist, aber doch eine Geschichte von Frauen
als Frauen ist und als solche wahrgenommen zu werden
verdient. Männer haben ihre Erfahrungen als Geschichte
definiert und die Erfahrungen von Frauen dabei ausgelas-
sen. Haben Frauen eine eigene Erfahrung in der Geschichte
und von der Geschichte, die sich von der entsprechenden
männlichen Erfahrung unterscheidet?
Die frauengeschichtlichen Studien der letzten eineinhalb
Jahrzehnte zeigen, daß diese Frage bejaht werden muß.
Die vielfältigen Antworten auf sie betreffen ebenso viele
Lebensbereiche und divergierende Interpretationen, und
sie lassen sich deshalb nicht kurz resümieren. Unter
methodischem Gesichtspunkt machen sie ein wichtiges Faktum deutlich: mit der Frage nach weiblicher Erfahrung
ist die Antwort (Art, Homogenität, Unterschiedlichkeit
solcher Erfahrung) nicht gegeben und einfach, sondern
umstritten und komplex. "Weibliche Erfahrung" ist eine
Fragestellung, nicht per se eine Antwort. Sie orientiert
sich nicht an dem (meist von Männern definierten) Postulat einer fundamentalen, für alle Frauen gleichen
Wahrnehmung oder Situation, und nicht daran, "die" Frau
oder "das" Weibliche in Definitionen festzulegen. Vielmehr geht sie davon aus, daß die historischen Erfahrungen
von Frauen nicht weniger zahlreich und kompliziert sind
als die von Männern; ferner von der einfachen und kritisch festgehaltenen Tatsache, daß "das, was wir über
die vergangene Erfahrung von Frauen wissen, uns hauptsächlich durch die Reflexion von Männern übermittelt

wird und von einem Wertsystem geprägt worden ist, das
Männer definiert haben". Daran schließt sich die Frage
an: "Wie würde eine Geschichte aussehen, wenn sie durch
die Augen von Frauen gesehen und von Werten strukturiert
würde, die Frauen definieren?"(21)
Die einschlägigen Forschungen haben einen Reichtum an
Gemeinsamkeiten und Unterschieden von Frauenexistenzen
zutage gefördert, der sich nicht auf einen gemeinsamen
Nenner universaler "Weiblichkeit" bringen läßt. Der Weg
vom Sichtbarmachen über die Frage nach weiblicher Erfahrung zu der neueren, hauptsächlich von historischen
Anthropologinnen formulierten Frage des "defining females" (mit Akzent auf dem Plural)(22) führt nicht zu
Reduktionismus. Er zeigt die Entfaltung einer Fragestellung, die zu Unrecht vernachlässigt, auf einfache Modelle
verkürzt oder in ein historiographisches Ghetto verbannt
wurde. Die Geschichte von Frauen ist nicht in sich homo-
gen, aber sie ist eine andere als diejenige von Männern.
Forschungen und Überlegungen zu einer eigenständigen,
nicht in traditionellen historiographischen Kategorien
aufgehenden Geschichte von Frauen führten auch zu einer
Debatte um die Brauchbarkeit historischer Zäsuren und
Periodisierungen. Diese werden in Frage gestellt, weil
die bisher zugrundegelegten Indikatoren für die Charakterisierung und Abgrenzung bestimmter Epochen und für
den Wandel zwischen ihnen sich ausschließlich an der
Geschichte von Männern orientieren. Was etwa traditionell
als eine Epoche des Fortschritts an Humanität, Freiheit
oder Bedürfnisbefriedigung gilt, muß nicht das Gleiche
für Frauen heißen und heißt für sie oft genug das Gegenteil: absolute oder - im Vergleich zum "anderen" Geschlecht - relative Verschlechterung. So galt etwa der
Fortschritt, der gegen Ende des 19. Jahrhunderts die
Massenarmut des Vormärz durch Industrialisierung, Lohn-
steigerung und Sozialversicherung überwand und so die
"soziale Frage" wenigstens partiell löste, für Männer,
aber nicht im gleichen Maß für Frauen.(23) Was aber können taugliche Indikatoren für eine epochenübergreifende
Frauengeschichte sein? Führt eine solche "doppelte Sicht"
(24) auf Geschichte zu einer Frauengeschichte mit gänzlich divergierenden Zäsuren? Müssen oder können diver-
rende Zäsuren in der Geschichte von Frauen und der von
Männern aufeinander bezogen werden, und wenn ja: wie?

2. Frauengeschichte und Geschlechtergeschichte

In der Diskussion um das Verhältnis von Frauengeschich-
te-Männergeschichte-Allgemeingeschichte haben Frauen
verschiedene Möglichkeiten erwogen, ihre Geschichte nicht
nur auf partikulare Männergeschichte, sondern auf Geschichte und Gesellschaft überhaupt zu beziehen und dabei
Gemeinsamkeiten wie Unterschiede in der Situation von

Frauen zu begreifen. Anfangs griff man oft auf das sozialwissenschaftliche Instrumentarium progressiver Strö-
mungen in Politik und Wissenschaft zurück, in den Vereinigten Staaten vor allem der neuen Linken und der anti-
rassistischen Bürgerrechtsbewegung. Begriffe wie Klasse,
Rasse, Minderheit, Randgruppe, Kaste usw. wurden auf
Frauen übertragen, aber sie erwiesen sich allesamt als
untauglich, weil (scheinbar) geschlechtsneutral. Seit
der Mitte der 70er Jahre wurde ein anderer Weg beschrit-
ten, der seither diskutiert wird und noch längst nicht
abgeschritten ist.
Frauen können nicht in Analogie zu anderen sozialen Gruppen begriffen werden, sondern sie sind eine soziale Gruppe eigener Art. Frauen sind ein Geschlecht. Sie müssen
als solches historisch konzipiert werden, und Geschlecht
muß als grundlegende Kategorie sozialer und historischer
Realität, Wahrnehmung und Forschung eingeführt werden.
Die Bedeutung der Geschlechter muß integraler Bestandteil des historischen Erkenntnisinteresses sein: "Es
sollte zur zweiten Natur für Historiker werden, was immer
auch ihr Spezialgebiet ist, die Konsequenzen von Geschlecht ebenso bereitwillig zu studieren wie diejenigen - beispielsweise - von Klasse."(25) Eine solche
Sichtweise konzipiert eine allgemeine Geschichte, die
auch als Geschichte der Geschlechter, als Geschlechtergeschichte verstanden werden muß und in der die Geschichte von Frauen und von Männern in neuer Weise aufeinander
bezogen werden kann. Begrifflichkeit, Voraussetzungen
und Konsequenzen dieser Sichtweise gehören bisher nicht
zum selbstverständlichen Vokabular der Historiographie
(26) und müssen deshalb entworfen und erforscht werden.
An der Diskussion um die soziale Kategorie Geschlecht,
ihre Bedeutung und Aussagekraft sind verschiedene Disziplinen beteiligt, vor allem auch eine aus Frauensicht
revidierte Anthropologie. Einige ihrer Motive seien hier
resümiert.
Die Kritik an androzentrischen Vorurteilen und die Rekonstruktion der Lebenswelt von Frauen betrifft vor allem
diejenigen Bereiche, die vielfach als "Sphäre der Frau"
und als universal gültig beschrieben werden: Familie,
Mutterschaft, Mütterlichkeit, Reproduktion, Altruismus,
Heim, Hausarbeit, Privatheit, Wärme, Inneres, Expressivi-
tät, Liebe, Natur, informelle Beziehungen. Im Gegensatz
zu ihr wird die "Männerwelt" üblicherweise gesehen als
Bereich von formalisierten Beziehungen, Instrumentalität,
Aggressivität, Öffentlichkeit, Produktion, bezahlter
Arbeit, Politik, Recht, Egoismus, Kultur, Macht, Gesell-
schaft, Prestige, Äußerlichkeit usw.
Das Interesse historischer Frauenforschung richtet sich
sowohl auf die geschlechtliche Differenzierung (Asymme-
trie, Segregation, Stratifikation) dieser Bereiche bzw.
Verhaltensweisen wie auf das Verhältnis zwischen ihnen
(Parallelität, Komplementarität, Hierarchie, Dominanz,

Subordination) und damit auf das Machtverhältnis zwischen
den Geschlechtern. Ein solcher Blick auf die Lebenswelt
von Frauen hat selbst schon weitreichende Voraussetzungen
und Folgerungen. Erstens erfordert er neue Wertungen.
Nicht nur wird die historiographische Relevanzhierarchie
umgestülpt, sondern auch die dominierende Werthierarchie
der untersuchten (und eigenen) Gesellschaft wird zur
Diskussion gestellt: historiographisch und sozial wird
neu gesehen und gewertet, was Frauen tun, tun wollen,
tun sollen, getan haben.(27) Die zweite Implikation betrifft den Gegenstand der Untersuchung: gezweifelt wurde
an der "Annahme, wir wüßten, was 'Männer' und was 'Frau-
en' sind", und diese Zweifel, zum methodischen Prinzip
erhoben, befördern die Einsicht, daß selbst die Worte
"Frau" und "Mann" einer keineswegs selbstverständlichen
Bestimmung bedürfen.(28) Damit rücken Fragen nach geschlechtlicher Identität, ihrer Entstehung, Zuweisung
und Bedeutung in den Vordergrund. Drittens liegt die
Annahme zugrunde, daß sexuelle Differenzierung ebenso
wie sexuelle Hierarchie soziale, politische, kulturelle
Größen sind, daß sie weder auf außerhistorische (biologische, existentielle, transzendente) Größen noch auf
eine einzige und einheitliche, "ursprüngliche" und "we-
sensmäßige" Ursache zu reduzieren sind. Die reduktioni-
stische Fragen nach dem "Warum" erscheint als irrelevant
gegenüber der weiterreichenden Frage nach dem "Wie",
den Strukturen, Funktionen, Mechanismen, Formen, Inhal-
ten, Bedeutungen der Geschlechter-Asymmetrien. Wird die
Frage nach dem "Warum" bzw. dem "Unterschied" der Geschlechter dennoch gestellt, so werden Antworten nicht
in ursprungsmythischen Modellen von Prä-Sozialem gesucht,
sondern eben im Verhältnis der Geschlechter: denn auch
die Wahrnehmung von "Unterschieden" ist ein soziales
Konstrukt, und Frauen (wie auch Männer) müssen "in ihrer
Bezogenheit - auf andere Frauen und auf Männer - verstanden werden, nicht in Begriffen von Unterschied und Apart-
heid."(29) Geschlechtergeschichte muß als Geschichte
von Beziehungen sowohl zwischen den Geschlechtern wie
innerhalb der Geschlechter gedacht und erforscht werden.

Vor diesem Hintergrund kritisierten Historikerinnen,
Anthropologinnen, Soziologinnen die Annahme einer universal gültigen geschlechtlichen Asymmetrie bzw. Hierarchie,
weil sie Ergebnisse präjudiziert und unzutreffend ist.
Die oft leidenschaftliche Diskussion des letzten Jahr-
zehnts ging insbesondere um folgende drei Fragen: Ist
geschlechtliche Asymmetrie tatsächlich universal? Ist
eine geschlechterbestimmte Differenzierung von Bereichen
bzw. Verhalten immer und notwendig verbunden mit einer
Machthierarchie, in der Männer dominieren und Frauen
abhängig sind? Inwieweit ist die Wahrnehmung der Forscher
von dem Geschlechterverhältnis ihrer Herkunftsgesell-

schaft bestimmt (Andro- und Ethnozentrismus, unterschiedliche Auffassungen über Stellung oder Befreiung der
Frau)?
Was die erste Frage betrifft, so scheint anerkannt, daß
alle bekannten Gesellschaften geschlechterbestimmte Bereiche, Verhaltensweisen, Tätigkeiten kennen, daß aber
deren konkrete Bestimmung alles andere als universal
ist. Vor allem kann die Stellung des weiblichen Geschlechts nicht als "panhuman" gelten, denn ihre Varia-
tionen sind zwar angesichts des Stands der Frauenforschung weniger bekannt, doch dem bisher Bekannten zufolge
ebenso vielfältig wie die in der Stellung des männlichen
Geschlechts. Die angedeuteten dualisierenden Charakteri-
stika von "Frauensphäre" und "Männerwelt" sind nur selten
alle gleichzeitig und in derselben Verteilung den Geschlechtern zugeordnet. Man ist sich einig, daß die Frage
nach der Universalität geschlechtlicher Differenzierung
in ihrer anfänglichen Schlichtheit falsch gestellt ist,
differenziert und neuformuliert werden muß.(30)
Die Frage nach der Dominanz des männlichen Geschlechts
wird auf der einen Seite mit der These beantwortet, daß
Kultur und Macht (Recht, Religion, Politik, Öffentlichkeit) universal von Männern bestimmt werden und daß Frau-
en in diesen Bereichen und durch sie untergeordnet werden. Andererseits werden beträchtliche Ausnahmen ins
Feld geführt, vor allem aber das Argument, daß die Orientierung an formellen Kultur- und Machtstrukturen von
eurozentristischem Denken geprägt sei. So seien "privat"
und "öffentlich", "häuslich" und "außerhäuslich" moderne
Unterscheidungen und Realitäten. Ihre Projizierung auf
vergangene und ferne Gesellschaften verdeckt sowohl wichtige Frauenaktivitäten wie die variable objektive Macht
und Wertung von "Haus" und "häuslicher" Tätigkeit. Sie
übersieht, daß in manchen, vielleicht vielen Gesellschaften Phänomene wie Macht und Abhängigkeit von Frauen und
Männern unterschiedlich gesehen und bewertet werden,
daß nicht alle Männer Träger formalisierter Machtstrukturen sind und daß informelle Macht von Frauen bedeuten-
der sein kann als formelle Macht von Männern.(31)
Was schließlich das Verhältnis zwischen einer geschlech-
terdichotomischen Realität und den erkenntnistheoreti-
schen Folgen und Grenzen einer dichotomischen Wahrnehmung
seitens der Forscherinnen und Forscher anbelangt, so
ist das Bewußtsein dafür geschärft worden, daß unsere
heutige Wahrnehmung und ihre Begrifflichkeit weitgehend
ein Ergebnis von Soziologie und Soziobiologie seit dem
19. Jahrhundert sind. Die dichotomische Denkform und
die sie tragenden Theorien und Wissenschaften müssen
selbst als kulturelles Produkt der Geschichte des Geschlechterverhältnisses im 19./20. Jahrhundert gesehen
und untersucht werden. Die Funktion der modernen Ideologie von scheinbar segregierter und scheinbar komplemen-
tärer "Frauensphäre" und "Männerwelt", ihre (möglicher-

weise unterschiedliche) Bedeutung für Männer und Frauen,
die Bedeutung des Widerspruchs zwischen dieser Ideologie
und einer Realität, welche die Frauen nicht etwa insgesamt segregierte, sondern sie voneinander isolierte und
an ein männliches Familienoberhaupt band, sind noch
keineswegs klar und eher umstritten. Eine ihrer wichtigsten Funktionen ist jedoch mit Sicherheit darin zu sehen,
daß sie unsere Wahrnehmung von Frauen und Männern bis
heute beeinflußt. (32)

3. Frauengeschichte und Geschlechterbeziehungen

Die Versuche, den Platz von Frauengeschichte in einer
wirklich allgemeinen, d. h. nicht geschlechtsneutralen,
sondern geschlechterübergreifenden Geschichte zu bestimmen, stehen noch in ihren Anfängen. Deutlich ist aber, daß
der wichtigste Weg zu einer Geschlechtergeschichte künf-
tig, wie auch bisher, über historische Frauenforschung
führt. Ihre Fragestellungen betreffen die Beziehung sowohl zwischen den Geschlechtern als auch innerhalb der
Geschlechter. In beiderlei Hinsicht bedeutet das Sichtbarmachen von Frauen auch das Sichtbarmachen von Männern,
und zwar auf neue Weise: nicht als Repräsentanten eines
"Allgemeinen", sondern als Angehörige des "anderen",
des männlichen Geschlechts.(33)
Geschichte der Beziehungen innerhalb von Geschlechtern
kann - insbesondere im Blick auf das männliche Geschlecht - manche alte Frage in ein neues Licht rücken,
präzisieren und ihre Beantwortung modifizieren: so etwa
die Geschichte von Kriegen als eine Form direkter Konfrontation unter Männern, die für Frauen veränderte Lebensformen und Beziehungen zu Männern und Frauen nach
sich zieht (Rüstungsarbeit, Sanitätsdienst, Sozialarbeit,
Militärprostitution, Verwitwung, Vergewaltigung, "food
riots"). Programme, Organisationsformen und Elitebildung
in der Arbeiterbewegung waren von Männern bestimmt, und
ihre "männlichen" Züge sollten nicht nur klassen-, sondern auch geschlechtergeschichtlich untersucht werden.
(34) Mehrfach ist der Nationalsozialismus als besondere
Form von Männerbündelei und Männerherrschaft beschrieben worden.(35) Wichtig für solche männerzentrierten
Untersuchungen ist es, Männer nicht nur getrennt von
Frauen, sondern gerade in bezug auf Frauen zu untersuchen.(36)
Innerhalb des weiblichen Geschlechts wurden beispielsweise die Beziehungen von Hausfrauen und Dienstbotinnen,
von Müttern und Ammen, von Müttern und Töchtern, von
Hebammen und Gebärenden thematisiert. Die Frauenbewegung
sollte nicht nur ideologiegeschichtlich entlang der
Trennungslinien zwischen "proletarischer" und "bürgerlicher", also in Korrelation zu bestimmten Männerbewe-
gungen untersucht, sondern auch nach ihrer Bedeutung

innerhalb des Geschlechterverhältnisses und nach den
zugrundeliegenden Frauenerfahrungen befragt werden. Denn
nicht umsonst organisierten sich Frauen aller Schichten
als Frauen und nicht - wie die Männer ihrer Schicht -
scheinbar geschlechtsneutral.(37) Ein aussichtsreicher
Ansatz hierzu ist die Rekonstruktion von "women's support
networks": vielfältiger, über Verwandtschaft, Solidarität, Freundschaft und Liebe vermittelter informeller
Beziehungen zwischen Frauen. Solche Forschungen haben
auf eine relativ eigenständige Frauenkultur aufmerksam
gemacht.(38) Vergleiche mit entsprechenden Phänomenen
und Gruppen des anderen Geschlechts (z. B. die Arbeiter-
subkultur des Wirtshauses oder das Leben homosexueller
Männer) dürften mehr Unterschiede als Gemeinsamkeiten
zutage fördern.
Die Frage nach Beziehungen zwischen Frauen vertieft auch
bisherige Problemstellungen der Frauengeschichte, z.
B. das vieldiskutierte, aber längst nicht ausreichend
erforschte Verhältnis zwischen der Norm des Weiblichen
(sowohl in ihrer vorwiegend von Männern theoretisierten
Form wie in ihrer Auffassung seitens von Frauen) und
der Realität des weiblichen Geschlechts. Hier ist vor
allem auch nach Frauen zu fragen, deren Leben und Arbeit
nicht nur von der geltenden Norm, sondern auch von der
Realität der meisten Frauen abweichen. Wichtige Beispiele
sind frauenliebende Frauen und Prostituierte. Die Rekonstruktion der Geschichte solch "abweichender" Frauen
ist bedeutsam für die Geschichte von weiblichem Widerstand gegen die für das weibliche Geschlecht geltenden
Normen.(39) Sie sensibilisiert für die Mannigfaltigkeit
von Frauenexistenzen überhaupt und wirkt damit der Vorstellung entgegen, Leben und Erfahrung der "meisten"
Frauen seien leichter unter einen Begriff zu fassen als
Leben und Erfahrung von Männern. Die Beziehungen zwischen
(scheinbar) abweichenden und (scheinbar) angepaßten Frau-
en ermöglichen Schlüsse auf Art und Maß der Durchsetzung
von Geschlechternormen; darüber hinaus, und vielleicht
wichtiger noch, ermöglichen sie Einsichten in das Selbstverständnis von Frauen.
Die Erforschung von Beziehungen innerhalb des weiblichen
Geschlechts und zwischen dem weiblichen und dem männlichen Geschlecht hat zu einem behutsameren Umgang mit
der Frage der Dominanz des männlichen und der Subordination des weiblichen Geschlechts geführt. Denn die historische Frauenforschung wird zwar von der heutigen Erfahrung von "Diskriminierung" und "Minderwertigkeit" von
Frauen gespeist, aber weder kann sie davon ausgehen,
daß Frauen in der Vergangenheit oder in anderen Gesellschaften sexuelle Asymmetrien als Diskriminierung oder
Minderwertigkeit erfahren haben, noch kann sie sich methodisch wie inhaltlich darauf beschränken, Frauen lediglich als Opfer wahrzunehmen. Frauengeschichte ist mehr
als ein monotoner und epochenübergreifender Bericht von
Unterdrückung und (bestenfalls) Reaktion auf sie. Sie
ist auch Geschichte von Handeln und Selbstfindung, von

eigenständiger Formung des eigenen und des umgebenden
Lebens, von selbstgesetzten Prioritäten, Durchsetzungs-
und Machtstrategien. Frauen haben Geschichte nicht nur
passiv gehabt, sondern auch aktiv gemacht.(40)
Unter dem Gesichtspunkt von Beziehungen, Gemeinsamkeiten
und Unterschieden zwischen Frauen läßt sich auch die
vieldebattierte Frage nach dem Verhältnis zwischen Geschlecht, Klasse, Rasse und anderen sozialen Bestimmungen
neu formulieren und konkret beantworten. In der deutsch-
sprachig geführten Diskussion wurde dabei fast ausschließlich das Verhältnis von Geschlecht und Klasse
diskutiert. Die Frage nach den Frauen diskriminierter
ethnischer Minderheiten, die in den Vereinigten Staaten
von ethnisch diskriminierten Frauen aufgeworfen wurde
und längst eine grundsätzliche Rolle spielt, wird in
Deutschland noch meist, aber zu Unrecht, für ein "exoti-
sches" Thema gehalten(41) - trotz oder auch wegen der
Last des Rassismus in der deutschen Geschichte, trotz
der Geschichte von Polinnen, Jüdinnen, Zigeunerinnen,
Arbeitsemigrantinnen.
Was das Verhältnis von Geschlecht und Klasse betrifft,
so untersuchte die historische Frauenforschung seit ihren
Anfängen schichtspezifische Unterschiede von Frauensituationen in konkreten Details und unter zahlreichen
Gesichtspunkten (z. B. von ökonomischer und familiärer
Situation, von Erwerbstätigkeit, von Konflikten und Ko-
operationen zwischen Frauen unterschiedlicher Schichten,
von subjektiver Wahrnehmung der eigenen Klassenlage bei
Frauen). Es wurde gezeigt, daß die klassenspezifische
Stratifikation mit der geschlechterspezifischen Stratifikation von Gesellschaften bestimmte, variable, komplizierte und längst nicht ausreichend erforschte Verhältnisse eingeht.(42) Klassenzugehörigkeit unterscheidet
sich jedoch grundsätzlich für das weibliche und das männliche Geschlecht: für Männer wird sie an deren Verhältnis
zu Kapital, Arbeit, Produktion, Markt, Beruf gemessen;
für Frauen wird sie an den Männern ihrer Familie gemessen, meist an Ehemännern oder Vätern, seltener an ihrem
Beruf (Armut, Reichtum, eigenes Einkommen gelten weder
für Männer noch für Frauen als Kriterium von Klassenzugehörigkeit).(43)
Wegen der methodischen Unzulänglichkeit solcher abgelei-
teter Klassenbestimmung wurde gefordert, daß der Status
von Frauen an ihrer eigenen Situation gemessen werden
müsse, und zusätzliche bzw. andere Kriterien wurden dafür
vorgeschlagen. Ein wichtiges Kriterium muß, ähnlich wie
im Fall von Männern, die Arbeit sein. In genau dem Zeitraum, in dem der moderne, an Männern gemessene Klassen-
begriff entstand, also seit dem 19. Jahrhundert, wurde
unbezahlte Hausarbeit zu einem zentralen und zunehmend
homogenen Charakteristikum für das Leben der überwiegen-
den Mehrheit der Frauen aller Klassen.(44) Sie läßt sich,
trotz aller schichtenspezifischen Unterschiede, ebenso
wenig auf traditionelle Klassentermini reduzieren wie
zahlreiche andere Fragen, die für Frauenleben, Frauen-

arbeit, Frauengeschichte von Bedeutung sind: Zivilstand, Gebären, Erziehen, Sexualität, Prostitution, Gewalt gegen Frauen - und schließlich auch die Unsichtbarkeit von Frauen aller Klassen in der Klassengeschichtsschreibung.

Geht es in solchen Untersuchungen und Überlegungen um die konkrete Bestimmung, Ausprägung, Erfahrung von Geschlecht und Klasse und ihres Verhältnisses, so wird dieses Verhältnis auch in anderen, abstrakteren Termini diskutiert. Postuliert wurde in diesem Zusammenhang, Klasse sei "wichtiger" als Geschlecht, weil die "Frauenfrage" eine "bürgerliche" Angelegenheit sei, weil Frauen mit den Männern ihrer Familie bzw. Schicht mehr gemein hätten als mit Frauen anderer Schichten und weil den Klassenstrukturen - und im übrigen allen geschlechtsneutralen sozialen und kulturellen Bestimmungen - eine größere "Realitätsmächtigkeit", "Geschichtsmächtigkeit" zukomme als den Geschlechterstrukturen.(45) Soweit jenes Postulat bloß eine Fortsetzung der politischen Polemik zwischen sozialistischen und feministischen Positionen ("Haupt- und Nebenwiderspruch") mit historiographischen Mitteln bedeutet, ist hier nicht der Ort, auf sie einzugehen: auf vorwissenschaftlicher Ebene wird die Frage seit der Entstehung einer autonomen Frauenbewegung diskutiert, und ein Konsens ist nicht abzusehen. Auf wissenschaftlicher Ebene ist das Postulat jedoch vor allem wegen seiner Vorverständnisse von Belang. Zum einen setzt es eine Homogenität (Solidarität, Interessenidentität, "Gleichheit") innerhalb von Klassen voraus, die selbst für die Männer einer Klasse problematisch ist, allenfalls zu seltenen Zeitpunkten realisiert wurde, im Rahmen einer ideologiekritischen Klassengeschichtsschreibung nicht haltbar ist und erst recht nicht auf Verwandtschafts-, Arbeits-, Sexual- und Machtbeziehungen zwischen Männern und Frauen einer bestimmten Klasse übertragen werden kann.(46) Die Klassen sind ebensowenig homogene und invariable Größen wie die Geschlechter. Zum anderen setzt jenes Postulat voraus, daß eine "Geschichtsmächtigkeit" von Geschlechterbeziehungen nur dann konstatiert werden dürfe, wenn alle Frauen untereinander "gleich", "solidarisch" oder von gleichen Interessen geprägt wären: eine Voraussetzung, die hinter den erreichten und angedeuteten Stand von Frauengeschichtsschreibung zurückfällt. Die Situation aller Frauen ist ebenso wenig identisch wie die Situation aller Angehörigen einer Klasse bzw. Schicht. Objektive Bestimmung, Bedeutung und konkrete Erfahrung von Klassenzugehörigkeit ist jedoch unterschiedlich für Männer und für Frauen: abzulesen etwa am Schicksal von verwitweten Arbeiterfrauen um die Jahrhundertwende, die einen überproportional hohen Anteil unter den Objekten der Armenfürsorge stellten, oder an der adligen Clarissa Graves-Perceval, über deren Vermögen von 2300 Pfund (heute etwa 500 000 DM) durch ihre Heirat

allein ihr bürgerlicher Ehemann, der Historiker Leopold
Ranke, verfügungsberechtigt war. (47)
Dem Postulat, Klasse sei "wichtiger" als Geschlecht,
ist nicht so sehr seine Umkehrung entgegenzusetzen -
wenngleich sie für viele historische Realitäten die Augen   erst geöffnet hat -, als vielmehr die Tatsache,
daß Geschlechterbeziehungen auf alle sonstigen gesellschaftlichen (und nicht nur klassenförmigen) Beziehungen
wirken und daß alle sonstigen sozialen Beziehungen auf
die Geschlechterbeziehungen wirken. (48) Was die subjektive Wahrnehmung betrifft, ob also z.B. Männer bzw.
Frauen sich als Angehörige einer Klasse ("Klassenbewußtsein") oder eines Geschlechts - oder auch ganz anders -
sehen, so ist sie historisch variabel und hängt von den
jeweiligen Beziehungen und Umständen, in denen sie sich
befinden, ab. Daß heute mehr Frauen als Männer dazu neigen, Geschlecht als soziale und historische Kategorie
ernst zu nehmen und daraus mannigfaltige Erkenntnisse
zu beziehen, ist nicht ein Ergebnis metahistorischer
Definitionen, sondern ein Ergebnis historischer Prozesse: nicht zuletzt des Prozesses, in dem Frauen begonnen
haben, sich als Historikerinnen **und** Frauen selbst ernst
zu nehmen.
Jenes Postulat berührt außerdem die Frage nach dem Verhältnis zwischen Frauen- bzw. Geschlechtergeschichte
und der Sozialgeschichte. Seit im Lauf des 19. Jahrhunderts drängende gesellschaftliche Probleme in eine
"sociale Frage", die Männer meinte, (49) und eine
"Frauenfrage" aufgespalten wurden, wird die letztere
häufig nicht als "soziale" sondern als "biologische"
verstanden. Historische Frauenforschung hingegen versteht die Geschlechter und ihre Beziehungen als soziale
Größen bzw. als eine Form von Beziehungen zwischen Menschen: in diesem Sinn ist alle Frauen- und Geschlechtergeschichte Sozialgeschichte. (50) Was indessen die Neuere
Sozialgeschichte im engeren Sinn betrifft - "Soziales"
definiert als Klassen bzw. Schichten, "allgemeine" Geschichte definiert als Klassen- bzw. Schichtgeschichte -,
so ist Frauen- und Geschlechtergeschichte sowohl ein
Bestandteil von Sozialgeschichte wie auch umfassender
als diese. Frauengeschichte handelt auch von Klassen
bzw. Schichten, aber nicht nur von ihnen. Sie handelt
von einkommenslosen, armen, Arbeiter/innen- und Unter-
schichten (denn eine übergroße Mehrheit der Frauen und
bei weitem mehr Frauen als Männer gehören ihnen an),
aber nicht nur von ihnen. Sie benützt Methoden der
Sozialgeschichte, aber ebenso z.B. auch der politischen, biographischen, Kultur- und Ideengeschichte.
Wichtige Bereiche und Methoden der Sozialgeschichte,
so etwa die Familiengeschichte, Mobilitätsforschung,
historische Demographie, sind auch für Frauengeschichte
wichtig, und zwar im gleichen Maß, wie ihre zwar
schichtspezifischen, aber geschlechterunspezifischen
Terminologie, Verfahrensweisen, Fragestellungen durch

den Blick auf Frauen und Männer modifiziert werden.(51) Historische Frauen- und Geschlechterforschung bereichert die Regeln der quellenkritischen Methode um den Grundsatz, daß nicht nur neue Quellen und Quellengattungen erschlossen werden müssen, sondern daß die Aussagen neuer wie alter Quellen auch daraufhin kritisch untersucht werden müssen, ob sie von Männern oder Frauen stammen: insbesondere dann, wenn sie sich auf die Geschlechter beziehen.(52)
Frauen- und Geschlechterforschung ist ein Teilbereich nicht nur der Sozialgeschichte, sondern aller Geschichtsschreibung: ein Teilbereich allerdings, der sich nicht auf prozentuale Anteile festlegen läßt, und Teilbereich nur in dem Sinn, wie auch Geschichte von Männern als Teilbereich der Geschichte gesehen werden kann. Andererseits geht sie über die Bedeutung eines bloßen Teilbereichs hinaus: denn erstens vermag sie, auf die allgemeine Geschichtsschreibung zurückzuwirken und deren Ergebnisse zu modifizieren, zweitens hat sie sich längst selbst in Teilbereiche aufgefächert, und drittens ist sie auch Bestandteil der interdisziplinären Frauenforschung.(53)
Sollte der legitime Platz von Frauen in der Geschichte durch ihre Zulassung zu akademischen Ressourcen gewürdigt werden, so muß auch dieser Komplexität von Frauen- und Geschlechtergeschichte Rechnung getragen werden. Vor allem aber sollte nicht nur den "Sehe-Puncten" von Historikern, sondern auch den "Sehe-Puncten" von Historikerinnen Rechnung getragen werden.

Anmerkungen und Literatur:

(1) Chladenius, Johann Martin: Einleitung zur richtigen Auslegung vernünftiger Reden und Schriften, Leipzig 1742, Ndr. Düsseldorf 1969, S. 185, 187 - 189; ders., Allgemeine Geschichtswissenschaft, worinnen der Grund zu einer neuen Einsicht in allen Arten der Gelahrtheit geleget wird, Leipzig 1752, zit. in: Reinhart Koselleck, "Geschichte" als moderner Leitbegriff, in: Otto Brunner, Werner Conze, Reinhart Koselleck (Hg.), Geschichtliche Grundbegriffe, 2. Bd., Stuttgart 1975, S. 696 f.

(2) Gleichgesetzt mit "den jetzt lebenden Menschen": Clemens Theodor Perthes, Friedrich Perthes' Leben, Gotha(4) 1857, 2. Bd., S. 146; vgl. Koselleck, S.702.

(3) Fueter, Eduard: Geschichte der neueren Historiographie (1911), München-Berlin(2)1925, S. 529 - 35 und

ff.; vgl. S. 388 ff., 395 ff., 468 ff.

(4) Ebd., S. 6 f.

(5) Sklar, Kathryn Kish: American Female Historians in
Context, 1770 - 1930, in Feminist Studies 3/1-2
(1975), S. 171 - 84. Eine vergleichbare Untersuchung
gibt es für Deutschland nicht. Vgl. etwa die bei
Karl Brandi angefertigte Dissertation von Johanna
Heineken: Die Anfänge der sächsischen Frauenklöster,
Göttingen 1909, und die erste historische Disserta-
tion einer Frau in Deutschland: Anna Gebser: Die
Bedeutung der Kaiserin Kunigunde für die Regierung
Heinrichs II., Berlin 1897. Vgl. auch Hans-Jürgen
Puhle: Warum gibt es so wenige Historikerinnen? Zur
Situation der Frauen in der Geschichtswissenschaft,
in: Geschichte und Gesellschaft 7/3 - 4 (1981), S.
364 - 93.

(6) Kocka, Jürgen: Sozialgeschichte, Göttingen 1977,
S. 70, 92; vgl. auch S. 82: "Frauenemanzipation"
als Teil der Sozialgeschichte.

(7) Aubin, Hermann, Zorn, Wolfgang (Hg.): Handbuch der
deutschen Wirtschafts- und Sozialgeschichte, 2 Bde.,
Stuttgart 1971, 1976: im I. Bd. wird "Frau" auf
5 % der Seiten erwähnt, im II. Bd. auf 2 %. Vgl.
insbesondere Werner Conze, Familie und Geschlecht,
Gesundheit (1800 - 1850), ebd. Bd. II, S. 450 - 459;
ders., Familie, Frauen und Jugendliche, Volksgesundheit (1850 - 1918), ebd., S. 632 - 43; Wolfgang Zorn,
Familie und Generation, Frau, Volksgesundheit (1918 -
1970), ebd., S. 894 - 898. In Herbert Grundmann(Hg.),
Handbuch der deutschen Geschichte, 4 Bde., Stuttgart
(9) 1970 - 1976, kommen Frauen praktisch nicht vor.
Vgl. dagegen Archaeologia Homerica Bd. III, Fasz.
R: Gisela Wickert-Micknat, Die Frau, Göttingen 1982.

(8) Für ein Spätstadium dieses Sachverhalts vgl. etwa
Eugene D. Genovese, Roll, Jordan, Roll. The World
the Slaves Made, New York 1974, S. XXI f.: "My wife,
Elizabeth Fox-Genovese, to whom this book is dedi-
cated, did not type the manuscript, do my research,
darn my socks, or do those other wonderful things
one reads about in acknowledgments to someone 'with-
out whom this book could not have been written.'
Nor did she work so hard on this book that she
deserves to be listed as co-author; if she had, she
would be listed as co-author. She did, however, take
time from writing her doctoral dissertation to
criticize each draft, review painstakingly the
materials, help me rewrite awkward sections and
rethink awkward formulations, and offer countless
suggestions, corrections, and revisions. And while
under the pressure that anyone who has written a
dissertation will readily appreciate, she made an
immeasurable if intangible contribution to the

writing of this book by living it with me."

(9) Rowbotham, Sheila: Hidden from History, London 1973, dt. Übers.: Im Dunkel der Geschichte, Frankfurt a. M. 1980; Renate Bridenthal, Claudia Koonz (Hg.), Becoming Visible: Women in European History, Boston 1977; Karin Hausen (Hg.), Frauen suchen ihre Geschichte. Historische Studien zum 19. und 20. Jahrhundert, München 1983.

(10)Vgl. hierzu insbesondere Gerda Lerner, New Approaches to the Study of Women (1969), Placing Women in History (1974), The Majority Finds Its Past (1976), The Challenge of Women's History (1977); wiederabgedruckt in: dies., The Majority Finds Its Past: Placing Women in History, New York-Oxford 1979.

(11)Für eine ausführlichere Behandlung der im folgenden angeschnittenen Fragen und für weitere Literaturhinweise vgl. meinen Beitrag (Historische Frauenforschung: Fragestellungen und Perspektiven) zu Hausen, a. a. 0., S. 22 - 60. Zur nordamerikanischen Diskussion vgl. auch dies., Women's History in den Vereinigten Staaten, in: Geschichte und Gesellschaft 7/3 - 4 (1981), S. 347 - 363; Gerda Lerner, Teaching Women's History, American Historical Association Pamphlet, Washington, D. C., 1981; Elizabeth Fox-Genovese, Placing Women's History in History, in: New Left Review 133 (1982); zur internationalen Diskussion: Olwen Hufton, Joan W. Scott, Women in History: Early Modern Europe - The Modern Period, in: Past and Present 101 (1983), S. 125 - 157.

(12)Burckhardt, Jacob: Die Kultur der Renaissance in Italien (1860), Darmstadt 1962, z. B. S. 267 ff. ("Stellung der Frau. Ihre männliche Bildung und Poesie" usw.); vgl. z. B. auch Gebser (s. oben, Anm. 5), und Bäcker-Ranke (s. Anm. 47).

(13) Zur "kompensatorischen" und "kontributorischen" Frauengeschichtsschreibung vgl. bes. Lerner, Majority, S. XXX, 145 - 150.

(14)S. vorige Anm.

(15)Darwin, Charles: The Descent of Man and Selection in Relation to Sex, 1871, zit. nach der Übers.: Die Abstammung des Menschen und die Zuchtwahl in geschlechtlicher Beziehung, Leipzig 1952, Bd. II, S. 344 f.; Paul Julius Möbius: Über den physiologischen Schwachsinn des Weibes, Halle 1900. Zur Kritik an letzterem vgl. u. a. Hedwig Dohm, Die Antifeministen, Berlin 1902.

(16)   Beard, Mary R.: Woman as Force in History. A
         Study in Traditions and Realities (1946), New
         York - London 1973.

(17)   So z. B. eine im Oktober 1983 in Berlin stattge-
         habte Konferenz zum Thema: "Der Beitrag der Frauen
         zum Patriarchat".

(18)   So etwa: Notable American Women. A Biographical
         Dictionary, hg. von Edward T. James u. a., 3 Bde.,
         Cambridge, Mass., 1971 (es behandelt 1359 Frauen,
         darunter 26 Historikerinnen); Lexikon der Frau,
         hg. von Gustav Keckeis, Blanche Christine Olschak,
         2 Bde., Zürich 1953 - 54. Vgl. auch die Bespre-
         chung des erstgenannten Nachschlagewerks von Ann
         Firor Scott, Making the Invisible Woman Visible:
         An Essay Review, in: Journal of Southern History
         38 (1972), S. 629 - 38.

(19)   Lerner, Majority, S. 148

(20)   Joan Kelly-Gadol: The Social Relation of the
         Sexes: Methodological Implications of Women's
         History, in: SIGNS. Journal of Women in Culture
         and Society (University of Chicago Press) 1/4
         (1976), S. 809 - 824, hier S. 809.

(21)   Lerner, Gerda: The Female Experience: An American
         Documentary, Indianapolis, Indiana, 1977, S. XXI;
         zur Frage nach weiblicher Erfahrung in der und
         von der Geschichte vgl. z. B. dies., Majority,
         S. XXXI, 163 und passim; Kelly-Gadol, S. 811 f.;
         Hilda Smith, Feminism and the Methodology of
         Women's History, in: Berenice A. Carroll (Hg.),
         Liberating Women's History: Theoretical and
         Critical Essays, Urbana-Chicago-London 1976, S.
         368 - 384; Jane Lewis, Women Lost and Found:
         The Impact of Feminism on History, in: Dale Spen-
         der (Hg.), Men's Studies Modified: The Impact
         of Feminism on the Academic Disciplines, Oxford
         usw. 1981, S. 55 - 72; Carroll Smith-Rosenberg,
         The New Woman and the New History, in: Feminist
         Studies 3/1 - 2 (1975), S. 185 - 198.

(22)   Ardener, Shirley (Hg.): Defining Females: The
         Nature of Women in Society, London 1978.

(23)   Vgl. etwa Barbara Duden, Elisabeth Meyer-Rensch-
         hausen: Landarbeiterinnen, Näherinnen, Dienstmäd-
         chen, Hausfrauen: Frauenarbeit in Preußen, in:
         Peter Brandt; Thomas Hofmann, Reiner Zilkenat
         (Hg.), Preußen: Zur Sozialgeschichte eines

Staates. Eine Darstellung in Quellen (= Bd. 3 von: Preußen. Versuch einer Bilanz, Katalog der Ausstellung 1981 in Berlin, 5 Bde.), Reinbek 1981, S. 265 - 285; Ute Gerhard: Verhältnisse und Verhinderungen. Frauenarbeit, Familie und Rechte der Frauen im 19. Jahrhundert, Frankfurt a. M. 1978; Wolfram Fischer: Armut in der Geschichte. Erscheinungsformen und Lösungsversuche der "Sozialen Frage" in Europa seit dem Mittelalter, Göttingen 1982; Volker Hunecke, Überlegungen zur Geschichte der Armut im vorindustriellen Europa, in: Geschichte und Gesellschaft 9/4 (1983), S. 480 - 512.

(24)   Kelly-Gadol (s. oben, Anm. 20), S. 811; dies., The Doubled Vision of Feminist Theory, in: Feminist Studies 5/1 (1979), S. 216 f.; zur Frage der Periodisierung vgl. auch dies., Did Women have a Renaissance? in: Bridenthal, Koonz (s. oben, Anm. 9), S. 137 - 64; Smith-Rosenberg (s. oben, Anm. 21), S. 188; Natalie Zemon Davis, "Women's History" in Transition: The European Case, in: Feminist Studies 3/3 - 4 (1976), S. 83 - 103, hier S. 92 f.; Lewis (s. oben, Anm. 21), S. 60; Lerner, Female Experience, S. XXIV f., und dies., Majority, S. 154 - 157.

(25)   Davis, S. 90. Vgl. auch Kelly-Gadol, S. 812 - 17; Lerner, Majority, S. 172, 177 - 180; dies., Teaching Women's History, S. 27 - 29; Nicole Claude Mathieu, Ignored by Some, Denied by Others: The Social Sex Category in Sociology, London 1978, bes. S. 20 - 33.

(26)   In Geschichtliche Grundbegriffe (s. oben, Anm. 2) kommt "Geschlecht" nicht vor, ebensowenig in: Joachim Ritter (Hg.), Historisches Wörterbuch der Philosophie, Bd. III, Basel 1974. Wo "Geschlecht" als soziale Kategorie gelegentlich verwendet wird (vgl. z. B. oben, Anm. 7), sind damit Frauen, nicht aber Männer gemeint. Das Stichwort "der Mann", demjenigen "die Frau" entsprechend, kommt ebenfalls nicht vor.

(27)   Lerner, Majority,S. 170f.; dies., Female Experience, S. XXI; Sandra Coyner, Women's Studies as an Academic Discipline, in: Theories of Women's Studies, hg. von Gloria Bowles, Renate Duelli-Klein, Berkeley 1980, S. 34 f.; Susan Carol Rogers, Woman's Place: A Critical Review of Anthropological Theory, in: Contemporary Studies of Society and History 20 (1978), S. 123 - 62; Louise Lamphere, Michelle Z. Rosaldo (Hg.), Woman, Culture, and Society, Stanford 1974, S. 9 f.;

Ardener (s. oben, Anm. 22), S. 16 - 20.

(28)   Zitat aus: Sherry B. Ortner, Harriet Whitehead
       (Hg.), Sexual Meanings: The Cultural Construction
       of Gender and Sexuality, Cambridge, Mass., usw.
       1981, S. 1; vgl. dazu auch Louise A. Tilly, The
       Social Sciences and the Study of Women, in:
       Comparative Studies in Society and History 20/1
       (1978), S. 170 f.; Ardener (s. oben, Anm. 22),
       S. 34 - 43; Louise Lamphere, Anthropology   in:
       SIGNS 2/3 (1977), S. 623; Rayna Rapp, Anthro-
       pology, in: ebd. 4/3 (1979), S. 503; Gudrun
       Schwarz, "Mannweiber" in Männertheorien, in: Hau-
       sen (s. oben, Anm. 9), S. 62 - 80.

(29)   Rosaldo, Michelle Z.: The Use and Abuse of Anthro-
       pology, in: SIGNS 5/3 (1980), S. 389 - 417, hier
       S. 409. Vgl. auch Gayle Rubin, The Traffic in
       Women: Notes on the "Political Economy" of Sex,
       in: Rayna R. Reiter (Hg.), Toward an Anthropology
       of Women, New York-London 1975, S. 157 - 210,
       Rogers (s. oben, Anm. 27), bes. S. 129 - 137;
       Lerner, Female Experience, S. XXI - XXXVI. - Zur
       sozialen Bedeutung "biologischer" Unterschiede
       vgl. Helen H. Lambert, Biology and Equality, in:
       SIGNS 4/1 (1978), S. 97 - 117.

(30)   Vgl. dazu bes. die genannten Arbeiten von Rogers,
       Rapp, Rosaldo, Lamphere, Rubin.

(31)   Vgl. die vorige Anm. und Tilly (s. oben, Anm.
       28), S. 168, 172 f.

(32)   Rosaldo, S. 390 - 95, 401 - 9; Rapp, S. 510; Nancy
       Jay, Gender and Dichotomy, in: Feminist Studies
       7/1 (1981), S. 38 - 56.

(33)   Zum Blick auf das männliche als das "andere" Ge-
       schlecht vgl. Lerner, Majority, S. XXXI. - So
       handelt es sich, um unter vielen Beispielen nur
       zwei zu nennen, in strengem Sinn um "Männerge-
       schichte" bei Lorenne M. G. Clark, Lynda Lange,
       The Sexism of Social and Political Theory: Women
       and Reproduction from Plato to Nietzsche, Toronto
       1979; Monika Simmel, Erziehung zum Weibe: Mädchen-
       ausbildung im 19. Jahrhundert, Frankfurt a. M.
       - New York 1980.

(34)   Hinweise bei Ute Frevert, Traditionale Weiblich-
       keit und moderne Interessenorganisation: Frauen
       im Angestelltenberuf 1918 - 1933, in: Geschichte
       und Gesellschaft 7/3 - 4 (1981), S. 507 - 33;
       Dorothy Thompson, Women and 19th Century Radical
       Politics: A Lost Dimension, in: The Rights and
       Wrongs of Women, hg. von Juliet Mitchell, Ann

Oakley, Harmondsworth 1976, S. 112 - 138 (übers. in: Claudia Honegger, Bettina Heintz (Hg.), Listen der Ohnmacht. Zur Sozialgeschichte weiblicher Widerstandsformen, Frankfurt a. M. 1981, S. 160 - 187); Joanna Bornat, Home and Work: A New Context for Trade Union History, in: Oral History 5 (1977), S. 124 - 35.

(35)   Z. B. bei Klaus Theweleit, Männerphantasien, 2 Bde., Frankfurt a. M. 1977, 1978, und Wolfgang Zorn, (s. Anm. 7), S. 895; vgl. Margret Lück, Die Frau im Männerstaat. Die gesellschaftliche Stellung der Frau im Nationalsozialismus, Frankfurt a. M. - Bern - Las Vegas 1979.

(36)   Hierum bemüht sich z. B. Peter N. Stearns, Be a Man! Males in Modern Society, New York 1979; vgl. Jacqes Gélis, Et si l'amour paternel existait aussi! in: L'histoire 31 (1981), S. 96 - 98; vgl. auch Anm. 33.

(37)   Streng trennend verfahren z. B. Richard J. Evans, The Feminist Movement in Germany, 1894 - 1933, Beverly Hills 1976; ders., Sozialdemokratie und Frauenemanzipation im deutschen Kaiserreich, Berlin 1979; Barbara Greven-Aschoff, Die bürgerliche Frauenbewegung in Deutschland, Göttingen 1980. - Unter den zahlreichen Arbeiten zu den genannten Fragen vgl. Dorothee Wierling, "Ich habe meine Arbeit gemacht - was wollte sie mehr?" Dienstmädchen im städtischen Haushalt der Jahrhundertwende, in: Hausen (s. oben, Anm. 9), S. 144 - 171; Yvonne Knibiehler, Catherine Fouquet, L'histoire des mères du moyen-âge à nos jours, Paris 1980; Marianne Hirsch, Mothers and Daughters, in: SIGNS 7/1 (1981), S. 200 - 222; Gianna Pomata, Madri illegittime tra '800 e '900, in: Quaderni storici 44 (1980), S. 497 - 542; Christiane Klapisch-Zuber, Genitori naturali e genitori di latte nella Firenze del '400, ebd., S. 543 - 563; Estelle B. Freedmann, Their Sister's Keepers: Women's Prison Reform in America, 1830 - 1930, Ann Arbor 1981.

(38)   Blanche Wiesen Cook, Female Support Networks and Political Activism: Lillian Wald, Crystal Eastman, Emma Goldmann, New York 1979; Mary P. Ryan, The Power of Women's Networks, in: Feminist Studies 5/1 (1979), S. 66 - 85 (übers. in: Listen der Ohnmacht (s. oben, Anm. 34), S. 393 - 415); Gerda Lerner, The Political Activities of Antislavery Women, in: dies., Majority, S. 112 - 128;

vgl. ebd., S. 158 f.; Ellen Dubois u. a., Politics and Culture in Women's History: A Symposium, in: Feminist Studies 6/1 (1980), S. 26 - 64; Davis (s. oben, Anm. 24), S. 91; Carroll Smith-Rosenberg, The Female World of Love and Ritual: Relations between Women in 19th Century America, in: SIGNS 1/1 (1975), S. 1 - 29 (übers. in: Honegger, Heintz (s. oben, Anm. 34), S. 357 - 92); Leila J. Rupp, "Imagine My Surprise": Women's Relationships in Historical Perspective, in: Frontiers. A Journal of Women Studies 5/3 (1980), S. 61 - 70; Lillian Faderman, Surpassing the Love of Men: Romantic Friendship and Love between Women from the Renaissance to the Present, New York 1981. - Zu "support networks" speziell unter Historikerinnen vgl. Sklar (s. oben, Anm. 5), und unter Wissenschaftlerinnen: Anne M. Briscoe, Phenomenon of the 70's: The Women's Caucuses, in: SIGNS 4/1 (1978), S. 152 - 58.

(39) Davis (s. oben, Anm. 24), S. 91; Judith Walkowitz, Prostitution and Victorian Society, New York 1980; Frances Finnegan, Poverty and Prostitution. A Study of Victorian Prostitutes in York, Cambridge-London-New York 1979; Alain Corbin, Les Filles de noce. Misère sexuelle et prostitution aux 19e et 20e siècles, Paris 1978. Das Verhältnis von Norm und Realität wird z. B. behandelt in Mary Hartman, Lois W. Banner (Hg.), Clio's Consciousness Raised: New Perspectives on the History of Women, New York 1974.

(40) Lerner, Majority, S. XXI f.; Tilly (s. oben, Anm. 28), S. 171 f.; Lewis (s. oben, Anm. 21), S. 62 f.; Sheila Ryan Johansson, "Herstory" as History: A New Field or Another Fad? in: Carroll, (s. oben, Anm. 21), S. 400 - 430, hier S. 402 - 5.

(41) So ein Sozialhistoriker auf einer kürzlich stattgehabten Diskussionsveranstaltung. - Vgl. etwa Marion Kaplan, Die jüdische Frauenbewegung in Deutschland, 1904 - 1938, Hamburg 1981; Zigeunerin - Sintezza, in: Courage 6/5 (1981), S. 16 - 33; Gisela Bock, Racism and Sexism in Nazi Germany: Motherhood, Compulsory Sterilization and the State, in: SIGNS 8/3 (1983), S. 399 - 421; Gerda Lerner (Hg.), Black Women in White America, New York 1972; Joyce A. Ladner, Racism and Tradition: Black Womanhood in Historical Perspective, in: Liberating Women's History (s. oben, Anm. 21), S. 179 - 193.

(42)   Von den überaus zahlreichen schichtspezifisch
         differenzierenden Arbeiten seien hier, neben den
         schon angeführten, nur genannt: Gerda Lerner,
         The Lady and the Mill Girl: Changes in the Status
         of Women in the Age of Jackson (1969), in: dies.,
         Majority, S. 15 - 30; Nancy Schrom Dye, Creating
         a Feminist Alliance: Sisterhood and Class Conflict
         in the New York Women's Trade Union League, 1903 -
         1914, in: Milton Cantor, Bruce Laurie (Hg.),
         Class, Sex, and the Woman Worker, Westport-London
         1977, S. 225 - 45 (übers. in: Honegger, Heintz
         (s. oben, Anm. 34), S. 416 - 436).

(43)   Vgl. etwa Hans-Ulrich Wehler (Hg.), Klassen in
         der europäischen Sozialgeschichte, Göttingen 1979.

(44)   Hartmann (s. unten, Anm. 46); Sibylle Meyer, Die
         mühsame Arbeit des demonstrativen Müßiggangs.
         Über die häuslichen Pflichten der Beamtenfrauen
         im Kaiserreich, in: Hausen (s. oben, Anm. 9),
         S. 172 - 194 und die dort angegebene Literatur
         zur Geschichte der Hausarbeit; Susan Strasser,
         Never Done. A History of American Housework, New
         York 1982. Komplexe Faktoren zur Bestimmung des
         Status von Frauen beschreibt z. B. Johansson (s.
         oben, Anm. 40).

(45)   "Man sollte aber berücksichtigen, daß es früher
         wie heute in der Regel realitätsmächtigere Kri-
         terien der sozialen Statuszuweisung (frei vs.
         unfrei, ständische Bindung, Klassenzugehörigkeit,
         ethnische, sprachlich-kulturelle, religiöse Fakto-
         ren usw.) gegeben hat und gibt, die den Unter-
         schied der Geschlechter, der gewissermaßen quer
         zu ihnen liegt, überlagern" (Puhle, s. oben, Anm.
         5), S. 388 (Hervorhebung von mir); vgl. Jürgen
         Kocka, Frauengeschichte zwischen Wissenschaft
         und Ideologie, in: Geschichtsdidaktik 7/1 (1982),
         S. 99 - 104, hier S. 104: "Vielleicht bestehen
         ja gewisse sozial relevante Gemeinsamkeiten von
         Frauen als Frauen einer bestimmten Zeit, aber
         doch - und das war und ist für Selbstverständnis
         und Lebenspraxis, Erfahrungen und Interessen der
         meisten Frauen trotz irgendwo ähnlicher Sociali-
         sations- und Ausgrenzungserfahrungen viel wich-
         tiger - in konkreten und damit sehr verschieden-
         artigen, vor allem wohl von Klassen- und Schicht-
         zugehörigkeit abhängigen Ausprägungen. Hat nicht
         die junge, gebildete Adlige in der Hauptstadt
         des neugegründeten Bismarck-Reichs mit ihrem etwa
         gleichaltrigen Bruder sehr viel mehr gemein als
         mit einer älteren, verwitweten, aus ärmsten Ver-

hältnissen stammenden, weder lese- noch schrift-
kundigen polnischen Saisonarbeiterin, wie sie
zur selben Zeit allsommerlich in Sachsen zu finden
waren?"

(46) Vgl. etwa Heidi I. Hartman, The Family as the
Locus of Gender, Class, and Political Struggle:
The Example of Housework, in: SIGNS 6/3 (1981),
S. 366 - 394; Nancy Tomes, A "Torrent of Abuse":
Crimes of Violence between Working-Class Men and
Women in London, 1840 - 1875, in: Journal of
Social History 11/3 (1978), S. 328 - 45; Wini
Breines, Linda Gordon, The New Scholarship on
Family Violence, in: SIGNS 8/3 (1983), S. 490
- 531.

(47) Zu Arbeiterwitwen vgl. etwa die in Anm. 23 genannte Literatur; Gisbert Bäcker-Ranke, Rankes
Ehefrau Clarissa geb. Graves-Perceval, Göttingen
1967 (Historisch-politische Hefte der Ranke-Ge-
sellschaft, Heft 21), S. 5. Zwei Jahrzehnte nach
seiner Heirat wurde auch Ranke geadelt (1865);
bekanntlich konnte ein Mann seinen Adel auf eine
bürgerliche Ehefrau übertragen, nicht jedoch eine
adlige Frau auf ihren bürgerlichen Ehemann.

(48) Vgl. Rapp (s. oben, Anm. 28), S. 504 f.; Rosaldo
(s. oben, Anm.29), S. 415; Sexual Meanings (s.
oben, Anm. 28), S. 1 - 27. Als Beispiele für
die Notwendigkeit, die Frauensituationen nicht
etwa nur klassenspezifisch, sondern auch nach
sonstigen sozialen und kulturellen Kriterien zu
differenzieren, und umgekehrt scheinbar ge-
schlechtsneutrale Beziehungen auf ihre geschlechtliche Dimension zu untersuchen, sei auf die Frage
der ethnischen (s. oben, Anm. 41) und der reli-
giösen Zugehörigkeit verwiesen: Barbara Welter,
The Feminization of American Religion, 1800 -
1860, in: William O'Neill (Hg.), Problems and
Issues in American Social History, Minneapolis
1974 (übers. in: Honegger, Heintz (s. oben, Anm.
34), S. 326 - 355); Ann Douglas, The Feminization
of American Culture, New York 1977; Doris Kauf-
mann, Vom Vaterland zum Mutterland: Frauen im
katholischen Milieu der Weimarer Republik, in:
Hausen (s. oben, Anm. 9), S. 250 - 275. Zur ge-
schlechterspezifisch unterschiedlichen Bedeutung
von Jugend und Alter vgl. etwa Gudrun Wedel, Bemerkungen zum Altwerden und Altsein von Frauen
im 19. Jahrhundert als Themen in ihren autobiogra-
phischen Schriften, in: Christoph Conrad, Hans-
Joachim von Kondratowitz (Hg.), Gerontologie und
Sozialgeschichte. Wege zu einer historischen

Betrachtung des Alters, Berlin 1983, S. 105 - 119; Karin Hausen, in: ebd. S. 483.

(49)   Fischer (s. oben, Anm.23), S. 97 und passim.

(50)   Zur Kritik der "biologischen" Auffassung von Geschlecht vgl. meinen in Anm. 11 genannten Beitrag, S. 40 - 46.

(51)   Vgl. dazu Hausen (s. oben, Anm. 11), S. 350 f.; Bock, in: Hausen (s. oben, Anm. 9), S. 29 - 33; Lerner, Majority, S. 151; Smith-Rosenberg, S. 189, und Lewis, S. 56 (s. oben, Anm. 21).

(52)   Vgl. beispielsweise die quellenkritischen Überlegungen von Eva Sternheim-Peters, Brunst, Ekstase, Orgasmus: Männerphantasien zum Thema "Hitler und die Frauen",in: Psychologie heute 8/7 (1981), S. 36 - 41. Ihr Ausgangspunkt ist der vielzitierte Passus bei Hermann Rauschning, Gespräche mit Hitler (1940),(4) Zürich-Wien-New York o.J., S. 240 - 42: "Hitler und die Frauen. Von Frauen ist Hitler entdeckt worden...Die bis zur pseudoreligiösen Ekstase gesteigerte begeisterte Hingabe der Frauen war das für ihn unentbehrliche Stimulans, um seine Lethargie zu überwinden... Man muß in diesen Massenversammlungen die vorderen Bänke gesehen haben, die ständig und in allen Städten von einer bestimmten Art ältlicher Frauen und Mädchen besetzt waren. Man muß von oben, von der Rednertribüne aus diese vor Entzücken gebrochenen, feuchten und verschleierten Augen der Hörerinnen gesehen haben, um über den Charakter dieser Begeisterung nicht mehr im Zweifel zu sein." Die Autorin zeigt an Beispielen, wie diese "Männerphantasien" in die Geschichtsschreibung unterschiedlichster politischer Affiliation eingingen. Ihre Beispiele lassen sich unschwer ergänzen.

(53)   Zu den drei Aspekten vgl. (neben Lerner, Majority, und der bisher genannten Literatur) vor allem Dale Spender (Hg.), Men's Studies Modified: The Impact of Feminism on the Academic Disciplines, Oxford usw. 1981.

Claudia OPITZ

DER "ANDERE BLICK" DER FRAUEN IN DIE GESCHICHTE - ÜBER-
LEGUNGEN ZU ANALYSE- UND DARSTELLUNGSMETHODEN FEMINISTI-
SCHER GESCHICHTSFORSCHUNG

Blicken wir Frauen heute in die Geschichte - oder auf
das, was uns als Geschichte präsentiert wird - so zeigt
sich uns Fremdes, Befremdliches: Wir erfahren eine Geschichte, die bestimmt sein soll von Männern und von
Strukturen, die uns als von Männern geschaffen erscheinen: Macht, Herrschaft, Moral, Recht, Kampf und Krieg.
Dieser Blick hält uns in zweifacher Weise den Ausschluß
bzw. die Marginalität von Frauen in der Darstellung
historischer Prozesse vor Augen: Frauen wurden zur
"schweigenden Folie" der Geschichte - und wir sehen sie
(also auch uns selbst) "durch die Brille der männlichen
Optik, die auch wir schon sehr früh angepaßt bekommen",
wie Silvia Bovenschen diese Verfremdung ausdrückte.
(Bovenschen 1976:65) Die uns früh und umfassend angepaßte
"Brille der männlichen Optik" bewirkte lange Zeit, daß
selbst uns Frauen das Fehlen von Frauen in historischen
Analysen und Darstellungen gar nicht auffiel. In der
Verinnerlichung unserer gesellschaftlichen Ausgrenzung
waren uns Sätze wie der folgende lange überhaupt nicht
suspekt: "Es liegt in der Natur des Menschen und seiner
Abhängigkeit von äußeren Verhältnissen begründet, daß
für ihn bei der Wahl **seiner Lebensgefährtin** häufig nicht
die persönliche Neigung allein maßgebend ist, sondern
daß ihn dabei Erziehung, Rang, Besitz, Abhängigkeit und
andere rein äußere Dinge beeinflussen...(Kirchner
1910:57)

Diese Darstellungsweise, die den Menschen allein als
den männlichen definiert, der sich "seine Lebensgefährtin
wählt", ist umso erstaunlicher, als sie sich in einem
Werk findet, dessen Gegenstand die "Deutschen Kaiserinnen in der Zeit von Konrad I. bis zum Tode Lothars von
Supplinburg" sind.

Mittlerweile haben wir als Leserinnen und als Wissenschaftlerinnen ein anderes Selbstbewußtsein entwickelt
und stoßen uns heftig an einem solchen androzentrischen
Geschichts- und Weltbild. Dies hat jedoch keineswegs
dazu geführt, daß eine derartige Sichtweise nun der Vergangenheit angehört. Textbeispiele aus neueren Mono-
graphien - etwa aus Paul-Heinz Kösters "Deutschland deine
Denker...", erschienen 1982, - zeigen Frauen weiterhin
als eindeutig unwichtiges Beiwerk männlicher (oder gar
menschlicher?) Existenz und Geschichte. So schreibt
Köster etwa über Arthur Schopenhauer und eine seiner
Geliebten: "Fest davon überzeugt, das Geheimnis der

Welt ergründet zu haben, verläßt er Dresden. Zurück
bleibt eine Kammerzofe, der er ein Kind gemacht
hat."
Hier wird ein "Vorfall" im Leben eines "großen Dichters
und Denkers" geschildert, der zugleich auch ein Vorfall,
besser gesagt: eine Katastrophe, im Leben einer fast
unbekannt gebliebenen Frau war, von der uns nicht einmal
der Name überliefert und mitgeteilt wird. Die feige
Flucht vor der schwangeren Geliebten, die diese Frau
in gesellschaftliche, ökonomische und sicher auch gesund-
heitliche Probleme stürzt, wird zum belanglosen Kava-
liersdelikt verharmlost, das weitere Schicksal der Frau
wird ausgeblendet. Dabei wird - u.a. durch syntaktische
und lexikalische Strukturen (1) - eine Perspektive entwickelt, die das Verstehen oder gar Richtigheißen des
männlichen Verhaltens fördert und Frauen als Leserinnen
nur die "fremde" Identifikation mit dem erobernden, also
aktiven Mann (und seinem frauenfeindlichen Verhalten)
läßt und/oder die Erkenntnis vermittelt, daß Frauen
"schon immer" - und vielleicht sogar zurecht? - männlicher Willkür und "Aktivität" **passiv** ausgesetzt waren;
in jedem Fall ist für die Frauen in einer solchen Dar-
stellungs- und Analysemethodik nur der Platz der "Fremden", der "Objekte", der "Anderen" übrig, die in der
Geschichte keine Rolle spielten.

Suchen wir die Frauen, finden wir **Biologie**: die Schwangeren, die Geschwängerten, die Lebensgefährtinnen und die
Heiratsobjekte. Sie treten in der traditionellen Geschichtsforschung außer als "Anhängsel" bestenfalls noch
im "Ghetto" der Sonderbehandlung und Ausgrenzung auf:
Reduziert auf **die** "dem Mann" entgegengesetzte, meist
unterworfene, dabei weitgehend durch Familienfunktionen
und Zivilstand definierte idealtypische **Frau**. Als kollektives Individuum entbehrt dieses geistige Konstrukt
allerdings jeglicher gesellschaftlicher Verwurzelung,
Funktion und Bedeutung außerhalb von Zeugungs- und Gebär-
funktion und Reproduktion; diese erscheinen jedoch als
unveränderliche, anthropologische Konstanten und damit
als **Biologie**, die sich dem Geschichtsprozeß weitgehend
entzieht. Dabei wird "die Frau" den Eroberungs-, Macht-
und also **Geschichts**ansprüchen "des Mannes" entgegengesetzt und damit notwendig passiv, opferbereit und historisch bedeutungslos. "Die Frau als das 'Andere', die
weder Geist noch sexuelle Bedürfnisse besitzt, die keine
gesellschaftlichen Werte schafft, sondern nur gebiert,
wird von Männern naturhaft stofflich gedacht...Die Frau,
behindert durch die Schwangerschaft, wird zum verhandel-
ten Wesen miteinander im Austausch stehender Männerhor-
den. Der Grund für diese beklagenswerte Rolle ist ein
einziges Organ: die Gebärmutter." (Wagner 1983:87/88),
resümiert Beate Wagner den Hintergrund dieses Geschichts-
bildes.

Diese Sichtweise - die Reduktion der historischen
Existenz von Frauen auf ihre biologischen Funktionen -
hat im wesentlichen zwei Wurzeln: einerseits ein Ge-
schichtsbild, das beherrscht wurde (und teilweise auch
heute noch beherrscht wird) von der "männlichen" Erfah-
rungswelt der Historiker und Gelehrten der letzten beiden
Jahrhunderte - Geschichte der Sieger, der Herrschenden,
der Eliten - und andererseits ein Frauenbild, das den
"Nicht-Männern" all das zuschreibt, was nichts mit In-
tellekt, Kultur, Macht, Geschäften und Geschichte zu
tun hat: Die Frauen werden mit der **Natur** gleichgesetzt,
als "Hüterin des Heimes" zusammen mit der Familie als
letztem Refugium des "menschlichen, natürlichen" Lebens
ausgegrenzt aus der Bedrohlichkeit und Härte der industriellen Geschäftswelt, gleichzeitig aber nur noch
als "Gebärende" betrachtet, deren hauswirtschaftlicher
Arbeitstag zur "sorgenden, passiven, idyllischen Natur"
verklärt und ent-historisiert wird. (2)
Die Ansichten und Vorgaben der Geschichtswissenschaft
haben sich allerdings in der Zwischenzeit verändert.
Nicht mehr länger soll nur "Geschichte von oben" geschrieben werden. Der Anspruch, die Geschichte derer
zu erforschen, die zwar am Gang der (politischen) Geschichte nicht immer unmittelbar beteiligt waren, aber
als Glieder der Gesellschaft Träger sozialer Prozesse
wurden und damit den Charakter und die Entwicklung der
Gesellschaft mitbestimmten und mitprägten, ist heute
selbstverständliche Grundlage jeder sozialgeschichtlichen
Studie. Die Frauen sind dabei allerdings auf der Strecke
geblieben.
Dank eines - vielleicht sogar emanzipatorisch gemeinten -
Egalitätsdenkens, aber auch wegen des grundlegend anderen
Erfahrungshorizontes und einer nicht hinterfragten Herr-
schaftsposition der männlichen Forscher, die eine "Betroffenheit" im Sinne der Frauenbewegung unmöglich machte, wurden Wunsch und Wirklichkeit verwechselt: die Frau-
en verschwinden nun stillschweigend in der abstrahieren-
den Begrifflichkeit. Termini wie "Soziale Bewegungen",
"Bauernaufstände", "Sexualverhalten" u.ä. unterstellen
einen geschlechtsneutralen Erfahrungs- und Handlungs-
ablauf bei Männern und Frauen, wobei Männer und deren
Aktivitäten, Organisationen und Organisationsformen,
ihre Lebens- und Erfahrungsstrukturen im Mittelpunkt
stehen und als Maßstab gelten: Frauen werden bestenfalls
als defizitär oder abweichend wahrgenommen und wiederum
ausgeschlossen. Besonders eindrucksvoll zeigen sich solche Defizite im Bereich der Familienforschung, deren
Forschungsgegenstand ja per definitionem **den** Bereich
der Frau ausmacht; Gisela Bock resümiert kritisch: "Bis
vor kurzem war Familie der einzige Bereich der Sozialgeschichte, wo Frauen 'institutionell' verankert waren.
Trotzdem behandeln historische Analysen der Familie,
die doch als 'Frauensphäre' par excellence gilt, zuweilen
nur Väter und Söhne. Unsichtbar bleiben Frauen aber auch
in Modellen, die Familie und Haushalt als Konglomerat
geschlechtsneutraler Individuen behandeln, Familien als

einheitliches Subjekt gleichgerichteter Interessen verstehen oder Frauen auf eine familiale 'Reproduktions-
funktion' reduzieren, und schließlich im Modell vom Verhältnis zwischen Familie und Gesellschaft, die das Verhältnis der Geschlechter sowohl in der Familie wie in
der Gesellschaft nicht in die Analyse einbeziehen."
(Bock 1982:30)

1.

Auch der vielversprechende Paradigmenwechsel neuerer
Geschichtsforschung durch die Sozialgeschichte brachte
also nicht automatisch den richtigen **Perspektiven**wechsel
mit sich. Dies liegt nicht zuletzt an den immer noch
herrschenden Vorstellungen über Rollen- und Arbeitsteilung zwischen den Geschlechtern, die "Aktivität" und
damit geschichtliche Relevanz den Männern, 'Passivität'
und damit geschichtliche Bedeutungslosigkeit, allenfalls
ein Dasein als Opfer, den Frauen zuordnet, die Bedeutung
bekommen oder Interesse erwecken durch Beziehungen zu
relevanten Männern - als "schweigende Folie der Kulturgeschichte" sind sie schließlich mitgemeint, aber keineswegs ernst genommen.
Gerade diese etablierte Geschlechtsrollenzuweisung in
den Mittelpunkt des analytischen Interesses zu rücken,
die spezifische Zuschreibung von Tätigkeiten, Gefühlen,
Verhaltensweisen und Lebensbereichen an die beiden Geschlechter zu hinterfragen, waren erste Schritte innerhalb der feministischen Geschichtsforschung, das Leben
von Frauen in der Vergangenheit zu historisieren, indem
ihr Ausschluß nicht länger als naturgegeben akzeptiert,
sondern als kulturell erworben deklariert wurde. Dabei
war eine grundsätzliche Annahme, daß die jahrhunderte-
alte, durchgehende Trennung von weiblicher und männlicher
Geschichtserfahrung eine Forschungsperspektive notwendig
macht, die diesen Unterschieden Rechnung trägt und die
diese Trennung bei der Analyse von Gesellschaften und
deren Wandel zum Thema macht und reflektiert. Dabei kann
es nun jedoch keinesfalls darum gehen, eine "weibliche
Geschichte" der zugegebenermaßen bislang beinahe ausschließlich vom männlichen Standpunkt aus geschriebenen
zu kontrastieren; vor einem solchen verhängnisvollen
Schritt warnte Silvia Bovenschen bereits 1976: "Die Vorstellung einer historisch immer existenten (weiblichen)
Gegenkultur sollten wir uns abschminken." (Bovenschen
1976:65)
Es ist nämlich mittlerweile kein Geheimnis mehr, daß
die **Art** der geschlechtsspezifischen Rollen-, Arbeits-
und Verhaltenszuweisung durchaus variieren kann. Die
zwischen den Geschlechtern herrschende Ungleichheit,
etwas geschönt schließlich "Asymmetrie" genannt, hat
aber in jedem Fall eine grundlegende Bedeutung für die
Gesellschafts**formen**, für deren Wandel und Stabilität,
also auch für die Geschichte.

Demzufolge sind Frauen (und ihre Lebensbereiche) nicht
als zusätzliche Besonderheiten - gar Kuriositäten? -
"normaler" historischer Prozesse und Strukturen zu betrachten, sondern als **funktionales Gegenstück** der Lebensbereiche und -formen von Männern in **einem** gesellschaftlichen Ganzen. Mit anderen Worten: Geschlechtszugehörigkeit muß zur grundlegenden Kategorie der Analyse gesellschaftlicher Strukturen und Prozesse werden.

2.

Das Einbringen der Geschlechtsspezifik allein reicht
jedoch als Mittel zur Historisierung weiblicher Lebenszusammenhänge und Existenzen nicht aus. Wie wir aus der
Vergangenheit **feministischer** Forschung erfahren mußten,
führt uns dies nämlich ganz rasch zu einer Sichtweise,
deren Ergebnis im Negativen die "4000 Jahre Frauenunterdrückung im Patriarchat" sind, die Simone de Beauvoir
im "Anderen Geschlecht" darstellte, und deren positive
Umdeutung in Elizabeth Gould Davies' "Am Anfang war die
Frau" ihren Niederschlag fand. (3) Ihr Ergebnis ist in
jedem Fall die unhistorische Projektion eines gleichblei-
benden Geschlechterkampfes durch alle Jahrtausende historischer Entwicklung, die durch die Hintertür die "Uni-
versalien"- und "Konstanten"- Diskussion wieder einführt,
die wir schon längst für überwunden hielten. So kritisierte auch Karin Hausen: "'Geschlecht' als Kategorie
einzuführen setzt eine Denkrichtung frei. Dieser Ansatz
enthält selber aber noch kein analytisches Instrumentarium für die historische Erforschung der Frauen-Situa-
tionen. Mit einem Gewaltmarsch durch die gesamte Mensch-
heitsgeschichte demonstrieren zu wollen, daß Frauen heute
so sind, weil sie immer der Gewalt patriarchalischer
Herrschaft ausgeliefert waren, bringt an historischer
Erkenntnis und politischer Aufklärung ebensowenig ein,
wie die Suche nach dem Goldenen Zeitalter der Frauen
im Matriarchat und die Interpretation der folgenden Geschichte als Entwicklung zum Schlechten." (Hausen
1981:351)
Ergänzend und erweiternd müssen vielmehr weitere Kriterien und Kategorien der bisherigen Geschichtswissenschaft, insbesondere der Sozialgeschichte eingesetzt
werden - etwa Rasse, Klasse, Schicht - aber auch diese
sind auf dem Hintergrund der Geschlechtsspezifik zu benutzen und zu erweitern. (4)
Es muß nämlich über die "traditionellen" Fragestellungen
und Forschungsgebiete hinaus auf die Integration auch
der Bereiche gedrängt werden, die genau wie die Frauen
als "naturnahe" ausgegrenzt und der Geschichtslosigkeit
zugewiesen wurden. Im wesentlichen sind dies die gesellschaftlichen Strukturen und Prozesse, die mit der menschlichen Reproduktion im weitesten Sinne zusammenhängen:
Schwangerschaft, Geburt, Menstruation und Verhütung,
daneben auch Altern, Körperlichkeit und der gesamte
Komplex der Hausarbeit bis hin zur Hauswirtschaft.

Daß dabei die alleinige Analyse "weiblicher" Aufgaben,
Erfahrungen und Tätigkeiten als Forschungsziele nicht
ausreichen kann, sondern auch die Bedeutung dieser "reproduktiven Bereiche" im Hinblick auf die übrigen gesellschaftlichen Bereiche analysiert und gewertet werden
muß, um wiederum die Erfahrungen der Frauen, ihre Selbst-
und Fremdsicht in den von ihnen besetzten Bereichen bewerten zu können **und** um eine (vergangene oder gegenwärtige) Gesellschaft adäquat verstehen und beurteilen zu
können, darauf haben in letzter Zeit Historikerinnen
vermehrt hingewiesen. So auch Beate Wagner: "In unserer
Gesellschaft, wo dem häuslichen Bereich fast nur noch
Reproduktionsfunktionen zufallen, muß sich für die dort
geleistete Arbeit zwangsläufig eine andere Bewertung
ergeben als in der bäuerlichen Gesellschaft der Griechen,
in der dem Haushalt zugleich Reproduktions- und Produk-
tionsaufgaben zukamen. Die Herstellung eines gesellschaftlichen Bezuges ist gerade dort einsichtig, wo moderne Analogien zu vollkommen absurden Aussagen führen...
Es gilt jedoch nicht nur, die einzelnen gesellschaftlichen Wirkungsebenen von Frauen in der Poliswirtschaft,
Politik, Ehe und Familie historisch von modernen gesellschaftlichen Strukturen abzugrenzen, sondern diese hier
einzeln aufgezählten Bereiche in ihren Beziehungen zueinander zu betrachten. (Wagner 1982: 5 ff.) (5)
Daß nämlich der Versuch, ohne einen solch grundlegenden
Perspektivenwechsel den "weiblichen" Teil der Gesellschaft, und also der Geschichte, analysieren zu wollen,
den Ansprüchen der "Frauenforschung" nicht gerecht werden
kann, zeigt sich neuerdings an einer hochinteressanten
Arbeit aus dem Bereich der französischen Mentalitätsfor-
schung, an Georges Dubys Analyse der Ehe im Feudalis-
mus.
Dubys Interesse gilt zunächst den Herrschafts- und Men-
talitätsstrukturen einer Gesellschaftsformation, die
sich im nördlichen Frankreich seit dem Jahr 1000 zunehmend herauskristallisierte.
In diesem Prozeß erhalten Eheschließung und eheliche
Verbindung eine zentrale Bedeutung, da hier die Macht-
bereiche der einzelnen Familien strukturell verbunden
werden. So begann Duby, die Entwicklung der um 1200
schließlich voll ausgebildeten Institution genauer zu
untersuchen. Im Titel seines Buches: "Le chevalier, la
femme et le prêtre" wird das gesellschaftliche Spannungsfeld der drei an der Herausbildung und Aufrechterhaltung
der Ehenormen und -praktiken beteiligten Gruppen abge-
steckt: die Ritter, die Kleriker und - die Frauen machen
diesen Konflikt untereinander aus. In der Analyse selbst
reduziert sich das Spannungsfeld allerdings auf eine
Dichotomie zwischen dem Selbstverständnis und den Traditionen der "Krieger" und den klerikalen Vorstellungen
und Dogmen der "Priester" - die Dritten, die Frauen,
gehen in die Analyse nur am Rande ein: als Opfer oder
Zankapfel zwischen den rivalisierenden Männer-Gruppen.
Trotz vielversprechendem Ansatz geht auch hier die

Historisierung an den Frauen vorbei: Ritter und Priester
sind durch gesellschaftliche Funktion (und damit durch
historisch relevante Aktivität) gekennzeichnet,Frauen
dagegen bleiben wieder in den Netzen des Biologismus
hängen: nicht als Mitglieder der Adelsgesellschaft, als
"Adlige" oder "Ritterinnen", sondern als gesellschaftlich nicht definierte Gruppe von "Frauen" finden wir
sie außerhalb der Szene.
Dem Autor selbst wird diese Diskrepanz offenbar bewußt.
Er überlegt mehrfach: "Man sollte dennoch nicht - zwischen all diesen Männern, die als einzige (!) mit lauter
Stimme darstellten und ausriefen, was sie gemacht hatten
oder was sie machen wollten - die Frauen vergessen. Man
redet viel über sie. Was weiß man von ihnen?" (Duby
1981:304; Übersetzung aus dem Französischen von mir).
Dies hindert ihn aber keineswegs daran, seine Theorie
über die Entwicklung des feudalen Ehemodells für vollständig zu halten - auch ohne die Beteiligung, die Funktion und die Aktivitäten von Frauen zu berücksichtigen.
Der Ausschluß wird begründet mit der Information, eben
diese Beteiligung sei quellenmäßig nicht zu erfassen -
sie wirkt aber wiederum zurück auf die Frauen, denn man
sucht gar nicht mehr nach ihnen! Zudem erweist sich das
analytische Instrumentarium, das aus einem geschlechts-
unspezifischen Erkenntnisinteresse des Forschers hervorgeht (der ja Institutionengeschichte schreibt) als zu
beschränkt, um Frauen anders als "passiv" in den historischen Prozeß einzubinden.
Mit anderen Worten: Versuchen wir, Frauen mit traditionellen Beobachtungs- und Analysekriterien in ihrer
Geschichtlichkeit zu erfassen, so laufen wir Gefahr,
sie und ihr Handeln an männlichem Verhalten, männlichen
Ideen und männlichen Lebensumständen zu messen, die ihnen
durchaus nicht angemessen sind. Sie werden dadurch zu
Minderheiten, zu Ausnahmen, Randgruppen, zu Abweichlerin-
nen und zu Opfern männlicher Allmacht.
Das "andere", weibliche Verhalten muß vielmehr zu seinen
spezifischen Entstehungs- und Lebensbedingungen ins Verhältnis gesetzt werden, wie dies etwa neuerdings im Bereich der Literaturgeschichte geschieht.
Die schlichte Formel, daß andere gesellschaftliche Bedingungen andere Reaktionen und Verhaltensweisen nötig
und angemessen machten, muß vor allem für Frauen und
deren Verhalten Anwendung finden.
So ist die Forderung nach verstärkter Analyse "weiblicher" Lebensbereiche und Institutionen, wie die vornehmlich mit Frauen in Verbindung gebrachten Bereiche Sexualität, Kinderaufzucht, Körperlichkeit, Hauswirtschaft
und Hausarbeit nur dann sinnvoll, wenn sie verknüpft
wird mit einer Sichtweise, die das Verhalten und die
Tätigkeiten von Frauen als funktional für die **gesamte**
Gesellschaft und für gesellschaftliche Prozesse aner-
kennt und wenn versucht wird, eben die speziell von Frau-
en erbrachten Leistungen, Verhaltensweisen und Aktivitäten in Zusammenhang zu bringen mit den übrigen gesellschaftlichen Ereignissen, Gegebenheiten und Institutionen.

Eine solche Funktionsbestimmung ist ihrerseits nicht
denkbar ohne die Analyse geschlechtsspezifischen Verhaltens und geschlechtsspezifischer Normen- und Funk-
tionsvorgaben von **Männern** in eben diesen traditionell
den Frauen angenäherten oder von ihnen besetzten Bereichen. Andernfalls sind den Biologismen wieder Tür und
Tor geöffnet - es könnten sich ahistorische Verallgemeinerungen hinsichtlich des "Geschlechtscharakters" gewis-
ser Aufgaben und Tätigkeiten einschleichen, vor denen
auch Gisela Bock eindringlich warnt: "Soll die soziale
Kategorie 'Geschlecht' ausgearbeitet werden, muß also
die soziale Kategorie 'Biologie' als Denkform wie als
Lebensbereich, begraben werden." (Bock 1983:46)
Wir laufen nämlich andernfalls Gefahr, das durchaus
existierende Verhältnis der Männer zu den "reproduktiven
Bereichen" zu ent-historisieren und diese damit wieder
allein den Frauen als "anthropologische Konstante" anzu-
lasten und zuzuschreiben. Nur unter Berücksichtigung
der **beiderseitigen** Festlegung durch geschlechtsspezifische Bindungen, Grenzen und Vorgaben ist die biolo-
gistische Dichotomie "weiblich-männlich" in ihren jeweiligen gesellschaftlichen Funktionen zu erfassen und damit
in die Geschichte einzubringen.

3.

Über die neu zu bearbeitenden Bereiche hinaus ist weiter
eine veränderte Beschäftigung mit den **herkömmlichen**
Themenbereichen der Geschichtswissenschaft anzustreben,
jedoch auch hier mit dem "anderen", dem feministischen
Blick: Es sind nämlich verstärkt die Sicht- und Erfah-
rungsweisen von Frauen in den Mittelpunkt der Analyse
zu rücken. Gerade um mit der "historisch immer existenten
weiblichen Gegenkultur" endlich aufzuräumen, die ja eigentlich nur die Umkehrung der von unseren Vorvätern
definierten Ghettoisierung der Frauen bedeutet, ist hier
der Wandel in den Wahrnehmungs-, Verhaltens- und Denk-
mustern von Frauen zu rekonstruieren. Die neuerdings
verstärkte "Mythisierung" des Mannes/der Männer zu All-
mächtigten hat "eine neue und zugleich alte Polarisie-
rung" zur Folge: "Der männlichen Machtsphäre wird eine
'andere' weibliche Sphäre entgegengesetzt, die sehr mit
dem alten romantischen Entwurf zu tun hat." (Gerhardt
1984:133)
Mit einer solchen Wiederaufnahme "traditioneller" Fragestellungen unter einer völlig veränderten Perspektive
könnte einer verbreiteten Haltung entgegengewirkt werden,
die Marlis Gerhardt so charakterisierte: "Zwar sind wir
(Frauen) unschuldig am Lauf der Welt, dafür sind wir
auch draußen aus dieser Welt und auf pure Ohnmacht verwiesen. Und selbst noch an unserer Ohnmacht, Angst und
Passivität sind wir unschuldig; die tragische Biologie,
der wir verfallen sind, hat es so gewollt." (ebd.:134)

Es muß im Gegenteil darum gehen, den Anteil der Frauen
an der Formierung gesellschaftlicher Strukturen, ihre

Widerständigkeiten und ihre Befürwortung - auch von Herr-
schaftsstrukturen - zu rekonstruieren und zu erklären.
Die Ausgrenzung als anthropologische Konstante zu begreifen und damit die Beziehung zwischen Frauen und gesellschaftlichen Institutionen als Gedanken auszuschlie-
ßen, steht der von mir geforderten Historisierung weiblicher Existenz entgegen und verhindert geradezu eine
Veränderung, indem sie die Last der gesamten Geschichte
gegen die Veränderungswünsche und -ideen von Frauen
stemmt.

4. Exkurs: Die Macht der Frauen

Als Motor feministischer Geschichtsforschung hat schon
bei den der ersten Frauenbewegung entstammenden Arbeiten
ein spezifisches Interesse an der Veränderung gegebener
Herrschafts- und Unterdrückungsstrukturen seitens der
betroffenen Frauen gewirkt: Die feministische Forschung,
besonders die Geschichtsforschung, war und ist eng mit
den Zielen und der Entwicklung der Frauenbewegung verbunden.
So stellt die amerikanische Schriftstellerin und Feministin Adrienne Rich fest: "... was braucht denn eine
Frau an Wissen, um ein selbstbewußter selbstbestimmter
Mensch zu werden? Braucht sie nicht ein Wissen von ihrer
eigenen Geschichte, von ihrem ach so politisierten
Frauenkörper, von dem kreativen Genius der Frauen vergangener Zeiten - den Kenntnissen, Fähigkeiten, Techniken und Visionen, welche Frauen anderer Zeiten und Kulturen besaßen - und davon, wie all dies in Anonymität
getaucht, zensiert, abgebrochen und abgewertet wurde?...
Ich will damit sagen, daß nicht die weibliche Anatomie,
sondern erzwungene Ignoranz ein entscheidender Schlüssel
zu unserer Machtlosigkeit ist." (Rich 1983:128 f.)

Die hier formulierte Aufgabe für die feministische Geschichtsforschung steht in engem Zusammenhang mit kul-
turkritischen und emanzipatorischen Interessen der
Frauenbewegung insgesamt. Dabei spielt die Einschätzung
weiblicher Autonomie und Handlungsfreiheit, von Unterdrückung und Sexismen im Rahmen unterschiedlicher Gesellschaften und Epochen eine zentrale Rolle. Das traditionell angewandte Instrumentarium ist dafür jedoch kaum
zu gebrauchen, da es - gleichgültig ob von den "Gleich-
aber-anders" Theoretikern des letzten Jahrhunderts entwickelt oder von den "geschlechtsneutralen" So-
zialhistorikern und -kritikern dieses Jahrhunderts -
in jedem Fall ausschließlich an den Lebens- und Erlebens-
formen von Männern entwickelt wurde. Die Situation von
Frauen ist jedoch zu verschieden von der der Männer;
teilweise sogar entgegengesetzt sind die aus ihr ent-
stehenden Handlungsweisen, Empfindungen, Interessen und
Gedanken von Frauen, besonders dort, wo die Asymmetrie
zwischen den Geschlechtern zu Konflikten und offener
Unterdrückung führt. (7) Demzufolge muß eine Geschichtsforschung, die Frauen in historischen Prozessen sicht-

bar machen will, nicht allein die für die gesellschaftlichen Lebensbedingungen von Männern wichtigen Bereiche:
Arbeit, Einkommen, Schicht- und Klassenzugehörigkeit,
Stadt-Land-Unterschiede u.a. durch biosoziale, wie Kin-
derzahl, Lebensalter, Reproduktionsbedingungen erweitern,
sondern auch das Zusammenwirken- oder Gegeneinander-
stehen - dieser Bereiche verdeutlichen.
Dabei ist der auch in der Frauenforschung vielfach be-
gangene Fehler zu vermeiden, den Status von Frauen allein
nach einem einzigen Kriterium (etwa Rechtsstellung oder
Stellung im Arbeitsprozeß) zu bewerten; Mythen sind der
Effekt solch einseitiger Betrachtungsweisen, die vom
Goldenen Zeitalter weiblicher Berufstätigkeit im Mittelalter, oder auch den paradiesischen Zeiten des kretischen
Matriarchats bis hin zum patriarchalen Massenmord an
den Hexen der beginnenden Neuzeit reichen, keinesfalls
jedoch eine angemessene - und zur politischen Aufklärung
taugende - Wiedergabe der Macht und Ohnmacht von Frauen
in vergangenen Gesellschaften bedeuten. Es wird viel
von unserer Phantasie, besser: von unserer historiographischen Kreativität, aber auch von unserer Fähigkeit
abhängen, "polyvalente" Zusammenhänge zu erfassen, gegeneinander abzuwägen und aufzurechnen, um eine gerecht-
fertigte Einschätzung weiblicher Existenz zu ermöglichen,
deren Grundlagen ja keinesfalls monokausal wiederzugeben
oder zu erklären sind.
In diesen Zusammenhang gehört übrigens auch die neuerdings auftauchende Frage nach einer Revision der herrschenden Periodisierung, die ja in sich ein vornehmlich
von der Geistesgeschichte geprägtes, lineares Geschichts-
bild einschließt und tradiert, das wiederum ausschließlich an der (idealistischen) Entwicklung des männlichen
Individuums orientiert ist. Ebenso, wie die herkömmlichen
Analyse- und Interpretationskriterien sich für die
Existenz von Frauen in der Vergangenheit als inadäquat
erweisen, ist auch das Instrument der Epocheneinteilung
keinesfalls der Entwicklung weiblicher Individuen und
ihrer Situation angemessen. Die rein praktischen Konsequenzen einer derartigen Revision wären allerdings weit-
reichend - als theoretische Überlegung sollte diese Frage
aber unbedingt weiterdiskutiert werden.

5.

Was nun die Quellenbasis feministischer Forschungen anbelangt, so sind wir dabei, neue bzw. bislang dem Bereich
"Frauen" zugeordnete (und damit als unwichtig aussortier-
te oder übersehene) Quellengattungen einer historiographischen Analyse zugänglich zu machen. Dazu zählen Haushalts-
geräte und Frauenkleidung ebenso, wie Haushaltsbücher,
Privatbriefe, Tagebücher oder Memoiren. Auch durch das
Einbringen von Lebenserinnerungen von Frauen mit Hilfe
der "oral history"-Methoden können nun Bereiche aufgetan
werden, die durch herkömmliche Materialien und Quellen
kaum zu erfassen waren. (8)

Ein ähnliches Heranziehen neuer Quellengattungen, insbesondere solcher, die den Lebens- und Erfahrungsformen
von Frauen Rechnung tragen, ist allerdings für den vor-
neuzeitlichen Bereich in diesem Ausmaß nicht möglich,
abgesehen vielleicht von Materialien, die uns die Archäo-
logie bereitstellen kann - gerade für das Mittelalter
ist hier mit interessanten, wenn auch nicht spektaku-
lären Ergebnissen zu rechnen; da etwa für den Alltagsbe-
reich die noch in den Kinderschuhen steckende Mittel-
alter-Archäologie gerade beginnt, erste Ergebnisse vorzu-
stellen. Im übrigen kann auch hier nur eine in unserem
Sinne erweiterte Fragestellung verhindern, daß Wertungen
und Aussonderungen vorgenommen werden, die wichtige Gebiete der Frauengeschichte diskriminierend beiseite lassen und ignorieren. Was aber das bestehende Quellenkor-
pus gerade hinsichtlich der Textquellen aller Art anbelangt, so sind hier die "altgedienten" traditionellen
Quellenmaterialien durchaus ergiebig; die bislang - für
unser Erkenntnisinteresse - sehr zögernde Bearbeitung
läßt noch Überraschungen erwarten. (9)
Dabei spielt nicht zuletzt eine große Rolle, daß die
im 19. und 20. Jahrhundert herausgebildete Geschlechts-
charakteristik (Mann=Kultur, Frau=Natur) für frühere
Epochen nicht in derselben Weise gilt. Die für die Geschichtsforschung bislang so verhängnisvolle Trennung
von "privat" und "öffentlich", die in eine Gleichsetzung von Frauen mit Innen/Familie/Passivität und von
Männern mit Außen/Öffentlichkeit/Aktivität mündete,
trifft für frühere Gesellschaften - auch als Ideologie -
nicht zu und läßt hinsichtlich der Lebensumstände von
Frauen interessante Quellenbestände erwarten.
Dieser Befund mag allerdings in größerem Umfang für
diplomatische und Rechtsquellen gelten, also einem Bereich entstammen, in dem auch Frauen der vor-neuzeitlichen Gesellschaften bestenfalls als Minderheit vertreten
waren, wenn auch in größerem Umfang, als die moderne
Sekundärliteratur uns glauben machen will oder auch,
als Frauen heute in der Öffentlichkeit vertreten sind.
Was die - qualitativ ergiebigeren - erzählenden Quellen
(religiöser, philosophischer, literarischer oder chroni-
kalischer Art) anbelangt, so ist auch hier noch ein weitgehend unbeackertes Feld zu erschließen. Dabei muß in
erhöhtem Maß darauf geachtet werden, daß der Zugang von
Frauen zu Schrift und schriftlichen Zeugnissen in den
vor-neuzeitlichen Epochen durchweg extrem eingeschränkt
ist und die überwältigende Masse der schriftlichen Zeug-
nisse der Feder (oder sonstigen Schreibgeräten) von Männern entstammt. Die strenge Beachtung quellenkritischer
Methodik ist demzufolge Grundlage jeder Beschäftigung
mit solchen Texten, da diese ein idealisiertes oder ab-
wertendes, in jedem Fall aber deformiertes Bild der Frau-
en **und** der gesellschaftlichen Verhältnisse wiedergeben,
in denen Frauen lebten.
Die Frage nach den Entstehungsbedingungen der litera-
rischen Quellen, ihre Funktion, ihr Publikum, ihre Überlieferung muß ein zentrales Anliegen sein und bringt

uns in die Nähe literaturhistorischer und -theoretischer Fragestellungen. Gerade für den Bereich der vor-neuzeitlichen Geschichtsforschung muß demnach die enge Zusammenarbeit mit den Nachbardisziplinen Literatur- und auch Sprachwissenschaft an vorrangiger Stelle stehen.

Jedoch hat sich in der jüngeren Vergangenheit gezeigt, daß gerade hinsichtlich der Erarbeitung von feministischen Fragestellungen und Interpretationsansätzen die Kriterien und Vorgehensweisen der traditionellen Mediävistik und Altertumsforschung Frauen als historischen Subjekten nicht gerecht werden - das o.g. Beispiel einer Analyse mittelalterlicher Ehepraktiken und -normen ist dafür symptomatisch.
Ebenso wie die einseitig männerorientierte Geschichtsideologie war für ein Verständnis des Beitrags von Frauen zur Geschichte die Tatsache hinderlich, daß gerade die "ältere" Forschung ihren Gegenstand, die "vergangenen Gesellschaften" als lineare Vorläufer der modernen Industriegesellschaft sah und Kontinuitäten konstruierten, durch die Strukturen und Organisationscharakteristika dieser Gesellschaften mit modernen Kriterien und Maßstäben bemessen, beurteilt und dargestellt wurden. Die daraus resultierende Reduzierung von Frauen - etwa auf Familie und "Privatbereich" habe ich bereits kritisiert; die Verkürzung der geschichtlichen Perspektive insgesamt entlarvt u.a. Beate Wagner so: "Mit der Antike... beweisen zu wollen, daß das, was heute ist, schon immer war, ... ist schlichte Ideologie... Weder läßt sich mit der Antike beweisen, daß die Frauen immer schon ihren Männern unterlegen waren, noch daß sich die heutige Unterdrückung von Frauen in direkter Linie von den Griechen herleitet... Es geht allein um ein Verständnis für das "Fremde" und "Andersartige" von Gesellschaften in der Vergangenheit und um die Kenntnis des jeweiligen Bedingungsgefüges, das die Rolle der Frau bestimmt." (Wagner 1982:9)
Hier empfiehlt sich vor allem die Anwendung ethnologischer Konzepte und Methoden, da die Ethnologie, die schon seit längerer Zeit die Kategorie "Geschlecht" als Instrument in die Analyse einbringt, eine ganzheitlichere Betrachtung der Beziehungen der Geschlechter ermöglicht. Der allzu einseitig auf Veränderungen und lineare Entwicklungen setzenden Geschichtsforschung wird auf diesem Weg eine Atempause erzwungen, die den Binnenstrukturen und -prozessen der Gesellschaft, die sich bisweilen nur sehr langsam ändern, und denen besonders die von Frauen besetzten Bereiche zugehören, einen höheren Stellenwert als gesellschaftliche Faktoren einräumt. Dies zeigt neuerdings Mireille Laget in ihrer hervorragenden Arbeit über Bedeutung und Wandel von Geburt und Geburtshilfe zur Zeit des Ancien Règime (1982), die sich der Thematik nicht aus der Sicht der Medizingeschichte näherte, sondern versuchte, diese Vorgänge in ein sozialgeschichtliches Konzept einzubauen.

Darüberhinaus könnte der Vergleich mit anderen, jedoch ähnlich strukturierten Gesellschaften eine Distanz zu den hier und heute herrschenden Bedingungen und Wertvorstellungen herstellen, die allein schon die Wahrnehmung andersartiger Strukturen in antiken und mittelalterlichen Gesellschaften erleichtert und so die gedankenlose Übertragung heutiger Vorstellungen auf die Vergangenheit verhindert. Schließlich wird durch diese Vorgehensweise eine Interpretationshilfe gegeben, die die meist nur ausschnitt- oder bruchstückweise Überlieferung in den historischen Quellen durch Analogieschlüsse zusammenfügen und zu einem vollständigeren Bild vergangener Gesellschaften ergänzen, deren Funktionieren dadurch leichter verstehbar würde. Daß dabei die Geschlechterbeziehungen zentrales Kriterium sein würden und müßten, ist selbstverständliche Voraussetzung.

6.

Bevor ich zum Ende meiner Überlegungen komme, möchte ich noch ein paar Worte zum Problem der **Darstellung** von Geschichte sagen - gerade hinsichtlich feministischer Geschichtsdarstellung. Wie die Sichtweisen der traditionellen Geschichtswissenschaft wirkt auch die von uns allen gesprochene und geschriebene Sprache **gegen** eine faire und angemessene Darstellung von Frauen, ihres Handelns, Fühlens und Denkens. (10)
Die beiden eingangs zitierten Beispiele sind nicht ausschließlich einem deformierten **männlichen** Gehirn entsprungen, sie bezeichnen vielmehr einen allgemein herrschenden Konsens. Auch uns wurde ja sehr früh bereits die schon mehrfach zitierte "Brille der männlichen Sichtweise" angepaßt, selbst wider Willen und wider unser besseres Wissen.
Der folgende Satz ist solch ein "Unfall", der mir allerdings symptomatisch erscheint für die Tragweite dieses Problems. In dem von Anette Kuhn und Gerhardt Schneider herausgegebenen "Frauen in der Geschichte", wird in einem geschichtsdidaktischen Beitrag folgendes formuliert: "Das Hauptlernziel ist bewußt einfach formuliert: **Die Schüler** sollen lernen, daß Frauen bereits in der französischen Revolution volle Gleichberechtigung gefordert haben, diese Forderungen aber nicht durchsetzen konnten." (Schweitzer, u.a.: 1979:154)
Ich stoße mich hier an der Verwendung des Wortes "Schüler". Mit dieser Verwendung sogenannter "generischer Maskulina", also von Bezeichnungen für Gruppen, die eigentlich zunächst ein **männliches** Gruppenmitglied bezeichnen (hier etwa **der** Schüler gegenüber **die** Schülerin) wird uns gemeinhin angedeutet, daß es sich um eine eingeschlechtlich maskuline, aber auch um eine gemischtgeschlechtliche Gruppe von Personen handeln kann. Neuere Forschungen der feministischen Linguistinnen haben allerdings gezeigt, daß hier keineswegs "Geschlechterneutralität" besteht, sondern daß vielmehr eine "Asymmetrie" vorliegt, die der Asymmetrie zwischen den Geschlechtern innerhalb der Gesellschaft korrespondiert. Besonders

als Historikerin, die sich mit Schriftquellen befaßt,
sind mir bereits häufig Fragen gekommen hinsichtlich
dieser angeblich neutralen Bezeichnungen. Sobald nämlich
der Anspruch auftritt, in einer so bezeichneten Gruppe
eine gemischtgeschlechtliche zu sehen und damit Frauen
und ihre Funktionen darin zu erkennen und sichtbar zu
machen, gerate ich mit dieser "Neutralität" in Konflikt.
Ein sattsam bekanntes Beispiel sind die "Bauernkriege",
die dann auch meist als kriegerische Auseinandersetzung
zwischen männlichen Bauern und männlichen Herren dargestellt werden, während der durchaus bekannte Beitrag
der Frauen häufig - nicht zuletzt durch diese verschleiernde Sprachregelung - verborgen bleibt.
So ist denn ein sensibler Umgang mit der Sprache nicht
allein für Forschung und Analyse, sondern auch für die
Darstellung vergangener und aktueller Ereignisse über-
notwendig, um gegen die so betriebene Verdrängung der
Frauen Einspruch zu erheben. Die herrschende Sprach-
und Sprechnorm, der alltägliche Sprachgebrauch muß in
seinen diskriminierenden Praktiken gerade auch von uns
Historikerinnen, die wir ja Chronistinnen sein sollten,
entlarvt und kontinuierlich in unserer eigenen sprachlichen und schriftlichen Praxis durchbrochen und abgebaut
werden (11), u.a. könnten "die Schüler" hier zu "Schülerinnen und Schülern" werden, und so das Lernen von
Frauen (oder Mädchen) und ihre Präsenz im Unterricht
dokumentieren.

Zum Schluß noch einige nachdenkliche Anmerkungen.
Die Geschichte der von Frauen betriebenen Geschichtsforschung zeigt deutlich, daß unsere historiographische
Kreativität und unsere interpretatorische Phantasie weitgehend von unseren persönlichen und kollektiven Erfahrungen als Frauen in dieser Gesellschaft abhängen: Die
"Betroffenheit" diktierte uns nicht nur lange Zeit (und
tut es noch!) die Forschungsgegenstände, sondern auch
die Wertmaßstäbe und Sichtweisen, bis hin zu den Fragestellungen, die wir entwickelten. So forderten denn Heide
Göttner-Abendroth und Lising Pagenstecker erst neulich
wieder explizit: "Unverzichtbare Prinzipien dieser
Frauenforschung sind: Betroffenheit, Parteilichkeit und
die fortlaufende Arbeit an einer Theorie über die Ursachen der Frauenunterdrückung, die ihre Relevanz im
praktischen Kampf gegen die Unterdrückung ständig neu
beweisen muß. **Betroffenheit** bedeutet, daß nur wir Frauen
aus unseren spezifischen Unterdrückungserfahrungen heraus, die Unterdrückungsformen und -gründe adäquat erforschen können. **Parteilichkeit** heißt, daß wir von unseren
Interessenslagen als unterdrückte Frauen ausgehen und
theoretisch wie praktisch an der Aufhebung dieser Unterdrückung arbeiten." (12)

Diese Grundsätze sind von der feministischen Forschung
immer willentlich betrieben und gutgeheißen worden. Sie

führten aber auch, zusammen mit der Änderung unserer
Persönlichkeit, zu neuen Sichtweisen, wie etwa der Frage
nach der **Macht** der Frauen, die in der früheren Phase
der "Frauen als Objekt"-Sicht nicht hatte aufkommen können und dürfen.
Es wurde und wird weiterhin gefragt, wie wir **uns** selbst
auch explizit in unsere Forschungen einbringen können.
Die Formulierung einer Fragestellung allein reicht dafür
eigentlich nicht aus. Es geht auch um einen Prozeß der
Veränderung, den wir als Forscherinnen durchlaufen und
der unseren "Gegenstand" mitprägt. (13) Christa Wolf
hat dies so zum Ausdruck gebracht: "Die Souveränität
über den Stoff habe ich mir selbst erarbeiten müssen,
und ich mache Sie zu Zeugen dieses Arbeitsvorgangs. Ich
mache Sie auch zu Zeugen eines Vorgangs, der meinen Seh-
Raster verändert hat, aber dieser Prozeß hat erst ange-
fangen und ich empfinde selbst scharf die Spannung zwischen den Formen, in denen wir uns verabredungsgemäß
bewegen, und dem lebendigen Material, das meine Sinne,
mein psychischer Apparat, mein Denken mir zuleiten und
das sich diesen Sinnen nicht fügen wollte..." (Wolf 1983
(a):7 f.)
Verlangt nicht diese immer wider - normativ - formulierte
und - real - erfahrene Subjektivität, die unseren Er-
kenntnisprozeß begleitet und von ihm erfaßt wird, eine
sprachliche und inhaltliche Aufnahme - und Umformung? -
in unserer wissenschaftlichen Arbeit? Muß nicht der
"andere Blick" der Frauen auch zu einer anderen Darstellung wissenschaftlicher Erkenntnis führen? Etwa zu
einer - noch - "poetische Sprache" genannten Diskurs-
form?
Wäre eine historiographische Arbeit für uns auch noch
als Erzählung wissenschaftlich? Ist Christa Wolfs
"Kassandra" Geschichtsschreibung?

Anmerkungen

(1) Dies zeigt vom linguistischen Standpunkt aus, Luise
    F. Pusch: Weibliches Schicksal aus männlicher
    Sicht - Über Syntax und Empathie, in: Basler Magazin
    (Wochenendbeilage der Basler Zeitung, vom 11. Juni
    1983, Nr. 23, S. 6/7)

(2) Über den Bruch der Wahrnehmung und Darstellung von
    Reproduktionsfunktion und -arbeit von Frauen siehe
    Gisela Bock/Barbara Duden: Arbeit aus Liebe - Liebe
    als Arbeit. Zur Entstehung der Hausarbeit im Kapi-
    talismus, in: Frauen und Wissenschaft. Beiträge
    zur Berliner Sommeruniversität für Frauen, Juli
    1976, Berlin 1977, S. 118-200

(3) Simone de Beauvoir: Das andere Geschlecht - Sitte
    und Sexus der Frau. Reinbek bei Hamburg, 1965;
    Elizabeth Gould Davis: Am Anfang war die Frau,
    München 1977

(4) Das Verhältnis von Feminismus und Sozialgeschichte stellen u.a. dar: Sally Alexander und Anna Davin: Feminist History, in: History Workshop 1, 1976, S. 4-6

(5) Für die mittelalterliche Geschichte stellt Rêgine Pernoud (La femme au temps des cathêdrales/Paris 1980) die Bedeutung der Veränderung von Haushalt und familiärem Zusammenleben für die gesamte Gesellschaft dar (S. 79 ff.)

(6) entfällt

(7) Für weibliche Widerstandsformen vgl. etwa Claudia Honegger/Bettina Heintz: Listen der Ohnmacht, Frankfurt a.M. 1981

(8) Dazu mehrere problematisierende Beiträge in "Frauengeschichte" (Beiträge zur feministischen Theorie und Praxis 5) München 1981; zu "oral history" auch: Clio was a woman - studies in the history of American Women, hrg. von A. Deutrich und V.C. Purdy, Washington 1980, bes. Kapitel VII

(9) Hier kann ich auf meine eigene Erfahrungen verweisen, die ich innerhalb meiner Arbeit zu "Frauen und Kunst im Mittelalter" sammelte und die in einer Ausstellung samt Katalog (Braunschweig, 1983, zusammen mit Elisabeth Schraut) niedergelegt sind.

(10) Dazu u.a. Senta Trömel-Plötz: Frauensprache - Sprache der Veränderung, Frankfurt a.M. 1982

(11) Hilfestellung geben dafür: I. Güntherrodt, M. Hellinger, L.F. Pusch, S. Trömel-Plötz: Richtlinien zur Vermeidung sexistischen Sprachgebrauchs, u.a. in: Linguistische Berichte 69/1980, S. 22-36

(12) Im Auftrag des Arbeitskreises der Sektion Frauenforschung in der Deutschen Gesellschaft für Soziologie, in: Feministische Studien 1, 1981, S. 143

(13) Ganz dringend stellen sich solche Fragen im Umfeld der "oral history", bei der die "Objekte" der Forschung lebende Menschen sind, ebenso wie die Forscherinnen. Die Problematik ist jedoch ähnlich für den Bereich der älteren Forschung, wenn wir nicht kultur- und ethnozentrische und damit verfälschende Interpretationen vornehmen wollen. (Dazu u.a. in "Weibliche Biographien" (Beiträge zur feministischen Theorie und Praxis 7) München 1982, bes. S. 86/87

- 92 -

Literatur

ALEXANDER, S., DAVIN, A.: Feminist History, in: History
    Workshop 1/1976
BEAUVOIR, S. de: Das andere Geschlecht - Sitte und Sexus
    der Frau, Reinbek b. H. 1965
BOCK, G., DUDEN, B.: Arbeit aus Liebe - Liebe als Arbeit.
    Zur Entstehung der Hausarbeit im Kapitalismus, in:
    Frauen und Wissenschaft. Beiträge zur Berliner Som-
    meruniversität für Frauen, Berlin 1976
BOCK, G.: Historische Frauenforschung - Fragestellungen
    und Perspektiven, in: Hansen, K. (Hg.): Frauen su-
    chen ihre Geschichte, München, 1983
BOVENSCHEN, S.: Über die Frage: Gibt es eine weibliche
    Ästhetik? in: Ästhetik und Kommunikation 25/1976
DAVIS, E.G.: Am Anfang war die Frau, München 1977
DEUTRICH, A., PURDY, V.C. (Hg.): Clio was a woman - Stu-
    dies in the history of American women, Washington
    1980
DUBY, G.: Le chevalier, la femme, et le prêtre, Paris
    1981
Frauengeschichte, Schwerpunktthema in: Beiträge zur Fe-
    ministischen Theorie und Praxis 5/1981
GERHARDT, M.: Über Macht und Ohnmacht, in: Opitz, C.
    (Hg.): Weiblichkeit oder Feminismus?, Weingarten
    1984
GUENTHERRODT, I., HELLINGER, M., PUSCH, L.F., TRÖMEL-
    PLÖTZ, S.: Richtlinien zur Vermeidung sexistischen
    Sprachgebrauchs, in: Linguistische Berichte 1969
HAUSEN, K.: Woman's history in den Vereinigten Staaten,
    in: Geschichte und Gesellschaft 7/1981
HAUSEN, K. (Hg.): Frauen suchen ihre Geschichte, München
    1983
HONEGGER, C., HEINTZ, B.: Listen der Ohnmacht, Frankfurt
    a.M. 1981
KIRCHNER, M.: Die deutschen Kaiserinnen in der Zeit von
    Konrad I. bis zum Tode Lothars von Supplinburg,
    Berlin 1910 (Historische Studien 79)
KÖSTER, P.-H.: Deutschlands Dichter und Denker, München
    1982
KUHN, A., SCHNEIDER, G. (Hg.): Frauen in der Geschichte,
    I, Düsseldorf 1979
LAGET, M.: Naissance - L'accouchement avant L'âge de
    La clinique, Paris 1982
OPITZ, C.: Weiblichkeit oder Feminismus? Weingarten 1984
PERNOUD, R.: La femme au temps des cathêdrales,Paris 1980
PUSCH, L.F.: Weibliches Schicksal aus männlicher Sicht
    - über Syntax und Empathie, in: Basler Magazin (Wo-
    chenendbeilage der Basler Zeitung vom 11.6.1983)
RICH, A.: 'Denken wie Männer': Zur Funktion der Alibi-
    frau..., in: Schultz, D. (Hg.): Macht und Sinnlich-
    keit, Berlin 1983
SCHRAUT, E., OPITZ, C.: Frauen und Kunst im Mittelalter,
    Braunschweig 1983
SCHULTZ, D. (Hg.): Macht und Sinnlichkeit, Berlin 1983

SCHWEITZER, S., SCHLEMMER, S., GREVERATH, A.: Die For-
    derung der Frauen nach Gleichberechtigung in der
    Französischen Revolution - Ein Unterrichtsmodell
    für die Sekundarstufe I, in: Kuhn, A., Schneider,G.
    (Hg.): Frauen in der Geschichte, I, Düsseldorf 1983,
    S. 153-168
TRÖMEL-PLÖTZ, S.: Frauensprache - Sprache der Verände-
    rung, Frankfurt a.M. 1982
WAGNER, B.: Am Anfang war die Gebärmutter - Zum Bild
    der Frau in der Matriarchatsforschung, in: Sozia-
    listische Politik und wirtschaft 14|1983
WAGNER, B.: Zwischen Mythos und Realität: Die Frau in
    der frühgriechischen Gesellschaft, Frankfurt a.M.
    1982
Weibliche Biographien, Schwerpunktthema, in: Beiträge
    zur Feministischen Theorie und Praxis 7|1982
WOLF, Ch.(a): Voraussetzung einer Erzählung: Kassandra
    - Frankfurter Poetik - Vorlesung, Frankfurt a.M.
    1983
WOLF, Ch. (b): Kassandra. Eine Erzählung, Darmstadt-Neu-
    wied 1983

Vera SLUPIK

METHODE ODER MEINUNG?
GEDANKEN ZUR FRAUENFORSCHENDEN JURISPRUDENZ

Im Unterschied zu der nun schon viele Jahre andauernden
Diskussion über feministische Methoden in den Sozialwissenschaften existiert bislang keine explizit methodologische und instrumentelle Diskussion in der frauenforschenden Rechtswissenschaft. Dafür gibt es eine ganze
Reihe von Gründen: Obwohl in der Frauenbewegung rechts-
politische Forderungen an den Staat (§ 218, Schutz der
Frauen gegen Gewalt, Anti-Diskriminierungsgesetz etc.)
immer eine große Rolle gespielt haben, blieb der Anteil
feministisch engagierter Juristinnen relativ gering.
Zwar fanden in den letzten Jahren immer wieder Treffen
statt, die zumeist von Rechtsanwältinnen organisiert
wurden, aber die Außenwirkung dieser Zusammenkünfte auf
die Frauenbewegung und in der juristischen Öffentlichkeit
blieb zumeist gering. Methodenfragen waren kein Thema.
Schließlich sind feministische Juristinnen eher praxis-
orientiert und besonders interessiert an den alltäglichen Problemen in Anwältinnenbüros und der Zusammenarbeit
mit Mandantinnen sowie an den Schwierigkeiten im Umgang
mit der Justiz. An den juristischen Fakultäten schließen
sich zwar immer wieder neue Gruppen von Jurastudentinnen
zusammen, die vielfältige fachliche und berufliche Interessen haben; im Prozeß der juristischen Sozialisation
und Professionalisierung sind die aktiven Kolleginnen
jedoch fast ausschließlich auf den Rechtsanwältinnenberuf
verwiesen, eine Tätigkeit, die - institutionell gesehen -
wenig macht- und herrschaftsnah ist und unter den derzeitigen Bedingungen vor allem für Berufsanfängerinnen
oft ein Höchstmaß an Anstrengung und ein gar nicht weibliches Durchsetzungsvermögen gegenüber Kollegen und Gerichten verlangt. Die Rechtsgebiete bleiben beschränkt
und für Methodenfragen und eine Methodologie frauenfor-
schender Ausrichtung bleibt keine Zeit. Auch die Tatsache, daß erst im Jahre 1983 eine feministische Rechtszeitschrift gegründet wurde, während in den Sozialwissenschaften bereits seit 1978 mehrere Kommunikationsorgane
für Praktikerinnen und Wissenschaftlerinnen existieren,
mag mit ein Grund dafür sein, daß methodologisch in-
teressierte Beiträge bislang ausgeblieben sind. Denn
weil juristische Berufe zuvorderst von einem konserva-
tiven Potential als Berufstätigkeit gewählt und nicht-
etablierte, frauenpolitisch engagierte Personen und Positionen marginalisiert werden, fehlen für eine öffentliche Darstellung oft die Möglichkeiten. Auf den Foren
der Rechtswissenschaft sind feministische Stimmen, ja
bloß frauenbezogene Forderungen und Ansätze zumeist un-
spektakulär ausgeschlossen. An bundesdeutschen Universitäten in juristischen Fakultäten sind fast keine frauen-

forschenden Juristinnen beschäftigt. Professorinnen gibt
es nur wenige, Forschungsprojekte und Einzelinitiativen
in diesem Bereich werden wohl auch in Zukunft ein Schat-
tendasein fristen, denn die derzeitigen Sparbestrebungen
und das gesellschaftliche Klima lassen eher düstere
Prognosen zu.

Wenn hier dennoch Anstöße für eine methodologische Diskussion gegeben werden sollen, so geschieht dies in der
Überzeugung, daß feministische Juristinnen bisher schon
neue Wege gegangen sind, die die Praxis der Vertretung
von Frauen vor Gericht und ihre Beratung erforderlich
gemacht haben, die aber bislang nicht unter diesem Aspekt
Gegenstand öffentlicher Diskussion und Publikation waren.
Es gilt, diese Beiträge zur Veränderung und Fortentwick-
lung des Rechts und seiner Institutionen sichtbar zu
machen und damit auch Rechtspolitik zu betreiben. Eine
solche Thematisierung hat aber nicht nur die patriarchalische Gesellschaft zum Widerpart, sie muß sich zualler-
erst mit einem Phänomen auseinandersetzen, das in der
Frauenbewegung, in uns selbst und im weiblichen Teil
der Gesellschaft eine grundlegende Auseinandersetzung
mit Recht und Gesetz vielfach verhindert, das Widersprüche ausdrückt, Distanz und Mißtrauen. Ich meine das
weibliche Rechtsbewußtsein, eine wissenschaftlich bislang noch viel zu wenig untersuchte Größe (1), die von
männlicher Seite aber schon als "negatives Rechtsbewußtsein" (Lautmann 1980) kategorisiert und auch von weiblichen Autoren als Rechtsverzicht bezeichnet worden ist
(z.B. Klein-Schonnefeld 1978).
In der Tat läßt sich bei uns selbst, aber insbesondere
bei nicht-professionellen Frauen, Distanz zum Recht als
formalem, entpersonalisiertem System feststellen, Differenzierung von Recht und Gerechtigkeit, Abscheu vor
einem quasi merkantilen Aushandlungsprozeß, Bevorzugung
persönlicher statt rechtlicher Mittel. Die Selbsteinschätzung vieler Frauen, die sich hier nicht für kompetent halten und die oftmals entschuldigende Mitteilung
von Juristinnen, daß sie etwas davon verstehen, sind
Bedingungen, die die Auseinandersetzung und Durchsetzung
von Frauen in diesem Bereich zusätzlich hemmen. Wenn
im Frauenzentrum die Notrufgruppe nach einer gerade
stattgefundenen Hausdurchsuchung bekennt, daß sie nicht
gewußt hat, welche Rechte in solchen Situationen bestehen
und wie man damit umgehen kann, zeigt dies, daß von vornherein auf einen Zugang zum Recht verzichtet wird, ohne
auch nur die eigenen Rechtsdurchsetzungschancen realistisch einzuschätzen. Ob die Einschätzung von Frauen,
in diesem Bereich eher schlechte Chancen zu haben, im
Einzelfall realistisch ist oder nicht, setzt eine sehr
genaue Untersuchung unserer eigenen Arbeit mit Frauen
voraus, denn in der konkreten Rechtsdurchsetzung und
Beratung finden solche Abwägungen täglich statt, deren
Ergebnis man sowohl in gerichtlichen oder rechtspoliti-
schen Entscheidungen, aber auch im Verhalten der Mandantinnen, ablesen kann.

Eine solche Reflexion geht selbstverständlich über methodische Fragen im engeren Sinne hinaus, die sich aber
in juristischen Diskussionen, anders als in den Sozialwissenschaften, oftmals lediglich darin erschöpfen, das
gewollte Ergebnis einer Entscheidung oder Auffassung
möglichst widerspruchsfrei argumentativ zu vertreten.
Praxisdruck schafft Pragmatismus. Üblicherweise lernen
Jurastudentinnen in einer Pflichtvorlesung Methodenlehre
und schauen höchstens dann noch einmal in das Standard-
werk von Larenz, wenn ihre kunstvolle Subsumtion in einem
Resultat contra legem zusammenbricht. Die Auslegung von
Rechtsvorschriften ist zwar das tägliche Handwerk juristischer Berufe, ebenso wie die Konstruktion von Verträgen und Rechtsvorschriften. Da letzteres aber an den
Universitäten so gut wie gar nicht gelehrt wird, geben
lediglich die Entscheidungen von Gerichten, Bürokratien
und Parlamenten qua institutioneller Definitionsmacht
Aufschluß über Tragfähigkeit, Effizienz und Realisierbarkeit. Der methodische Diskurs bleibt den Spezialisten
in der dünnen Luft fachlicher Dispute vorbehalten.

Die mittlerweile historischen Diskussionen Ende der 60er
und zu Beginn der 70er Jahre über Rechtswissenschaft
als Sozialwissenschaft, Anfänge einer Institutionalisie-
rung fordernden Rechtssoziologie, die Kritik an Alltagstheorien und Vorverständnis von Richtern als Moment der
Entscheidungsfindung, die Problematisierung der Gerichts-
situation konnten sich als allgemein interessierende
Fachfragen in herrschenden Kreisen nicht durchsetzen.
Dies läßt sich z.B. daran ablesen, daß der bundesdeutschen Rechtssoziologie - im Vergleich zu anderen Ländern - nur eine äußerst bescheidene Etablierung gelungen
ist. Dispute über unbegrenzte und folgenorientierte Auslegung, kritische Rechtstatsachenforschung und die ener-
gischen Versuche m.M. und h.M. den Schein legitimatori-
scher Objektivität zu entziehen, fanden sehr schnell
ihre Grenze an der Realität einer Wissenschaft und Praxis, die im Vergleich zu den Sozialwissenschaften nahezu
keine Nischen für den freien Diskurs zur Verfügung hat.
Feministinnen haben eine ganze Reihe von Erkenntnissen
aus diesen Diskussionen adaptiert und auf die Frauenfrage
in rechtlichen Bereichen bezogen. Z.B., daß Meinung und
Methode durchaus vom Geschlecht abhängig sind, daß die
Besetzung von Gerichten, Gremien und Herrschaftspositio-
nen, ohne eine angemessene Repräsentanz des weiblichen
Geschlechts, sehr wohl fatale Konsequenzen für die inhaltliche Repräsentanz weiblicher Interessen hat. In
dem Widerstand gegen das nahtlose Einfügen in männliche
Wissenschaft, die gerade von Universitätsvertretern oftmals als Voraussetzung für Karrieren postuliert wird,
sind auch von Juristinnen die methodischen Postulate
von Maria Mies (1978), die die feministische Diskussion
in den Sozialwissenschaften initiierten, kritisch diskutiert worden. Insbesondere die Entlarvung angeblicher
Wertfreiheit juristischer Auslegung (ein guter Jurist
kann jede Meinung begründen), aber auch die Frage der

Parteilichkeit für Frauen, die Problematik der Vertretung von Männern und was die vielbeschworene "Sicht von unten" und die Identifikation mit den rechtlichen Anliegen anderer Frauen konkret heißt, sind für frauenforschende Juristinnen und Praktikerinnen von besonderer Brisanz. Das Problem, wie eine feministische Sicht rechtlicher Fragen strukturiert werden kann, die über das bloße Thema Frau hinausgeht, stellt sich hier, ebenso wie in allen anderen Wissenschaften und Praxisbereichen, weniger als Problem der Abgrenzung gegenüber einem vermeintlichen "Staatsfeminismus", der sowieso nur in Spurenelementen vorhanden ist, sondern vielmehr als Problem politischer und wissenschaftlicher Selbstdefinition, die Voraussetzungen für effektives Handeln sind. Möglicherweise dürften auch hier die Erwägungen von Gisela Bock (1983) von Bedeutung sein, die für historische Frauenforschung die Behauptung aufstellt, daß Subsumtion von Frauen unter traditionelle Wissenschaft, sowie additive und kontributive Sichtweisen, nicht geeignet seien, tatsächlich die Lebensweise beider Geschlechter in einer patriarchalischen Gesellschaft adäquat zu erfassen, eine Auffassung, die sie ausdrücklich auch auf die von ihr so benannte kompensatorische Frauenforschung bezieht.

Diese Position könnte meiner Ansicht nach vor allem am Beispiel der Gleichberechtigungsideologie sowie an der rechtlichen Realisierung des verfassungsrechtlichen Gleichberechtigungsgrundsatzes theoretisch und praktisch auf den Prüfstand gebracht werden. Denn der Feminismus stellt zwar alle modernen Machtstrukturen infrage (Bock 1983), aber was heißt dies für frauenforschende Rechtswissenschaft, die sich sicherlich nicht damit zufrieden geben kann, daß Gleichheit und Gleichberechtigung ausschließlich als ideologische Leerformeln gesehen werden, daß "Schönheitsreparaturen am System" abgelehnt und Partizipation an männlichen Apparaten als Sündenfall dargestellt wird, wobei man bezeichnenderweise selbst und gerade in der Frauenbewegung immer wieder mit dem fiktiven Bild vereinzelter, angeblich männerfixierter und karrieresüchtiger Alibifrauen konfrontiert wird, die man keinesfalls unterstützen soll? Denn wir wissen weder, wie die Institutionen dieser Gesellschaft in den Händen von weiblichen Mehrheiten aussehen, noch, ob sie dadurch verändert würden und wie sich die Frauen dann verhielten. Die Zweifel an der Nützlichkeit des Gleichberechtigungsgrundsatzes für Frauen werden zwar genährt durch die restriktive Auslegung des Bundesverfassungsgerichts (vgl. Reich-Hilweg 1979), aber die neue Frauenbewegung würde mit Sicherheit einen Fehler machen, wenn sie über die Entstehungsgeschichte des Art. 3 GG hinweggeht, die Ausdruck von Kämpfen der früheren Frauenbewegung ist. Ich sehe in der Tat eine praktische und theoretische Ausdifferenzierung dieser Norm auch als eine feministische Aufgabe an, denn es geht auch im Recht um ein Stück weit mehr Autonomie für Frauen, gegen eine Privatheit,

die die Lebenslage von Frauen zum Naturgesetz abstempelt.
(Slupik 1982)
Das Aufzeigen der Diskriminierung von Frauen im Recht
in seinen vielfältigen offenen und versteckten Formen,
durch Nichtregelung oder Fehlen kompensatorischer Nor-
mierung, sowie eine Neudefinition von Gleichberechtigung
und Benachteiligung durch patriarchalische Strukturen,
ist originäre Aufgabe juristischer Praxis und Forschung
von Frauen, denn die Vielzahl von Diskriminierungen im
Recht beruht unter anderem auch darauf, daß wir den Männern derartige Definitionen noch immer viel zu unbedacht
überlassen. Dabei sollen keinerlei Illusionen über den
Staat als patriarchalischen Rechtswohltäter verbreitet
werden, ist doch das Verhältnis der Frauenbewegung zu
ihm durchaus zwiespältig: Einmal geht es um die Abwehr
des Staates, seiner Loyalitätszumutungen in Form höchst
zweifelhafter, verschleiernder Gleichstellungshäppchen,
in Form von billigen Ideologien a là sanfte Macht der
Familie und Subsidiarität auf Kosten von Frauen sowie
vereinzelte Monetarisierungstendenzen, wie ein bevöl-
kerungspolitisch motiviertes Familiengeld oder die neue
Stiftung gegen sozial begründete Abtreibungen, wo Frauen
ihre Autonomie portionenweise abgekauft wird. Andererseits ist der Staat legitimerweise Adressat unserer Forderungen nach Teilhabe an gesellschaftlichen Besitzstän-
den und Lebenschancen, die man Frauen nach wie vor vor-
enthält.

Für eine weitere Arbeit an diesen Fragen möchte ich
folgende Thesen aufstellen:

- Stärkung des Rechtsbewußtseins der Frauen im Sinne
  der Nutzung weiblicher Handlungsmacht, d.h. für Juristinnen auch ein offensives Einbringen der "Rechts-
  frage" und Vermittlung von Kompetenz in der autonomen
  Frauenbewegung.

- Entwicklung und Durchsetzung rechtlicher Forderungen
  gegenüber dem Staat, die die Handlungsmacht von Frauen
  stärken und ihre gesellschaftlichen Spielräume erweitern, damit eine angemessene Repräsentanz von Frauen
  im Recht erreicht werden kann.

- Über die bloße Kritik an bestehendem Recht und seiner
  Anwendung hinaus, geht es um einen konsequenten Aus-
  bau des Gleichberechtigungstopos in Rechtspraxis und
  Rechtswissenschaft.

- Verstärktes Einbringen unserer Anliegen in der juristischen Öffentlichkeit.

- Zusammenarbeit mit Organisationen der traditionellen
  Frauenbewegung.

Vielleicht stellt sich der Gegensatz von Methode und
Meinung für eine frauenforschende Jurisprudenz nicht,
denn eine feministische Justitia, das weibliche Sinnbild
der Gerechtigkeit mit den verbundenen Augen, hat selbst-

verständlich eine Meinung. Es bleibt zu hoffen, daß sie
in Zukunft wenigstens die besseren Argumente für Frauen
hat.

Anmerkungen

(1) An der Bremer Universität wurde eine umfangreiche
    empirische Untersuchung zum Rechtsbewußtsein von
    Frauen unter der Leitung von Ute Gerhard und Rüdiger
    Lautmann durchgeführt, deren Veröffentlichung als-
    bald vorgesehen ist.

Literatur

BOCK, G.: Historische Frauenforschung: Fragestellung
    und Perspektiven, in: Karin Hausen (Hg.): Frauen
    suchen ihre Geschichte, München 1983, S. 22-60
KLEIN-SCHONNEFELD, S.: Zur Konstitution des Rechtsbewußt-
    seins bei Frauen, in: KrimJ 1978, S. 248
LAUTMANN, R.: Negatives Rechtsbewußtsein, in: Zeitschrift
    für Rechtssoziologie, 2|80, S. 165-208
MIES, M.: Methodische Postulate zur Frauenforschung,
    in: Beiträge 1|1978, S. 3
REICH, I.: Männer und Frauen sind gleichberechtigt,
    Frankfurt 1979
SLUPIK, V.: Verrechtlichung der Frauenfrage - Befrie-
    dungspolitik oder Emanzipationschance? Die aktuel-
    le Diskussion eines Anti-Diskriminierungsgesetzes,
    in: Kritische Justiz 1982, S. 348-366

Claudia BURGSMÜLLER

ZUR WAHRNEHMUNG VON SEXISMEN IN DER RECHTSWIRKLICHKEIT
UND ENTWICKLUNG VON ANTI-SEXISTISCHEN FORDERUNGEN SOWIE
DURCHSETZUNGSMÖGLICHKEITEN IM BEREICH VON RECHT UND
JUSTIZ

In meinem Beitrag werde ich Beispiele geben für Erkennt-
nismöglichkeiten von Sexismen und dabei von meinen Erfahrungen als Juristin in einem Frauenhaus der autonomen Frauenbewegung und als Rechtsanwältin ausgehen, die
seit acht Jahren im Diskussionszusammenhang mit anderen
feministischen Rechtsanwältinnen und Juristinnen steht.
In diesem Zusammenhang sind für die frauenfeindliche
Rechtswirklichkeit die folgenden Thesen entwickelt worden:

1. Die mit Recht befaßten Organe der Rechtspflege (z.B.
   Richter, Rechtsanwälte, Staatsanwälte) nehmen Frauen
   nicht in ihrer besonderen strukturellen Diskriminie-
   rungs- und Unterdrückungssituation wahr.

2. Den Entscheidungen dieser mit Recht Befassten liegen
   Denkmuster zugrunde, - hier zitiere ich Alisa Schapira, 1977:221 "in denen die allgemeinen Deutungen
   und Alltagstheorien der sozialen Beziehungen zwischen
   Männern und Frauen aus ihrem gesellschaftlichen und
   historischen Bedeutungszusammenhang herausgelöst und
   damit als allgemein gültig ontologisiert werden."

3. Wird ausnahmsweise die gesellschaftliche Situation
   von Frauen als Entscheidungsfaktor herangezogen, so
   geschieht dies zu ihrem Nachteil.

4. Frauen werden für nicht rollenadäquates Verhalten
   negativ, Männer positiv sanktioniert.

Ähnliche Thesen sind für den Bereich der Normenent-
stehung, insbesondere für die Gesetzgeber - ein Bereich,
mit dem ich mich hier jedoch nicht schwerpunktmäßig befassen werde - entwickelt worden.

Juristinnen, die sich bisher vor allem mit der kritischen
Analyse der Rechtswirklichkeit beschäftigen, haben im
Sinne der herrschenden traditionellen Rechtswissenschaften eine erste wichtige Grenze überschritten. Es findet
keine primäre Auseinandersetzung statt mit den dogmatischen Denkgebäuden eines isolierten Rechtsgebietes; ebensowenig sind die Subsumtion von Lebenssachverhalten unter
geltende Gesetze und die Auslegung von letzteren als
bekanntester juristischer "Methode" Hauptziele ihrer
Beschäftigung.

Obwohl gelegentlich fasziniert durch die immanente
Zwangslogik eines herrschenden Systems von Gesetzen,
wie z.B. des Sachenrechts des BGB, ist es mir und anderen
Juristinnen nicht gelungen, die Beschränkungen der traditionellen Rechtswissenschaften nachzuvollziehen: Die
Auswirkungen von Gesetzen und die Rechtsprechungswirk-
lichkeit waren immer Hauptuntersuchungspunkt und Schwerpunkt der Argumentation.

Einhergehend mit dieser Grenzüberschreitung mußten, um
Sexismen wahrnehmen zu können, weitere Beschränkungen
der herrschenden Rechtswissenschaften aufgegeben werden:
Die Beschränkung auf ein einzelnes Rechtsgebiet, wie
sie die Studienform fast ungebrochen anbietet, mußte
überwunden werden. Der Lebenssachverhalt einer Frau z.B.,
die ein konkretes Problem lösen will, bestimmt sich nicht
nur nach den direkt für diese Problematik zutreffenden
Gesetzen, sondern wird erfaßt durch familienrechtliche,
arbeitsrechtliche, sozialrechtliche und strafrechtliche
Normen.

Es handelt sich dabei um eine doppelte oder mehrfache
Interdisziplinarität: Zum Begreifen eines Lebenssachver-
haltes sind zunächst die Normen aller verschiedenen
Rechtsgebiete einzubeziehen, die sich in ihm widerspiegeln; weiterhin ist es unumgänglich, die Erkenntnisse
anderer Fachrichtungen, wie z.B. Sozialwissenschaften,
Geschichte, Psychologie und Ökonomie zu kennen und zu
verwerten.

Ich halte diese methodischen Grenzüberschreitungen der
traditionellen Rechtswissenschaften für grundlegend,
um Sexismen in der Rechtswirklichkeit wahrzunehmen.
Die meisten der bisherigen Forschungsergebnisse der
Rechtssoziologie haben hingegen gezeigt, daß diese Überwindung noch kein Garant für die Erkenntnis von Unter-
drückungszusammenhängen ist,in den Frauen leben.
Diese Erkenntnismöglichkeit eröffnet sich erst, wenn
eine eigenständige Analyse der bestehenden Machtverhält-
nisse zwischen Männern und Frauen erfolgt; und zwar nicht
nur der individuellen Unterdrückungsverhältnisse, sondern
des strukturellen Gewaltverhältnisses, das sich über
einzelne Männer und Frauen hinweg durchsetzt.
Um zu dieser Analyse zu gelangen, ist eine Sensibilisierung zur Erkenntnis solcher Herrschaftszusammenhänge
Voraussetzung. Feministinnen, die z.B. sich in der Sozialarbeit für Frauen engagieren, nennen die eigene
Betroffenheit von dem Erleben der Klientin als ein derartiges Postulat.
M.E. ist der Begriff der **Parteilichkeit** treffender, um
Methoden, Inhalte und Erkenntnisinteressen zu bezeichnen.

Sich im Bereich von Jurisprudenz und Justiz zur **Parteilichkeit** zu bekennen, zeugt von besonderem weiblichen

Ketzertum: beansprucht doch diese Wissenschaft Objekti-
vität/Unparteilichkeit/Wertfreiheit/Indifferenz und Neutralität. Dies gilt zwar insbesondere für die Richter/
innen und diejenigen, die sich der Erforschung einer
angeblich immanenten Gesetzeslogik verschrieben haben,
doch auch die interdisziplinär forschende Rechtssoziologie hat bis heute wenige Arbeiten aufzuweisen, die
eine geschlechtsdifferenzierende Kategorie in ihren Wahr-
nehmungs- und Forschungsprozeß eingeführt haben.
Eine der Hauptarbeiten einer parteilich forschenden oder
als Rechtsanwältin tätigen Juristin ist zunächst, die
Ergebnisse und Methoden der herrschenden Rechtswissenschaften daraufhin zu untersuchen, inwieweit sie struk-
turelle männliche Interessen absichern, weil sie diese
entscheidende Kategorie außer acht lassen; mehr noch,
weil sie ihre eigene männliche Interessenvertretung verleugnen und nicht zum Gegenstand der Forschung machen.
Es gilt, die männerspezifischen Interessen zu entlarven,
die hinter dem von ihnen definierten Objektivitätsbegriff
versteckt werden.

Parteilichkeit heißt für mich heute nicht mehr, per se
von gemeinsamen Interessen mit den von mir beratenen
Frauen auszugehen, mit denen ich solidarisch die gesamte
Frauenunterdrückung in der Entwicklung von Kämpfen und
Bewußtsein auflöse; heißt auch nicht mehr, mich in die
betroffene Frau hineinzuversetzen und mich mit ihr
- wie es Maria Mies 1978 postuliert hat - teilzuidenti-
fizieren. Es hat auch entgegen anfänglicher Euphorie
keine Auflösung der Machtdifferenz zwischen Forscherin
und Forschungsobjekt/subjekt in den mir bekannten Frauen-
forschungsprojekten stattgefunden.
Dies gilt auch für die Beziehung zwischen einer Rechtsanwältin und der beratenen Frau, die sie nach einer Vergewaltigung oder Mißhandlung aufsucht. Nach mehrjährigen
Erfahrungen von Frauen wie mir, die unter dem Postulat
der so verstandenen Parteilichkeit angetreten waren und
versucht haben, in dieser Weise zu arbeiten, steht für
mich fest: Die Machtbeziehung Forscherin/Rechtsanwäl-
tin - Frau im Beratungs- oder Forschungsprozeß aufzulösen in der allgemeinen Solidarität aller Frauen, ist
eine Fiktion: Für entscheidend halte ich hier den Quali-
fikationsvorsprung und den unterschiedlichen ökonomischen
Hintergrund der Beteiligten. Das Auskennen im Dschungel
der Jurisprudenz, die Kenntnisse im Umgang mit den Vertretern der Justiz und die hier gesammelten Erfahrungen
machen das entscheidende Machtgefälle aus.
Die Betroffenheit von Männergewalt und z.B. Vergewaltigung, die für jede Frau potentiell existiert, reicht
nicht aus, um diese spezifischen Unterschiede aufzulösen.
Sie zu negieren, kann zu falschen Ergebnissen führen.

Eine Grundlage, um zu geschlechtsdifferenzierenden Erkenntnissen zu gelangen, ist die Entscheidung, sich im
Prozeß der Beobachtung, Beratung und Forschung vornehmlich auf Frauen zu beziehen und sie zum Ausgangspunkt

der Untersuchung zu machen. Ausschließlich Frauen zu vertreten, hat Rechtsanwältinnen die Möglichkeit eröffnet, sich nicht ständig in ihren Sichtweisen von der beruflich geforderten "Parteilichkeit" für einen männlichen Mandanten relativieren zu lassen, uns so nach einer Vielzahl von Vertretungen für Frauen verallgemeinerbare Beobachtungen aufstellen zu können.

Ein Postulat unserer Arbeit ist es daher geworden, zumindest in den rechtlichen Bereichen, wo das Machtverhältnis zwischen Männern und Frauen eindeutig ist, keinen Mann zu vertreten: dies sind vor allem Rechtsgebiete wie das Familienrecht, das Strafverfahren wegen Vergewaltigung und Prozesse, in denen Männer Frauen verklagen.

Frauen in der Beratung, Vertretung oder im Forschungsprozeß ernstzunehmen, heißt für mich heute nicht mehr, meine eigenen Kenntnisse und Erfahrungen ihren Interessen unterzuordnen. Die Kenntnis von einer Fülle von ähnlichen Erfahrungen sowie die hierdurch gewonnene Distanz zum Beratungsgeschehen ermöglichen der Rechtsanwältin oder Forscherin Deutungen und Analysen, die über die konkrete Konfliktsituation hinausgehen.

Natürlich muß sie sich immer offenhalten für eine Korrektur eigener Einstellungen, doch sich auch nicht scheuen, die Interpretationen der jeweiligen Frau zu korrigieren.

Unabhängig von der offensiven Vertretung der Frau gegenüber den gesellschaftlichen Institutionen und dem konkreten Vergewaltiger, muß die Beratung ebenso wie der Forschungsprozeß auf Prävention und Veränderung gerichtet sein. Kritik am Verhalten muß sie solidarisch äußern können: die Unerfahrenheit in der Interaktion mit Männern nicht mit Empathie und Hineinversetzen sich zu erklären versuchen, sondern anderes Verhalten alternativ denken und andere Handlungsmöglichkeiten erwägen lernen, ist ein Beratungsziel.

Schon wegen der gesellschaftlichen Vorprägung der Rollen ist das Verhältnis zwischen einer Rechtsanwältin und ihrer Mandantin so angelegt, das letztere der Anwältin die Rolle der Stellvertreterin zuschreibt. Dies geschieht auch, wenn die Rechtsanwältin selbst ein anderes Verhältnis zu ihrer Tätigkeit hat.

Es ist mein Interesse, die Objektrolle der Frau im Beratungs- und Vertretungsprozeß aufzuheben - dies zumindest zu versuchen - und sie nicht in der eines hilfebedürftigen Opfers der Justiz oder eines Mannes festzuhalten. Deshalb postulierten wir schon vor ca. acht Jahren, daß wir unterstützend und nicht helfend tätig werden und subjektiv in das Beratungsgeschehen einsteigen sollten.

Wenn auch die Auflösung dieser Objektrolle teilweise gelingt, ist es in mehreren Jahren Berufserfahrung nicht gelungen, das Machtverhältnis zwischen der Rechtsanwältin und ihrer Mandantin aufzuheben: Es hat nur wenige

Situationen gegeben, in denen dies bei Ähnlichkeiten
der Sprache und der persönlichen Erfahrungshintergründe
möglich war.

Die Grenzen der Parteilichkeit treten offen zutage, wenn
Frauen Kinder mißhandeln oder sie unerträglichen
Situationen aussetzen.
Das gesetzlich abgesicherte Machtverhältnis zwischen
Eltern und Kindern und die fehlenden alternativen Lebensmöglichkeiten für Kinder außerhalb der Zwangsbeziehung
zu den Eltern, wird die Rechtsanwältin in ihre Überlegungen einbeziehen müssen. Sie wird vor allem die Tendenzen einer Kindesmutter zur Lösung vom Sohn oder der
Tochter unterstützen, statt einen Kampf um eine Rechts-
position zu führen.

Erstaunen mag die Gleichsetzung von Rechtsanwältin und
Forscherin, die ich oft bei Erläuterung der Parteilichkeit vornahm. Sie wird nur verständlich, wenn ich einen
weiten Forschungsbegriff voraussetze, der grundsätzlich
den Forschungsprozeß als einen aktivierenden und innovativen Prozeß begreift. Frauen, die zu Rechtsanwältinnen
oder zu Beraterinnen der Notrufe für vergewaltigte Frauen
kommen, haben einen Bruch ihrer Lebenssituation erlebt
und nunmehr die Chance, sich ihrer Situation bewußt zu
werden und Veränderungen zu klären und anzugehen.
Hingegen unterscheidet selbstverständlich die systematische Erfassung zum Zwecke einer wissenschaftlichen Veröffentlichung die Forscherin von einer Rechtsanwältin.
Letztere trägt nur etwas zur Verallgemeinerung bei, wenn
sie Ergebnisse, Beobachtungen und Kenntnisse anderer
Kolleginnen und Frauen zugänglich macht.
Als ein derartiges Forum versteht sich STREIT, die im
Jahre 1983 erstmals erschienene feministische Rechtszeitschrift. (1)

Ausgehend von den zuvor dargestellten methodologischen
Überlegungen - den Postulaten der Parteilichkeit, Interdisziplinarität und Analyse der sexistischen Gesellschaft - bieten sich der juristischen Forscherin alle
Methoden der Gesellschaftswissenschaften und anderer
Disziplinen an: Einzel- und Gruppeninterviews, Biographien, die Inhaltsanalyse von richterlichen Entscheidungen, insbesondere Urteilen, Ideologiekritik an Urteilen, Analyse von Rechtsvorschriften und deren Auswirkungen auf die Rechtswirklichkeit, Untersuchungen anhand
von Fragebogen sowie Einstellungsuntersuchungen bei Or-
ganen der Rechtspflege.
An den folgenden Beispielen wird gezeigt werden, daß
für die formulierten Erkenntnisinteressen vor allem
qualitative und interpretative Methoden vorzuziehen sind.

BEISPIEL 1:

Ich beginne mit der Darstellung eines inzwischen schon
"historischen" Antrages, den ich zu Beginn des Jahres
1980 formulierte. Das Forschungsvorhaben ist bis heute
nicht in die Tat umgesetzt worden. Das Thema lautet:
"Die Diskriminierung von Frauen in Verfahren der Familiengerichtsbarkeit in West-Berlin."

Problemstellung

a) Historische Entwicklung

Seit ca. 1976 beschäftigen sich Jurastudentinnen, Ge-
richtsreferendarinnen, Juristinnen und Rechtsanwältinnen
in West-Berlin mit der Situation von Frauen in Scheidungsverfahren und Verfahren der einstweiligen Anordnungen während des Getrenntlebens.
Nachdem sich zwei Frauengruppen der Gerichtsreferenda-
rinnen u.a. theoretisch mit der Neuregelung des Eheschei-
dungsrechts vertraut gemacht hatten, beschlossen wir,
im Rahmen unserer eigenen Identitäts- und Berufsfindungs-
schwierigkeiten, unsere Qualifikation ausschließlich
Frauen zur Verfügung zu stellen und der von uns vermuteten Diskriminierung von Frauen z.B. in dem angegebenen
Bereich auf die Spur zu kommen.
Wir gründeten einen Verein, der im Rahmen des Berliner
Frauenzentrums Beratung und rechtliche Informationen
zu festen Beratungszeiten anbot (und noch heute anbietet!) Die Zeiten wurden in Publikationsorganen, wie den
Frauenzeitschriften und Wochenmagazinen bekannt gemacht.
Um nicht mit dem Rechtsberatungsmißbrauchsgesetz in Konflikt zu kommen, erfolgt eine Information nur für Frauen,
die Vereinsmitglieder sind. Die schnelle und hohe Inan-
spruchnahme unseres Beratungsangebots bestätigte unsere
Annahme sowie die Aussage anderer Beratungsgruppen des
Frauenzentrums (z.B. der BIFF), daß eine Rechtsinforma-
tion von Frauen für Frauen aus verschiedenen Gründen
dringend notwendig ist:

1. Frauen werden nur unzureichend von Presse und Medien
   und in ihrer Ausbildung über ihre Rechte informiert;
   teilweise werden ihnen falsche, entstellte Tatsachen
   durch die Presse bzw. von ihren Ehemännern vermittelt.

2. Frauen, die eine Trennung von ihren Ehemännern in
   Betracht ziehen, haben u.a. aufgrund dieser Informa-
   tionsdefizite große Schwellenängste, Rechtsanwälte
   aufzusuchen. Sie befinden sich zumeist noch in einem
   Prozeß des Abwägens, in dem sie Informationen über
   die ihnen zur Verfügung stehenden Alternativen benöti-
   gen, aber noch keine anwaltliche Vertretung/kein Tä-
   tigwerden des Anwalts wünschen.

Selbst Frauen, die zuvor die Rechtsberatungsstellen
der Bezirksämter bzw. der Amtsgerichte für einkommens-
schwache Bürger aufgesucht hatten, suchten unsere
Beratung: Sie erzählten, daß sie zunehmend Schwierigkeiten mit männlichen Anwälten gehabt hätten, daß
es ihnen nicht leicht gefallen sei, einem Mann gegenüber über die erlittenen Demütigungen und Beschränkungen seitens des Ehemannes, die sie nun zur Trennung
veranlaßten, zu sprechen.

3. In diesem Zusammenhang machten wir die Erfahrung,
daß es für eine Frau, die sich von ihrem Ehemann trennen will, nicht nur auf die fehlenden Informationen
ankommt, sondern auf eine Unterstützung in dem Prozeß, in dem sie die eigenen Unsicherheiten überwinden
und ihre Vorstellungen und Wünsche konkretisieren
will.

4. Sehr viele Frauen kamen und kommen zur Beratung,
die schon ein Scheidungsverfahren eingeleitet bzw.
Anträge auf einstweilige Anordnungen gestellt haben.
Sie berichteten von Schwierigkeiten in den mündlichen
Verhandlungen mit der fremden Atmosphäre, wo sie sich
dem Gericht und gegnerischen Anwalt ausgeliefert fühlen und keine Unterstützung von dem eigenen Anwalt
erfahren haben.

5. Bei einem Vergleich zwischen den Schilderungen der
Frauen, die schon Scheidungsantrag eingereicht hatten
und den Angaben in den Schriftsätzen ihrer Anwälte
konnten wir immer wieder feststellen, daß dort Informationen, wie wir sie von den Frauen über das Ausmaß
der erfahrenen Demütigungen, Mißhandlungen und vor
allem aus dem am meisten tabuisierten Bereich - dem
der ehelichen Vergewaltigung - erhalten hatten, nicht
auftauchten.

Unsere Gruppe bot ratsuchenden Frauen bei diesen Schwierigkeiten verschiedene Alternativen an: Zunächst die Möglichkeit zu wiederholten Beratungsgesprächen und das
Angebot, sie zu Rechtsantragstellen der Gerichte zu begleiten. Weiterhin die Vermittlung an Rechtsanwältinnen,
die parteilich für Frauen arbeiten: d.h., die sich der
gesellschaftlichen Diskriminierung von Frauen in allen
Bereichen bewußt sind, diese in den Prozeß einbringen
und vor allem einen anderen Zugang zu der Mandantin finden, was ihr ermöglicht, offen über ihre Trennungsgründe
zu reden.

In der Zwischenzeit haben sich etwa 30 Rechtsanwältinnen
zu einer "Vereinigung Berliner Rechtsanwältinnen" zusam-
mengeschlossen, deren Zielsetzung u.a. die oben beschrie-
bene Unterstützung von Frauen in Scheidungsverfahren
ist. Die meisten von ihnen vertreten in Scheidungsverfahren ausschließlich Frauen. Dabei ist es ihr Anliegen,
auch öffentlich auf die Benachteiligung von Frauen in
Gerichtsverfahren, in der Rechtsprechung etc. aufmerksam
zu machen.

Die bisher nicht erforschte Diskriminierung von Frauen
in der Familiengerichtsbarkeit ist seit dem Sommer 1979
Forschungsgegenstnd eines Arbeitskreises der Vereinigung.
Die Verfasserin entwickelte auf der Grundlage der gemeinsamen Diskussion einen halbstandardisierten Fragebogen,
mit dem die geschlechtsspezifische Diskriminierung von
Frauen in Verfahren der einstweiligen Anordnung bei Ge-
trenntleben sowie bei der Bewilligung der einstweiligen
Kostenbefreiung im Scheidungsverfahren erfaßt werden
sollten. Allen Beteiligten war von vornherein klar, daß
neben dem Fragebogen andere Erhebungsinstrumente angewandt werden müßten. Zunächst wurde der Fragebogen in
einem Pretest (vgl. Friedrichs 1973:153 ff.) mit einigen
Anwältinnen erprobt, die ihn anhand ihrer Scheidungs-
handakten ausfüllten.
Der Voruntersuchung liegen mehrere Arbeitshypothesen
zugrunde, die in gemeinsamer Diskussion anhand der teilweise mehrjährigen Erfahrungen der einzelnen Rechtsanwältinnen bzw. meiner Erfahrung als Juristin in einem
Frauenhaus entwickelt worden sind.
Eine der Leithypothesen, die sich auf die Durchführung
aller Verfahren des Bereichs Familiengerichtsbarkeit
beziehen, lautet: Familienrichter und -richterinnen ten-
dieren dazu, Frauen für nicht rollenadäquates Verhalten
punitiv, Männer hingegen positiv zu sanktionieren.
Als Beispiel hierfür sind besonders aufschlußreich, die
Entscheidungen in Sorgerechtsverfahren: Richter stellen
verschiedene Anforderungen an die Erziehungsfähigkeit
und/oder die ökonomisch-soziale Situation, je nachdem,
ob es sich um einen Mann oder um eine Frau handelt. So
wird der Erwerbstätigkeit ein Stellenwert eingeräumt,
der nach der Geschlechtszugehörigkeit differenziert:
Bietet ein Kindesvater z.B. eine gesicherte ökonomische
Versorgung des Kindes an und nennt für die Zeit seiner
Abwesenheit aus dem Haushalt die eigene Mutter oder eine
neue Freundin als Betreuungsperson (in einem Urteil des
Amtsgerichts Bocholt wird gar die Putzfrau als Bezugs-
person genannt) für das Kind, reicht dies für die Übertragung des Sorgerechts auf ihn allein aus. Die Anforderungen an erwerbstätige Frauen sind demgegenüber weit-
aus höher - die Rechtsanwender begnügen sich hier nicht
mit den angebotenen Drittversorgerinnen (z.B.), sondern
gehen grundsätzlich von einer weitgehenden Anwesenheit
der Kindesmutter beim Kind aus. Auch sind die Anforderungen an das Erziehungsverhalten und die "psychische
Gesundheit" von Frauen zusätzlich erhöht.

Eine weitere Hypothese der Untersuchung lautet:
Die Anforderungen, die die Gerichte im Rahmen der Ausfüllung des unbestimmten Rechtsbegriffes "unzumutbare
Härte" des § 1565 Abs. 2 BGB stellen, berücksichtigen
das besondere Gewaltverhältnis zwischen Männern und
Frauen nicht: Sie stellen an den Nachweis von Mißhandlungen, die sich im Reglfall in der Ehewohnung ohne Zeugen abspielen, zu hohe Anforderungen.

So soll eine einmalige, wenn auch schwere Mißhandlung
ebensowenig wie eine "allein" psychische Mißhandlung
nicht zur Ausfüllung des unbestimmten Rechtsbegriffes
ausreichen. Werden jedoch Gewaltakte - und seien es Not-
wehrakte - der Frau gegenüber dem Mann behauptet, sind
die gestellten Anforderungen an Nachweis oder Glaubhaft-
machung geringer.
Wenn genaue Daten, Uhrzeiten und eine genaue Schilderung
der Verletzungen gefordert werden, so berücksichtigen
die Richter nicht, daß vor allem Frauen aus langen Miß-
handlungsbeziehungen die körperlichen Angriffe auf sich
als alltägliche Interaktion erlebt haben und sie sie
teilweise verdrängen mußten. Es wird schließlich auch
ein detailliertes Attest, das die Art der Hämatome, Daten
und Angabe der Herkunft der Verletzungen durch den Arzt
aufführt, nicht als ausreichender Nachweis der Unzumut-
barkeit angesehen, sondern dem Vorbringen des Ehemannes,
seiner Frau sei ein Koffer auf das Auge gefallen, derselbe Beweiswert eingeräumt. Eine derartige Gleichbehand-
lung zeigt, daß bei den Abwägungen zur Glaubwürdigkeit
die empirischen Untersuchungen und Erkenntnisse über
das Mißhandlungsproblem nicht miteinbezogen werden.
Schon im Laufe des Pretests stellt sich heraus, daß die
Diskriminierung von Frauen in dem untersuchten Bereich
nicht allein an Prozeßhandlungen und Ergebnissen der
Verfahren ablesbar ist: Einen großen Stellenwert muß
eine solche Untersuchung der Beobachtung der Verhaltensweisen von Prozeßbeteiligten einräumen - wie z.B. der
Rolle des Richters und des gegnerischen Anwalts. So ist
zu fragen, inwieweit Richter den Verfahrensablauf nach
ihren vermuteten latenten Identifikationsneigungen
steuern (wer darf wann zu Wort kommen bzw. auf wen ent-
gegnen?), inwieweit sie den Inhalt von Anhörungsprotokollen in diesem Sinne beeinflussen, ob sie überhaupt die
Belastungssituation z.B. einer mißhandelten Frau beim
Zusammentreffen mit dem Ehemann berücksichtigen oder
inwieweit Tabuisierungen und mangelnde Artikulations-
fähigkeit berücksichtigt werden.

So kann nach einer vorläufigen Auswertung des Fragebo-
gens zweierlei festgehalten werden:

1) Das Erhebungsinstrument selbst ist noch entscheidend
   verbesserungsbedürftig. Z.B. muß noch genauer differenziert werden, ob ein Verfahren der einstweiligen
   Anordnung durch Beschluß, Vergleich oder durch die
   Rücknahme des Antrages beendet worden ist und welche
   dieser Handlungen auf wessen Vorschlag bzw. aus welcher Motivation (Frau nimmt Antrag zurück, weil sie
   den Druck der Situation nicht mehr aushält!) heraus
   vorgenommen wurden.

2) Die Entwicklung weiterer Methoden und die Erprobung
   ihrer Anwendung ist in Angriff zu nehmen.

b) Perspektiven

Das Ziel einer nunmehr von mir geplanten Erweiterung
der Untersuchung soll einmal sein, die Diskriminierung
von Frauen in Verfahren der Familiengerichtsbarkeit am
Beispiel der einstweiligen Anordnungen und der Prozeß-
kostenhilfebewilligung **genau erfassen und beschreiben**
zu können -
zum anderen parallel dazu, **Veränderungsperspektiven** aufzuzeigen und erste Versuche von engagierten Rechtsanwältinnen einzubeziehen.
Der momentane Diskussionsstand in der Literatur erschöpft
sich in der punktuellen Kritik einzelner höchstrichterlicher Entscheidungen (z.B. zum Ehegattenunterhalt)
- meines Wissens ist die gesamte Bandbreite der Benachteiligungen in dem beschriebenen Bereich - die Kritik
an Einzelfällen ausgenommen - noch nicht beschrieben
worden.
Von einer Forschungsarbeit zum Thema "Die Praxis der
gerichtlichen Ehelösung nach dem 1. EHERG" sind erstmalig Aussagen zu erwarten zur Bedeutung der wirtschaftlichen Folgen der Ehescheidung für Frauen; hierin soll
vor allem der "Leitgedanke, einen sozialen Ausgleich
für Haushaltsführung und Kindererziehung während der
Ehe zu erzielen, ..." (2) einer Überprüfung unterzogen
werden.

Um zu einer **umfassenden Darstellung der Diskriminierung**
zu kommen, muß die Untersuchung auf verschiedenen **Ebenen**
der Verfahren ansetzen (3):

1. Ablauf und Inhalt des gerichtlichen Verfahrens (Art
   des Antrags, Dauer und Entwicklung des Verfahrens,
   Art der Beendigung)

2. Erkenntnismethoden und Entscheidungskriterien des
   Gerichts

3. Rolle und Funktion der Verfahrensbeteiligten

Im augenblicklichen Stadium der Überlegungen lassen sich
drei Hypothesen formulieren, die in allen Bereichen der
Untersuchung überprüft werden sollen:

I.   Familienrichter und Familienrichterinnen nehmen
     Frauen nicht in ihrer besonderen geschlechtsspezi-
     fisch benachteiligten Lebenssituation wahr.
II. Wird ausnahmsweise die gesellschaftliche Situation
     von Frauen als Entscheidungsfaktor herangezogen,
     so geschieht dies zum Nachteil der Frauen.
III. Frauen werden für nicht rollenadäquates Verhalten
     punitiv sanktioniert.
     Männer werden für nicht rollenadäquates Verhalten
     positiv sanktioniert.

c) Untersuchungsansatz

Ich gehe davon aus, daß ein Teil der beschriebenen Diskriminierungen nur von Frauen wahrgenommen werden können,
die sich schon in der Vergangenheit engagiert mit der
Rechtsberatung und Vertretung von Frauen in Familien-
gerichtsverfahren befaßt haben und in einem Diskussionsprozeß über den Diskriminierungsbegriff stehen. Ich
selbst habe den Prozeß einer dorthingehenden Sensibilisierung erlebt.
Die ca. 30 Rechtsanwältinnen, die der "Vereinigung Berliner Rechtsanwältinnen" angehören, stehen seit
bis zu fünf Jahren in einem konstanten Diskussionszusammenhang. Ihre Erfahrungen haben bei einigen von ihnen
dazu geführt, daß sie in Scheidungsverfahren nur noch
Frauen vor Gericht vertreten. Danach findet sich in ihren
Anwältinnenbüros ein überdurchschnittlicher Anteil an
Scheidungsverfahren bzw. Verfahren der einstweiligen
Anordnungen.
Bei diesen Anwältinnen ist m.E. mit einem - schon durch
den jetzigen Zusammenschluß bewiesenen - Interesse an
einer Reflexion und Analyse der täglichen Berufspraxis
zu rechnen.
Für eine größere Untersuchung könnten auch Anwältinnen
außerhalb dieser Gruppierung angesprochen werden. Voraussetzung für eine Vergleichbarkeit der Ergebnisse ist
jedoch, daß eine kontinuierliche Diskussion z.B. über
den Diskriminierungsbegriff stattfindet.

Fraglich ist, inwieweit **Mandantinnen** bereit oder in den
für sie existentiellen Situationen in der Lage sein können, an der Untersuchung mitzuarbeiten.
Zumindest in den ausführlichen **Einzelfallanalysen**, die
eine ergänzende Methode zu den weiter unten angeführten
sein müssen, ist ihre Mitarbeit unumgänglich, um ein
umfassendes Bild der erlebten Situationen zu erzielen.
Hierbei gehe ich davon aus, daß die Wahrnehmungen der
Interessenvertreterin sich nicht notwendig mit denen
der vertretenen Frau decken.

Ein entscheidendes Problem der Untersuchung wird die
Bereitschaft von Familienrichtern und **Familienrichterinnen** sein, an Diskussionen bzw. Befragungen über ihren
Entscheidungsvorgang mitzuwirken.
Dies gilt einmal, weil es grundsätzlich für sie unüblich
ist, ihre eigenen Methoden zu reflektieren; andererseits
werden Widerstände gegen eine Untersuchung von Frauen
zu erwarten sein. (4)
Die Verfasserin sieht jedoch Ansatzpunkte, hierüber in
einen Diskussionsprozeß einzutreten. Während der vergangenen zwei Jahre hat sie mehrere Veranstaltungen mit-
initiiert und durchgeführt, an denen Familienrichterinnen und -richter sich über das Frauenhaus informier-
ten und über einzelne ihrer Entscheidungen diskutierten.

Ich stellte in den Jahren meiner diesbezüglichen Arbeit
fest, daß die Diskussionsbereitschaft - bei einzelnen
Richterinnen vor allem - gestiegen ist, ebenso wie die
Bereitschaft aus den erörterten Punkten (z.B. Praxis
der Wohnungszuweisung), Handlungskonsequenzen zu ziehen.
Es kamen auch emotionale Schwierigkeiten bei der Entscheidungsfindung sowie Identifikationstendenzen zur
Sprache.
Untersuchungsgegenstand können einmal alle Scheidungsverfahren einer Rechtsanwältin sein, die in dem zu unter-
suchenden Teilbereich (einstweilige Ao) abgeschlossen
sind. Dazu muß ein bestimmter Zeitraum für die Erhebung
festgelegt werden - z.B. die letzten zwei Jahre.
Als Erhebungsinstrument ist ein Auswertungsbogen zu entwickeln, der als Aktenanalyse der Handakten dienen soll.
Hier können die oben dargestellten Vorerfahrungen mit
dem Fragebogen eventuell hilfreich sein.
Bei der Auswertung sollten Angaben zur sozio-ökonomischen
Situation der Verfahrensbeteiligten, zum Verfahrensablauf,
zur Belastung der Beteiligten usw. erfaßt werden.
Zur qualitativen Ergänzung ist eine Inhaltsangabe der
Anhörungsprotokolle und der Entscheidungsbegründung erforderlich. Schließlich können auch hier Einzelinterviews mit der Rechtsanwältin, der Mandantin und der Rich-
terin bzw. dem Richter entscheidende Klärungen erbringen.

Der Schwerpunkt der Untersuchung von **laufenden Verfahren** liegt bei **qualitativen** Methoden:

1. Gedächtnisprotokolle der mündlichen Verhandlungen,
   die von der Anwältin direkt im Anschluß an die Ver-
   handlung angefertigt werden sollten.

2. Einzelinterviews und Gruppendiskussionen mit Anwältinnen

3. Inhaltsanalyse von Anhörungsprotokollen und Entscheidungen wie oben

4. Einzelinterviews und Gruppendiskussionen mit Richtern
   und Richterinnen.

BEISPIEL 2:

soll kurz die Bedeutung interdisziplinärer Forschung
und Beratung im oben beschriebenen Sinne verdeutlichen;
es ist zugleich ein Bereich, in dem das Postulat der
Parteilichkeit entwickelt und angewandt wurde.
Bei der Arbeit als Juristin in einem Frauenhaus stand
nicht ein spezifisches begrenztes Forschungsinteresse
im Vordergrund, sondern wir wollten die Lebenssituation
einer mißhandelten Frau unter allen mit der Mißhandlungs-
beziehung und den Lösungsbestrebungen aus ihr verbundenen
Gesichtspunkten beleuchten. Die psychische, ökonomische
Situation und die Lebensperspektive der Frau wurden von
Psychologinnen, Sozialarbeiterinnen, der Juristin und

Sozialwissenschaftlerinnen beleuchtet; sie arbeiteten gemeinsam und bildeten sich in den verschiedenen Qualifikationen fort.
Der Juristin oblag die Aufgabe, alle Rechtsgebiete in ihrer spezifischen Auswirkung auf mißhandelte Frauen zu untersuchen: **das Familienrecht,** hier insbesondere die Komplexe der Ehewohnungszuweisung an eine mißhandelte Frau, die Anträge auf einstweilige Anordnung wegen des Sorgerechts, Unterhaltes, Hausrates, der Herausgabe persönlicher Sachen und vieles mehr. Die Problematik der sogenannten "Härtescheidungen" habe ich schon im ersten Beispiel erläutert.
Strafrecht und Strafprozeßrecht: Strafanzeigen und Strafanträge wegen Körperverletzungsdelikten und Vergewaltigung; Verfolgung der Ermittlungsverfahren und Beschwerden gegen Einstellungen; Entwicklung von justizpolitischen Forderungen nach Anerkennung des öffentlichen Interesses in Mißhandlungsfällen.
Arbeitsrechtliche Fragen und solche des **Sozialrechts;** hierbei insbesondere Klärungen beim Arbeitslosengeld, der Arbeitslosenhilfe, Umschulungsmaßnahmen; die Probleme, die sich aus der Subsidiarität des Bezuges von Sozialhilfe für die Frauen ergeben, wie z.B. die Geltendmachung des Unterhaltsanspruchs gegenüber dem Mißhandler. (5)

BEISPIEL 3:

Hier sei schließlich auf das Engagement von Frauenforscherinnen und Rechtsanwältinnen im Bereich der Vergewaltigung, ihrer Behandlung in Gesetzen, Strafverfolgung, im Strafprozeß und in der Rechtsprechung hingewiesen:
Frauen haben hier, durch intensive parteiliche Prozeßbeobachtungen, Erfahrungen und Gespräche mit vergewaltigten Frauen, insbesondere durch die Mitarbeiterinnen der Notrufe und Beratungen für vergewaltigte Frauen, herausgefunden, daß Glaubwürdigkeit und sexuelles Vorleben der Zeuginnen Hauptuntersuchungspunkt der Strafverfahren ist und nicht etwa die Gewalttätigkeit und Sexualität des Vergewaltigers. Sie stellten fest, daß die Rechtsanwender Vorurteile anwenden, die sich zu Lasten der vergewaltigten Frauen auswirken und das Strafverfolgungs- bzw. Verurteilungsrisiko für Vergewaltiger gering halten.
Ergänzend wurden Analysen höchstrichterlicher Rechtsprechung (6) und von Gesetzentwürfen (z.B. dem der beabsichtigten Abschaffung der Nebenklagemöglichkeit) (7) erarbeitet. Diese Analysen haben ebenso wie die empirischen Untersuchungen ergeben, daß entgegen der Übertitelung des Strafgesetzbuches und den Aussagen politischer Machtträger das sexuelle Selbstbestimmungsrecht von Frauen **nicht** Schutzgut der §§ 176 ff. StGB ist. Zur Behebung zumindest der auf rechtlichem Gebiet bestehenden Mängel wurden justizpolitische Forderungen aufgestellt, wie z.B. die nach der Pönalisierung der ehelichen Verge-

waltigung und der nicht vaginalen Penetration (oral und
anal), dem Frage- und Beweisverwertungsverbot für Fragen
nach dem sexuellen Vorleben der Zeugin, soweit sich die
Fragen auf andere Beziehungen als die zum Vergewaltiger
beziehen, sowie das Recht einer vergewaltigten Frau auf
Vertretung durch eine Rechtsanwältin, die mit allen Rechten einer Verteidigerin ausgestattet ist, anstelle der
für die Übergangszeit beizubehaltenden Nebenklage. (8)

Anmerkungen

(1) Streit: Feministische Rechtszeitschrift, wird hrsg.
     vom Verein "Frauen streiten für ihr Recht e.V.",
     Frankfurt und erscheint 4 mal jährlich; Bezugsan-
     schrift: Renate Blümler, Stegstr. 34, 6000 Frank-
     furt 60

(2) Vgl. uv. Forschungsplan "Zur Erfassung der Wirksam-
     keit des neuen Scheidungsrechts" Universität
     Hannover

(3) In Anlehnung an Simitis, S., u.a.: Kindeswohl,
     Frankfurt 1979:29

(4) Diese Feststellung beruht auf den Erfahrungen der
     wissenschaftlichen Begleitforschung zum Modellpro-
     jekt Frauenhaus im Bereich der behördlichen Sozial-
     arbeit und der Strafverfolgungsorgane. Vgl. hierzu
     den uv. Zwischenbericht; (Bundesministerium für
     Jugend, Familie und Gesundheit, Bonn 1979)

(5) Vgl. hierzu die Studie "Hilfen für mißhandelte
     Frauen", Bonn 1981; diese Schrift ist über die Zen-
     traleinrichtung zur Förderung von Frauenstudien
     und Frauenforschung an der FU Berlin, Königin-Luise-
     Str. 34, 1000 Berlin 33, zu beziehen.

(6) Vgl. Alisa Schapira 1977

(7) Hierzu: Burgsmüller 1983:8

(8) Vgl. den unveröffentl. Brief der Notrufe für verge-
     waltigte Frauen und Mädchen, Bundesweites Treffen
     am 28.-30.10.1983

Literatur

BURGSMÜLLER, C.: Der subjektive Faktor. Ein Beitrag zur
     drohenden Abschaffung der Nebenklage, in: Streit
     1/1983, S. 8-12
FRIEDRICHS, J.: Methoden empirischer Sozialforschung,
     Reinbek b.H. 1973

Hilfe für mißhandelte Frauen. Schriftenreihe des Bundesministers für Jugend, Familie und Gesundheit,
Bd. 124, Bonn 1981
MIES, M.: Methodische Postulate zur Frauenforschung,
in: Beiträge zur Feministischen Theorie und Praxis
1/1978
SCHAPIRA, A.: Die Rechtsprechung zur Vergewaltigung.
Über die weitgezogenen Grenzen der erlaubten Gewalt
gegen Frauen, in: Kritische Justiz 3/1977, 221 ff.
SIMITIS, S., u.a.: Kindeswohl. Eine interdisziplinäre
Untersuchung über seine Verwirklichung in der Vor-
mundschaftsgerichtlichen Praxis, Frankfurt a.M.
1979

Fritjof WERNER

VERMEIDUNG EMOTIONALER OFFENHEIT - DER GESPRÄCHSSTIL

IN EINER MÄNNERGRUPPE

Von feministischen Wissenschaftlerinnen, wie beispielsweise Maria Mies, wird betont, daß Frauenforschung aus
der Frauenbewegung entstanden ist und daran gebunden
bleiben sollte. Ein analoges Vorgehen wäre auch für die
"Männerforschung" angebracht, ist aber nicht möglich,
weil es eine irgendwie vergleichbare Männerbewegung nicht
gibt. Aufgrund der Privilegien ihrer sozialen Lage fehlt
den Männern eine durchgehende emotionale Betroffenheit
und auch der äußere Antrieb zur Veränderung. Meist haben
Männer ein Wahrnehmungsdefizit über die Auswirkungen
der männlichen Privilegien auf ihr Verhalten. Dieses
Wahrnehmungsdefizit hat eine kulturelle Entsprechung
in der androzentrischen Sichtweise. Mit 'androzentrischer
Sichtweise' ist gemeint, daß Männer, meist ohne sich
darüber im klaren zu sein, ihre Sicht als die allgemeine
ausgeben. Die androzentrische Sichtweise herrscht gerade
auch in den Wissenschaften vor. Sie hat in den Sozialwissenschaften, auf die ich mich andeutungsweise beschränke, weitreichende Folgen. Der sicherste Weg, um
die männliche Sicht als die allgemeine auszugeben und
dieses Vorgehen als scheinbar objektives durchzuhalten,
besteht darin, Geschlecht als nebensächliche Kategorie
zu behandeln. Dieser großangelegte Schwindel ist durch
die Frauenbewegung aufgedeckt worden. Sobald die kulturell unterdrückte Sicht von Frauen öffentlich gemacht
wird, wird Geschlecht zu einer zentralen Kategorie.
Gisela Bock z. B. hat ausgeführt, daß es in der Geschichtsschreibung nicht nur darum gehen kann, daß der
Beitrag von Frauen zur 'allgemeinen' Geschichte endlich
erforscht wird, sondern daß Geschichte als Geschlechtergeschichte begriffen werden muß. Wenn Frauen sichtbar
werden, wird das männliche Wertesystem deutlich, das
unsere Kultur durchzieht (vgl. Bock 1983).

Eine wesentliche Bedingung, warum die androzentrische
Sichtweise als die allgemeine erscheinen kann, ist aber
auch, daß Männer ihre persönlichen Erfahrungen nicht
öffentlich machen und als speziell männliche Erfahrungen
ausweisen. Solange sie stellvertretend für die Allgemein-
heit reden und nicht für sich selbst, werden die männlichen Verhaltensprivilegien auch nicht öffentlich und
können von ihnen privat beansprucht werden. Darauf komme
ich noch zurück.
In der Frauenforschung wird schon seit längerer Zeit
eine intensive Diskussion über die methodischen und anderen Probleme eines Ausgehens von den eigenen Erfahrungen

geführt. Dabei wird auch von eigener Betroffenheit und
bewußter Parteilichkeit ausgegangen.(1) Das setzt einen
Austausch persönlicher Erfahrungen und Schwierigkeiten
voraus, der unter Männern selten privat und fast gar
nicht öffentlich geführt wird. Männer können deshalb
für sich nicht in Anspruch nehmen, von der eigenen Betroffenheit auszugehen. Sie können jedoch ihre Erfahrungen in wissenschaftliche Analysen einbeziehen, ohne sich
auf eine durchgehende emotionale Betroffenheit berufen
zu müssen. Bei der Analyse des männlichen Stils in Gesprächen stütze ich mich auf meine Erfahrungen und auf
die formulierten Erfahrungen anderer Personen. Je mehr
ich mir dabei meine Erfahrungen bewußt mache, umso mehr
kann ich andere Erfahrungen nachvollziehen. Ähnliches
gilt für die Beurteilung der Analyseergebnisse. Das ist
nicht mehr mit einer neutralen wissenschaftlichen Haltung
vereinbar und trifft deswegen auf erheblichen Widerstand;
ein Widerstand, der sich meist im Ignorieren der formulierten Erfahrungen und in einer reinen Methodenkritik
äußert. Ich sehe einen wesentlichen Grund für diese Art
von Kritik darin, daß ein Austausch persönlicher Erfahrungen, wie in der Frauenbewegung, 'unter Männern' fehlt.

Vor der Analyse der Stilmerkmale in den Gesprächsaus-
schnitten aus der Männergruppe muß ich noch einige allgemeinere Voraussetzungen zum weiblichen und männlichen
Stil machen. Ich gehe von der Annahme aus, daß das Gesprächsverhalten weitgehend durch die Orientierung am
Verhalten des gleichen Geschlechts geprägt ist. Mit dem
Begriff des 'Gesprächsstils' oder kürzer 'Stils' sollen
überdauernde Merkmale des Gesprächsverhaltens erfaßt
werden. Von weiblichem und männlichem Stil kann dann
gesprochen werden, wenn solche Merkmale insbesondere
in gleichgeschlechtlichen Gruppen von Frauen und Männern
zu finden sind. Auf die zusätzliche Bedingung, daß es
sich bei einer einfachen Zuordnung von Stilmerkmalen
zum Geschlecht um geschlechtstypische Gesprächssituationen handeln muß, gehe ich weiter unten noch ein. Unter
der Voraussetzung einer gleichgeschlechtlich begründeten
Stilbestimmung ist zu erwarten, daß sich die Stilmerkmale
in gleichgeschlechtlichen Gruppen unbehindert durch den
jeweils anderen Stil entfalten können und daß in gegen-
geschlechtlichen Gruppen zwei partiell unverträgliche
Stile zusammentreffen.
Die gleichgeschlechtlich begründete Stilbestimmung entspricht nicht mehr der üblichen Annahme eines komplementären Verhaltens von Frauen und Männern im Sinne der
stereotypen Merkmale für Weiblichkeit und Männlichkeit.
Ich verwende auch den Begriff der 'Geschlechtsrollen'
nicht, weil ich zwar festsitzende Verhaltensweisen von
Frauen und Männern, aber nicht normative Erwartungen
an geschlechtsangemessenes Verhalten untersuche. Hinzu

kommt noch, daß diese Erwartungen der Geschlechtsange-
messenheit primär von Vorstellungen über gegengeschlecht-
liches Verhalten abgeleitet sind. Es hat weitgehende
theoretische Konsequenzen, ob primär von gleich- oder
gegengeschlechtlichem Verhalten ausgegangen wird (vgl.
dazu Werner, 1983 und 1984).
Um die Stilmerkmale empirisch näher bestimmen zu können,
analysiere ich den Gesprächsablauf in einzelnen Ge-
sprächsausschnitten von Redebeitrag zu Redebeitrag (vgl.
Werner, 1984). Unter den Stilmerkmalen verallgemeinere
ich dann thematische Bezüge zwischen Redebeiträgen und
sequentielle Regularitäten des Gesprächsablaufs. Dieser
Stilbegriff ist insofern relativ offen, als die thematischen und sequentiellen Bezüge **als Stilmerkmale** in
Verbindung zur sozialen Lage von Frauen und Männern gebracht werden; und zwar zu Aspekten der sozialen Lage,
die sich auf das Reden und den Gesprächsablauf beziehen
lassen. Die Gefahr der Zirkularität einer solchen Stilbestimmung kann durch den Erfahrungsbezug und die Konfrontation mit den Regularitäten des Gesprächsablaufs
vermieden werden. Um zu verallgemeinerbaren Aussagen
kommen zu können, ist eine solche Einzelfallanalyse auf
den Erfahrungsbezug angewiesen. Dabei muß darauf geachtet
werden, daß die gefundenen Stilmerkmale immer auch
situationsbedingt sind und für andersgeartete Gesprächssituationen nicht ohne weiteres gelten. Die Situations-
bedingtheit der Stilmerkmale hat eine wichtige theoretische Konsequenz: die Merkmale des weiblichen und männlichen Stils lassen sich nicht situationsübergreifend
an das Geschlecht (als solches) binden. Im Vergleich
zwischen unterschiedlichen Gesprächssituationen sind
die Verhaltensänderungen bei Frauen und Männern je nach
Situation einfach zu groß und überschneiden sich zu sehr.
Nur in geschlechtstypischen gleichgeschlechtlichen Gesprächssituationen kommen beide Stile jeweils auf einheitliche Weise vor. Geschlecht und Situation zusammen
sind stilprägend. Ebensowenig wie eine strikte Ge-
schlechtsgebundenheit, existiert eine rein situative
Austauschbarkeit der Stile zwischen den Geschlechtern.
Die Gesprächssituation wird immer auch aufgrund der
sozialen Lage von Frauen und Männern mit hergestellt.
In geschlechtsuntypischen Situationen, z. B. wenn Frauen
eine öffentliche Rede halten oder wenn Männer untereinander über Gefühle reden, können jeweils mehrere Merkmale
des anderen Stils vorkommen. Das Gesprächsverhalten von
Frauen ist also nicht nur durch den weiblichen Stil zu
erfassen und das Gesprächsverhalten von Männern nicht
nur durch den männlichen Stil.

In der Männergruppe versuchen die Männer aufrichtig über
ihre Gefühle und Beziehungen, besonders auch über ihre
Beziehungen untereinander zu reden. Damit ihnen das ge-

lingen kann, müssen sie einen zentralen Merkmalskomplex
des männlichen Stils außer Kraft setzen. Er besteht
darin, daß Männer es bei Beziehungsthemen meist vermeiden, emotional offen zu reden, und bei Sachthemen den
persönlichen Bezug ihrer thematischen Positionen verbal
nicht klar ausdrücken (vgl. Werner, 1984). Wegen der
Vermeidung emotionaler Offenheit, wegen des unklaren
persönlichen Bezugs und weil ein Ausgleich durch den
weiblichen Stil fehlt, wird der männliche Stil in der
Männergruppe zum Störfaktor. Bei den Bemühungen der Männer, klarer über sich zu reden, treten dann auch einige
Stilmerkmale auf, die gewöhnlich in Gesprächen unter
Frauen zu finden sind. In dem Maße, wie das der Fall ist,
entsteht in der Männergruppe eine geschlechtsuntypische
Gesprächssituation. Die Merkmale des weiblichen Stils
kommen in Sequenzen mit einem lebendigeren und kooperativeren Gesprächsverhalten vor, als es im männlichen Stil
üblich ist.
Die Lebendigkeit und die gegenseitige Unterstützung im
Gesprächsverhalten unter Frauen führen zu einer positiven
Bewertung des weiblichen Stils. Ohne eine ausführliche
Behandlung des weiblichen Stils kann diese positive Bewertung leicht zu einer Idealisierung der weiblichen
Kooperativität werden. Ich habe an anderer Stelle entwickelt, daß Frauen aufgrund ihrer sozialen Lage im weiblichen Stil auf eine Anerkennung ihrer thematischen Positionen angewiesen sind und daß dies eine Bedingung für
die Kooperativität im weiblichen Stil ist.(vgl. Werner,
1984) Da im Gesprächsverhalten von Frauen untereinander
auch negativ bewertete Merkmale des männlichen Stils
vorkommen, ist eine Idealisierung des weiblichen Gesprächsverhaltens, die nur zu oft mit einem Ignorieren
von Frauen einhergeht, auch aus diesem Grund vermeidbar.

Als Hintergrund der Analyse des männlichen Stils möchte
ich jetzt etwas zum männlichen Verhalten in heterosexuellen Beziehungen und zur gesellschaftlich gestützten Männlichkeit sagen. Heterosexuelle Männer machen
sich meist wenig Gedanken über ihre Beziehungen. Sie
überlassen es den Frauen, Beziehungsprobleme anzuspre-
chen, und wenn Frauen das tun, empfinden sie es oft als
Bedrohung ihres männlichen Selbstwertgefühls. Ihr Selbst-
wertgefühl ist darauf aufgebaut, daß ihre Männlichkeit
nicht hinterfragt wird, sondern von vornherein anerkannt
wird. Auch die Unsicherheiten, die mit dem Zulassen von
Gefühlen verbunden sind, passen nicht zu ihrer Männlichkeit. Wenn sie ihre Gefühle sprachlich ausdrücken, geben
sie anderen Personen mehr Möglichkeiten des Eingreifens,
als ihrer vorgetäuschten männlichen Unabhängigkeit be-
kommt. Sie schützen sich davor, daß die Reaktionen anderer Personen zu wichtig für sie werden, indem sie es
vermeiden, emotional offen zu reden. Das ist ein fest-
sitzender Bestandteil des männlichen Verhaltens. Obwohl
die Männer in der Männergruppe unter den Auswirkungen

ihres Redens auf die Gruppe leiden, können sie den männlichen Stil nicht so leicht aufgeben. Die Gruppe ist
nach zweijähriger Dauer aus diesem Grund fast ausein-
andergebrochen. Die Vermeidung emotionaler Offenheit
beim Reden ist jedoch kein inhärentes Charaktermerkmal
von Männern. Sie hat eine handfeste Grundlage in der
gesellschaftlich gestützten Männlichkeit. Ein wesentliches Verhaltensprivileg von Männern ist es, die Beziehungsarbeit von Frauen für die Stützung ihrer Männlichkeit auszunutzen. Allerdings dürfen die männlichen
Verhaltensprivilegien dann nicht zu offensichtlich werden. Die heterosexuelle Ordnung beruht schließlich auf
der "Natürlichkeit" des Verhältnisses von Mann und Frau
(in dieser Reihenfolge) und nicht auf dem Machtverhältnis
der Geschlechter. Als notwendiger Bestandteil der gesellschaftlich gestützten Männlichkeit wird die Vermeidung emotionaler Offenheit beim Reden zu einem genuinen
Merkmalskomplex des männlichen Stils.

Aufgrund der heterosexuellen Ordnung fällt es Frauen
sicher auch nicht leicht, emotional offen zu reden. Frau-
en sind jedoch nicht so wie Männer auf die Vermeidung
emotionaler Offenheit beim Reden festgelegt. Diese Vermeidung ist daher auch nicht als ein überdauerndes Merkmal des weiblichen Stils anzusehen. Abgesehen davon,
ist meine Stilanalyse hier auch etwas einseitig, denn
die Vermeidung emotionaler Offenheit ist beim eigenen
Geschlecht leichter zu durchschauen als beim anderen.

Die Männergruppe, aus der die Gesprächsausschnitte stammen, läßt sich folgendermaßen charakterisieren: es ist
eine Selbsterfahrungsgruppe; die Themen sind hauptsächlich Beziehungen innerhalb und außerhalb der Gruppe und
die Gefühle der einzelnen Gruppenmitglieder bei ihren
Erlebnissen. Ich habe nun untersucht, wie die Männer
über ihre Gefühle reden. Typisch für diese Selbsterfahrungsgruppe ist, daß die Männer über vergangene Situationen reden, und typisch für den männlichen Stil ist,
daß sie das so machen, daß die alten Gefühle in der
aktuellen Gesprächssituation nicht wieder deutlich auf-
treten und auch selten neue Gefühle und direkte Wahrnehmungen angesprochen werden. Mit den Stilmerkmalen
sollen Regularitäten der Herstellung des Gesprächsablaufs erfaßt werden. Es soll untersucht werden, wie die
Männer bei dem, was sie sagen, mit sich und miteinander
verbal umgehen. Das besondere an einer Selbsterfahrungsgruppe ist, daß Themen und Gesprächsverhalten beziehungs-
relevant sind. Es bietet sich daher an, das, was die
Männer über ihre Gefühle und Wahrnehmungen sagen, mit
den Auswirkungen des Redens auf den Gesprächsablauf und
damit auf die Beteiligten zu vergleichen. Die mündlich

formulierten Erfahrungen, auf die ich mich stützen kann, haben in diesem Fall viel mit der Gesprächssituation zu tun. Es ist auch möglich, schriftlich formulierte Erfahrungen, z. B. aus der Selbsterfahrungsliteratur, mit zur Stilbestimmung heranzuziehen (vgl. Werner, 1984).

Sieben der Gesprächsausschnitte stammen aus der 1. Aufnahme, die ich in der Gruppe gemacht habe, als die Gruppe 1 1/2 Jahre bestand. Der letzte Ausschnitt ist aus einer Aufnahme ein Jahr später ausgewählt. Ausschnitte aus einer der dazwischenliegenden Sitzungen, mit denen sich die allmähliche Veränderung des Gesprächsverhaltens vielleicht besser zeigen ließe, konnte ich leider nicht mehr hinzunehmen. Die Ausschnitte werden z. T. auf doppelte Weise untersucht. Zum einen werden sie als Problemdarstellungen aufgefaßt, in denen die Männer über die Schwierigkeiten reden, ihre Gefühle auszudrücken. Damit soll ein Teil der Erfahrungen belegt werden, die die Männer in dieser Hinsicht formulieren. Zum anderen werden einige individuelle Verfahren des männlichen Stils analysiert, die die Männer einsetzen, um ihre Gefühle auf unklare Weise verbal auszudrücken. In den Problemdarstellungen formulieren die Männer sozusagen das Resultat der Verfahren, ohne sich der Verfahren selbst bewußt zu sein. Die längeren Ausschnitte sind für die Analyse der Verfahren besonders geeignet, weil die Auswirkungen auf den Gesprächsablauf berücksichtigt werden können. In den längeren Ausschnitten kommen auch Sequenzen vor, in denen die Männer offener über ihre Gefühle und Wahrnehmungen reden. In diesen Sequenzen finden sich dann einige Merkmale des weiblichen Stils in modifizierter Form.

Die Gesprächsausschnitte sind so ausgewählt, daß sich einzelne Aspekte möglichst deutlich zeigen lassen. Trotzdem treten in vielen Ausschnitten mehrere Aspekte zugleich auf. Die Auswahl der Gesprächsausschnitte beruht auf qualitativen Gesichtspunkten. Auf Mehrfachbelege wurde verzichtet. Wegen der wenig bewußten, interaktiven Abwicklung weist der Gesprächsablauf große Regelmäßigkeiten auf. Das ist in der Konversationsanalyse nachgewiesen worden (vgl. z. B. die Arbeiten von Gail Jefferson). Auch die individuellen Verfahren des männlichen Stils sind auf solchen Regelmäßigkeiten aufgebaut. Da die Stilmerkmale sich meist auf den Gesprächsablauf beziehen, werden diese Verfahren begrifflich unter sie subsumiert. Durch die Transkription werden die Abweichungen der gesprochenen Sprache von der geschriebenen deutlich. In den Gesprächen selbst fallen sie den beteiligten Personen meist nicht auf. Die Gesprächsausschnitte sind orthographienah transkribiert, aber es sind auch auffallende Veränderungen der Sprechweise, Pausen, nichtlexikalische Äußerungen und die Simultaneität der Redebeiträge berücksichtigt. Die Transkriptionszeichen sind im Anhang erläutert. Die Stellen, auf die es mir in der Analyse ankommt, sind in den Transkripten unterstrichen oder auf andere Weise hervorgehoben; entweder als Hinweise auf ein mögliches Verständnis oder als Markierung von Stilmerkmalen.

Die ersten beiden Ausschnitte sind als Anschauungsmaterial für Beobachtungen über die emotionale Distanz unter Männern innerhalb und außerhalb der Gruppe gedacht. Im 1. Ausschnitt sagt Bernd etwas über die normale Distanz unter Männern. Männer stellen diese emotionale Distanz verbal her, indem sie Beziehungsthemen untereinander überhaupt vermeiden oder indem sie ihre Gefühle nicht offen aussprechen. In der Männergruppe versuchen die Männer ihre emotionale Distanz ja gerade zu überwinden. Der 2. Ausschnitt ist ein Beispiel dafür, daß ihnen das nicht leichtfällt. Klaus schildert, wie die Männer ihren unausgesprochenen Gefühlen und der Situation, die daraus entsteht, ausgeliefert sind. Solche Situationen sind in den ersten zwei Jahren der Männergruppe keine Seltenheit, sondern treten regelmäßig dann auf, wenn die Männer mehrere Tage zusammen sind.

1. Ausschnitt: 'erstma an sich mit männern geht dat nich'
   (4.1.132, B= Bernd)

1 B   so die situation daß ich eigenklich (,) mit relativ frém:den: (,)

2 B   ne vertrauensebene herstellen kann über sexualität quatschen

3 B   kann (,) speziell mit frauen (.) wo- wo vorher überhaupt nichts

4 B   läuft né da kannste so offen sein und hast überhaupt keene

5 B   blocks (.) un:d (.) mit männern (,) erstma an sich mit männern

6 B   geht dat nich und wenn de n: kumpel hast dann unter umständen

7 B   nachdem de_n jahr kennst und ma zusammen angesoffen bist un:d (.)

8 B   sich auf die schulter geklopft haben und so und dann kommt

9 B   vielleicht ma wat raus (.) und ᔆerstma so diesen widerspruchᔆ

10 B   wahrnehmend (,) wieso is det (2) mit dem andern geschlecht

11 B   wirklich so: n abend ne situation du fühlst dich uffgehoben und

12 B   kannst quatschen (..) und zu deinesgleichen (,) da brauchste (.)

13 B   wirklich alle netze de- der welt_eh ˙hühh und alle rückversiche=

14 B   rungen (.) bevor de da irgendwie auf die ebene kommst wo: dieset

15 B jefühl von verletztheit (.) verletzt werden zu können (,) auch

16 B ganz sicher (.) nich auftauchen kann im laufe des gesprächs

2. Ausschnitt: 'wir ham uns dat alles nich sagen können'
       (4.2.387, K= Klaus)

1 K worum et mir geht is: (.) in der situation wir si- ham sind eben
2 X   hmm

3 K nich mitenander umgegangen (.) wir haben uns nich sagen wir hám

4 K uns nich angucken können und sagen können ‘h wie finden wer uns

5 K denn jürgen hat nich sagen könn ‘h also_so ganz gefällt mir meine

6 K maske nich ich hab nich sagen könn ‘h ich hab ne irre an:gst mir
7 X   *echhe

8 K zittern die hände ich schaff det nich den jürgen zu schmin°kn° ‘hh
   :

9 K ᔆich muß det nochma sagenˢ mir geht es: wir ham uns dat alles nich

10 K sagen können da waren sehr sehr viele gefühle in dieser situation

11 K und wenn wir irgendwo dn anspruch habn (,) uns da näher zu kommen

12 K dann war dat eine wo wir uns gánz ganz: wo wir ganz weit weg

13 K vonander warn (,) wo also seh:r viel zwáng:haftes drin war

Im 3. und 4. Ausschnitt kommt ein weit verbreitetes Merkmal des männlichen Stils vor. Ganz allgemein formuliert, vermeiden die Männer, emotional offen zu reden, indem sie nur mit unbestimmten und allgemeinen Ausdrücken auf die eigene Lage verweisen. Die speziellen Schwierigkeiten, von denen sie ausgehen, sind so für andere Personen nicht eindeutig zu erkennen. Der persönliche Bezug zum Gesagten bleibt unklar. Ein anderes, weit verbreitetes Merkmal des männlichen Stils besteht darin, daß Männer fast ausschließlich über die äußeren Umstände reden, die mit ihren Gefühlen zusammenhängen. Dabei fällt es meist nicht auf, daß sie über sich reden, ohne viel Persönliches zu sagen (2). Jürgen und Fritjof versuchen hier zwar Gefühle auszudrücken, setzen sich damit aber selbst unter Druck und wehren sich zugleich dagegen, indem sie unbestimmt und allgemein reden. Im 3. Ausschnitt geht es Jürgen darum, etwas aufzulösen, das er sich so allgemein, wie er darüber redet, nicht klarmachen kann. Im 4. Ausschnitt verwendet Fritjof unbestimmte Ausdrücke und sagt nicht genaueres über seine Ablehnungsgefühle. Beide reden an diesen Stellen über sich nur

als Beispiel für etwas anderes, wobei dieses andere wegen
der unbestimmten Ausdrucksweise ebenso unbestimmt bleibt.
Jürgen verwendet eine Situation aus seiner Zweierbe-
ziehung als Beispiel für eine Situation in der Gruppe
und Fritjof gibt ein 'persönliches' Beispiel für die
Verletzbarkeit von Männern (3).
Mit unbestimmten und allgemeinen Ausdrücken über sich
in Form eines Beispiels zu reden, ist ein spezielles
Verfahren des männlichen Stils. Es dient dazu, unverbindlich von sich zu reden. Indem die Männer in der Männergruppe über sich in Form eines Beispiels reden, bean-
spruchen sie die Aufmerksamkeit der anderen Personen
für ein Thema, das sie selbst betrifft, ohne die Ver-
pflichtung zu übernehmen, dann auch eindeutig etwas von
sich zu sagen. Sie brauchen die unbestimmten und allgemeinen Ausdrücke, damit das Thema uneindeutig bleibt.

3. Ausschnitt: 'so ne situatiõn 'hh beziehunk'
              (4.2.184, J=Jürgen)

1 J die angst hab ick ja: und'h det ä:: und so_ne situation will ick

2 J doch /nun ni-/ nich nochmal erleben und von daher spreche ich die

3 J doch auch an: und will für mich ne auflösung und 'hh un will sehen

4 J wat macht_et bei mir aus: weshalb hab ick dieset schlechte gefühl:

5 J (.) wat macht_et bei mir au:s (.) sicher komme ick da immer

6 J auch jetzt wa kenn ick so_ne situatiõn 'hh beziehunk (,) wo: wo

7 J ick also in_ne horrorsituation komme wo et allei:n mein dink is jà

8 J wat bei mir det gefühl aus-(,)löst womit ick nich klarkomme 'hh

9 J un:d ö: ja und wie det eben zur auflösung bringen wie rauskriegn:

10 J wat ick dagegen machen kann:

4. Ausschnitt: 'irgendwelche 'mhh ablehnungsgefühle'
              (4.1.115, F=Fritjof)

1 F also ich kann_nur jetzt ma beispiele °bringen° von zweierbeziehungen

2 F °oder so° (.) sagen (..) öm eins is zum beispiel daß: (.) ner (.)

3 F wenn ich da irgendwelche 'mhh ablehnungsgefühle hab daß ich die

4 F für mich behalte né (,) und das immer so mach /denk/ das geht

5 F schon irgendwie vorbei und das nie äußere und irgendwann kommt_s

6 F dann rau:s oder es kommt (,) so unterschwellig raus (.) und das

7 F äußer ich nich weil:_ö: (..) hhh ja weil dann irgendwas´ ŕauskommen

8 F könnte von mir já weiß ich (.) weiß ich ja da (,) dieses mạ́nnzeug

9 F is ne

Damit die Stilanalyse im 5. und 6. Ausschnitt leichter
verständlich ist, soll die Gesprächssituation, aus der
diese Ausschnitte stammen, kurz erläutert werden. Die
Männer reden über eine gemeinsame Ostseefahrt. Sie sind
nachts von Berlin aus losgefahren und haben sich tags-
über im Zelt an der Ostsee schlafen gelegt. Zwei von
ihnen sind dann eher aufgewacht und sind mit dem Auto,
in dem das Essen war, weggefahren, ohne den drei anderen
eine Nachricht zu hinterlassen. Als die anderen dann
in der Abenddämmerung aufwachten, fühlten sie sich
alleingelassen. Der Gruppenanspruch, etwas gemeinsam
zu unternehmen, war verletzt. Die zurückgelassenen Männer
reagierten sprachlos und betroffen darauf. Alle versuchten dann am selben Abend, und noch einmal am nächsten
Morgen, darüber zu reden. Das Ereignis selbst und die
beiden Gespräche gehören nun zum Thema der Gruppensitzung, die ich aufgenommen habe. Bei diesem, meinem ersten
Besuch in der Gruppe wollte ich für eine Nebenfachprüfung
etwas über die Verletzbarkeit von Männern hören, und
die Männer erzählen hier ein gemeinsames Erlebnis als
Beispiel für ihre Verletzbarkeit.

Im 5. Ausschnitt bezieht Amand sich auf das Gespräch
am nächsten Morgen. Er schildert, daß er nichts über
seine Gefühle sagen konnte und seiner eigenen Ohnmacht
ausgeliefert war. Dabei wird noch einmal besonders deutlich, daß die Männer mit der Formulierung ihrer Unfähig-
keiten an ihrem gewohnten Zustand festhalten. Amands
Demonstration von Hilflosigkeit ist ein Schutz dagegen,
etwas von seinen Gefühlen verbal auszudrücken. An den
Redebeitragsteilen, die er mit 'irgendwie' markiert,
ist erkennbar, daß er sich für unfähig hält und annimmt,
daß andere Personen das bei ihm ablehnen (6-7, 10-11,18).
Er macht seine Aussagen mit 'irgendwie' unbestimmt, um
nicht auf die vorweggenommene Ablehnung der anderen Männer reagieren zu müssen. Auf diese Weise muß er sich
nicht gegen die Ablehnung wehren und kann sie als Bestätigung seines negativen Selbstbilds auffassen. Der von
ihm wiedergegebene Vorwurf der anderen Männer, daß er
nichts gesagt hat (14-16), paßt zu diesem Selbstbild.

5. Ausschnitt: 'und ·hh eigenklich so (,) meine eigene oh:nmacht'
           (4.1.309, A=Amand, die Ostseefahrt)

1 A ich konnte dann nachher als se wiederkamen: auch n (.)

2 A n^Läeis(h)iges- böses schweigen^Lä mehr konnt ich da nich bringen

3 A ne (2) und dann: (.) ging_s ja am: am nächsten tach noch weiter
4 X   /hm/

5 A wo ˙hh /irgendwo/ am strand uns zusammengesetzt hatten und dann

6 A nochmal bißchen drüber reden wollten und wo ich dann auch

7 A irgendwie nur abgeblockt habe ne

⋮

8 A nämich ˙hh den bogen da auch zum: zum nächsten tach wieder da: is

9 A /wa weil-/ ˙hh ich in der situation (..) einfach nich anders

10 A könnte ja /ö/ selbst wenn ich gewollt hätte ja also- irgendwie

11 A eigenlich in- in meinen- fesseln gefangen gewesen bin nè

12 A und dat wurde mir am nächsten tach wieder vorgehalten und nich e-

13 A i- ich bin halt ich kam da nich ráu:s wa und ˙hh eigenklich so (,)

14 A meine eigene oh:nmacht (.) jetzt nochma als_n vòrwurf (..) so

15 A vòrgehalten zu kriegen da würde des ganz deutlich ˙hh für mich (,)

16 A also auch ne n unheimich große verletzung gewèsen ja und (,)

17 A da konnt ich einfach auch nich mehr drüber réden /dann ne/ und und

18 A irgendwie / / mich nich damit ausnandersetzen

Amands Darstellung, daß er nichts über seine Gefühle sagen konnte, ist nicht nur eine Beschreibung seines Zustands bei der Fahrt, sondern auch ein individuelles Verfahren des männlichen Stils, um emotionale Offenheit zu vermeiden. Allerdings reicht der kurze Ausschnitt nicht aus, um dieses Verfahren konversationsanalytisch genauer bestimmen zu können. Die Männer weichen mit solchen Verfahren des männlichen Stils nicht nur den Reaktionen anderer Personen aus, sondern vor allem auch den eigenen - der Druck, unter den sie sich selbst setzen, ist zu schwach für eine Verhaltensänderung. Sie halten lieber an der Fassade der äußeren Unsicherheit fest, als sich den Unsicherheiten einer tiefergehenden Veränderung auszusetzen, die von der gesellschaftlich gestützten Männlichkeit wegführen würde. (4) Die Problemdarstellungen können als alltagssprachliche Umschreibungen des männlichen Stils verstanden werden. Zugleich geben die Männer damit die augenblickliche Grenze ihrer Veränderungsmöglichkeiten im Gesprächsverhalten an. An dieser Grenze, die für jeden individuell verschieden ist, fängt der männliche Stil an aufzuhören (vgl. dazu die folgenden Ausschnitte).

Im 6. Ausschnitt redet Jürgen darüber, wie er auf der Ostseefahrt reagiert hat. Er setzt seine Gefühle dabei

z.T. mit denen von Amand gleich, indem er Aussagen Amands
thematisch wieder aufnimmt und damit seine eigene Lage
beschreibt. Diese Stellen sind im Transkript unterstrichen. (Ich beziehe mich vorläufig auf die Zeilen 1-27.)
Zugleich sagt Jürgen aber auch etwas über die Gefühle
von sich, die ganz anders sind, als die von Amand. Diese
Stellen sind durch senkrechte Striche am Rand markiert.
Es ist nicht verwunderlich, daß Jürgen andere Gefühle
als Amand hat, denn er ist einer von den beiden, die weggefahren sind, während Amand einer der Zurückgelassenen
ist. In Jürgens Darstellung können mindestens vier Mit-
teilungen unterschieden werden:

1. er konnte selbst nichts sagen und vergleicht sich
   darin mit Amand (1-2, 4-5, 10-11)
2. er hatte Schuldgefühle (6-9)
3. Amand konnte nichts sagen und war ohnmächtig (14-18)
4. er war wütend über Amands Ohnmacht (20-23).

Was Jürgen hier vermischt, ist seine Wut über Amands
Ohnmacht und seine Übernahme von Amands Ohnmacht für
sich selbst. Klaus sagt Jürgen dann auch deutlich, daß
er da etwas durcheinanderbringt (25-27). Wenn Jürgen
das, was Klaus gesagt hat, ernst nehmen würde, müßte
er versuchen, sich über seine Gefühle klarzuwerden, und
das auch ansprechen. Er müßte den männlichen Stil tendenziell aufgeben. Stattdessen versucht er ein weiteres
Verfahren des männlichen Stils einzusetzen: Er entfernt
sich wieder von den Gefühlen, die er bereits angesprochen hat (28-31). Wie die folgende Sequenz zeigt, ist
Jürgen nicht bewußt, daß er auf diese Weise vermeidet,
deutlicher über seine Gefühle zu reden. Die anderen Männer lassen es hier nicht zu, daß er wieder davon abzu-
lenken versucht. Sie beziehen sich entweder auf das,
was er schon gesagt hat (34/38 F) oder auf die vergangene
Situation (37/43 W) und (42/44 K) und sprechen deutlich
Jürgens Wut auf Amand an. In (40) antwortet Jürgen zunächst auf Fritjof, versucht dann, sich mit unbestimmten
Ausdrücken von seinen Gefühlen zu entfernen und bricht
danach selber ab (40-41). Anschließend läßt er sich auf
die Stiländerung durch die anderen Männer ein.

6. Ausschnitt: die Ostseefahrt
            (4.1.552, J=Jürgen, K=Klaus, F=Fritjof, W=Wolfgang)

1 J ich hatte so_n gefühl von: (2) totalet unwohlsein eher so det

2 J gefühl glaub ick so wie amand ^{is}jetzt nüscht mehr^{is} bringen könn

3 J nich: (.) nich sagen können daß ick die situation absolut scheiße

4 J finde un:d ch konnte dat nich rausbringen in dem moment

5 J war jenauso jetroffen und 'h fühlte mich dann eigenlich ooch noch

```
 6  J   so_n bißchen: /nach der erinnerung so/ so schuldgefühle
        ⋮
 7  J   un:d uff einmal hab_ick (,) ne totálet schlechtet jewissen wo nun

 8  J   eignklich als wenn ick derjenige wär auch der: da: unheimich (.)

 9  J   dazu beijetragen hat daß diese gefühle halt da: sind wa mit denen

10  J   ick also und da_o- da- (..) ohnmächtig mir selbst gegenüber

11  J   da halt wat rauszulassen ne
        ⋮
12  J   und det hat ick also in dem gespräch halt auch so_n gefühl daß

13  J   sich für mich die situation ·hh ä:: also nich so aufjelöst hat

14  J   jedenfalls (,) von dem wat amand her jesacht hat né (,) krie_ick

15  J   einklich (,) jetzt- in dem- zusammenhang so wie dat jetz nochma

16  J   grade so besprechen wa diese oh:nmacht dieset ohnmachtsgefühl und

17  J   ooch dieset nochmal so am: am strän:d darüber reden zu wollen und

18  J   nich können (.) ö: (..) det versteh ick jetz zum beispiel: (.)

19  J   meh:r und kann det also anders nach-empfinden als damals am strand

20  J   wa wo ick det partout nich wahrhaben wollte warum kommt da nüsch:t

21  J   ja wat mich regelrecht-da ·hhh /hier/ so hochjepuscht und_hh (..)

22  J   unzufrieden jemacht hat und aggressi:v un:d (..) daß ich det nich

23  J   auflösen kann jae       /      /
24                            (..)
25  K                          /ja wobei/ du dann sicher den den (,) finde

26  K   ich den fehler machst dat du bei amand wat auflösen müßtes ö willst

27  K   wat_de eignklich bei dir ja müßtest né
        ⋮
28  J   wie wir_t auch festgestellt haben für bernd war det keen problem

30  J   mehr für wolfgang war et kein problem für klau:s (..) ö: für mich

31  J   einklich a- (,) nur in dem zusammenhang (,) amän:d daß da noch

32  J   ürgend daß ick da det gefühl hatte da is noch wat das offengeblie▪

33  J   ben /m im/ gespräch / und/
34  F                        na und für dich selber né (,) odér
35                                                          (.)
36  X                                                          ja
```

```
37  W    du warst /     / am strand auch sehr wütend
38  F                                haste grad gesacht

39  F    einklich / /
40  J        °für mich selber auch /ja/° wo ick denn aber denn halt ooch

41  J    ürgendwo (,) ˢwie bitteˢ                              ja:
*42  K    /ja stimmt  /                                      /weil/ amand
*43  W                        du warst am strand sehr wü:tend ne
                              ,
*44  K    dich nämlich auch angegriffen hat °ne° (,) er hat mal irgendeine
                                              , ,                    ,
*45  K    verhaltensweise von dir so kritisiert und du sachst ah:: jetz
*46  J            jaja:              so åufjegriffen / /
47  K    haste wat un jetz lechste gleich los sonst is_er stüll wenn man
                                              ,
*48  K    über ihn sprechen will is_er stüll: (.) und dann war irgendein
49  F            hh        (°Lå  ¯ °) heh hahh ˙hhh
50  X              (°La              °)
*51  K    schwachpunkt                         .            ja
52  F            ˙hhüh                ,         , ,
*53  J            wo ich dat von mir erzählte meine situation wo et
                  ,      , ,
*54  J    dann ah: siehste: (.) da bin ick denn wieder (,) bin ick dann
55  XY              (La                        )    ,
*56  K                        das kam da voll raus: ne
57  J    okay ja
58  XY          (La          )
                ,          ,
59  B          he he hå ha ha ˙hh
60  A              °he he wei(h)ß_ich jetz gar nich mehr also°
```

In der Sequenz (34-60) kommen einige Merkmale vor, die gewöhnlich in Gesprächen unter Frauen, in Sequenzen mit einem lebendigen und kooperativen Gesprächsverhalten zu finden sind. Auf die Problematik der Vermischung von Merkmalen des männlichen und des weiblichen Stils werde ich noch eingehen. Kooperatives Gesprächsverhalten wird hier als gegenseitige Unterstützung und nicht nur als gemeinsame Abwicklung des Gesprächsablaufs verstanden. Lebendigkeit und Kooperativität des Gesprächsverhaltens haben auch eine sequentielle Seite, die durch die partielle Auflösung des singulären Rederechts beschrieben werden kann.

Mit dem singulären Rederecht wird die geregelte Abfolge von Redebeiträgen erfaßt. Das singuläre Rederecht ist insbesondere relevant für das interaktive Umgehen mit dem Übergang von einem Redebeitrag zum nächsten und mit

simultanen Redebeiträgen. Die möglichen Übergangsstellen
fallen meist mit dem syntaktischen Abschluß von Redebeiträgen zusammen. Die am Gespräch beteiligten Personen
können daraus das Recht ableiten, syntaktisch noch un-
vollständige Redebeiträge zu beenden, bevor sie eine
Redeübernahme zulassen. Wenn das singuläre Rederecht
gemeinsam außer Kraft gesetzt wird, werden die Redebeiträge nicht mehr nur nacheinander plaziert, sondern werden einzelne Redebeitragsteile syntaktisch und sequen-
tiell passend zur gleichen Zeit geäußert. Da der Prozeß,
in dem die Redebeitragsteile aufeinander abgestimmt werden, nicht bewußt gesteuert ist, erfordert das ein Reden 'auf der gleichen Wellenlänge' (vgl. auch Edelsky,
1982).

Die kooperativen Redebeiträge, mit denen das singuläre
Rederecht teilweise aufgehoben wird, sind im Transkript
durch Sternchen markiert. Zunächst setzt Klaus in   (42/
44 ff.) einen Satz von Wolfgang (43) fort. Hier ist die
Partiturschreibweise der simultanen und unmittelbar auf-
einanderfolgenden Redebeiträge zu beachten. Jürgen, der
Wolfgangs Redebeitrag mit 'ja' (41) bestätigt hat, schaltet sich dann ein, indem er simultan zum Redebeitrag
von Klaus, etwas thematisch Ähnliches sagt (46). Jürgens
Mitreden ist hier legitim, weil Wolfgang und Klaus ihn
beide angesprochen haben. In (53) setzt Jürgen dann einen
Satz von Klaus fort und übernimmt das Rederecht von
Klaus. Klaus bestätigt anschließend, daß Jürgens Redeübernahme in seinem (Klaus) Sinne ist, indem er seiner-
seits simultan zu Jürgens Redebeitrag etwas thematisch
Ähnliches sagt (56). Jürgen und Klaus drücken ihre Übereinstimmung so auf kooperative Weise aus. Ihre gegensei-
tige Unterstützung zeigt sich noch zusätzlich an ihrem
"Rollentausch" in bezug auf die einzelnen interaktiven
Schritte der Sequenz. Die Satzfortsetzung des einen wird
vom anderen durch einen simultanen, thematisch ähnlichen
Redebeitrag bestätigt und umgekehrt. Durch die sequentielle Verflechtung der Redebeiträge und ihre thematische
Ähnlichkeit tritt die Gemeinsamkeit des Redens in den
Vordergrund. Aber obwohl die Männer sich dann wohlfüh-
len, gelingt es ihnen nur selten, diesen Stil über länge-
re Sequenzen hinweg beizubehalten.

Ein vergleichbares Merkmal des weiblichen Stils zu dieser Art des gemeinsamen Redens sind Ergänzungen. Die
verschiedenen Formen von Ergänzungen sind in ihrem sequentiellen Ablauf meist eindeutig kooperativ. Karin
Nagel hat festgestellt, daß Ergänzungen, besonders in
ihren kooperativeren Formen, häufig in Gruppengesprächen
unter Frauen und selten unter Männern vorkommen. Auch
in der Männergruppe sind sie selten. Es liegt deshalb
nahe, vorläufig anzunehmen, daß Satzfortsetzungen mit
anschließender Bestätigung durch einen simultanen, thematisch ähnlichen Redebeitrag die modifizierte Form eines
Merkmals des weiblichen Stils in einem partiell geschlechtsuntypischen Gespräch unter Männern sind. Die

kooperative Verflechtung der Redebeiträge ist dabei geringer als bei Ergänzungen. (5)

Ein anderes kooperatives Merkmal des weiblichen Stils,
das in der Männergruppe häufiger vorkommt, sind Minimal-
bestätigungen. Es hängt von der Plazierung der Minimalbe-
stätigungen ab, wie freiwillig gegeben sie erscheinen.
Der Eindruck der Freiwilligkeit läßt sich graduell nachvollziehen. Je weniger interaktive Schritte erforderlich
sind, um ein 'hm' herbeizuführen, umso freiwilliger gegeben und daher umso kooperativ unterstützender wirkt
es. Das läßt sich auch ohne eine Analyse sequentieller
Verfahren der Bestätigungsforderung an der Unmittelbarkeit der Plazierung von 'hm' relativ zu den Redebeitragsteilen, die bestätigt werden, ablesen. (6)

7. Ausschnitt: 'ne' und 'hm'

1 W   und nich weiß wat måchste denn jetz hier wolfgang

2 W   /wat/ wat måchste_n da né
3 X   /hê/
4 Y   /hm:/

_____

5 F   was auch-(.) irgendwie ne ohnmacht is dann ne
6 X   hm̂

_____

7 F   dann hab ich angst fang an zu heulen oder sonstwas
8 X   /hm/

_____

10 B   da kommt nichts neuet kein st- kein- (..)   kein stück dreck
11 F   hm̂ hm̀ ja

12 B   unter den fingernägeln wat neuet für mich dazu:

Im 7. Ausschnitt sind einige der kooperativ unterstützenden Plazierungen von 'hm' zusammengestellt. Sie stammen
aus der Sequenz, die sich an den 6. Ausschnitt an-
schließt.

1. Die Bestätigung mit 'hm' erfolgt auf eine Bestätigungsforderung mit Hilfe eines wiederholenden Rede-
   beitragsteils und 'ne' (2-4).

2. 'hm' wird etwas früher, simultan zu 'ne', plaziert (5-6)
   (zur Analyse dieser Plazierungsmöglichkeit vgl. Jefferson,
   1973)

3. mit einer noch früheren Plazierung wird die kritische
   Stelle eines Redebeitrags bestätigt und zwar unmittelbar nach der Silbe, nach der das kritische Wort
   erkennbar ist (7-8)

4. die Bestätigung kommt nach einer Stelle des Redebeitrags, an der die 1. Person ins Stocken geraten ist
(10-11).

Durch diese Plazierungen von 'hm' wird aufmerksames Zuhören signalisiert. Es wird bestätigt, was die 1. Person
gesagt hat, und ausgedrückt, daß sie weiterreden soll.
Diese kooperative Unterstützung ist mit dem persönlichen
Thema verbunden. Weil die Männer über ihre Unsicherheiten reden, brauchen sie Bestätigungen und geben sie sie
sich auch. Sie entfernen sich vom männlichen Stil in
dem Maße, wie sie die Art ihres Redens dem persönlichen
Thema anpassen.

Obwohl der weibliche Stil bisher nur durch kooperative
Merkmale bestimmt worden ist, gibt es auch Merkmale des
weiblichen Stils, die nicht im üblichen Sinn kooperativ
sind. Das wird in vielen Untersuchungen nicht beachtet
und ist ein Bestandteil der Idealisierung der weiblichen
Kooperativität. In konflikthaften Gesprächssituationen
fehlt ja gerade die Übereinstimmung, die sonst durch
die kooperativen Merkmale ausgedrückt wird. Die zu Konflikten passenden Merkmale des weiblichen Stils weisen
auf ein Gesprächsverhalten hin, das die Möglichkeit einer
Konfliktbearbeitung, aber auch die Gefahr einer Eskala-
tion des Konflikts in sich trägt. In einer Untersuchung
von Streitgesprächen in Rollenspielen haben wir festgestellt, daß die Frauen sich im Gegensatz zu den Männern
richtig streiten konnten. Während in den Streitgesprächen
unter Frauen Vorwürfe meist durch Gegenvorwürfe beantwortet wurden, reagierten die Männer eher mit Argumenten
und nahmen die Konsequenzen von Vorwürfen weniger ernst
(vgl. Hasecke u.a., 1981).

Das Gesprächsverhalten im 8. Ausschnitt aus der Männergruppe entspricht nun mehr dem Gesprächsverhalten der
Frauen in den Rollenspielen, als dem der Männer. Nach
meinen Beobachtungen setzt sich die Geschlechtszugehörigkeit auch in den Rollenspielen durch. Die situationsbe-
dingten Unterschiede zwischen gespieltem und ernsthaftem
Konflikt bestehen zusätzlich. Klaus und Wolfgang tragen
den Konflikt so aus, daß sie sich teilweise vom männlichen Stil entfernen. Sie vermeiden nämlich gerade nicht,
emotional offen zu reden, sondern drücken ihre Gefühle
aus der vergangenen Situation so deutlich aus, daß auch
in der aktuellen Gesprächssituation Gefühle entstehen
und angesprochen werden. Hier besteht nur scheinbar ein
Widerspruch zwischen dem verbalen Ausdruck von Ärger
und Wut als einem Merkmal des weiblichen Stils und der
Männern gesellschaftlich zugebilligten Agressivität.
Männer nutzen diese Agressivität normalerweise nicht
als Zugang zu ihren Gefühlen. Wut auszudrücken, ist zwar
männlicher, als das Reden über Ängste und Empfindlichkei-
ten, kann aber auch ein ziemlich direkter Zugang zu
Gefühlen überhaupt sein. In der Männergruppe gibt es

Beispiele genug, wo die Männer mit Hilfe des männlichen Stils vor ihrer Wut ausweichen. Ich kann das hier aus Platzgründen nicht durch Ausschnitte belegen.

Im 8. Ausschnitt reden Klaus und Wolfgang über einen Konflikt, den sie am Sonntag vor der betreffenden Gruppensitzung hatten. Bernd war am Sonntag auch dabei. Es ging darum, daß Wolfgang unklar über seine Wohnungssituation geredet hatte und Klaus ironisch darauf reagiert hatte. Wolfgang waren seine Unklarheiten unangenehm und Klaus seine Ironie. In der aktuellen Gesprächssituation, wie in der vergangenen Situation, wollen beide sich mehr mit ihren eigenen Gefühlen beschäftigen, als mit denen des anderen. Da sie ihr Verhalten als gegeneinander gerichtet empfinden und die Gefühle des jeweils anderen nicht genügend beachten, muß sich der Konflikt zwischen ihnen fast zwangsläufig fortsetzen. Mit den unterstrichenen Stellen im Transkript werden einige der Redebeitragsteile hervorgehoben, in denen sie ihr Verhalten und ihre Gefühle ansprechen. Ich werde hier nur auf einige Stilmerkmale hinweisen, ohne den Ausschnitt im ganzen zu analysieren.

8. Ausschnitt: ein 'alter' Konflikt
      (10.2.108, K=Klaus, W=Wolfgang)

1 K wir /müssen e- e-/ ich würd schönn noch gern mal wissen wollen
2 W   hm̌

3 K wat hier unklar (,) is oder wat am sonntag offen geblieben is:

4 K <u>ich bin da ganz schön irritièrt</u>
5   (.)
6 W   doch (.) ich hab gemérkt so né

7 W wenn:(,) ö (,) an dem de- dem stréit den wir da hatten né (.)

8 W un:d auch dann später als wir zu andern sachen übergegangen sin ne

9 W daß (.) <u>daß wenn wenn du sprà:chst né</u>: (.) <u>ich gar nich stehen</u>

10 W <u>lassen konnte was du sagst</u> (..) <u>ne</u> (,) e- ich wollte n widerspruch

11 W (.) ne (,) oder <u>ich wollt dat relativìern</u> was du sagst (.) °he°

12 W (,) und wenn: ö wenn: bei deinen vorhaltungen mìr gegenüber als

13 W wir noch im streit waren né (.) <u>was dú gesagt hast hab_ich</u> (,)

14 W <u>nìch zugehört</u>_ dann erst als der bernd (,) das mit anderen worten

15 W dann ähnlich sagte ne dat- (.) dann hab_ich_s (.) ja erstmal

16 W vernòmmen un:d (.) ooch teilweise àngenommen (,) °teil°
17   (2)

18 W und ö: (.) dann nachher so (,) als wir über:: (.) über die bärbel

19 W und ö all das sprachen so ne ch__mußte noch was dazu sagen ich

20 W mußte dat was du sagst relativieren (3) °ja° (13)

22 K °thh°
23 (..)
24 W ich konnt s nich haben daß das immer so: so richtig is

25 W (,) und so klug 'h hh (,) °'hh hh°
26 (13)
27 K 'hh ich bin da

28 K also ganz schön irritiert weil ich das ˢgefühl hab ich hab mich

30 K unheimichˢ bemüh:t (.) ö auch das was am sonntag nammittag jetz

31 K bei mir: abgelaufen is (,) auch klarzumachen (..) meine ironie:

32 K (.) wie dat gekommen is und /ich/ bin irritiert über dat wat du

33 K jetz sachst weil mir det ooch neu is
34 (17)

35 W und_du magst es ironie nennen aber bei mir kommt_s_so an ich krieg

36 W einen übergebraten und (..) und dann_an_nem pun:kt
(2)
37 W wo ich: selber ja mitkrichte ich bin hier unklar (,) ne
38 (3)

39 W und da kricht ich einen übergebra:ten ordentlich
*40 K ja den kriegt ich

*41 K doch anscheinend auch⁺ und_ich_hab_et nich_emal gemér:kt (.) indem

42 K de: einfach ö meinst du könntest mir also noch was entgegnen-

43 K das krieg ich jetz erst mit (..) wat machst dú denn: brätste mir

44 K da nich auch einen über(,) wenn de sagst ja hier den dat laß_ich

45 K nich stehen wat der sagt da schieb ich noch einen na:ch (..)

46 K da machste_s: subtiler noch vstehste und ich_hab-
47 (4)

48 K das s doch auch öffen geworden das find ich die schei:ße

*49 K ˢch hab nich gesagtˢ daß ich mein verhalten gu:t fänd (.) das

*50 K hab ich dir (,) am sonntag noch gesa:gt (.) und und du hast_da

```
*51  K   aber für dich noch wat weitergezo:gen
 52  K                                          ‾( 	       18         )

*53  W   ich bin der kleene junge geblieben der schlücken durfte (,) da
 54  W                                                                ‾(..)

*55  W   und du hast ö dat verba:l alles sehr schö:n (,) wieder bewältigt

 56  W   (..)
 57  K         das sagst dù (.) das haste aber nich am sonntag gesagt
 58  W              ja

 59  W   das is mir auch erst nachher (,) als gedanke gekommen
 60                                                        ( 2 )

 61  K   und dat fandste ja det- den eindruck hatteste auch am sonntag (.)
 62  W                     ja                        hmm

 63  K   mir ging_s anders komisch né (.) mir is das auch schwergefallen

 64          ( 3 )                        (.)
 65  W         das seh ich bei dir nie        /            /
 66  K                                   ja ich seh ja bei dir

 67  K   auch_nich wo du verletzt bist (,) ich merk ja auch nich wo de

 68  K   noch einen nachschiebst (.) um mir was zu zeigen

 69      (                       43                              )
          ⋮

 70  W   klaus dann kommen so sätzé (.) knapp und hart formuliert (,) ich

 71  W   zieh mir meinen teil an (,) Sich verlange aber von dir daß du dir

 72  W   deinen teil auch anziehstS
*73  K                               ·hh +ja woraufhin is_n det gekómmen+

 74  K   (.) weil /da je-/ ja was muß_ich denn jetzt tûen: (,) ö: ich weiß

 75  K   nich mehr wie de_s formuliert hast (,) ö: also_es war eine gán:z

 76  K   verwirrte formulierung die gegen die ich mich gewehrt hab (.) das

 77  K   hab_ich dir auch gleich gesacht daß_ich mich dagegen wehre

 78      (              26           )
*79  K                                   ich ich bin wütend (..) ich

 80  K   merke dat wat schiefläuft und ich glaube daß bei mir was schief-

 81  K   weil ich bin auch wütend (.) und weil ich ich krieg auch_n bild

 82  K   von dir (,) daß de det ooch nich wiedergibst wat in dir is (..)

 83  K   und det irritiert mich (..) ma- also da ich i- ich krieg meine

 84  K   wahrnehmung dann auch_nich_mehr auf die reihe
```

In seinem Redebeitrag (6 ff.) redet Wolfgang deutlich
und mit klarem persönlichen Bezug über sein Verhalten
in der vergangenen Situation. Er legt sich verbal auf
das fest, was er gemacht hat (13-14). Klaus drückt mehrfach seine Irritation über das aus, was er jetzt von
Wolfgang erfährt (4, 27-28, 32-33). Wolfgang bezieht
sich dann weiterhin auf die vergangene Situation und
macht Klaus Vorwürfe, die er z.T. durch Wiederholungen
verstärkt (35-39, 70-72). In beiden Fällen reagiert Klaus
darauf mit unmittelbaren Gegenvorwürfen, die er mit einer
intensiven und lauten Sprechweise äußert (40-41, 73).
Neben den offenen Vorwürfen und Gegenvorwürfen tritt
auch ein anderes Merkmal des weiblichen Stils auf, das
in den Rollenspielen vorkam. Klaus stellt sein eigenes
Verhalten dem von Wolfgang gegenüber, um auszudrücken,
daß Wolfgang ihm Unrecht getan hat (49-51). Danach wendet
Wolfgang das gleiche Verfahren an (53/55). Das ist an
der Gegenüberstellung der Personalpronomen erkennbar
'ich habe/bin ... und du hast ...' und läßt sich in etwa
wiedergeben durch 'mir ging's nicht gut und du hast wei-
tergemacht'.

Einerseits wirkt sich konfliktverschärfend aus, daß Wolfgang und Klaus sich offene Vorwürfe machen und daß beide
ihr Verhalten und das des anderen deutlich benennen und
gegeneinanderstellen. Andererseits kommen in dem Ausschnitt auch extrem lange Pausen vor, durch die eine
Verschärfung des Konflikts verhindert wird (26, 34, 52,
69, 78). Diese Pausen sind ein Zeichen dafür, wie unge-
wohnt die Konfliktaustragung für die beiden Männer sein
muß. Das liegt mit daran, daß sie die Auseinandersetzung
nicht im männlichen Stil führen. Der klare persönliche
Bezug ihrer Redebeiträge verweist auf den weiblichen
Stil. Zuletzt spricht Klaus seine Wut in der aktuellen
Gesprächssituation an (79-80). Auch das ist kein Mittel
des männlichen Stils. Er schafft so die Möglichkeit einer
beziehungsmäßigen Veränderung, denn nur nichtzugelassene
Gefühle wirken sich auf eine ungute Weise verfestigend
auf Beziehungen aus. In den seltenen Fällen, in denen
die Männer in der Männergruppe sonst Wahrnehmungen aus
der aktuellen Gesprächssituation ansprechen, wird der
männliche Stil sofort durch ein lebendiges Gesprächsverhalten abgelöst, das sich durch Merkmale des weiblichen
Stils beschreiben läßt (vgl. auch die Sequenz (34-60)
im 6. Ausschnitt).

Die Merkmale des weiblichen Stils sind zwar durch den
Rückgriff auf andere Untersuchungen bestimmt worden,
aber sie sind hier auch im Hinblick auf das Gesprächsverhalten von Männern behandelt worden. Dadurch hat sich
wahrscheinlich z.T. eine etwas einseitige Bestimmung
des weiblichen Stils ergeben. Es versteht sich von
selbst, daß das Verhältnis des weiblichen Stils zum Gesprächsverhalten von Frauen nur in konversationsanaly-
tischen Untersuchungen von Frauengesprächen geklärt werden kann. Aus der Untersuchung des Gesprächsverhaltens

in der Männergruppe läßt sich jedoch schon schließen,
daß dieses Verhältnis in Gesprächen unter Frauen ebenfalls nicht eindeutig sein wird. Die mit der Stilbestimmung verbundene Typisierung ist an dem Gegensatz zwischen
einem lebendigen Gesprächsverhalten und einem mit der
gesellschaftlich gestützten Männlichkeit verbundenen
Gesprächsverhalten orientiert. Im weiblichen Stil steht
die Gemeinsamkeit des Redens und die potentielle Verständigung im Vordergrund. Nur in Streitgesprächen kann
sich der weibliche Stil konfliktverschärfend auswirken.
Insgesamt wird durch den weiblichen Stil ein menschliches
Gesprächsverhalten erfaßt. Jedenfalls gilt die androzentrische Einschränkung von Weiblichkeit, wie sie sich
z.B. in den stereotypen Merkmalen zeigt, nicht für den
weiblichen Stil. Die meisten Merkmale des männlichen
Stils verweisen auf Abweichungen von einem menschlichen
Gesprächsverhalten. Die gesellschaftlich gestützte Männlichkeit verträgt sich nicht mit einem lebendigen Gesprächsverhalten. Im männlichen Stil sprechen Männer
ihre Gefühle nicht deutlich an, um ihre männliche Sicher-
heits- bzw. Unsicherheitsfassade zu stützen. Sie vermeiden es, emotional offen und mit klarem persönlichen Bezug
zu reden. Solange Männer sich über das Ausmaß ihrer Abhängigkeit in Beziehungen (über ihre 'Unmännlichkeit')
nicht bewußt sind, können sie auch gar nicht emotional
offen reden. Aufgrund dieser Nichtbewußtheit nutzen sie
es zwangsläufig aus, wenn Frauen sich um die Beziehung
zu ihnen bemühen. Das zeigt sich auch in der Männergruppe. Das unbestimmte Reden ist dazu geeignet, sich auch
die Zuwendung von anderen Männern wie selbstverständlich
zu nehmen, ohne sich für die eigene Veränderung verantwortlich zu fühlen. So wird der Anspruch der Männergruppe
verletzt. Die Krise nach zweijähriger Dauer beruhte auf
der Erkenntnis, daß die Männergruppe sich nicht weiterentwickeln kann, wenn nicht alle Mitglieder offen von
sich zu reden anfangen. Die Männer, die zu helfen versucht hatten, waren wütend und enttäuscht über die Ver-
geblichkeit ihrer Hilfe und wollten nicht mehr so wie
bisher weitermachen.

Abschließend sollen die Merkmale des männlichen Stils
in bezug auf das Gesprächsverhalten in der Männergruppe
noch einmal zusammengefaßt werden. Es sind sicher weitere
Untersuchungen nötig, damit andere Personen meine Überzeugung teilen können, daß der männliche Stil in anderen
Gesprächssituationen nicht grundsätzlich von den hier
gefundenen Merkmalen abweichen wird. Mir kommt es mehr
auf eine qualitativ feine (als auf eine quantitativ be-
legbare) Analyse an, um die relativ verborgenen Merkmale des männlichen und weiblichen Stils erfassen zu
können. Nach meiner Einschätzung sind die Merkmale des
männlichen Stils, die im folgenden aufgelistet sind,
z.T. weit verbreitet und bestehen z.T. aus individuell
ausgeprägten Verfahren, die speziell für Männergruppen

gelten. Die allgemeineren Merkmale sind zuerst genannt.

- Mit unbestimmten und allgemeinen Ausdrücken über sich reden oder: die speziellen Gefühle und Schwierigkeiten, von denen man ausgeht, nicht deutlich benennen (3. und 4. Ausschnitt)
- nur über die äußeren Umstände reden, die mit den eigenen Gefühlen zusammenhängen (nicht belegt, (auch als männliche Sachorientierung bekannt))
- ausweichende und verspätete thematische Bezüge, wenn eine direkte verbale Reaktion gefordert ist (nicht belegt, vgl. jedoch die unmittelbaren Gegenvorwürfe im 8. Ausschnitt als ein Gegenbeispiel)
- über sich in Form eines Beispiels reden oder: die Aufmerksamkeit für sich in Anspruch nehmen, ohne eindeutig von sich zu reden (unverbindlich reden) (3. und 4. Ausschnitt)
- sich von bereits angesprochenen Gefühlen mit unbestimmten Ausdrücken wieder entfernen oder: sich nur nichts verbal klarmachen (6. Ausschnitt)
- darüber reden, daß man seine Gefühle nicht ausdrücken kann oder: seine Hilflosigkeit demonstrieren (5. Ausschnitt)
- andere und eigene verbalisierte Gefühle vermischen oder: sich selbst (und andere) verwirren (6. Ausschnitt).

Am Anfang wurde gesagt, daß Männer es vermeiden, emotional offen zu reden, damit die Reaktionen anderer Personen nicht zu wichtig für sie werden. Durch die geringere kooperative Verflechtung der Redebeiträge im männlichen Stil wird auch bestätigt, daß Männer sich weniger als Frauen an der Gemeinsamkeit des Redens orientieren. Jetzt läßt sich formulieren, daß Männer sich im Gespräch noch gründlicher beziehungsneutralisierend verhalten. Die Verfahren des männlichen Stils verweisen auf ein emotional reserviertes Gesprächsverhalten. Mit diesen Verfahren verhindern die Männer, daß ihnen ihre **eigenen** emotionalen Reaktionen deutlich werden. Viele Verhaltensweisen von Männern lassen sich auf diesem Hintergrund besser verstehen. Der unklare persönliche Bezug stellt sich jetzt als Bedingung dafür heraus, die Distanz zu den eigenen Gefühlen aufrechtzuerhalten. In der Männergruppe führt das unbestimmte Reden dazu, daß die eigenen Gefühle nicht deutlich verbal ausgedrückt und damit nicht zugelassen zu werden brauchen. Umgekehrt sind die Merkmale des männlichen Stils nicht mehr gesprächsbestimmend, wenn die Männer ihr Verhalten aus einer vergangenen Situation deutlich benennen und wenn sie Wahrnehmungen aus der aktuellen Gesprächssituation ansprechen. Solche Sequenzen, mit einem lebendigen und beziehungsverändernden Gesprächsverhalten, kommen in der Männergruppe viel zu selten vor.

Anmerkungen

(1)   Maria Mies hat einen einflußreichen Aufsatz zu diesem Problembereich verfaßt (vgl. Mies, 1978).

(2)   Das Reden über die äußeren Umstände, für das ich hier keinen Beleg gebe, ist gut mit der stereotypen männlichen Sachorientierung vereinbar und zeigt, daß es dabei keineswegs um männliche Kompetenz gehen muß, wie das mit den stereotypen Merkmalen nahegelegt wird.

(3)   Das eigene Gesprächsverhalten in die Analyse einzubeziehen, ermöglicht, die Differenz zwischen eigenen Gefühlen und davon beeinflußter Wahrnehmung auf der einen Seite und den Auswirkungen des Gesprächsverhaltens auf den Gesprächsablauf auf der anderen Seite deutlicher zu sehen. Es bereitet dann keine Schwierigkeiten mehr, sein eigenes Gesprächsverhalten von außen zu sehen, wie es hier durch die Verwendung des Eigennamens angedeutet wird.

(4)   An der Fassade der äußeren Unsicherheit wird deutlich, daß sich die Männer in der Männergruppe mehr oder weniger auf einen Veränderungsprozeß eingelassen haben. Nur das unterscheidet sie von den Männern, die eine Fassade der äußeren Sicherheit im Verhalten aufbauen. Die Männer in der Männergruppe entsprechen keinem bestimmten Typ. Die Sicherheit der 'gestandenen' Männer, die die gesellschaftlich gestützte Männlichkeit bisher positiv nutzen konnten, entpuppt sich in diesem Veränderungsprozeß ebenso als Fassade.

(5)   Ergänzungen sind nicht nur simultan wie die bestätigenden thematisch ähnlichen Redebeiträge, sondern werden oft sofort in den Redebeitrag, der ergänzt wird, syntaktisch eingebaut. Das Rederecht bleibt so bei der 1. Person und wird nicht von der 2. Person übernommen, wie bei den Satzfortsetzungen. (Die beiden folgenden Ausschnitte stammen aus Nagel, 1984.)

1 Iris   und du kriegst erfahrung du kriegst neue (.)
2 Monika   ja

3 Iris   neue eindrücke und impulse und das heißt also
4 Monika   impulse   ja a:

1 Angela plötzlich entdeckst du all diese sachen und die machen dich

2 Angela dann plötzlich unheimich wahnsinnig und die stören dich und
3 Monika   die stören dich dann plötzlich /ja/

4 Angela du fängst dann an dich an sachen aufzuhängen
5 Monika   /hmm/

(6)   Die Bedeutung der Plazierung von 'hm' wird durch eine
      Untersuchung von Candace West und Don H. Zimmer-
      man unterstrichen. Sie haben an gegengeschlecht-
      lichen Zweiergesprächen festgestellt, daß verzöger-
      te Minimalbestätigungen von Männern eine themen-
      beendende Auswirkung haben können - daß sich so
      das Desinteresse von Männern an Themen, die von
      Frauen eingeführt worden sind, zeigt (vgl. Zimmer-
      man/West, 1976).

Erläuterungen der Transkriptionszeichen

enger Zeilenabstand:	simultane Redebeiträge
:	Redebeiträge, die weggelassen worden sind
ni-	Abbruch
des_dis	verbundene Wörter
hm ‾ n	silbisch realisierte Laute
/was/	unsichere Transkription
/ /	nicht transkribiertes Reden
XY	nicht identifizierte Personen
(,)	kurzes Absetzen
(.)	kurze Pause (um 0,3 Sekunden)
(..)	mittlere Pause (um 0,8 Sekunden)
(2)	Dauer der Pause in Sekunden
á aú	Hervorhebung durch Intonation
ä eï	Hervorhebung durch Lautstärke
a: m::	Hervorhebung durch Länge
°also°	leise Sprechweise
+ich+	laute Sprechweise
s vorn s	schnell
is das ist is	isoliert betont
Lä jetz Lä	mit Lächeln ausgesprochen
hh hhh	Ausatmen
·hh (·mhh)	Einatmen (durch die Nase)
eh he ha hah	Lachpartikeln
(h)	wortinterne lachähnliche Partikel
(La)	nicht transkribiertes Lachen
*chemem	Räuspern bzw. gutturale Laute
=	Worttrennung
und du auch	Hervorhebung für die Analyse

- 140 -

Literatur

BOCK, Gisela 1983: Historische Frauenforschung: Fragestellungen und Perspektiven. In: Hausen, Karin
(Hrsg.) Frauen suchen ihre Geschichte: historische
Studien zum 19. und 20. Jh. München, Beck.
EDELSKY, Carole 1982: Who's Got the Floor? In: Language
in Society 10: 383-421.
HASECKE, Ursel/LIMAN, Freya/NAGEL, Karin/WERNER, Fritjof
1981: Streitgespräche in Rollenspielen. Erscheint
voraussichtl. in: Pusch, Luise F./Trömel-Plötz,
Senta (Hrsg.) Papiere zur feministischen Lingui-
stik. Vorträge bei den Jahrestagungen 1981 und
1983 der DGfS in Regensburg und Passau.
JEFFERSON, Gail 1973: A Case of Precision Timing in
Ordinary Conversation: Overlapped Tag-Positioned
Address Terms in Closing Sequences. In: Semiotica
9: 47-96
MIES, Maria 1978: Methodische Postulate zur Frauenfor-
schung - dargestellt am Beispiel der Gewalt gegen
Frauen - In: Beiträge zur feministischen Theorie
und Praxis 1: 41-63.
NAGEL, Karin 1984: Verbale Zuhöreraktivitäten in Gesprä-
chen: empirische Untersuchungen zu ausgewählten
Phänomenen. Unver. Examensarbeit, FU Berlin.
TRÖMEL-PLÖTZ, Senta (Hrsg.) 1984: Gewalt durch Sprache.
Die Vergewaltigung von Frauen in Gesprächen. Frank-
furt/M., Fischer
WERNER, Fritjof 1983: Gesprächsverhalten von Frauen und
Männern. Diss., FU Berlin. Frankfurt/M. usw.,
Lang.
ders. 1984: Merkmale des weiblichen und männlichen Stils
in Gruppengesprächen. Unver. Ms.
ZIMMERMAN, Don H./WEST, Candace 1976: Sex Roles, Inter-
ruptions and Silences in Conversation. In: Thorne,
Barrie/Henley, Nancy (eds.) Language and Sex.
Difference and Dominance. Rowley, Mass., Newbury
House.

Luise F. PUSCH

WAS UNTERSCHEIDET DIE FEMINISTISCHE LINGUISTIK VON
ANDEREN FEMINISTISCHEN DISZIPLINEN UND VON DER MASKULIN-
LINGUISTIK?

1. VORBEMERKUNG ZUR FORM UND ENTSTEHUNG DIESES BEITRAGES

Etwa zwei Wochen vor Beginn des Symposiums "Methoden
in der Frauenforschung" wurde ich von den Organisatorin-
nen telefonisch gebeten, für meine erkrankte Freundin,
Kollegin und Mitstreiterin Senta Trömel-Plötz mit einem
Vortrag einzuspringen. Ich konnte also nur auf Vorfabri-
ziertes zurückgreifen und im übrigen improvisieren und
aus dem Nähkästchen plaudern. Solches Geplauder mag für
einen mündlichen Vortrag angehen, im Interesse von Unmittelbarkeit und Verständlichkeit gar wünschenswert
sein, aber die schriftliche Form verlangt mehr Umsicht
und Gründlichkeit. Eine Gründlichkeit, zu der mir allerdings die Zeit fehlt. Deshalb habe ich mich entschlossen,
von den drei Teilen meines Vortrags nur zwei in der
Symposiums-Dokumentation zu publizieren, d. h. den Mit-
telteil fortzulassen.

Die drei Teile meines Vortrags waren folgende:
1. Ein persönlicher Bericht - "Von der Linguistik zur
   feministischen Linguistik", den ich als Einleitung
   zu meinen gesammelten feministisch-linguistischen
   Schriften **Das Deutsche als Männersprache** (edition
   suhrkamp 1217) geschrieben habe. In dieser Einleitung habe ich versucht, Motivation, Inhalte und Geschichte der feministischen Linguistik in groben
   Zügen allgemeinverständlich darzustellen.
2. Ein Überblick über die Teildisziplinen der Sprachwissenschaft unter systematischer Berücksichtigung
   der Frage, wie sie mit Hilfe des feministischen
   Blicks/Ansatzes zu sanieren bzw. zu ergänzen wären.
3. Ein Vergleich: Wie unterscheidet sich meine Arbeits-
   methode von der anderer feministischer Wissenschaftlerinnen?

Den zweiten, hier ausgesparten Teil habe ich für eine
spätere Veröffentlichung vorgesehen.

2. VON DER LINGUISTIK ZUR FEMINISTISCHEN LINGUISTIK
Ein persönlicher Bericht

In meinem Paß steht: "Der Inhaber dieses Passes ist

Deutscher." Ich bin aber kein Deutscher. Hätte ich je
in einem Deutschaufsatz geschrieben, ich sei "Deutscher",
so wäre mir das Maskulinum als Grammatikfehler ange-
strichen worden.

Ich bin Deutsche. Es müßte also heißen: "Der Inhaber
dieses Passes ist Deutsche." Nein, das ist auch falsch.
Zwar gilt es nicht als Fehler, wenn ich, obwohl weiblich,
über mich sage: "Ich bin der Inhaber dieses Passes."
Genauso korrekt ist aber **Inhaberin**. Und zusammen mit
"Deutsche" ist **nur** Inhaberin richtig: "Die Inhaberin
dieses Passes ist Deutsche."

Im Paß meines Bruders steht derselbe Satz wie in meinem.
Er hat sich nie daran gestört. Wieso sollte er auch?
Der Satz ist ihm auf den Leib geschneidert. Aber wenn
da stünde "Die Inhaberin dieses Passes ist Deutsche",
so wäre das nicht nur falsch, sondern eine Katastrophe.
Die Paßbehörden würden sich vor Männerbeschwerden kaum
retten können, denn welcher Mann läßt sich schon gern
"Inhaberin" und "Deutsche" schimpfen?

Weibliche Bezeichnungen sind für Männer genauso untragbar wie weibliche Kleidungsstücke. Und doppelter Papier-
krieg ist für Behörden zu aufwendig, also werden uns
Frauen die männlichen Bezeichnungen zugemutet. Es ist
die einfachste Lösung. Frauen sind erstens geduldig,
und zweitens sind männliche Bezeichnungen sowieso viel
schöner und kürzer und praktischer und irgendwie edler
und überhaupt allgemeiner.

Ich bin Linguistin. Oder bin ich Linguist? Mal bin ich
dies, mal jenes; ich habe mich längst daran gewöhnt.
Eins aber steht fest: Meine Mutter war Sekretärin und
nicht Sekretär. Sie hat den Sekretärinnenberuf ausgeübt
und führt jetzt ein Rentnerdasein. Oder ist es ein Rent-
nerinnendasein? Schließlich führen Rentnerinnen ein ganz
anderes Dasein als Rentner. - Meine Mutter ist vielleicht
eine Ausnahme; sie ist Studentin der Philosophie - oder
auch Student. Mal dies, mal jenes.

Ich stelle fest: Meine Muttersprache ist für Männer
bequem, klar und eindeutig. Das Reden über Männer ist
völlig problemlos in dieser Männersprache. Schwierig,
kompliziert und verwirrend ist nur das Reden über Frauen.
Mutter Sprache ist auf meine Existenz etwa so gut vor-
bereitet wie Vater Staat auf die Existenz von Behinder-
ten. Als "Problemgruppe" dürfen wir uns mit offenkundigen
Behelfslösungen herumschlagen, die als "Grammatik" nicht
weiter diskutiert werden. Denn schließlich: Wer wäre
auch für Grammatik verantwortlich zu machen?
Als Frau und Linguistin interessieren mich nun folgende
Fragen:

1. Wie kommt es, daß die deutsche Sprache so ist? War sie schon immer so? Welche Personen/Personenkreise/ gesellschaftlichen Strömungen/geschichtlichen Ereignissen/didaktischen Maßnahmen/sprachregelnden Verordnungen usw. sind möglicherweise für ihren heutigen Zustand verantwortlich?
2. Sind andere Sprachen auch so?
3. Wieso sind weibliche Bezeichnungen für Männer untragbar, männliche Bezeichnungen für Frauen jedoch nicht?
4. Welche anderen Bereiche der Sprache - außer den Personenbezeichnungen - sind noch männlich geprägt?
5. Welche psychischen, kognitiven, gesellschaftlichen und politischen Konsequenzen hat es für uns Frauen, daß unsere Muttersprache eine Fremdsprache ist?
6. Welche psychischen, kognitiven, gesellschaftlichen und politischen Konsequenzen hat es für Männer, daß ihre Muttersprache eine Vatersprache ist?
7. Warum beschweren sich nicht mehr Frauen über die Frauenfeindlichkeit der deutschen Sprache? Warum gab es früher keine Diskussion über diesen Skandal?
8. Was können wir tun? Wie können wir aus Männersprachen humane Sprachen machen?

Die herkömmliche Sprachwissenschaft kann solche und ähnliche Fragen nicht beantworten, weil sie sie nicht stellt. Das ist auch kein Wunder, denn sie wird, wie jede Wissenschaft, überwiegend von Männern verwaltet. Und warum sollten Männer ohne Not einen Tatbestand als Problem erkennen und behandeln, der ihnen nur Vorteile bringt?
Die männlich geprägte Linguistik hat es sogar vermocht, **ihre** Auffassung von Sprache auch in den Köpfen von Linguistinnen so fest zu verankern, daß nicht sie als Begründerinnen der Feministischen Linguistik(1) anzusehen sind, sondern frauenbewegte "Laiinnen", Nichtlinguistinnen, deren allgemeines Unbehagen in der Herrenkultur die Herrensprache von Anfang an selbstverständlich mit einbezog.

Gleich 1973 las ich den inzwischen klassischen Aufsatz "Language and women's place" von Robin Lakoff .(2) Ich fand ihn sehr lesenswert und interessant, aber er regte mich nicht zu eigenständiger Forschung auf dem damit eröffneten neuen Gebiet an. Außerdem hatte ich damals weisungsgemäß auch über andere Themen zu forschen, z. B. über Nominalisierungen konjunktionaler Nebensätze. 1976 kam ich zur Frauenbewegung, las Simone de Beauvoir, Betty Friedan, Kate Millet und Alice Schwarzer, abonnierte **Emma** und **Courage** - und immerzu fiel es mir wie Schuppen von den Augen. Nächtelang war ich wütend über vergewaltigende und prügelnde Ehemänner, über die systematische Benachteiligung der Frau im Beruf, über den alltäglichen Sexismus in Lehrbüchern und in den Medien. Aber Sexismus in der Sprache - nein, das war für mich

kein Thema, obwohl ich von den "Laiinnen", gerade als
Sprach-Fachfrau, ständig darauf angesprochen wurde. Das
neue Pronomen **frau**, das ich in feministischen Texten
nun allenthalben las, fand ich lustig, schön frech und
aufsässig, aber nicht eigenlich wichtig - weil ich die
Supermaskulinität von **man** auch nicht so wichtig fand.
Die Linguistik, wie ich sie gelernt hatte, interessiert
sich nämlich zwar dafür, was Ausdrücke bedeuten, aber
nicht dafür, was es für Menschen subjektiv und objektiv
bedeutet, daß Ausdrücke gerade das bedeuten, was sie
bedeuten. Die herkömmliche Linguistik kritisiert Sprache
nicht, sondern sie beschreibt sie. Und mit dem Beschreiben allein hat sie tatsächlich reichlich zu tun, denn
Sprachen sind äußerst komplizierte Systeme, über die
wir erst wenig wissen.

Die Linguistik erlegt sich diese Selbstbeschränkung vermutlich auch deswegen auf, weil sie etwas vom Glanz der
Naturwissenschaften erben möchte. Die Naturwissenschaften
beschränken sich bekanntlich auf beschreibendes Erklären
ihrer Gegenstände, da Kritik sinnlos ist. Sprache ist
aber kein Natur-, sondern ein historisch-gesellschaft-
liches Phänomen und als solches auch kritisier- und veränderbar. Nach Auffassung von Feministinnen nicht nur
kritisier**bar**, sondern extrem kritikbedürftig - und re-
formbedürftig.

Es bedurfte wohl radikalfeministischer Verve, Unbeküm-
mertheit, Subjektivität und entschlossener Parteilichkeit, um zu dieser Auffassung über Sprache zu kommen.
Sonst hätte sie sich kritikfähigen Frauen sicher schon
eher aufgedrängt. Es ist aber nicht nur die herkömmliche
Linguistik, die solche Gedanken nicht gerade fördert,
sondern auch unser aller Alltagsbeziehung zu Sprache.
Sprache wird uns im Kindesalter einverleibt etwa nach
dem Motto: "Was auf den Tisch kommt, wird gegessen."
Zwar lernen wir, daß wir "schmutzige" Ausdrücke nicht
verwenden und **mir** und **mich** nicht verwechseln sollen,
aber daß wir **von uns aus** etwas Sprachliches rundheraus
ablehnen könnten, wird uns weder beigebracht noch vorge-
macht. Eine "natürliche" Ausnahme bilden die Eigennamen.
Manche mögen bestimmte Namen einfach nicht leiden. Ich
z. B. finde **Yvonne** "affig" und würde ungern so heißen
(alle Yvonnen mögen mir verzeihen!). Aber es wäre mir
von allein niemals eingefallen, gegen ein Pronomen (man),
eine Endung(-in) oder gegen ein Genus (Maskulinum) zu
rebellieren. Dergleichen sprachliche Einheiten sind für
die meisten so abstrakt und außerbewußt, daß sie dafür
überhaupt keine Gefühle, weder positive noch negative,
entwickeln können.
Jedenfalls galt das bis vor kurzem für die meisten Frau-
en. Männer dagegen waren schon immer emotionaler. Es

gibt für sie **einen** allergischen Punkt in der Sprache: das Femininum. Wird ein Mann als Verkäuferin, Hausfrau, Fachfrau, Beamtin, Ärztin, Dame, Deutsche, Inhaberin o. ä. bezeichnet, so bringt ihn das völlig aus der Fassung. Es ist ihm etwa so gräßlich, wie wenn er mit Vornamen Rosa hieße oder neckisch in den Po gekniffen würde.

Die Folge der männlichen Allergie gegen das Femininum ist dessen nahezu vollständige Verdrängung aus der Sprache, mit anderen Worten: die sprachliche Vernichtung der Frau, denn ihre genuine sprachliche Existenzform ist das Femininum. Es fängt scheinbar harmlos an: Wenn Ute Schülerin ist und Uwe Schüler, dann sind Ute und Uwe Schüler, nicht Schülerinnen - denn Uwe verträgt das Femininum nicht. Es geht und geht nicht an, ihn mit der Bezeichnung "Schülerin" zu kränken, selbst wenn zig Schülerinnen seinetwegen zu Schülern werden müssen. Da bereits **ein** Knabe mittels seiner Allergie beliebig viele Mädchen sprachlich ausschalten kann, kann frau sich leicht ausrechnen, was die männliche Hälfte der Bevölkerung gegen die weibliche ausrichten kann. Ein Wunder, daß wir überhaupt noch hin und wieder einem Femininum begegnen. (Für Besserwisser: Ich beziehe mich selbstverständlich auf feminine Personenbezeichnungen und nicht auf Feminina wie **die Neutronenbombe.**)

Unerbittliche Empfindlinge sind die schlimmsten Tyrannen, besonders gegen Rücksichtsvolle. Feministinnen haben das klar erkannt, die Rücksichtnahme aufgekündigt und eine Großaktion "Rettet das Femininum" gestartet. Wie läßt es sich am besten retten, wiederbeleben und weithin verbreiten? Natürlich durch eine gezielte Allergie gegen das Maskulinum.

Die Rettungsaktion hat seit Mitte der siebziger Jahre schon erstaunliche Erfolge gezeitigt. Immer mehr Frauen schlossen sich ihr an und lehnten es kategorisch ab, sich selbst und andere Frauen mit einem Maskulinum zu bezeichnen oder bezeichnen zu lassen. Die geistig und emotional weniger motivierte und agile Umwelt reagierte auf ihre unerhörten Thesen und eigenwilligen Neuerungen mit Überraschung, Belustigung, Spott, Befremden, Abwehr oder Ignorierung - je nach Temperament.
Ich reagierte mit einer Mischung aus Sympathie und Befremden - letzteres hauptsächlich berufsbedingt.
Meine - wie ich jetzt finde, reichlich späte - Bekehrung von der Sympathisantin zur Aktiven gelang schließlich einem Kollegen namens Kalverkämper. Eigentlich hatte er den irregeleiteten Frauen den rechten Weg weisen wollen. Aber nicht jedermann ist zum Wegweiser berufen, zumal in Zeiten, da jedefrau sich ihren Weg lieber selbst

sucht. Mich jedenfalls führten seine Belehrungen stracks in die entgegengesetzte Richtung. Ich schrieb eine Antwort auf seine Mahnschrift, und im Zuge dieser intensiven gedanklichen Auseinandersetzung mit den feministisch-linguistischen Standpunkten erkannte ich, **wie** brisant und intellektuell faszinierend das neue Gebiet ist.

Das ist jetzt im Januar 1984 viereinhalb Jahre her. In diesen viereinhalb Jahren habe ich mit meiner feministisch-linguistischen Forschung meinen Fachkollegen zwar anscheinend nicht viel Freude und meiner Disziplin keine Ehre gemacht, aber ich habe mich mit meiner Arbeit wohler gefühlt und besser identifizieren können als je zuvor. Außerdem freut es mich natürlich, daß meine Artikel neuerdings von mehr als fünf Personen gelesen werden. Aber das Vergnügen hat seinen Preis: Ich wurde seit meinem Übertritt ins Emanzenlager bei sämtlichen Bewerbungen auf Linguistikstellen abgelehnt.

"Je wichtiger ein Gegenstand ist, um so lustiger muß man ihn behandeln", sagt Heine. Er muß es ja wissen als Außenseiter von Geburt. Mir **ist** meine Muttersprache wichtig. Mir ist auch die Linguistik wichtig. Vielleicht geraten mir deshalb meine Arbeiten von Mal zu Mal unseriöser.

3. WAS UNTERSCHEIDET MEINE ARBEITSMETHODE VON DER ANDERER FEMINISTISCHER WISSENSCHAFTLERINNEN?

3.0. Vorbemerkung

Bevor ich die Unterschiede zwischen meiner Disziplin und anderen feministischen Wissenschaften beschreibe, muß ich zunächst die Unterschiede zwischen herkömmlicher und feministischer Linguistik benennen. Unter den vielen Teildisziplinen der Linguistik habe ich mir als Arbeitsgebiet die (im "Zeitalter der Kommunikation" vielgeschmähte) "Systemlinguistik" ausgewählt. Nur auf diese beziehen sich denn auch die folgenden Ausführungen. Die feministische Gesprächsanalyse, Spezialgebiet z. B. meiner Kolleg-inn-en Senta Trömel-Plötz und Fritjof Werner, arbeitet mit ganz anderen (im wesentlichen: sozialwissenschaftlichen) Methoden.

3.1. Gegenstand und Methoden der Systemlinguistik

Gegenstand, Explanandum der Systemlinguistik ist die "muttersprachliche Kompetenz", d. h. die Fähigkeit, grammatisch korrekte Sätze als solche zu identifizieren.

Es wird angenommen, daß jeder Mensch ein grammatisches
Regelsystem seiner Muttersprache internalisiert hat,
das ihn zu solchen Leistungen befähigt, ihm aber nahezu
vollständig unbewußt oder besser "außerbewußt" ist. Aufgabe der Linguistik ist es, dieses Regelsystem bewußt
zu machen, um es zu beschreiben (nicht zu bewerten, s. o.
Kap. 1).
Wie kann nun das Außerbewußte bewußt gemacht werden?
Jede/r deutsche Sprecher/in beherrscht z. B. den Unterschied zwischen aber und sondern, aber kaum eine/r wird
einer/m Engländer/in (die in ihrer Sprache als Äquivalent
ja nur ein einziges Wort, but, haben) den Unterschied
im Gebrauch erklären können. Oder den Unterschied
zwischen erst und nur (engl. only), aus Wut und vor Wut -
und zahllose andere Gesetzmäßigkeiten der deutschen Sprache.
Die Norm, die Regel, wird als solche nur erfahrbar, erkennbar und damit beschreibbar, wenn wir ihrem Gegen-
bild begegnen, wenn z. B. ein Fehler gemacht wird. Wenn
ein Kind sagt, ich singte, oder eine Engländerin schreibt
Der Roman beinhält folgendes - so wird mir dadurch bewußt, daß singen ein unregelmäßiges und beinhalten (anders als halten) ein regelmäßiges Verb ist.

Da mir nicht ständig solche erkenntnisauslösenden Fehl-
leistungen von außen beschert werden, bin ich als Linguistin gezwungen, künstlich selbst welche zu produzieren. Und es sollten nicht irgendwelche Regelverstöße
sein, sondern gezielte, sinnreiche.

Die Einheiten der Systemlinguistik sind grammatische
Gegenstände wie Substantive, Pronomina, Verben, Adjekti-
ve, Konjunktionen, Partikeln, komplexe Sätze usw. mit
ihren vielfältigen Subklassen. Um die Personen, Dinge
und Sachverhalte, auf die sich einige dieser grammatischen Gegenstände beziehen, kümmert sich die Systemlinguistik nur in zweiter Linie und nur mit dem Interesse,
grammatische Erkenntnisse zu gewinnen.

Was mir an der Systemlinguistik so gut gefällt, ist einerseits die mit dem Aufdecken außerbewußter Regeln verbundene intellektuelle Herausforderung, Faszination und
Befriedigung, andererseits die materielle und organisatorische Unaufwendigkeit. Den Untersuchungsgegenstand -
mein Sprachgefühl bzw. meine "muttersprachliche Kompetenz" - trage ich sozusagen immer bei mir. Auch braucht
frau für systemlinguistisches Arbeiten häufig nicht einmal Sekundärliteratur (weil es für viele Fragen keine
gibt), sondern nur Papier, Bleistift - und linguistisches
Training. Letzteres wird allerdings von den meisten
Student-inn-en als äußerst mühsam, langweilig und trocken
empfunden. Aber das liegt nach meiner Einschätzung

weniger an der Linguistik als an der Art, wie sie von vielen ihrer männlichen Verwalter an den Universitäten gelehrt wird.

3.2. Gegenstand und Methoden der feministischen Systemlinguistik

Gegenstand der feministischen Systemlinguistik sind die Patriarchalismen in den diversen Sprachsystemen, ob es nun das Deutsche, Französische, Englische, Chinesische oder sonst eine Sprache ist. Es geht um die Aufdeckung, Bewußtmachung und schließliche Abschaffung der zahllosen "geronnenen Sexismen" in den Sprachen.

Die Methode ist teils ähnlich, teils anders als in der herkömmlichen Systemlinguistik. Als feministische Wissenschaft ist die feministische Systemlinguistik "parteilich", d. h. sie bewertet (kritisiert) ihre Befunde, begnügt sich nicht mit der Beschreibung, sondern zielt auf Änderung des Systems in Richtung auf eine gründliche Entpatrifizierung und partielle Feminisierung, damit aus Männersprachen humane Sprachen werden.

Die Methode der gezielten Regelverletzung gilt auch hier uneingeschränkt; sie ist aber nicht nur Mittel der Erkenntnisgewinnung, sondern auch Mittel der feministischen Sprachpolitik. Als Linguistin erfinde ich meine ungrammatischen Sätze und Formen nur, um mir die verborgenen Gesetzmäßigkeiten besser klarzumachen. Als feministische Linguistin lehne ich einen Teil dieser "verborgenen Gesetzmäßigkeiten" ab (nämlich die geronnenen Sexismen) und setze meine "ungrammatischen" Erfindungen, gezielte Regelverstöße, beim Sprechen und Schreiben bewußt und so oft wie möglich ein mit dem Ziel, sie als grammatisch zu etablieren und die alten frauenfeindlichen Gesetzmäßigkeiten allmählich in den Status der "Abweichungen" übergehen zu lassen.

In der feministischen Systemlinguistik reicht auch nicht mehr das "Verbleiben bei den grammatischen Gegenständen", das höchstens nebenbei auch mal die bezeichneten Personen, Dinge und Sachverhalte streift. Vielmehr ist der Ausgangspunkt des Forschens jetzt bei den Personen, weiblichen und männlichen, und beim "männlichen" und "weiblichen Lebenszusammenhang". Ich gehe also "onomasiologisch", nicht mehr "semasiologisch" vor (so die Fachausdrücke), von den "Dingen" zu den "Wörtern", nicht umgekehrt.

Diese Verlegung des Ausgangspunkts hat meine Arbeit erheblich erschwert. Es reicht nicht mehr, daß ich meine

Daten erfinde. Vielmehr muß ich sie "finden", d. h.
sammeln und dann sinnvoll ordnen. Mein Problem dabei
ist, daß ich zu viel finde, zu viele und verschiedene
Sexismen in der Sprache, die mich umgibt, und daß ich
die Ordnungsbegriffe und theoretischen Erklärungs- und
Beschreibungsmuster für diesen Datenüberfluß weitgehend
selbst entwickeln muß, da die herkömmliche Linguistik
keine bereithält.

3.3.   Die Hauptunterschiede zwischen der feministischen
        Systemlinguistik und anderen feministischen
        Wissenschaften

3.3.1. Feministische Systemlinguistik ist keine "Frauen-
        beforschung"

Die meisten feministischen Wissenschaftlerinnen forschen
"über Frauen", über die Lage der Hausfrauen, Mütter,
Arbeiterinnen, Putzfrauen, Sekretärinnen, Schauspielerin-
nen, Schriftstellerinnen, Studentinnen, Wissenschaftlerinnen, Schülerinnen, Patientinnen, Knastinsassinnen
usw., in Vergangenheit und Gegenwart. Besonders was die
Gegenwart betrifft, ergeben sich daraus vielfältige
menschliche und methodische Probleme, die mit dem Machtgefälle zwischen Forscherinnen und "Beforschten" zusammenhängen. Was die Vergangenheit betrifft (und natürlich
auch die Gegenwart), so ergibt sich das Problem des Um-
gangs mit der Wut und der Trauer über das, was unserem
Geschlecht von den Männern angetan wurde und wird.
Flammende Wut und lähmende Trauer - wie verträgt sich
das mit wissenschaftlicher Forschung? Es verträgt sich,
wie wir sehen. Das Konzept von Wissenschaft und Wissenschaftlichkeit beginnt allmählich, sich zu ändern. "Betroffenheit" wird mehr und mehr - nicht nur in der
feministischen Wissenschaft - zur Vorbedingung von
Wissenschaft, die diesen Namen verdient. Trotzdem bleibt
da das Problem, wie ich als Einzelne mit meiner Wut und
Trauer am Schreibtisch fertig werde und wie ich mich
in der Frage entscheide, ob ich nicht die Wissenschaft
hinschmeißen und stattdessen lieber dieser Türkin oder
jener Krebspatientin, die ich gerade "beforsche", konkret
helfen sollte.
Mit solchen Problemen habe ich zwar auch zu tun, aber
"nur" privat, nicht beruflich, als Linguistin. Weil ich
nicht "über Frauen" forsche, sondern nur über Bezeichnungen für Frauen - und Männer (u. a.). Das System dieser
Bezeichnungen ist - vom feministischen Standpunkt aus
betrachtet - einfach absurd, "komisch", verrückt. Nur
- es lacht niemand darüber ("When everything is bizarre,
nothing seems bizarre." Daly 1978: 17). Deshalb betrachte
ich es als eine meiner Aufgaben, nicht nur wissenschaftlich nachzuweisen, wie verrückt die Sprache in diesem
zentralen Bereich ist, sondern das möglichst auch so

zu tun, daß darüber endlich gelacht wird, denn: "There
is nothing like the sound of women really laughing. The
roaring laughter of women is like the roaring of the
eternal sea." (Daly 1978: 17)
Kurz - **mein** Forschungsgegenstand, Sprache (und oft genug
auch die Erzeugnisse männlicher Sprachwissenschaftler)
schreit/schreien geradezu nach Satire. Andere Bearbei-
tungsmodi scheinen mir oft schlicht unangemessen. - Würde
ich aber "über Frauen" forschen, fände ich wohl kaum
Anlaß zur Belustigung.

3.3.2. Der linguistische Begriff der Kompetenz als Modell für andere Kompetenzen: Über patriarchalische und feministische Kompetenz

Es gefällt mir, auch als Feministin, mich wissenschaftlich geschützt auf nichts weiter als ein "Gefühl" berufen
zu dürfen. Dieses Privileg habe ich, soviel ich weiß,
anderen feministischen Wissenschaftlerinnen voraus.
Der theoretische Status der Sprachkompetenz in der
Systemlinguistik legt zwingend Analogien nahe, die so
aus der sozialwissenschaftlichen Theorie m. W. nicht
abgeleitet werden können, für die feministische Theorie
aber sehr interessant sind. Das Sprachgefühl ("Sprachkompetenz") als internalisierter Regelapparat ist ein
nützliches Denkmodell für andere "Kompetenzen", die unser
Alltagsverhalten steuern. Meine vierjährige Nichte z.
B. besitzt bereits eine hervorragende patriarchalische
Kompetenz bei der Beurteilung "richtigen" weiblichen
und männlichen Verhaltens: Wir spielten mit einem Auto
und Plastikfiguren. Ich setzte eine Frau ans Steuer und
einen Mann auf den Beifahrersitz. "Das geht nicht", erklärte sie mir. "Der Mann muß ans Steuer und die Frau
daneben." (Ihre Mutter fährt Auto und nimmt sie oft mit.
Ist meine Nichte aber mit beiden Eltern unterwegs, fährt
meist der Vater.) Genauso strikt entschied sie, daß ich
den Pullover meines Bruders nicht anziehen könnte: "Das
ist ein Männerpullover!" Beide Male fragte ich sie nach
dem Warum - da lachte sie mich nur aus. Es war doch alles
klar - wie konnte ich nur so dumm fragen!

Genauso strikt und unhinterfragt hätte wahrscheinlich
ihr Sprachgefühl reagiert, wenn ich gesagt hätte: "Papa
und Mama sind tolle Autofahrerinnen!"

Die muttersprachliche Kompetenz sichert unser kommunikatives Funktionieren in unserer Sprachgemeinschaft. Die
patriarchalische Kompetenz sichert unser Funktionieren
im Patriarchat. Wenn wir über diese bewußtlosen Kompetenzen hinausgelangen wollen, brauchen wir linguistisches
bzw. feministisches Training. Dieses Training sollte
uns in die Lage versetzen, die Regeln, die wir gedan-
ken-los - und deshalb auch so reibungslos - befolgen,

gezielt zu verletzen, sie dadurch in ihrer Vernetzung bewußt zu machen und wenn nötig zu verändern.

Wie jede Linguistin weiß, wird die normalerweise störungsfrei funktionierende muttersprachliche Kompetenz durch linguistische Reflexion schnell irritiert: Die Grammatikalitätsurteile werden unsicher (frau denke an die berühmte Tausendfüßlerin, die kein Beinchen mehr bewegen kann, wenn sie sagen soll, wie sie die Beinchen koordiniert). - Unter fremdsprachlichem Einfluß kann die muttersprachliche Kompetenz auch weitgehend verlorengehen: Nach langem Auslandsaufenthalt sprechen viele ihre Muttersprache nur noch gebrochen (z. B. Emigrantinn-en).

Für die patriarchalische Kompetenz, die wir mitsamt unserer muttersprachlichen im frühen Kindesalter einprogrammiert bekommen, bedeutet das: Auch sie kann, wie die meisten von uns in den vergangenen fünfzehn Jahren Frauenbewegung erlebt haben, durch Reflexion erheblich irritiert werden. Ein feministisches Ausland zum gänzlichen Verlernen gibt es allerdings nicht...
Es bleibt uns daher nur der Weg, die geeigneten Regelverletzungen zu erfinden und zur Regel zu machen.
Als Linguistin weiß ich, daß es noch schier endloser linguistischer Arbeit bedarf, bis wir wissen, wie das sprachliche Regelsystem funktioniert, das wir "beherrschen", ohne zu wissen, **was** wir da beherrschen - und das deshalb uns beherrscht. - Der Vergleich des sprachlichen Systems mit dem patriarchalischen System könnte mich fast mutlos machen.

Aber zum Glück gibt es viel mehr Feministinnen als Linguistinnen und Linguisten.

Anmerkungen

(1) Die Feministische Linguistik, Anfang der siebziger Jahre von US-Amerikanerinnen begründet, inzwischen international verbreitet und seit 1978 auch in der Bundesrepublik beheimatet, hat zur Zeit zwei Themenschwerpunkte: Sprachsysteme und Sprachhandlungen, oder kürzer: Sprachen und Sprechen. Ich beschäftige mich mit Sprachen, vor allem mit dem Deutschen.

Hinsichtlich des Sprechens untersuchen wir, welche typischen Redestrategien Frauen und Männer haben. Das Ergebnis der bisherigen Untersuchungen ist, daß Frauen in Gesprächen **aller** Art, ob es sich nun um Familiengespräche am Frühstückstisch oder um große Fernsehdiskussionen handelt, von Männern unterdrückt werden. Männer unterbrechen Frauen viel häufiger als umgekehrt, und sie reden viel länger als Frauen.

Gelingt es Frauen doch einmal, zu Wort zu kommen,
so verweigern Männer ihnen diejenigen Bekundungen
aufmerksamen Zuhörens, ohne die ein Gespräch zum
Monolog wird und stirbt.   .

Die erste umfassende Darstellung dieses Gebiets der
Feministischen Linguistik in deutscher Sprache veröffentlichte meine Freundin und Kollegin Senta
Trömel-Plötz 1982 unter dem Titel: Frauensprache -
Sprache der Veränderung. Sehr empfehlen möchte ich
auch Fritjof Werners Dissertation (1983): Gesprächsverhalten von Frauen und Männern - eine differenzierte Analyse der komplizierten Mechanismen in Gesprächen, deren wir uns zumeist kaum oder nur ganz vage
bewußt werden. Im Febr. 84 erscheint, hrg. von Senta
Trömel-Plötz, die Aufsatzsammlung: Gewalt durch Sprache: Die Vergewaltigung von Frauen in Gesprächen.
(Fischer TB)

(2) in: Language in Society 2, 1973, 45 - 80

Literatur

Daly, M. 1978. Gyn/ecology. The Metaetics of Radical
        Feminism. Boston: Beacon Press.

Senta TRÖMEL-PLÖTZ

FRAUENGESPRÄCHSKULTUR - RISSE IM PATRIARCHALEN DISKURS

Angriffe auf die patriarchale Sprache werden heute schon
von vielen Frauen gemacht, vor kurzem in der Schweiz
von der Politikerin Ursula Koch, die ihr Amtsgelübde
anstatt auf das **Vaterland** auf das **Mutterland** leisten
wollte und dabei auch den Begriff **Bürger** durch **und Bür-
gerinnen** ergänzte, aber auch ohne daß sie je die Presse
erreichen, werden zahlreiche Briefe von vielen Frauen
an Ämter, Zeitungen, Organisationen,Institutionen, Firmen
gerichtet, die immer wieder monieren, daß ein sprachliches Produkt patriarchal, diskriminierend, sexistisch
ist. In Deutschland erreichte die Grüne Landtagsabgeord-
nete Marita Haibach-Walter, daß die Ausweise für Land-
tagsabgeordnete nun in zwei Varianten vorliegen und
Frauen nicht mehr als 'Abgeordneter' bezeichnet werden;
Eva Rühmkorf in Hamburg erreichte, daß auf den Ausweisen
für Senator/inn/en und Staatsrät/inn/en **Inhaber des Aus-
weises** geändert wurde zu **Dienstausweis für.** Sowohl die
öffentlichen wie die privat bleibenden Aktionen sind
wichtig und sie sind nicht trivial, weil sie am Beispiel
des sprachlichen Systems aufweisen, daß unser Gesellschaftssystem, unsere Kultur, unser Denken, unsere Bilder, unsere geistigen Produkte patriarchal sind. Diese
Angriffe machen Risse in unsere Sprache, unsere Sprache,
die Männer mehr bedenkt als Frauen, die für Männer und
ihre Zwecke geschaffen ist und ihren Absichten dient,
mit der sie über uns Kontrolle ausüben, indem sie uns
in ihr definieren.

Obwohl sie für viele vielleicht schon bekannt sind, möchte ich noch ein paar Beispiele dafür geben, wie stark
unsere Sprache und unser Denken männlich sind,dafür,
daß die Semantik des Deutschen eine maskuline ist, auch
bei den sogenannten "neutralen" Ausdrücken. Klar sind
solche Texte wie die Schweizer Verfassung von 1971, wo
es heißt:
    Stimm- und wahlberechtigt ist jeder Schweizer, der...
Frauen waren hier ausgeschlossen und versuchten, auf
dem Weg der Interpretation der Verfassung das Frauen-
stimmrecht einzuführen. Das ist nicht gelungen. Die Interpretation:
            Schweizer bedeutet Männer
war klar, eindeutig, nichtambig. Es mußte eine Verfas-
sungsabstimmung und Gesetzesänderung durchgeführt werden,
und seit 1971 werden Frauen explizit genannt:
    Stimm- und wahlberechtigt sind alle Schweizer und
    Schweizerinnen...
Wir finden immer wieder Kontexte, d.h. linguistische

Beweise, die die Interpretation

Stuttgarter	=	Stuttgarter Männer
Hamburger	=	Hamburger Männer
Deutsche	=	deutsche Männer
Menschen	=	Männer
Erwachsene	=	Männer
Leute	=	Männer
wir	=	wir Männer
du	=	du, Mann

belegen, bestätigen, beweisen:
Du sollst nicht begehren deines Nächsten Weib.
"Wenn wir nicht mehr über die Erde sprechen wollen...
hier gehen die Menschen sorglos in Lumpen, unsere Frauen
altern früh".
Trinkspruch: Ohne Wein und Weiber hol der Teufel unsere
Leiber.
Immer mehr Leute treten aus der Kirche aus und lassen
ihre Frauen und Kinder drin.
Erwachsene 5,-- DM, Frauen und Kinder frei.
Stuttgarter feiern ihren Fasching ausgiebig und genüß-
lich, am Ende wird der Trick verraten, mit dem sie das
bewerkstelligen: sie lassen ihre Frauen zu Hause.
Die Deutschen und ihre Frauen sind ein friedliebendes
Volk.
    ist ein grammatikalisch korrekt gebildeter Satz.
Die Deutschen und ihre Männer sind ein friedliebendes
Volk.
    ist ein semantisch abweichender Satz.
Überall: Frauen werden nicht mitbedacht, nicht mitge-
dacht. Korrekturen, Reparaturen werden heute immer zahl-
reicher vorgenommen, von Frauen und von starken Männern:
So sagte vor einiger Zeit Helmut Schmidt:"Die Hamburger
Wähler haben ihren Mann und ihre Frau gestanden." Dies
ist nicht nur eine sehr elegante feministische Formu-
lierung, weil sie mit dem feststehenden Ausdruck **seinen
Mann stehen** bricht und ein neues Idiom kreiert, sondern
sie zeigt, daß jedenfalls für Schmidt die Bezeichnung
Hamburger Wähler Frauen nicht automatisch einschließt.
Mit: "Sie haben ihren Mann und ihre Frau gestanden" wird
deutlich gemacht: Ich verstehe hier natürlich unter Hamburger Wählern sowohl Frauen wie Männer.
Brandt sagte vor einiger Zeit: "Die Hamburger waren Manns
genug, oder was die Frauen betrifft, Frau genug..." Auch
hier trifft Ähnliches zu. **Die Hamburger waren Manns genug**
ist eine Formulierung, die Frauen so stark ausschließt,
daß sie uns nicht mehr zuzumuten ist. Sie muß korrigiert
und repariert werden, auch hier auf elegante Art und
auf sprachlich eklatante Weise, indem ein Idiom erweitert
wird. Das Deutsche scheint sich unversehens zu ändern
- es wird plötzlich wahrgenommen als männlich orientierte
Sprache, in der Frauen nicht vorkommen und dieser Zustand
wird geändert, zuerst von den Frauen, dann von den starken Männern, und wir können hoffen, daß die Mehrheit
der Männer folgen wird.

Was aber noch weniger in die Öffentlichkeit gedrungen
ist, was noch weniger wahrgenommen und noch kaum moniert
wird, ist der patriarchale Redestil, der uns umgibt,
der uns in den Medien geboten wird, sind die männlich
dominierten gemischtgeschlechtlichen Gespräche. Es ist
die Tatsache, daß, wenn und wo es wichtig ist, hauptsächlich Männer reden und Frauen fast abwesend sind. Wo guter
Wille gezeigt werden soll und wo es tragbar ist, weil
das Thema nicht so wichtig ist, können wir häufig schon
eine Frau sehen. Ob wir sie hören können, ist dann noch
offen. Meistens können wir das nicht.
Proportionale Teilnahme von Frauen und Männern auf einer
Parteiliste oder bei einer Fernsehdiskussion oder in
einem Universitätsgremium oder bei einer Podiumsdiskus-
sion geht noch nicht. Selbst die Forderungen nach pro-
portionaler Teilnahme klingen für nichtfeministische
Ohren absurd und irrational. Sie werden zurückgewiesen;
der tiefe Grund ist, daß eine Konferenz, eine Partei,
eine TV-Diskussion oder Radiosendung, eine Berufsgenos-
senschaft durch die stärkere Vertretung von Frauen abgewertet wird - das Prestige sinkt, je mehr Frauen teilnehmen.
Diese von Männern dominierte Redekultur, vor allem was
das Reden in der Öffentlichkeit angeht, ist noch festge-
fügt, wird noch kaum angegriffen und wenn, dann wird
sie noch fest verteidigt, sie hat noch keine Risse.
Ich hoffe aber, dabei mitzuhelfen, diesem patriarchalen
Diskurs einige Risse zuzufügen - ein solcher Riß ist
das Buch "Gewalt durch Sprache: die Vergewaltigung von
Frauen in Gesprächen", dessen Herausgeberin ich bin.
Anhand von verschiedenen Diskurstypen, wie z.B.: Unter-
richtsgespräch, Arzt-Patientin-Gespräch, Fernsehdiskussion, Konfliktgespräch, Gruppengespräch, Paargespräch
wird dort von amerikanischen und deutschen Wissenschaftlerinnen aufgezeigt, daß Frauen konversationell anders,
d.h. schlechter behandelt werden als Männer, daß sie
mehr Arbeit im Gespräch leisten und weniger Erfolg haben
als Männer, daß sie als Sprecherinnen weniger Kredit
bekommen und schlechter bewertet werden als Männer, daß
sie darum kämpfen müssen, zu Wort zu kommen und darum,
ein Thema durchzusetzen, usw., usf. Es ergibt sich eine
totale Asymmetrie von konversationellen Rechten und
Pflichten für Frauen und Männer in Gesprächen. Diese
Asymmetrie zeigt sich auch in dem unterschiedlichen Gebrauch von Sprechhandlungen bei Frauen und Männern.
(Def.: S. sind Äußerungen: indem wir sie machen, führen
wir die jeweiligen Handlungen aus: grüßen, loben, Eid,
Gerichtsurteile, Zustimmung, Versprechen, Frage, Befehl).
Männer benützen mehr dominante Sprechhandlungen, sie
erklären, geben zu bedenken, kritisieren, bezweifeln,
stellen in Frage, korrigieren, mißbilligen, rügen, wenden
ein, machen Vorwürfe: Frauen dagegen bitten und entschul-
digen sich mehr, stellen Fragen und stellen sich in Frage, verteidigen sich, weisen Vorwürfe zurück, rechtfer-
tigen sich, etc. Mit diesen Sprechhandlungen zeigen

Männer nicht nur ihre Dominanz, sondern produzieren sie.
Indem sie so sprechen, stellen sie ihre Dominanz über
uns her, mit diesen Äußerungen dominieren sie uns tatsächlich. Wir Frauen dagegen erlauben uns kaum einen
Sprechakt lang, Männer zu dominieren. Selbst auf eine
verbale Aggression hin reagieren wir oft mit Rückzug,
eine gleichwertige oder gar bessere, witzigere, überle-
gene Äußerung fällt uns oft gar nicht erst ein. Aggres-
sive Sprechhandlungen sind eine Art Vergewaltigung: Diese
psychische Vergewaltigung gelingt, weil auf potentielle
physische Gewalt zurückgegriffen werden kann.

Bei diesem Gesprächsklima ist es verständlich, daß Frauen
sich heute zurückziehen in Frauengespräche, um der konversationellen Asymmetrie, dem Beherrschtwerden, Belehrt-
werden, Bestimmtwerden, Definiertwerden durch Männer
zu entgehen. Um eine andere Gesprächsatmosphäre zu erleben.
Der Rückzug bedeutet an sich schon einen Riß im patriarchalen Diskurs: Frauen leisten nicht mehr die verbale
Ehrerbietung, verweigern den konversationellen Respekt,
entziehen dem gemischtgeschlechtlichen Dialog ihre
Energien und Kräfte und verlegen diese Arbeit an eine
andere Stelle, geben anderen Frauen ihre Unterstützung.
Aber noch viel mehr bedeutet das, was in den Frauengesprächen selbst produziert wird, einen Riß in den patriarchalen Diskurs. Und darüber möchte ich hier sprechen.
Frauengespräche sind in der Linguistik wenig erforscht.
Auch hier am Forschungsinteresse und an den Forschungsfragen zeigt sich, daß Frauen für unwichtig gehalten
werden. Wir wissen kaum etwas über die Art und Weise
wie Frauen miteinander sprechen. Es ist interessant,
daß sogar zu Anfang der Untersuchungen von Gesprächen
im Hinblick auf das unterschiedliche Geschlecht der Teilnehmenden (Zimmerman und West 1975), Untersuchungen,
die hauptsächlich von feministisch orientierten Wissenschaftlerinnen gemacht wurden, gemischtgeschlechtliche
Gespräche untersucht (und eingeschlechtliche Gespräche
höchstens als Vergleich benutzt) wurden. In der Forschung
über Kleingruppen wurden hauptsächlich männliche Ver-
suchspersonen untersucht. Labov, ein bekannter Sozio-
linguist, untersuchte die Sprache der Jugendlichen anhand
von New Yorker Gangs, die natürlich aus männlichen Jugendlichen bestanden. In der gängigen Linguistik werden
immer noch hauptsächlich Männer von Männern untersucht
und die in diesem Zusammenhang entworfenen Modelle sind
daher inadäquat und müssen revidiert werden. Sobald
Frauen einbezogen werden, sind neue Modelle nötig (siehe
Edelsky 1984 und Jenkins 1984). So zeigt Jenkins, daß
das gängige Modell des Erzählers als Protagonisten, der
sich selbstvergrößernd in seinen Erzählungen darstellt,
für Frauen nicht stimmt. Auch Edelsky zeigt, daß das
übliche Modell des Sprecherwechsels für bestimmte gemischtgeschlechtliche Gesprächssituationen nicht zu-
trifft.

Erst durch den Feminismus kam auch das Forschungsinteresse Frauengespräche auf und durchbrach die stereotypen
Bilder in unseren Köpfen von den gackernden Hühnern,
den klatschenden Weibern, den Kaffeetanten etc. (1).
Könnte es sein, daß diese stereotypen Festschreibungen
sprachlich verfestigt in vielen Idiomen und Witzen, auch
noch Forscherinnen und Forscher abhielten, Fragen zu
stellen über weibliches Reden, sie daran hinderten, es
als Forschungsgegenstand zu definieren, der ergiebig
sein könnte?
Jedenfalls mußten erst Frauen als Forscherinnen kommen,
z.B. als Anthropologinnen und darauf aufmerksam machen, daß, wenn Männer auf dem Dorfplatz zusammenkommen
und reden, dies Informationsaustausch und Politik ist,
und wenn Frauen in den Hinterhöfen miteinander reden,
es Klatsch ist. Dabei reden beide Gruppen über wichtige
Dinge, wichtig für ihre Familien und für das Dorf.
In der Zwischenzeit gibt es erste linguistische Untersuchungen über die verbale Kompetenz von Frauen und es
schälen sich bestimmte Eigenschaften heraus, die Frauengespräche von gemischtgeschlechtlichen und von Männerge-
sprächen unterscheiden: gegenseitige Unterstützung, Kooperation, aktives Zuhören, Aufbauen auf den vorhergehen-
den Äußerungen durch Verbindungen, flexible Führung anstatt Hierarchie, etc..
Diese Eigenschaften als positiv zu bewerten innerhalb
einer Gesprächskultur, die kompetitiv ist, die auf ver-
bales Duell, Kampf und Sieg aus ist, darin besteht die
Leistung feministischer Wissenschaftlerinnen. (Andere
Beispiele für Redefinition: linguistische Unsicherheit
als linguistische Flexibilität, Instabilität der Intonation als dynamische Intonation).
Darin würde auch unsere Leistung bestehen, wenn wir jetzt
so ein Frauengespräch analysieren. Und diese Umbewertung
ist ein gewaltiger Kulturriß, er bricht die patriarchale
Gesprächswelt auf.

Ich berichte jetzt über ein Frauengespräch am Schweizer
Fernsehen - mit **einem** Mann. Als ich es vor meinem Seminar
zeigte,war der erste Eindruck von Studentinnen: langweilig - es tut sich nichts. Wir haben anscheinend die Erwartung, es müsse sich etwas tun am Fernsehen - die Leute
müßten gegeneinander antreten, müßten sich messen, müßten
sich bekämpfen, müßten sich gegenseitig fertigmachen.
Aber wahrscheinlich steckt sogar hinter dieser Bewertung
die Annahme, daß es eben langweilig ist, wenn Frauen
miteinander reden, daß es gar nicht spannend sein kann.
Die Umbewertung ist also gar nicht so einfach. Im privaten Bereich haben Männer schon manchmal eine Ahnung,
daß Frauengespräche interessanter sind und sie bevorzu-
gen, wie Aries (1984) zeigt, Frauengruppen vor Männer-
gruppen. Die öffentliche Bewertung läßt diese männlichen
Erfahrungen aber noch nicht zu.
Wie kam ich dazu, dieses Gespräch zu analysieren? Ich
habe es am Fernsehen gesehen und notierte, wie ich es
häufig mache, die Anzahl der Redebeiträge und Unter-

brechungen. Hinterher zählte ich die Redebeiträge für
jede der drei Frauen (ohne Moderatorin) und den Mann
aus und war überrascht, daß sich nicht wie bei den anderen Fernsehdiskussionen, die ich analysiert hatte, eine
Hierarchie ergab, in der der gesellschaftliche Status
der Teilnehmenden wiedergespiegelt wurde. Hier hatten
alle Teilnehmenden etwa die gleiche Anzahl der Redebeiträge, vor allem hatte der Mann nicht, wie ich es erwartet hatte, die meisten. Zu meinem größten Erstaunen
hatte ich auch kaum Unterbrechungen bemerkt (das stand
in krassem Gegensatz zu den üblichen Diskussionen) und
nur eine andere Infraktion des Rederechts, die allerdings
von dem männlichen Teilnehmer kam. Er hatte einmal die
Wortvergabe der Moderatorin an eine der Frauen ignoriert
und weitergeredet. Auch die Redezeiten, also die Gesamt-
länge der Beiträge, schienen ziemlich gleich zu sein (aber
ich hatte sie nicht abgemessen). Mein erster Eindruck
war also, daß überraschenderweise der Mann nicht dominierte, daß auch sonst niemand dominierte und die Gesprächsatmosphäre ausgesprochen ruhig, friedlich und
angenehm war.
Hing das mit dem Thema feministische Theologie zusammen
oder mit den Frauen oder auch mit diesem Ausnahmemann?
Unsere ersten Fragen waren dann auch: wie wird diese
friedliche Atmosphäre hergestellt, wie wird die Gleichheit hergestellt, mit welchen Strategien stellen die
Frauen Verständigung, Einvernehmen untereinander und
mit dem Mann her?
Was wir aus bisherigen Analysen von Diskussionen unter
Männern kannten, war: Kampfatmosphäre, Hierarchiebildung
in der der gesellschaftlich Mächtigste auch am meisten
redete und in der zuerst alle anwesenden Männer und dann
die Frauen (auch statushohe) kamen, Austragen von Kontroversen und Verschärfung der Konflikte.
Zwei unterschiedliche Stile des Miteinander-Redens schienen sich hier zu zeigen: Diskussionen und Gespräche
-Fernsehdiskussionen unter Männern (mit der obligatori-
schen Frau) und - wir haben noch kein Wort dafür - Fernsehgespräche unter Frauen. Die Teilnehmenden an diesem
Gespräch waren

die Moderatorin, Vreni Meyer
eine Theologin, Dr. Marga Bührig
eine Psychologin, Angela Bausch
eine Historikerin, Dr. Ursa Krattiger
ein Theologe, Prof. Dr. Josef Bommer.

Von ihrem feministischen Engagement her konnte bei allen
Teilnehmenden der Anspruch von Gleichrangigkeit angenommen werden. Aber wie lösen nun diese fünf Leute die natürliche Hierarchie, die sich unter ihnen aufgrund von
Alter, Funktion, Wissen, Geschlecht, Titel, Erfahrung
mit dem Medium Fernsehen etc. ergibt, auf? Wie stellen
sie Gleichrangigkeit in diesem Gespräch her?
Die Antwort ist: indem die Mächtigeren von ihrer Macht
abgeben und die weniger Mächtigen sich Macht nehmen,
sich ermächtigen.

So gibt die Moderatorin gleich zu Anfang der Diskussion
(und modellhaft für die anderen) von ihrer Moderator-
innenmacht ab. Sie stellt eine Frage: "Sie haben vorher
ein paarmal gelacht bei der Verlesung der Texte. Heißt
das, daß Sie nur lachen müssen, oder macht Sie das nicht
auch wütend? Oder sagen Sie einfach, das ist historisch,
das ist vergangen, heute ist es besser?"
Und anstatt das Wort an die oder den Statushöchsten zu
richten, wie es üblicherweise geschieht, macht sie keine
Worterteilung, sondern wartet. Niemand nimmt sich das
Wort, vor allem nicht, wie es zu erwarten wäre, die oder
der Statushöchste, und es entsteht eine 8-Sekundenpause,
in der alle Zeit haben, über die Frage nachzudenken,
auch die Zuschauerinnen vor dem Bildschirm. Niemand reißt
vorschnell das Wort an sich, ob er etwas Wichtiges zu
sagen hat oder nicht, wie wir es häufig bei Männern erleben. Die Intention der Moderatorin, Zeit zum Nachdenken
zu geben, einen ruhigen nichtkompetitiven Ton einzuführen, genügt allein nicht. Sie muß von den anderen verstanden, akzeptiert und erwidert werden. Ein einziger
vorschneller Einsatz hätte die Pause nicht zustandekommen lassen. Es war also eine gemeinsame Konstruktion
der Pause, an der alle beteiligt waren. Sie zeigte Auf-
einander-sich-Einstimmen, gegenseitigen Respekt, Aufein-
ander-Eingehen, Rücksichtnahme und war eine Demonstration
dafür, daß niemand sich vordrängen würde, daß alle zu
ihrem Recht kämen.
Ebenso genügt Machtabgabe allein nicht, die Tatsache,
daß die Moderatorin mit ihrer Anfangsäußerung indirekt
kundtut: "Ich will hier nicht autoritär das Wort ver-
geben, sondern es euren Bedürfnissen überlassen, wann
ihr etwas sagen wollt", genügt nicht, wenn diese Machtabgabe nicht akzeptiert wird und die Teilnehmenden weiterhin darauf warten, aufgerufen zu werden, oder auch
sich ihrem Rang entsprechend das Wort selbst nehmen.
Damit die Machtabgabe gelingt, müssen sich die jüngeren,
statusniedrigeren Frauen ermächtigen und sich das Wort
nehmen. Das geschieht tatsächlich: Beide jungen Frauen
nehmen sich vor der älteren, statushohen Frau das Wort,
sprechen dann sogar ein zweites Mal und dann erst spricht
der Mann. Damit wird auch von Anfang an die Rangordnung:
alt vor jung, Mann vor Frau, hohe Funktion vor niedrige-
rer Funktion, aufgelöst. Die Moderatorin gibt auch im
weiteren Macht ab, indem sie wenig strukturiert und wenig
Kontrolle ausübt. Während des ganzen Gesprächs macht
sie nur vier Worterteilungen und - auch hierin zeigt
sich die Annahme der Gleichrangigkeit - diese Worterteilungen gehen genau eine an jede bzw. jeden der Teilnehmenden (sicher ohne das Wissen der Moderatorin). Durch
Worterteilung wird ja Kontrolle ausgeübt: es wird bestimmt, wer wann (häufig auch durch inhaltliche Vorgaben noch: was) sagen darf. Wenn durch die Moderatorin
Unterbrechungen gemacht werden, wird noch zusätzlich
bestimmt, wann jemand genug gesagt hat, zu welchen In-
halten sie sprechen bzw. nicht mehr sprechen dürfen.
Die Moderatorin hat Macht aufgrund ihrer Funktion. In

der ganzen Diskussion kommen nur drei Unterbrechungen
vor, keine von dem Mann, sondern zwei von der Moderatorin und eine von der statusniedrigsten Frau. (Zum Vergleich: in den beiden männlich orientierten Diskussionen
zählten wir neben vielen Unterbrechungsversuchen 17 bzw.
22 gelungene Unterbrechungen. Die Tabellen mit den Ergebnissen unserer Analyse dieser drei Diskussionen finden
sich in Trömel-Plötz (1982) und Trömel-Plötz (1984).
Bei einer der zwei Unterbrechungen der Moderatorin, wo
sie den Mann unterbrach, um einer Frau das Wort zu geben,
mißachtet der Mann die Worterteilung und redet weiter.
Auf diese Weise macht er die Unterbrechung und die Kontrolle durch die Moderatorin ungeschehen, fühlt sich also
durch eine Unterbrechung einer statushohen Frau nicht
bedroht. Dadurch, daß kaum Unterbrechungen vorkommen,
keine Unterbrechungsversuche und vor allem keine Stö-
rungen, während jemand spricht, ist den Teilnehmenden
gewährleistet, daß jede/r zu Wort kommt, es entsteht
Ruhe, Konzentration auf Inhalte wird möglich. Dies ist
normalerweise für Frauen nicht gegeben, sie können davon
ausgehen, daß sie das Wort nicht automatisch bekommen
und daß sie schnell unterbrochen werden, sie müssen also
ihre Energie darauf richten, sich das Wort zu erkämpfen
und es zu behalten.

Diese gute Atmosphäre wird nun noch durch emotionale
Verständigung gestärkt. Durch die Frage der Moderatorin
wird sogleich von Anfang an auf der emotionalen Ebene
Gemeinsames angesprochen: Macht Sie das auch wütend?
Und auch hier gehen die Frauen darauf ein, antworten
gefühlsmäßig, legen ihre Gefühle offen und stellen etwas
Gemeinsames her. Nur der Mann kann nicht folgen - er
ist überfordert durch die Initialfrage nach Gefühlen
und die verlangte "self-disclosure" und gibt ein abwä-
gendes, theoretisches, ambivalentes Statement ab. Was
die Frauen angeht, erlaubt die Tatsache, daß sogleich
Emotionen angesprochen wurden, mehr Offenheit, erlaubt
ihnen, von persönlichen, intimeren Erfahrungen zu sprechen.
Auch auf der inhaltlichen Ebene wird Gemeinsames hergestellt und das geschieht durch folgende Mechanismen:

1. Die Frauen schließen sich an ihre Vorrednerinnen an,
   vor allem schließt sich die statushöchste Frau explizit an die statusniedrigste an:
   Ja, da könnte ich eigentlich anschließen
   ... meine Hoffnungen gehen im Moment eher auf - Ihre -
   zweite Linie

   und zeigt damit Respekt und Anerkennung. (Dieser
   Respekt und das Schaffen von Gleichrangigkeit zeigt
   sich auch an der längsten Redezeit, die der statusniedrigsten Frau gewährt wird, auch hier sind alle
   anderen Sprecher/innen beteiligt). Sie modelliert
   damit auch für alle anderen, wie ernst sie die Meinung
   dieser Frau nimmt.

2. Die Frauen referieren auf andere, z.B.

> ... die Textauswahl... hat mit dem etwas zu tun, was
> Sie gesagt haben, Frau Krattiger, ...
> möchte ich aufnehmen, was d'Frau Krattiger vorher
> schon gesagt hat... es hat mich auch berührt, daß
> Sie vorhin von dem erzählt haben, von der Tradition...

Solche Bezugnahmen sind Bestätigung und führen zugleich
ein Thema weiter, beziehen fremde Aspekte ein, entwickeln
ein gemeinsames Thema. Das Gespräch fließt. Eine
Atmosphäre von Rundheit, Abgerundetheit entsteht. Interessant ist, daß Ursa Krattiger und der Mann die höchste
Zahl an Bezugnahmen empfingen, beide sieben. Krattiger
tätigte auch sieben Bezugnahmen (gab also ebenso viel
Bestätigung, wie sie empfing), während Bommer nur vier-
mal Bezug nehmen konnte.
Die beiden anderen Frauen bezogen sich mehr auf andere,
als diese sich auf sie bezogen, obwohl die Unterschiede
gering sind:

Bührig	6 aktive Bezugnahmen
	5 passive "
Bausch	6 aktive "
	4 passive "

Keine aber läßt sich wie der Mann durch Bezugnahmen ver-
wöhnen, ohne sie selbst in gleichem Maß zu geben.
Diese Asymmetrie im Geben und Nehmen zeigt sich am besten
bei den Minimalreaktionen; das sind solche Äußerungen,
wie **mhm, genau, ja,** die sowohl auf der emotionalen wie
auf der inhaltlichen Ebene Zustimmung und Einverständnis
zeigen. Sie unterstützen eine Sprecherin/einen Sprecher
in dem, was sie/er sagt, motivieren sie, in der gleichen
Richtung fortzufahren, sind Publikumsreaktion, die unge-
heuer wichtig ist für unsere Sicherheit und unser Selbst-
vertrauen. Diese Bestärkung ist nötig, um längere Beiträge machen zu können. Wenn diese Unterstützung weg-
fällt, hören wir alsbald auf zu reden.
Ilse Grundler hat 150 unterstützende Minimalreaktionen
während der Diskussion ausgezählt, davon kamen 3 von
dem Mann, d.h. er leistet sehr viel weniger Unterstützung
als die Frauen. Wir erwarten nichts anderes. Was aber
wirklich erstaunlich ist, ist die Tatsache, daß 75, d.h.
die Hälfte aller Minimalreaktionen, gegeben wurden, während der Mann redete. Nur je 20 wurden bei Bührig und
Krattiger, 30 bei Bausch, 5 bei der Moderatorin gegeben.

Natürlich können wir sagen, daß die Frauen auf diese
Weise unbewußt Unterschiede zu dem Mann reduzieren wollten, ihn mehr unterstützten, ebenso wie sie durch eine
höhere Zahl von unterstützenden Partikeln der statusniedrigsten Frau höheren Status gaben, aber es ist doch
auffallend, daß sie die Gleichrangigkeit, die sie in
bezug auf Rederecht und Redezeit hergestellt haben, in
bezug auf die Unterstützung nicht durchhalten konnten:
Sie gaben dem statushohen Mann mehr als doppelt so viel

Unterstützung wie jeder Frau. Auffallend ist auch, daß
der Mann keine Unterstützung geben konnte - er nahm sehr
viel mehr als er gab. Die gewohnte Arbeitsteilung zwischen Frauen und Männern ist auch in Gesprächen schwer
zu überwinden. Sie geht sehr tief.
Ich möchte jetzt hier nicht auf weitere männliche Stil-
elemente eingehen, die der Mann auch in dieses Frauengespräch trägt, z.B. daß er unpersönlich, unemotional,
kaum von eigenen Erfahrungen redet, sondern "sachlich,
objektiv", distanziert, daß er relativiert, modifiziert,
korrigiert, zurechtrückt, zu bedenken gibt, sondern möchte nur darauf hinweisen, daß sich die Asymmetrie, die
sich in den unterstützenden Partikeln zeigte, auch in
bestimmten "positiven" Sprechakten fortsetzt: Er erhält
explizite Zustimmung, indirekte Komplimente, positive
Bewertung, aber gibt keine zurück. Es ist klar, daß dieser Mann, der sich öffentlich für feministische Theologie
engagiert, der am Fernsehen in einer Frauenrunde diskutiert, der ehrlich für Frauen und ihre Anliegen Interesse
zeigt und änderungswillig ist, auch schon viel an sich
geändert hat, bestimmte Kompetenzen, die den Frauen zu
eigen sind, einfach nicht hat: Er kann sich weder anschließen noch einschließen, er kann nicht persönlich
reden, er kann Frauen nicht unterstützen, sie ansprechen,
auf sie eingehen, sie positiv bewerten.
Eine Münster Psychologin, Marie Luise Erner, drückte
das Phänomen treffend so aus: "Frau hat sozusagen keinen
positiven Spiegel in solchen Männern". (Private Komm.)
Eine Kompetenz von Frauen ist, diese positive Spiegelung
zu geben. Trotzdem wird diese Kompetenz gering bewertet,
sogar von denen, die in ihren Genuß kommen. Überhaupt
ist diese Kompetenz noch kaum untersucht, nur in USA
gibt es Untersuchungen des Unterrichtsstils von Lehrerinnen, der sehr viel positiver bewertet wird als der
Stil von Lehrern. Aber obwohl die Lehrerinnen als lie-
benswerter, weniger autoritär, etc. beurteilt werden,
werden sie auch weniger kompetent eingeschätzt.
Was die Medienfrauen betrifft, gibt es ein interessantes
Diktum über ihre größere Kompetenz, das ich Annette
Roeters, Groningen, verdanke: Frauen seien ein Fluch
für die Interviewten und ein Segen für die Rundfunkge-
sellschaft. Aber trotz größerer Kompetenz von Frauen,
ist die Bewertung von Frauen und Männern sehr ungleich.
So sagte die berühmte amerikanische Fernsehjournalistin
Barbara Walters in einem Interview: "Wenn ein Mann das
Interview so macht wie ich, wäre das o.k.. Aber als Frau
bin ich spröde, hart, humorlos. Wir Frauen haben es erst
geschafft, wenn wir am Fernsehen so mittelmäßig sein
können wie Männer."
In anderen Berufen, die konversationelle Fähigkeiten
verlangen, ist die Kompetenz von Frauen überhaupt noch
nicht untersucht, z.B. bei Richterinnen, Psychoanalyti-
kerinnen, Rechtsanwältinnen, Politikerinnen, Ärztinnen,
Berufsberaterinnen, etc..
Eine Auflösung der festen Strukturen mit den entsprechenden festen Bewertungen gibt es bis jetzt nur, wo

Sensibilisierung der Männer über ihr Gesprächsverhalten
eingesetzt hat oder in feministischen Gesprächen. Mehr
Frauengespräche am Fernsehen, mehr Fernsehgespräche unter
Frauen waren nötig. Auch eine Änderung der Definitionen
davon, wie Männer uns hören. Diese ist vor allem auf
seiten der Männer nötig, denn sie bestimmen heute, wer
reden kann und wer reden darf. Dagegen richten wir Frauen
unseren Widerstand.
Die linguistischen Eigenschaften von Frauengesprächen
werden nur da negativ bewertet, wo ein Machtkontext besteht, in dem die männlichen Eigenschaften und Muster,
z.B. keine Gefühle zu zeigen, keine Unsicherheit zu zeigen, mit Macht und Stärke, Dominanz und Kontrolle asso-
ziiert werden. Nur dort sind die Kompetenzen von Frauen
Schwächen im Gespräch. An sich sind diese Eigenschaften
Stärken; Kompetenzen, die wir uns alle aneignen sollten
und die uns auch allen zugute kommen könnten. Unsere
Gespräche würden dadurch um vieles befriedigender und
humaner.

Dieses Gespräch ist als Beispiel eines weiblichen Stils
ein Riß im patriarchalen Diskurs. Andere Änderungen,
je nach unserem Ort in der Gesellschaft, wären, den
gängigen Stil nicht mehr positiv zu bewerten, ihn nicht
mehr zu imitieren, den weiblichen Stil zu lernen und
zu unterstützen, z.B. mehr auf Frauen und ihre Beiträge
zu hören, sich auf sie zu beziehen, sie zu bestärken.
Die Umbewertung zu praktizieren.
Eigentlich waren es nicht die Linguistinnen oder Soziologinnen, sondern die Dichterinnen und die radikalen
Feministinnen, wie Adrienne Rich, Mary Daly, Dale Spender, die den Anfang machten mit dem Durchbrechen der
patriarchalen Sprache, der patriarchalen Bewertungen,
dem patriarchalen Gesprächsstil, die die Risse machten.
Adrienne Rich mit ihrer neuen Sprache, die nah an den
Erfahrungen von Fruen und ihren intimen Gesprächen ist,
Mary Daly mit ihren neuen Namen, neuen Bezeichnungen,
neuen Bedeutungen, neuen Assoziationen zu alten Wörtern,
Dale Spender, die uns als erste darauf hinwies, daß sich
unsere Bewertung mehr nach dem Geschlecht der Sprech-
enden richtet und weniger nach der jeweiligen Äußerung.
Es liegt an uns, diese Risse im patriarchalen Diskurs
zu verbreitern.

Anmerkung

(1) Die ersten Untersuchungen stammen interessanterweise
aus Berlin, wo Karin Nagel, Freya Liman und Fritjof
Werner schon seit einigen Jahren Gespräche unter
Frauen und geschriebene Kommunikation unter Frauen
untersuchen. - Sehr interessant und vielleicht weniger bekannt unter diesen Arbeiten ist die Arbeit
über Graffiti auf Frauentoiletten von Freya Liman:
"Das Clo als Ort gleichgeschlechtlicher Kommunikation." (Unver. Ms.)

Literatur

ARIES, Elisabeth (1984): "Zwischenmenschliches Verhalten
    in eingeschlechtlichen und gemischtgeschlechtlichen
    Gruppen." In: Trömel-Plötz (1984)
EDELSKY, Carole (1984): "Zwei unterschiedliche Weisen,
    das Wort zu haben." In: Trömel-Plötz (1984)
JENKINS, Lee (1984): "Die Geschichte liegt im Erzählen:
    Ein kooperativer Konversationsstil unter Frauen."
    In: Trömel-Plötz (1984)
TRÖMEL-PLÖTZ, Senta (1982): Frauensprache: Sprache der
    Veränderung, Frankfurt
dies.: (Hrsg. 1984): Gewalt durch Sprache: Die Vergewal-
    tigung von Frauen in Gesprächen, Frankfurt
ZIMMERMAN, Don/WEST, Candace (1975): "Sex Roles, Inter-
    ruptions and Silences in Conversation." In: Thorne/
    Heylen (Hrsg.): Language and Sex: Difference and
    Dominance. Rowley, Mass.: Newbury House Publishers

Maria MIES

DIE DEBATTE UM DIE
"METHODISCHEN POSTULATE ZUR FRAUENFORSCHUNG"[+]

1. EINLEITUNG

Im Februar 1977 fand in Frankfurt der erste Kongress
feministischer Sozialwissenschaftlerinnen statt, die
ein Jahr später den Verein "Sozialwissenschaftliche Forschung und Praxis für Frauen" gründeten.
Ich hatte mich bereit erklärt, auf diesem Treffen einen
Vortrag zur Methodenproblematik feministischer Forschung
zu halten. Da ich, wie viele von uns, in verschiedenen
Aktivitäten der Frauenbewegung engagiert war, hatte ich
keine Zeit, ein fundiertes Referat vorzubereiten. Ich
entwarf ein Thesenpapier, das ich "Methodische Postulate
zur Frauenforschung" nannte. Dieses Papier trug ich in
Frankfurt vor, und es wurde lebhaft darüber diskutiert.
Als mich die Frauen der Universität Nijmegen im Oktober
1977 baten, im Rahmen ihres Kongresses "Heksenkollege"
einen Vortrag zu diesem Thema zu halten, arbeitete ich
meine früheren Thesen zu einem ordentlichen Paper aus
und trug sie dort vor. Dieser Vortrag wurde samt der
sich daran anschließenden Diskussion in einem Büchlein:
"Heksenkollege, verslagboek over vrouwen, wetenschap
en kultuur?" im Februar 1978 in Nijmegen veröffentlicht.
Im Herbst desselben Jahres erschien der Aufsatz in der
ersten Nummer der Zeitschrift: "Beiträge zur feministischen Theorie und Praxis", die von dem inzwischen ge-
gründeten Verein: "Sozialwissenschaftliche Forschung
und Praxis für Frauen e.V." herausgegeben wurde. Im
November 1979 erschien eine überarbeitete englische Fassung dieses Aufsatzes unter dem Titel: "Towards a Methodology of Women's Studies" als Occasional Paper des Institute of Social Studies, Den Haag, wo ich von April
1979 bis September 1981 arbeitete. (1)

Bald nach Erscheinen dieses Aufsatzes entstand eine lebhafte und bis heute andauernde Debatte über die "Methodischen Postulate zur Frauenforschung", vor allem in
Holland und Deutschland. Den Grund für dieses große Interesse sehe ich vor allem darin, daß in diesem Papier
der Versuch gemacht wurde, zu bestimmen, was feministische Forschung im Gegensatz zur herrschenden Wissenschaft

---

[+] Der folgende Beitrag war die Grundlage meines Vor-
     trages während des Symposiums über "Methoden der
     Frauenforschung" am 2.12.1983 an der FU Berlin. Eine
     veränderte und um einen weiteren Erfahrungsbericht
     erweiterte Fassung ist erschienen in: Beiträge zur
     feministischen Theorie und Praxis Nr. 11: Frauenfor-
     schung oder feministische Forschung.

sein könnte. Das geschah zu einer Zeit, als wir an Hochschulen und Universitäten nach einer langen Phase von
Frauenkämpfen und Aktionen außerhalb der Hochschulen
(Frauenzentren, Kampagnen gegen das Abtreibungsverbot,
Aktivitäten gegen Gewalt gegen Frauen usw.) begannen,
uns mehr auf die theoretischen Probleme zu besinnen,
die mit der Frauenemanzipation zusammenhängen. Viele
Studentinnen hatten dafür gekämpft, daß an ihren Universitäten Frauenseminare, meist unter eigener Regie und
unbezahlt, durchgeführt wurden. Viele wollten in ihren
Diplom- oder Doktorarbeiten Frauenthemen bearbeiten.
Dabei stießen sie auf den offenen Widerstand der meisten
männlichen und auch einiger weiblicher Professoren, für
die dies keine Themen waren oder die an diese Themen
theoretisch oder methodisch so herangingen, daß die
Frauenproblematik wieder aus der Wissenschaft herausfiel.
Es ist daher kein Wunder, daß die "Methodischen Postulate
zur Frauenforschung" auf der Suche nach Alternativen
zur etablierten, männerbeherrschten Wissenschaft eine
wichtige Rolle spielten. Sie wurden so etwas wie der
Stein des Anstoßes, an dem sich die Geister schieden,
nicht nur die Geister männlicher und weiblicher Wissenschaftler, sondern auch wissenschaftstheoretische und
politische Positionen. Die einen begrüßten den Aufsatz
begeistert als Grundlage einer neuen engagierten feministischen Forschung, andere verurteilten ihn ebenso
leidenschaftlich als Manifest feministischer Propaganda.
In der Auseinandersetzung mit den "Postulaten" artiku-
lierten sich verschiedene Standpunkte innerhalb der
Frauenbewegung. Dabei kam es naturgemäß auch zu Verzerrungen, Unterstellungen, Mißverständnissen, die weniger durch den Aufsatz als solchen zu erklären sind, als
daß sie Ausdruck des jeweiligen Vorverständnisses der
Diskutantinnen sind. Das heißt, die Diskussion fand nicht
in dem neutralen Raum eines abgehobenen wissenschaftlichen Diskurses statt, sondern auf dem Hintergrund des
jeweiligen Engagements in der Frauenbewegung, bestimmter
Auffassungen über Wissenschaft und Politik und auch bestimmter nationaler Traditionen und Denkgewohnheiten.

Ich konnte an dieser Debatte, vor allem an der holländischen, nicht sehr aktiv teilnehmen, weil ich zu sehr
damit beschäftigt war, die in den "Postulaten" aufgeführ-
ten methodischen Prinzipien in meiner Lehr- und Forschungspraxis anzuwenden, auszuprobieren und zu erweitern. Das geschah vor allem im Rahmen einer Forschung
über Frauen in der ländlichen Subsistenzproduktion in
Indien(2) und beim Aufbau des neuen Programms für Frauenstudien am Institute of Social Studies, Den Haag (3).
Bei all diesen Aktivitäten blieb die Frage einer adäquaten Methodologie ein "ongoing concern". Wenn ich heute
versuche, auf die Kritik zu antworten, die an den "Methodischen Postulaten zur Frauenforschung" geübt wurde,
so geschieht das auf dem Hintergrund meiner eigenen bisherigen Erfahrung mit diesem Ansatz, aber auch auf dem
einer erweiterten und vertieften Methodenreflexion, die

ich zusammen mit meinen Studentinnen aus der Dritten
Welt auf der Grundlage ihrer "Feldarbeit in Holland"
führte.
Bei dieser Erwiderung handelte es sich also **nicht**, das
möchte ich betonen, um die Fortsetzung eines bloß wissenschaftlichen "Diskurses auf der Basis von theoretischen
Argumenten" oder um den "permanenten Selbstreflexions-
prozeß" von Wissenschaftlerinnen zum Zweck der Wissens-
erweiterung, sondern um ein weiteres Zwischenresumée
von Erfahrung (Praxis), Reflexion und Studium im Bereich
von Frauenforschung und Frauenstudien. Von dieser Grundlage aus möchte ich zu den diversen Kritikpunkten Stellung nehmen.

Ehe ich jedoch zu einzelnen Beiträgen zu der Methoden-
und Theoriediskussion komme, möchte ich eine allgemeine
Vorbemerkung machen: Das Gros der Reaktionen auf die
"Postulate", der positiven sowie der negativen, blieb
auf der Ebene "theoretischer Argumente". Das heißt, die
"Methodischen Postulate zur Frauenforschung" wurden viel
diskutiert, viel zitiert, aber wenig ausprobiert. Die
Auseinandersetzung um einen neuen wissenschaftstheoretischen und methodischen Ansatz folgte den ausgetretenen
Pfaden des kontemplativen, akademischen Diskurses, der
seine Impulse aus Rede und Gegenrede, nicht aber aus
neuen Erkenntnissen auf der Basis neuer Erfahrungen bezieht. Diese Vorgehensweise entspricht zwar der verba-
listischen Tradition der Hochschulen, wo es darauf ankommt, den Gegner mit "besseren Argumenten" zu schlagen,
was häufig nichts anderes bedeutet, als den Streit um
Worte und Wortgewandtheit. Sie widerspricht aber der
Intention, mit der wir die Frage feministischer Forschung und Wissenschaft in die Hochschulen hineingetragen
haben. Sie ist klar in der Ausgangsthese der "Postulate"
formuliert: Die Notwendigkeit nach neuen Methoden, neuen
Begriffen, neuen Forschungsgegenständen zu suchen, ergibt
sich erst dann, wenn Frauen anfangen, gegen ihre Unterdrückung und Ausbeutung zu kämpfen und den Status quo
zu verändern. Wenn sie das **nicht** tun wollen - und es
gibt viele Frauen, die das nicht tun wollen -, wenn sie
die Frauenproblematik zu einer bloß akademischen Angelegenheit machen wollen, dann erübrigt sich auch das
Bemühen um einen neuen emanzipatorischen Theorie- und
Methodenansatz, dann können sie sich diese ganze Diskussion sparen. Denn der Methodenstreit, der dann entsteht, bleibt gefangen in den bekannten wissenschaftstheoretischen Positionen und wiederholt die alten Kontroversen, z.B. zwischen Marxismus und Positivismus in ihren
verschiedenen Varianten.

Bei den "Postulaten" geht es aber darum, ein anderes
Verhältnis zwischen Wissenschaft und sozialer Bewegung
herzustellen, in unserem Fall der Frauenbewegung. Dieses
Ziel ist die notwendige Konsequenz der **politischen** Zielsetzung dieser Bewegung, nämlich der Aufhebung, nicht
nur des Studiums von Frauenausbeutung und -unterdrückung.

Wir wissen inzwischen, daß dieses Ziel innerhalb des
bestehenden Paradigmas, des bestehenden Verhältnisses
zwischen Wissenschaft und sozialer Bewegung, nicht zu
erreichen sein wird, daß deshalb dieses Verhältnis selbst
revolutioniert werden muß. Eine solche Revolutionierung
läßt sich aber nicht allein im Rahmen des kontemplativen,
wissenschaftlichen Diskurses durchführen, auch dann
nicht, wenn dieser Diskurs sich als "marxistisch" oder
gar als "feministisch" bezeichnet. Zu dieser Revolutionierung gehört Praxis, politischer und theoretischer
Kampf.

Wir sind übrigens nicht die einzigen, die die Notwendigkeit einer solchen Revolutionierung erkannt haben. Die
Suche nach Alternativen zum herrschenden Wissenschaftsverständnis findet innerhalb einiger Disziplinen (z.B.
der Anthropologie, der Kommunikationsforschung), aber
auch im Zusammenhang der neuen sozialen Bewegungen: der
Ökologiebewegung, der Alternativbewegung, statt. Auch
von diesen Bewegungen her wird das herrschende Wissenschaftsverständnis einschließlich seines auf den Naturwissenschaften beruhenden Grundmodells z.T. in Frage
gestellt.

Daß es bei den "Methodischen Postulaten" um den Ansatz einer
solchen Revolutionierung geht, haben einige, die sich
positiv oder negativ auf diesen Aufsatz bezogen haben,
m.E. nicht verstanden. Obwohl dieser Ansatz ausdrücklich
als Einladung zum Ausprobieren und zur weiteren Diskussion
gedacht war, ist er von einer Reihe von Frauen als
"Modell" oder als Katalog methodischer Rezepte mißverstanden worden. Manche, nach den Grundlagen feministischer Wissenschaft befragt, haben allzuschnell auf meinen
Aufsatz verwiesen. Anstatt selbst an der Weiterentwicklung dieses Ansatzes zu arbeiten, haben ihn viele in
bekannter akademischer Manier lediglich als Zitat benutzt, entweder um feministische Forschung zu legitimieren oder zu diffamieren. Damit tragen sie, bewußt
oder unbewußt, zu einer erneuten Verakademisierung dieser
ganzen Problematik bei, aus der die "Postulate" gerade
herausführen wollten. Einige haben auch mit diesem Ansatz
gearbeitet. Leider wurde aber bisher zu wenig von den
Erfahrungen dokumentiert, die mit diesem Ansatz gemacht
wurden.

2. KRITIK

Die Auseinandersetzung um die "Methodischen Postulate"
erfolgte in Holland und Deutschland auf verschiedenen
Tagungen, wo Grundfragen feministischer Wissenschaft
und Forschung diskutiert wurden. Sie wurde aber auch,
vor allem in Holland, in Zeitschriften und Zeitungen
ausgetragen. Im folgenden beziehe ich mich auf die Haupt-
punkte der Methodendebatte, wie sie mir aus verschiedenen
Diskussionen und schriftlichen Beiträgen bekannt sind.(4)

Die Vorbehalte gegen die "Methodischen Postulate" sind
teils moralisch-praktisch, teils wissenschaftstheoretisch
begründet. Die Kritik bezieht sich vor allem auf folgende
in den "Postulaten" angesprochenen Problembereiche:

1. Das Verhältnis zwischen Frauenforschung und Frauenbewegung (Wissenschaft und Politik)

2. Das Ziel von Wissenschaft (wissenschaftstheoretische
   Positionen)

3. Das Verhältnis Forscher-Erforschte

4. Forschungsmethoden

5. Das Verhältnis zwischen Handeln und Forschen (Aktionsforschung)

Ich werde zunächst die verschiedenen Standpunkte zu diesen Fragenkomplexen darstellen und dann zu den einzelnen Positionen Stellung nehmen. Dabei werde ich mich,
wie erwähnt, auch auf Erfahrungen stützen, die andere
und ich inzwischen mit diesem neuen Ansatz gemacht haben.
Ich werde mich auf die kritischen Vorbehalte beschränken.

2.1 Das Verhältnis Frauenforschung-Frauenbewegung, Wis-
    senschaft und Politik

Obwohl alle Kritikerinnen implizit oder explizit zugeben,
daß Frauenforschung ein Resultat der Frauenbewegung ist,
behandeln die meisten das Verhältnis zwischen beiden
in der oben angegebenen Reihenfolge, nämlich: Zuerst
kommt die Wissenschaft, dann kommt die Politik, zuerst
kommt die Frauenforschung, dann die Frauenbewegung. Dieser Widerspruch zur wirklichen historischen Entwicklung,
zur Chronologie der Ereignisse, scheint ihnen nicht bewußt zu sein. Sie behandeln diese Frage in der üblichen
a-historischen, universalistischen Weise, wie sie für
das herrschende positivistische Wissenschaftsverständnis
charakteristisch ist. So schreiben Bleich u.a. in dem
Artikel "Lof der Rede" (Lob der Vernunft): "Das Ziel
von Wissenschaft ist Erkenntnis: das Ziel von Politik
ist zu handeln um zu verändern oder zu bewahren. Um die
Welt zu verändern, müssen wir sie kennen" (1980). Sie
folgern dann weiter, daß man, um die Wirklichkeit zu
erkennen und zu ordnen, Kriterien brauche. Diese Kriterien liefert ihrer Meinung nach die wissenschaftliche
Theorie. Sie geben zwar zu, daß Wissenschaft nicht wert-
frei ist: Die Wahl der Gegenstände sei abhängig von der
Wahrnehmung des Forschers und seines politischen Stand-
punktes und der jeweiligen politischen Kultur. Dennoch
bleiben sie dabei, daß die Wissenschaft gegenüber der
Politik relativ autonom sei und bleiben müsse. Sie sind
gegen eine "Politisierung" von Wissenschaft, die, wie
sie meinen, von der jeweiligen politischen Meinung des
Wissenschaftlers abhängt und plädieren für die Bewahrung
"wissenschaftlicher Autonomie und Objektivierung".

Sie lehnen daher das Postulat ab, daß Frauenforschung
sich nicht mit uninvolvierter Zuschauerforschung begnügen
könne, sondern Teil emanzipatorischer Praxisprozesse
werden müsse (Postulat 3). Zur Begründung dieser Ablehnung zitieren sie den Satz aus den Postulaten: "Nach
diesem Ansatz besteht das Wahrheitskriterium einer Theorie nicht in der Befolgung bestimmter methodischer Verfahren und Prinzipien, sondern in ihrem Potential, die
konkreten Praxisprozesse in die Richtung fortschreitender
Emanzipation und Humanisierung voranzutreiben." (Mies:
1978:30)
Ohne weitere Umschweife rücken sie diesen Ansatz dann
in die Nähe des Stalinismus, indem sie auf den Streit
um die Vererbungslehre zwischen den klassischen Biologen
und dem russischen Agronom Lysenko hinweisen, der durch
Stalins Unterstützung "nicht mit Argumenten, sondern
mit Hilfe politischer Macht" zugunsten Lysenkos entschieden wurde. (5)
Ich frage mich, wo die von den Autorinnen so viel be-
schworene "Objektivität", "Rationalität" und "Logik"
geblieben ist, als sie dies schrieben. Wo ist es Stalin
darum gegangen, Emanzipation und Humanisierungsprozesse
zu fördern? Wo haben Frauen bisher denn überhaupt "Macht"
im Wissenschaftsbetrieb? Alle empirischen Untersuchungen
zu diesem Thema beweisen mit trauriger Monotonie, daß
Frauen innerhalb des Wissenschaftsbetriebes kaum repräsentiert sind und daß die wenigen, die dort sind, kaum
Macht haben. Auf diesem Realhintergrund vor der Gefahr
des "Machtmißbrauchs" durch die Handvoll feministischer
Wissenschaftlerinnen zu warnen, ist geradezu absurd.
Diese Absurdität beruht auf der Auffassung der Autorinnen von "Lof der Rede", daß Wissenschaft und wissenschaftliche Theorien politik- und machtfreie Räume sind.
Ihrer Meinung nach geht es in der Wissenschaft um "Erkenntnis", in der Politik um "Macht".
Sie stellen fest, daß zwar "Macht" notwendig sei, um
Frauenforschung in den Universitäten durchzusetzen. Wenn
sie aber einmal dort sei, wenn es um die Durchführung
von Forschung gehe, was sie gleichsetzen mit "Testen
von Hypothesen, das Entwickeln theoretischer Konzepte",
dann seien Argumente am Platz. An dieser Argumentation
wird deutlich, daß diese Autorinnen das Verhältnis zwischen Politik und Wissenschaft als mechanisch und additiv
auffassen. Politische Inhalte und Bewegungen bleiben
draußen vor der Tür **der** Wissenschaft, die als neutrales
Niemandsland und unhistorischer Bereich angesehen wird.
Den Autorinnen scheint nicht aufgegangen zu sein, daß
das Paradigma, woher sie offensichtlich ihre Argumente
beziehen, gerade **darum** politisch ist, weil es vorgibt,
wertneutral, objektiv zu sein. Darum sind sie auch nicht
in der Lage, einen Zusammenhang zwischen dieser herrschenden Wissenschaftsauffassung und der Funktionalisierung eben dieser Wissenschaft für die amerikanische
Kriegspolitik in Vietnam zu sehen. Sie loben zwar das
Engagement amerikanischer Wissenschaftler, die sich gegen
eine solche Funktionalisierung gewandt haben, sehen

aber nicht, daß deren Kritik sich auch gegen eine, sich
als wertneutral verstehende Wissenschaft gerichtet hat.
Weil "Erkennen der Wirklichkeit" für sie ein abstraktes,
universales Ziel ist, sind sie nicht in der Lage, die
politische Relevanz ihres eigenen, positivistischen
Standpunkts kritisch zu reflektieren.

Auch Heide Göttner-Abendroth, die sich explizit zum Kritischen Rationalismus und zur Kritischen Theorie bekennt,
geht in ihrer Kritik an meinem Aufsatz von einem ähnlichen Verständnis des Verhältnisses zwischen Politik und
Wissenschaft, Frauenbewegung und Frauenforschung aus.
Zwar benutzt sie einen differenzierteren Wissenschaftsbegriff als die Holländerinnen, doch bleibt auch bei
ihr letzten Endes die Politik **vor der Tür** der Wissenschaft oder des eigentlichen Forschungsprozesses. Im
Fall der Frauenbewegung geht sie ihrer Meinung nach
intuitiv aus der Betroffenheit der Forscherin (über den
Begriff der Betroffenheit später) in die Formulierung
des **erkenntnisleitenden Interesses** ein. Doch sie mischt
sich nicht in den Forschungsprozeß selbst. Später sollen
dann die Ergebnisse dieses Forschungsprozesses wieder
in den sozialen Zusammenhang vermittelt werden. Auch
bei Heide Göttner-Abendroth bleibt unklar, wie denn die
Vermittlung zwischen der - nur individuell verstandenen - intuitiven Ebene, der eigentlichen Forschungsebene
und der politischen Handlungsebene geschehen soll. Der
Grund dafür scheint mir zu sein, daß auch sie diese Ebenen rein statisch und additiv sieht, nicht als durch
dynamische materielle Verhältnisse vermittelt.
Im Gegensatz zu Bleich u.a. schließt H. Göttners Konzeption von Frauenforschung Ideologiekritik zwar ausdrücklich ein, doch auch sie ist nicht in der Lage, ihre eigene wissenschaftstheoretische Position, nämlich den
Popperschen Kritischen Rationalismus in diese Ideologiekritik einzubeziehen, die sie für die Frauenforschung
fordert. Den Grund dafür sehe ich in der Tatsache, daß
sie Forschung und soziale Bewegung nach wie vor trennt
und wissenschaftliches Handeln als "Prozeß kritischer
Selbstreflexion" versteht. Darum bleibt ihr Bezug zur
realen Frauenbewegung idealistisch abstrakt und indi-
vidualistisch. Ihr Mangel an Ideologiekritik gegenüber
ihrer eigenen wissenschaftstheoretischen Position mag
ein Grund dafür sein, daß ihre Kritik an den "Methodischen Postulaten" mit so vielen Unterstellungen arbeitet, auf so vielen unbelegten Annahmen beruht, die keinesfalls aus dem Aufsatz abzuleiten sind, sondern ihren
eigenen Projektionen zuzuschreiben sind. So behauptet
sie, ich sähe die Frauenbewegung als monolithischen Block
und übersähe, daß es stets einzelne Gruppen sind, die
für sich in Anspruch nehmen, die Frauenbewegung zu repräsentieren. "Aber solange eine Bewegung eine Bewegung
ist, gibt es keine offizielle Instanz, die Themen und
Ziele eindeutig formulieren könnte ..." (H. Göttner-
Abendroht 1983)

Mir ist nicht bekannt, daß die Frauenbewegung oder Gruppen der Frauenbewegung für sich in Anspruch nehmen, **die** Frauenbewegung zu repräsentieren. Meines Wissens nach tun das nicht einmal die Radikalfeministinnen. Vor allem ist mir nicht klar, wo sie in meinem Text gelesen haben will, daß ich für eine solche Zentralinstanz plädiere, die **der** Frauenbewegung Direktiven zu geben hätte. In ähnlich verzerrender Weise schließt sie aus der Tatsache, daß ich den neuen methodischen Ansatz am Beispiel der Aktion zur Errichtung eines Hauses für geschlagene Frauen erläutert habe, daß ich nur dieses "Modell" von Praxis innerhalb der Frauenbewegung anerkenne. Sie behauptet, daß aus meinem Praxisbegriff Aktionen zur Durchsetzung von Frauenstudien an den Universitäten herausfielen und meint, ich erkenne nur den Typ von Praxis an, der außerhalb von Institutionen stattfindet. Wo hat sie das gelesen?
Diese und ähnliche Unterstellungen geben jedoch ein völlig schiefes Bild meines gesamten Ansatzes. Sie behauptet, solche "dogmatischen" Festschreibungen (die in der Hauptsache ihr Werk sind) seien letzten Endes auf meine "unkritische Übernahme des Maoistischen Modells" zurückzuführen: "Denn im Marxismus und Maoismus gibt es in der Tat eine Gegenüberstellung Revolutionär/ Funktionär und Bauer..." (Göttner-Abendroth 1983).
Was sie hier anspricht, ist das Problem des Avantgardismus, wie er im Marxismus-Leninismus herausgebildet wurde. Mir ist nicht klar, woher Heide Göttner-Abendroth aus meinem Aufsatz herausliest, daß ich ein solches Verhältnis zwischen revolutionärer Elite und der zu führenden Masse gutheiße und sogar in die Frauenbewegung einbringen möchte. In dem Hinweis auf Mao Tse Tungs Aufsatz über Theorie und Praxis ist jedenfalls davon nicht die Rede.
Ich kann mir diese schiefen Interpretationen nur so erklären, daß bei Heide Göttner-Abendroth, wie auch bei den Autorinnen von "Lof der Rede", in dem Moment, wo sie einen Hinweis auf Mao lesen, eine bestimmte Klappe runtergeht, und sie alles weitere dann im Lichte **ihres** Verständnisses von Marxismus und Maoismus sehen. Die Holländerinnen rücken meinen Ansatz kurzerhand in die Ecke des Stalinismus, und Heide Göttner-Abendroth versucht, mich auf das marxistisch-leninistische Parteikonzept festzulegen. Auch hier kann ich nur fragen: Wo bleibt denn nun eigentlich die Kritische Rationalität, ganz abgesehen von der Fairness? Wenn sie tatsächlich so aufklärerisch wäre, wie Heide Göttner-Abendroth sich darzustellen versucht, dann dürften solche Schiefheiten und unbelegten Unterstellungen nicht vorkommen.

2.2 Das Ziel von Wissenschaft

Die Bestimmung des Verhältnisses zwischen Politik und Wissenschaft, Frauenbewegung und Frauenforschung hängt ab von der Bestimmung des Ziels wissenschaftlichen Handelns. Für die Autorinnen von "Lob der Vernunft" ist der **Erwerb von Wissen** das eindeutige Ziel der Wissenschaft. Dieses Wissen soll zur Erkenntnis der Wirklichkeit führen. Um aber die Wirklichkeit richtig erkennen zu können, verlangen sie, daß "wissenschaftliches Handeln so objektiv wie möglich ist" (Bleich u.a. 1980). Sie kritisieren die Betonung der Subjektivität in vielen Beiträgen zur Frauenforschungsdebatte und meinen, auf diese Weise würden die Ergebnisse durch individuelle Vorlieben verzerrt, und feministische Forschung würde in ein Propagandainstrument verwandelt und degeneriere zu einer "Ideologie". Um in dem Wirrwarr subjektiver, individueller Auffassungen die Objektivität der Wissenschaft zu wahren, fordern sie, daß wir unser Vorverständnis explizit machen, testen und mit dem anderer vergleichen. Die Überlegenheit einer Theorie könne nur auf der Basis von Argumenten und in einem permanenten wissenschaftlichen Diskurs erwiesen werden.
Auch für Heide Göttner-Abendroth ist das Hauptziel der Wissenschaft der permanente Prozeß wissenschaftlicher Selbstreflexion. Nach Meinung dieser Autorinnen wird die "wahre", "richtige" Erkenntnis dadurch sichergestellt, daß die Forscher sich um "Objektivität", "Rationalität", "Logik" und "Abstraktionsvermögen" bemühen. A. Bleich und ihre Kolleginnen kritisieren (meines Erachtens zu recht) diejenigen, die "Rationalität", "Logik", Abstraktionsvermögen" vereinfachend als männliche und Emotionalität als weibliche Qualitäten ansehen. Doch mit dieser simplen Verurteilung übergehen diese Kritikerinnen das Hauptproblem, das sich hier stellt. Mit Recht bemerkt Corrie Gerrits, daß die drei Schreiberinnen die Begriffe Rationalität, Logik und Abstraktionsvermögen völlig naiv und kritiklos als universale und zeitlose Wahrheitskriterien verwenden.
Nach dem Positivismusstreit in der deutschen Soziologie, Ende der sechziger Jahre, dürfte es eigentlich nicht mehr möglich sein, so naiv von **der** Objektivität, **der** Logik zu sprechen. Wie Corrie Gerrits bemerkt, besteht das Problem gerade darin, "daß Logik und Rationalität auf der epistemologischen Ebene, auf der Ebene der Theorie (Analyse und Forschung) und in ihrer gesellschaftlichen Relevanz nicht zur Diskussion gestellt werden" (C. Gerrits:1980)
Weil diese Begriffe kontext-unabhängig und unhistorisch verwandt werden, weil die Schreiberinnen nicht nach den historischen Wurzeln dieser Begriffe in der Entwicklung des bürgerlichen Denkens in Europa fragen, tragen sie zur Mystifikation und Verschleierung sexistischer, eurozentrischer und kapitalistischer Herrschaft bei. Diese Mystifikation und Verschleierung wird auch vom Kritischen Rationalismus, auf den sich Heide Göttner-Abendroth

beruft, fortgeschrieben, trotz seines formalen Anspruchs durch die Methode der Falsifizierung von Hypothesen zur Aufklärung und Ideologiekritik beizutragen. Da der Wissenschaftler auch im Kritischen Rationalismus außerhalb des politischen Geschehens bleibt oder aufgespalten ist in ein politisches ("handelndes") und wissenschaftliches ("denkendes") Wesen, bleibt die wissenschaftliche Analyse eine Zuschauer-Aktivität einer intellektuellen Elite.

Weil viele der Kritikerinnen nicht aus dem positivistischen Wissenschaftsparadigma heraustreten (7) - manche sind sich nicht einmal der Tatsache bewußt, daß sie von dort her denken, denn sie meinen, es gäbe nur **eine** Wissenschaft - kritisieren sie die "Methodischen Postulate" bewußt oder unbewußt im Sinne dieses Wissenschaftsverständnisses. Sie halten ungebrochen am Primat **der** Wissenschaft gegenüber der sozialen Bewegung, in unserem Fall der Frauenbewegung, fest. Sie sind daher auch unfähig, von diesem Forschungsverständnis her zu erklären, auf welche Weise Wissenschaft denn zur Frauenemanzipation oder allgemeiner zur Aufhebung von Herrschaft und Ausbeutung beitragen könnte. Alles, was sich im Rahmen dieses Wissenschaftsbegriffes erreichen läßt, ist individuelle Bewußtmachung. Wenn wir aber Frauenforschung als Teil der historischen Bewegung, aus der sie hervorgegangen ist, verstehen, dann können wir nicht umhin, diesen kontemplativen, Herrschaft und Ausbeutung verschleiernden Wissenschaftsbegriff in Frage zu stellen. Es kann uns nicht darum gehen, Frauen nur einen angemesseneren Platz innerhalb des herrschenden Wissenschaftsbetriebes zu erkämpfen, es kann nicht unser einziges Ziel sein, mehr Frauen in dem herrschenden Apparat zu haben, sondern es geht um ein alternatives Wissenschaftsparadigma, das die emanzipatorischen Bewegungen der Menschen unterstützt und nicht hindert, wie es zur Zeit der Fall ist.

Nach diesem Wissenschaftsverständnis besteht der Fortschritt in einer unbegrenzten Herrschaft des Menschen, vor allem seiner Ratio über die Natur. Die Kritische Theorie und viele Linke kritisierten zwar den Positivismus in den Sozialwissenschaften, aber in den Naturwissenschaften hielten sie am gleichen Wissenschaftsverständnis fest. Das ist deutlich abzulesen an der Art und Weise, wie immer noch der Begriff "Entwicklung der Produktivkräfte" verstanden wird, nämlich als qualitative und quantitative Herrschaft der Menschen über die Natur, vor allem durch die Mittel der Technik. In einer Zeit, wo die Existenz der gesamten Menschheit bedroht ist durch die Überentwicklung dieser sogenannten Produktivkräfte, die richtiger Destruktivkräfte genannt würden, können wir Frauen uns nicht damit begnügen, dieses Wissenschaftsparadigma nur wegen seines sexistischen Bias zu kritisieren. Feministische Wissenschaftskritik richtet sich in ihrer Grundtendenz gegen dieses herrschende szientistische Wissenschaftsparadigma insgesamt (vgl. Böhme 1980).

2.3 Das Verhältnis Forscher - Erforschte

Die Kritik an den "Methodischen Postulaten" galt nur zum Teil dem Aufsatz selbst, sie richtete sich vor allem gegen die Forschungspraxis verschiedener Frauen, die sich nach Meinung der Kritikerinnen auf meinen Aufsatz bezogen hätten, vor allem auf das erste Postulat, nämlich, daß Frauenforschung die indifferente, angeblich neutrale Zuschauerhaltung gegenüber den "Forschungsobjekten" aufgeben und durch **bewußte Parteilichkeit** auf der Grundlage einer **teilweisen Identifikation** ersetzen solle. Die Möglichkeit zu dieser Teilidentifikation wurde in den "Postulaten" aus der doppelten Seins- und Bewußtseinslage, der "double consiousness" feministischer Forscherinnen abgeleitet. Die Forderung nach bewußter Parteilichkeit und nach Teilidentifikation wurde zum wichtigen Stein des Anstoßes in der Methodendebatte. So schrieb Geertje Thomas 1979: "Es ist für niederländische Forscherinnen schon schwierig, sich, wenn auch nur teilweise, z.B. mit Bäuerinnen aus Hintertupfingen, arbeitenden Mädchen in einer Keksfabrik zu identifizieren. Noch schwieriger wird es für westliche Forscherinnen, sich mit den ärmsten und unterdrücktesten Frauen aus Entwicklungsländern teilweise zu identifizieren. Hautfarbe, das Sprechen einer anderer Sprache, gut genährt zu sein usw., spielen eine wesentliche Rolle unter den Faktoren, die einer Identifikation im Wege stehen" (Thomas: 1979: 15).
Bei ihrer Besprechung des Buches: "Moederschap is mijn achillesheel" von Dymphe van Berkel u.a. führt Barbara Wiemann den Mangel an Analyse und Interpretation in diesem Werk auf die Rezeption der "Methodischen Postulate" durch die Autorinnen, vor allem des Postulats nach Teilidentifikation zurück. Sie ist der Meinung, daß die Uhr in der Forschung um Jahrzehnte zurückgedreht würde, wenn wir uns dieses Postulat zu eigen machen würden. Feministische Forscherinnen würden dann nur Forschungen über solche Frauen machen, mit denen sie sich identifizieren **könnten**, also einer ihnen nahestehende Frauen. Sie warnen davor, daß Teilidentifikationen an die Stelle sachlicher Hilfsmittel eine neue Art von Moral setze, die dann auch blind mache, weil sie sogar auf Interpretationen verzichte (Wiemann: De Groene Amsterdamer: 29. Okt.1980). Marian Verkerk geht sogar noch weiter in ihrer Kritik. In ihrer Diskussion der wissenschaftstheoretischen Positionen von Bleich u.a. und mir meint sie, daß bewußte Parteilichkeit und Teilidentifikation schnell "zur Propaganda für die reine Lehre und zu einem neuen 'ismus' führen würden" (Marian Verkerk: Universiteitsblad Utrecht, Febr. 1981). Sie als Ausgangspunkt für Frauenforschung zu nehmen, sei "unsinnig": "Ein wissenschaftlicher Forscher kann sich nicht vollständig in die Lage einer Hausfrau... mit einem Haus voll Kinder hineinversetzen."
Sie fragt sich dann auch, ob das 1. Postulat so zu interpretieren sei, und ob ich nicht mit bewußter Parteilichkeit und Teilidentifikation wohl nur ein Bewußtwerden

über Frauenunterdrückung auf seiten der Forscherin gemeint habe.

Verschiedene holländische Frauen haben auch bei ihren
Forschungen über Frauen in der Dritten Welt "bewußte
Parteilichkeit und Teilidentifikation" zu ihrem Ausgangspunkt gemacht. In den "Notulen Van de Lova Dag"(31.10.80)
berichtet Marianne Hamstra, daß es ihr bei ihrer Eva-
luierungsforschung der "Misiones Culturales Rurales"
in Mexiko kaum möglich gewesen sei, "parteilich" zu sein,
weil sonst im Dorf Schwierigkeiten entstanden wären.
Auch sei es sehr schwierig gewesen, zu einer anderen
als vertikalen Beziehung zwischen Forschern und Erforschten zu kommen.
Auch Christa Ruitenberg und ihre Kolleginnen setzen sich
in ihrem Papier: "Feminist Onderzoek" mit dem Begriff
der bewußten Parteilichkeit und der Teilidentifikation
auseinander. Sie sind der Meinung, daß viele holländische
Feministinnen den Begriff der Teilidentifikation im Sinne
einer totalen Identifikation mißverstanden hätten. Was
mir an positiven oder negativen Äußerungen zu diesem
Punkt bekannt ist, scheint in der Tat diesen Schluß nahe-
zulegen.
Es mag verschiedene Gründe dafür geben, daß Frauen den
Begriff der Teilidentifikation im Sinne einer vollständi-
gen Identifikation mißverstehen - wie z.B. Marian
Verkerk. **Ein** Grund liegt wohl darin, daß das Verhältnis
Forscher-Erforschte vor allem als **moralisches** Verhältnis
gesehen wird. Sich mit anderen, vor allem ärmeren, weniger privilegierten Frauen "zu identifizieren" wird als
moralischer Appell aufgefaßt und erwächst weniger aus
der Einsicht in die eigene, widersprüchliche Seins- und
Bewußtseinslage. "Sich identifizieren" heißt dann meist:
sich zu diesen "anderen", (ärmeren, ausgebeuteteren usw.)
herabbeugen oder "sich de-klassieren" wie es im linken
Sprachgebrauch heißt. Zum anderen haben Frauen es gelernt, ihr eigenes Selbst in "den anderen" zu suchen,
ganz "in den anderen" aufzugehen, sich mehr mit Personen
als mit Sachen zu befassen. Dies alles mag dazu beitragen, daß sie leicht den Sinn für die Distanz zwischen
sich und "den anderen", wie sie im Begriff der teilweisen
Identifikation angedeutet ist, verlieren. Ihr Problem
ist dann eine zu große Nähe zum Forschungsgegenstand,
im Gegensatz zur herrschenden Wissenschaft, die durch
zu große Distanz, Kälte und Indifferenz gekennzeichnet
ist.

Worum geht es nun beim Begriff der Teilidentifikation?
Es geht darum, von der eigenen Betroffenheit von Frauenunterdrückung und -ausbeutung **auszugehen**, (d.h. nicht
dort stehen zu bleiben) das bedeutet, sich die eigene
widersprüchliche Seinslage und Bewußtseinslage einzuge-
stehen. Damit ist zunächst einmal gesagt, daß ich (die
Forscherin) **auch** ein Problem habe, nicht nur die anderen
(ärmeren, weniger privilegierten) Frauen, und daß ich
nicht mehr bereit bin, diese Widersprüchlichkeit bloß

zu verdrängen. Das ist das, was mit double consciousness gemeint ist. Sie ermöglicht es, zwischen mir und den "anderen Frauen" sowohl das uns Verbindende wie das uns Trennende zu erkennen. Das uns Verbindende sind die auf der ganzen Welt vorhandenen Erfahrungen von Frauen mit Unterdrückung, Sexismus und Ausbeutung, das ist die Erkenntnis, daß andere Frauen ähnlichen Unterdrückungserfahrungen ausgesetzt sind, und daß nicht persönliches Verschulden, sondern patriarchalisch-kapitalistische Verhältnisse dafür verantwortlich sind. Teilidentifikation bedeutet aber ferner, daß ich auch erkenne, was uns trennt. Auf der Ebene der Erscheinungen mag das sich an Merkmalen wie Hautfarbe, Sprache, Bildung usw. (vgl. G. Thomas) festmachen. Doch in diesen Erscheinungen manifestieren sich lediglich die Herrschaftsverhältnisse, nach denen die Gesamtgesellschaft strukturiert ist, die Erscheinungen **sind** nicht die Verhältnisse. Unter der Herrschaft des Kapitals sind das Waren- und Marktverhältnisse, die in letzter Instanz durch direkte Gewalt aufrechterhalten werden. Teilidentifikation, die von einer double-consciousness ausgeht, bedeutet, daß wir uns als Forscherinnen der objektiven Strukturen bewußt sind, innerhalb derer wir leben und arbeiten. Eine Holländerin, die z.B. eine Evaluierungsstudie über Bäuerinnen in Mexiko macht (vgl. Notulen Van de Lova Dag 1980), befindet sich zunächst einmal in einer de facto Waren- und Herrschaftsbeziehung zu den Frauen, die sie erforschen will. Sie wird dafür bezahlt, daß sie diese Forschung macht und muß eine entsprechende Ware, nämlich Forschungsergebnisse, liefern. Den mexikanischen Bäuerinnen, auch wenn sie nichts über Entwicklungsforschung wissen, ist dieses Verhältnis durchaus klar. Sie wissen, daß sie selbst nichts von dieser Forschung haben werden. Dieses materiell existierende Verhältnis kann nicht durch einen kurzen Forschungsaufenthalt und den Versuch zur Identifikation mit den Frauen aufgehoben werden. Teilidentifikation kann aber heißen, daß ich erstens erkenne, daß ich **ohne** eine solch entfremdete, vertikale Warenbeziehung z.B. gar nicht in Verbindung mit mexikanischen Bäuerinnen gekommen wäre und zweitens, daß das, was mich von ihnen trennt (Klasse, Imperialismus, Sprache, Bildung usw.) nicht total ist, sondern daß es auch eine Ebene gibt, wo wir als Frauen ähnlich betroffen sind. Diese Ebene liegt allerdings unter der Erscheinungsebene der kulturellen, ökonomischen, politischen Verschiedenheiten. Weil es diese Ebene gibt, sind Frauen imstande, über die verschiedenen Barrieren hinweg miteinander als Menschen zu kommunizieren. Die reine Warenbeziehung schafft nämlich keine Kommunikation. Sie vermittelt Menschen nur so miteinander, als wären sie Sachen. Teilidentifikation heißt demnach, daß wir den Totalanspruch auf unsere Existenz als "Ware", als Tauschwert, ablehnen, daß wir den Teil in uns, in dem wir als **Menschen betroffen** sind, nicht selbst den Warenbeziehungen unterwerfen und dann in der Lage sind, auch bei anderen Frauen diese Betroffenheit zu erkennen.

Exkurs: Was ist Betroffenheit?

Eine Kommunikation auf dieser tieferen Ebene wird aber
erst möglich, wenn Frauen von ihrer eigenen Betroffenheit ausgehen. Auch der Begriff der "Betroffenheit",
wie er in den "Methodischen Postulaten" gebraucht wird,
ist von einigen als zu "monolithisch" zu "undifferenziert" kritisiert worden. Darum ist es angebracht, ihn
etwas näher zu bestimmen.
Dieser Begriff entstand in der deutschen Frauenbewegung
im Zusammenhang der Frage nach der Möglichkeit autonomer
Bewegung. Die neue deutsche Frauenbewegung hat sich stets
explizit als "autonome" Bewegung verstanden, im Gegensatz zu Bewegungen, die Parteien oder Gewerkschaften oder
anderen männerbeherrschten Organisationen subsumiert
sind. Woher kommt der Impuls zur Veränderung des Status
quo? Wer diese Frage positivistisch oder behavioristisch
zu beantworten sucht, muß auf einen Beweger von außen
oder/und oben hoffen, auf einen äußeren Stimulus durch
eine intellektuelle oder politische Elite, eine Partei,
die Eigendynamik des Marktes (z.B. Gelder für Frauenstudien), einen Gott oder eine Göttin, durch die Menschen
von außen bewegt werden. So sehen freilich auch die meisten durch die Warenlogik ausgelösten Bewegungen aus,
es sind mechanische Bewegungen nach dem Stimulus-
Response-Muster. Wir müssen aber fragen, wie Selbstbe-
wegung, autonome Bewegung möglich ist. Dies war in der
Tat die Frage, mit der wir an unser kleines Aktionsfor-
schungsprogramm im Kölner Frauenhaus herangingen: Wann
beginnen Frauen, die jahrelang Opfer männlicher Gewalt
waren, diesen Opferstatus zu verändern, wann beginnen
sie, sich aus dem Gewaltverhältnis zu befreien, wann
beginnen sie "nein" zu sagen?
Bei der Klärung dieser Frage spielte der Begriff der
Betroffenheit eine große Rolle. Er bezeichnet m.E. vie-
ererlei:

1. den Opfer- und Objektstatus unterdrückter, gedemütig-
   ter, ausgebeuteter, unrecht behandelter Wesen, die
   Zielscheibe von Aggression und Unterwerfung geworden
   sind. Das heißt, sie sind zunächst einmal **getroffen**
   worden von Gewalt, Aggressionen, Ungerechtigkeiten,
   Diskriminierung usw., d.h. Betroffene sind Opfer.
   Wenn im alltäglichen Sprachgebrauch die Rede von **den**
   Betroffenen ist, dann ist meist nur diese Ebene gemeint. Die "Betroffenen" sind "die anderen", - Opfer
   von Ungerechtigkeit und Gewalt -, nicht ich selbst.
   Aus diesem Verständnis von Betroffenheit erwächst
   dann auch die moralistische und paternalistische Be-
   tulichkeit, mit der die "Betroffenen" von den Nicht-
   Betroffenen behandelt werden. Sie werden meist erneut
   zu Objekten, Zielscheiben von "Hilfe", Sozialarbeit,
   Caritas, Entwicklungshilfe usw., für die sie dankbar
   zu sein haben. Wir aber waren irgendwann und irgendwo
   selbst **getroffen** worden.

2. Im Begriffe des **Be**troffenseins steckt aber noch mehr
als das **Ge**troffensein, das Opfer-Sein. In diesem Begriff steckt auch das Stutzen, das Erschrecken, das
Anhalten, die Empörung über diesen Zustand. Das heißt,
wir haben es hier nicht bloß mit dem mechanischen
Reiz-Reaktions-Schema zu tun, sondern im Begriff der
Betroffenheit ist eine Empfindungsqualität ausgedrückt, die über bloßes Reagieren hinausgeht und so
etwas wie den Anfang von Rebellion, Wut, beinhaltet.
Im Betroffen-Sein vollzieht sich eine erste innere
Ablösung vom Opferstatus, eine Distanzierung, wenn
auch erst auf einer emotionalen Ebene, vom schlechten
Status quo. Es beginnt der Bruch mit der Kontinuität
des normalen Elends.Der Zeitpunkt, wann diese Ablösung
beginnt,ist schwer auszumachen, auch was diese Ablösung, den inneren Bruch in uns bewirkt, ist unterschiedlich. Bei den Frauen, die ins Frauenhaus kamen,
stellten wir fest, daß dieser Zeitpunkt gekommen war,
als sie merkten, daß sie ihre eigene Menschwürde,
ihre Selbstachtung verlieren würden, wenn sie sich
nicht wenigstens innerlich von ihren Peinigern ab-
wandten.

3. Betroffensein bedeutet aber auch Bewußtwerden und
Bewußtsein, d.h. die Suche nach Erklärungen, Analyse
der Ursachen dieses Zustandes und Suche nach Lösungen.
Die dialektische Bewegung innerhalb des "Opfers",
das sich zunächst emotional von seinem Objektstatus
distanziert, führt dann zu seiner möglichen Subjektwerdung, dazu daß es handlungsfähig wird als Ich,
wenn es sein Getroffensein kritisch unter die Lupe
nimmt, nach Ursachen und Erklärungen sucht und nicht
mehr bereit ist, die normale Unterdrückung so weiter
zu ertragen.
Dabei können Frauen nicht leicht der Illusion verfallen, daß Bewußtwerdung und Wissen über die Ursachen
und die Mechanismen ihrer Unterdrückung schon aus-
reichten, um den Opferstatus aufzuheben, denn trotz
all ihres Bewußtseins bleiben sie ja weiterhin **Ge**-
troffene, ihr gesellschaftliches Sein ist ja weiterhin bestimmt durch patriarchalische, kapitalistische
und sexistische Verhältnisse, die sie auf ihren Objektstatus festnageln. Das wird nirgends deutlicher
als jetzt, wo Frauen ohne viel Federlesens vom Arbeitsmarkt verdrängt werden, progressive Gesetze,
für die sie jahrelang gekämpft haben revidiert werden,
und sie wieder auf Haushalt und Kinder als ihre wahre
Berufung verwiesen werden, trotz aller Bewußtseinsänderung, die angeblich stattgefunden hat.

4. Weil das so ist, weil Betroffenheit nur um den Preis
der Selbstaufgabe bei der bloßen Bewußtwerdung stehen
bleiben kann, drängt die dialektische Bewegung in
den Betroffenen zur Handlung. Sie kann· nicht bei emotionaler Empörung, Bewußtwerdung und Analyse stehen
bleiben, wenn sie nicht in Resignation enden will.
Denn die Macht haben überall noch die Männer, die

die Verhältnisse bestimmen. Das ist die Gefahr, die
mit Versuchen wie denen von Bleich u.a. verbunden
sind, die die Frauenbewegung aufspalten wollen in
einen akademischen und einen aktivistischen, einen
"wissenschaftlichen" und einen "politischen" Flügel,
entsprechend dem alten Wissenschafts- und Politikver-
ständnis. Solche Frauen haben den reaktionären An-
griffen, die zur Zeit von allen Seiten auf die Frauenbewegung einstürmen, nichts entgegenzusetzen als Resignation und individuellen Rückzug. Frauen, die aber
gelernt haben, ihr Betroffensein in Handeln, in
Kämpfen in Praxis umzusetzen und dabei nicht bei blo-
ßem Aktivismus stehen geblieben sind, sind eher ge-
wappnet, den frauenfeindlichen Tendenzen entgegenzu-
treten.

2.4 Forschungsmethoden

Neben den Vorbehalten gegen den den "Methodischen Postulaten" zugrundeliegenden wissenschaftstheoretischen Ansatz wurde auch Kritik geübt an dem mit diesem Ansatz
verknüpften Forschungsmethoden im engeren Sinn. Die Kritik richtete sich vor allem gegen die Betonung der Kategorie der eigenen Erfahrung und der qualitativen Methoden
im Gegensatz zu den quantitativen Methoden. Geertje
Thomas räumt ein, daß persönliche Erfahrungen, die wichtig sind für die Bewußtmachung von Frauenunterdrückung,
in den sogenannten "harten" Methoden, die Soziologie
und Ökonomie fast ausschließlich benutzen, keinen Platz
haben. Andererseits meint sie aber, auch Frauenforschung
könne nicht auf quantitative Methoden, Statistik usw.
verzichten (G. Thomas 1979). Einige kritisieren, daß
viele Frauen sich im Anschluß an meinen Methodenansatz
damit begnügt hätten, einfach ihre eigenen Erfahrungen
oder die anderer Frauen zu berichten, ohne einen Versuch
zur Analyse und zur Interpretation zu machen. Andere
nennen diese Art von Beschreibung individueller Erfahrung eine "einfache Inventarisierung" und sprechen ihr
den Rang wissenschaftlicher Arbeit ab (Bleich u.a. 1980,
Wiemann 1980, Ruitenberg u.a. 1981). Sie meinen, eigene
Erfahrungen gehörten ins Vorfeld der Forschung, nicht
in den Forschungsprozeß selbst. Ähnlich argumentiert
Heide Göttner-Abendroth, die die Kategorie der Erfahrung
zuläßt zum Formulieren von Hypothesen und im Zusammenhang
des erkenntnisleitenden Interesses.
Die Hauptkritik macht sich jedoch an der mir unterstell-
ten Bevorzugung "weicher", d.h. qualitativer (weiblicher)
gegenüber den "harten", d.h. quantitativer (männlicher)
Methoden fest. Bleich u.a. schreiben:"Es gibt unserer
Meinung nach keine spezifisch weiblichen Untersuchungs-
methoden... Wir meinen wirklich, daß es keinen einzigen
Grund gibt, bestimmte Methoden zu wählen und andere ab-
zuweisen (in diesem Fall quantitative Methoden). Wir
müssen Gebrauch machen vom ganzen Arsenal von Methoden,
die uns zur Verfügung stehen: Interviews, Literaturfor-
schung, Quellenforschung und statistische Methoden.

Welches Instrument wir wählen, hängt vom Forschungsgegenstand ab und nicht von einer Bevorzugung qualitativer
Methoden, (weil sie angeblich feministischer sind), oder
quantitativer Methoden, (weil sie angeblich wissenschaftlicher sind)"(Bleich u.a.).
Zunächst möchte ich einmal feststellen, daß ich nicht
Statistik und andere quantitative Methoden für wissenschaftlich und "männlich" halte und qualitative Methoden
für "weiblich", was dann wohl unwissenschaftlich bedeuten
würde. Ich bin auch nicht der Meinung, daß Frauenforschung überhaupt nicht mehr mit Statistiken arbeiten
soll. Wohl aber meine ich, daß wir den Wahrheitsanspruch,
der sich hinter Statistiken verbirgt, ihre Realitätsge-
rechtigkeit, gründlich hinterfragen müssen.
Der Kritik, daß das bloße Beschreiben von meist individuellen Erfahrungen noch nicht ausreicht zur wissenschaftlichen Bearbeitung eines Forschungsproblems, kann
ich z.T. zustimmen. Es ist richtig, daß viele Frauen
im Beschreiben von "Erfahrungen" stecken bleiben. Der
Grund dafür liegt aber m.E. nicht in intellektueller
Schlamperei, wie die Kritikerinnen vermuten, sondern
in einem oberflächlichen, entfremdeten und individua-
listischen Verständnis des Begriffs Erfahrung. Erfahrung
wird häufig mit Erlebnis gleichgesetzt und das heißt
mit der subjektiven Befindlichkeit, der Stimmung, den
Gefühlen, die eine Frau in einer bestimmten Situation
hatte. Von der eigenen Erfahrung ausgehen bedeutet aber
nicht nur das Aufzählen subjektiver Befindlichkeiten
und Erlebnisinhalte und Gefühle, sondern von dem erlebten realen Leben sowohl in seiner Konkretheit, wie in
seinen tieferen Bedeutungsinhalten und seiner gesellschaftlichen Verflochtenheit auszugehen. Wir sollten
nicht vergessen: Die Forderung nach Einbringung der eigenen Erfahrung erwuchs in der Frauenbewegung aus den
Frustrationen von Frauen, die feststellten, daß sie mit
ihrem konkreten Leben, mit ihrer Geschichte, ihren individuellen und kollektiven Kämpfen, ihren Erfolgen und
Niederlagen in der herrschenden Wissenschaft einfach
nicht vorkamen. Gegen diese Entfremdung und Verdinglichung richtete sich die Forderung, die konkrete menschliche Erfahrung wieder in die Wissenschaft einzubringen,
d.h. den sogenannten subjektiven Faktor.
Die erzwungene Unterordnung dieses subjektiven Faktors
(der konkreten menschlichen Erfahrung) unter einen Wissenschaftsbegriff, der Wahrheit mit Objektivität gleich-
setzt, die in letzter Instanz lediglich auf dem Konsens der Forschergemeinschaft über den "Protokollsinn
der Fakten" (Maschewsky 1980) beruht, wird von den Frauen
um so weniger akzeptiert, als sie selbst kaum Zugang
zu dieser Forschergemeinschaft haben, die die Wirklichkeit definiert. Wenn wir unserem eigenen wissenschaftlichen Nicht-Sein nicht selbst zustimmen wollen, müssen
wir einen Boden haben, auf dem wir stehen können, und
von dem wir uns der Wirklichkeit, unserer eigenen Wirklichkeit, vergewissern können, und von wo aus wir die
uns entgegengehaltenen Erklärungen beurteilen können.

Das ist zunächst nichts anderes als unsere eigene Erfahrung. Damit ist aber mehr gemeint als die individuelle
Lebensgeschichte. Nach meinem Verständnis umfaßt der
Begriff der Erfahrung die Summe der individuellen und
kollektiven Prozesse, die Einzelne oder Kollektive durch-
gemacht haben, also ihre Wirklichkeit, ihre Geschichte.
Von dieser Erfahrung **ausgehen**, heißt nicht, daß wir diese
Wirklichkeit schon in all ihren Dimensionen ergründet
hätten. Frauenforschung kann aber zu dieser Ergründung
beitragen. Im übrigen sei hier darauf verwiesen, daß
auch die logisch-empirische Wissenschaft sich letztlich
auf den Begriff der Erfahrung, der Empirie, zur Verge-
wisserung ihres Wirklichkeitsgehalts beruft. Im Unterschied zur Frauenforschung schließt aber der Forscher
dieser Richtung seine eigene konkrete Lebenserfahrung
sowie auch alle gesellschaftliche, d.h. historische Erfahrung bewußt aus dem Forschungsprozeß aus. Empirie
bedeutet für ihn nur noch Testen von Hypothesen in Laborsituationen. Das heißt Forschung geschieht nicht vermittelt durch historische Lebensprozesse, sondern hat
es im Grunde mit dem Sezieren von Leichnamen zu tun.
Sie muß ihre Forschungs"objekte" aus den lebendigen Zusammenhängen herauslösen und in Laborsituationen in ihre
Bestandteile zerlegen (analysieren).

In der Frauenforschung setzen wir diesem entfremdenden
Empiriebegriff, der Ausbeutung und Herrschaft impliziert,
den alten und neuen Begriff der Erfahrung entgegen, wie
er z.B. das Wissen der Hebammen im Mittelalter oder aller
noch mit materiellen Produktionsprozessen befaßten Frauen
bestimmt. Dieser Begriff umfaßt natürlich sowohl unsere
eigene Körpererfahrung als auch die Erfahrung im Umgang
mit der Umwelt. Er vermittelt m.E. zwischen den inneren
und den äußeren Dingen. Die Charakterisierung der Erfahrung als "weiche" und dann noch als "weibliche" Methode
geht eigentlich an den tieferen Problemen der Frauenforschung vorbei, die sich um einen neuen Grund bemühen
muß, auf dem sie stehen kann. Die dualistische Entgegen-
setzung von "harten" = männlichen und "weichen" = weiblichen Methoden schreibt aber das alte Wissenschaftsparadigma fort. Die Kritikerinnen, die meinen, ich wolle
die "harten" durch die "weichen" Methoden ersetzt wissen,
sehen nicht, daß es eigentlich um die Überwindung dieses
Dualismus geht. Die Kritikerinnen, die den quantitativen
Methoden lediglich qualitative entgegensetzen und für
einen Methodenpluralismus plädieren, begreifen nicht,
daß wissenschaftliche Methoden Instrumente zur Strukturierung der Wirklichkeit sind. Für sie sind die Methoden selbst neutral und auswechselbar. Ihre Wahl richtet
sich nach den Forschungsgegenständen. An einem Beispiel
will ich erläutern, wie wenig neutral z.B. die Statistik
ist, die als das "Objektivste" gilt, was wir kennen.
In meiner Forschung über die Spitzenhäklerinnen in
Indien mußte ich feststellen, daß etwa 150.000 dieser
Heimarbeiterinnen gar nicht im Zensus dieses Distrikts

aufgeführt waren, weder als Arbeiterinnen noch als Heimarbeiterinnen. Sie waren in der Zahl der "non-workers"
verborgen, zu denen die Hausfrauen zählen. Und doch schu-
fen diese statistisch nicht vorhandenen Arbeiterinnen
jährlich viele Millionen von Wert, und große von Männern
monopolisierte Exportfirmen waren durch die Ausbeutung
dieser Frauen entstanden. Diese Ausbeutung - die Frauen
verdienten weniger als 12 Pfennig während eines acht-
stündigen Arbeitstages - konnte verschleiert werden,
weil die Statistik diese Frauen als Nicht-Arbeiter, als
abhängige Hausfrauen definierte (vgl. Mies 1982).
An diesem Beispiel wird deutlich, daß auch die Statistik
sexistisch ist, denn ihre Definitionen bezieht sie aus
der herrschenden Ideologie über Frauen. Eine Kritik an
den quantitativen Methoden bedeutet nicht, daß wir ganz
auf Statistiken verzichten sollten. Sie bedeutet vielmehr, daß wir die Prämissen, die Definitionen, auf denen
statistische Aussagen beruhen, kritisch hinterfragen.
Was Frauen betrifft, so beruhen sie fast ausschließlich
auf einem bestimmten, seit dem 19. Jahrhundert in die
ganze Welt exportierten und universalisierten **Frauenbild,**
nämlich dem, der vom "Ernährer" abhängigen Hausfrau. Daß
dieses Bild mit der Wirklichkeit der Mehrzahl der Frauen
in der Welt, die um ihr Überleben kämpfen müssen, nicht
übereinstimmt, hat bisher die Demographen und Statistiker
nicht dazu gebracht, ihre Definitionen zu ändern. Dadurch, daß sie Frauen zunächst überall im Prinzip als
"nichtarbeitende" Hausfrauen definieren, wird die werte-
schaffende Arbeit von Millionen von Bäuerinnen, Hand-
werkerinnen, Heimarbeiterinnen und "Nur-Hausfrauen" unsichtbar gemacht, d.h. sie wird über-ausbeutbar. Man
könnte fragen, warum die Statistiker so blind sind gegenüber der Realität. Ein Grund mag sein, daß sie sich in
der Tat wenig mit der Realität befassen in ihren Forschungsinstituten, ein anderer Grund ist der, daß die
Statistik, die Demographie seit ihren Anfängen eine
Hilfswissenschaft der Politik ist. Es ist naiv zu glauben, statistische Verfahren wären frei von bestimmten
Ideologien, die Herrschaftsverhältnisse stabilisieren.
Im Gegenteil, sie dienen ihrer Legitimierung und Univer-
salisierung, weil sie den ihnen zugrunde liegenden Definitionen den Stempel der "Wahrheit" aufdrücken.
Wenn alle weißen Wisenschaftler der Meinung sind, daß
Frauen wie ihre Gattinen überall auf der Welt Hausfrauen
sind, dann **sind** sie es in der Wissenschaft (vgl.
Maschewski 1980), und die für sie ausgedachten Politiken
werden sie so behandeln, gleichgültig, ob ihre soziale
Wirklichkeit zu diesen Politiken paßt oder nicht.
Die heutige vom Westen forcierte Bevölkerungspolitik
ist ein deutliches Beispiel für die Strukturierung der
sozialen Wirklichkeit durch das Mittel bestimmter Definitionen (8).
Im übrigen sollten wir nicht vergessen, daß auch die
qualitativen Methoden, vor allem in der Ethnologie, als
Instrumente der Herrschaftsausübung entwickelt wurden,
nämlich im Zusammenhang des Kolonialismus. Im Unterschied
zu den quantitativen Methoden können die qualitativen

Methoden jedoch trotz ideologischer Verzerrungen nicht
in der Weise von lebendigen gesellschaftlichen Zusammenhängen abstrahieren oder diese Zusammenhänge sezieren,
wie es die quantitativen Methoden tun müssen. Aus diesem
Grunde, nicht weil sie herrschaftsfreier wären, halte
ich sie für brauchbarer in der Frauenforschung (9).

2.5 Frauenforschung als Aktionsforschung

Ein weiterer Stein des Anstoßes war das 3. Postulat,
in dem gefordert wird, daß die kontemplative Zuschauerforschung des herrschenden wissenschaftlichen Paradigmas
ersetzt werden solle durch aktive Teilnahme an emanzipatorischen Aktionen und die Integration von Forschung
in solche Aktionen und Bewegungen. Da dies beispielhaft
an einem Aktionsforschungsprojekt, das im Rahmen der
Frauenhausinitiative in Köln entstand, dargestellt wurde,
sind einige der Kritikerinnen zu dem Schluß gekommen,
ich wolle Frauenforschung auf ähnliche Aktionen, wie
die zum Aufbau eines Hauses für geschlagene Frauen, beschränkt sehen. Heide Göttner-Abendroth spricht sogar
davon, daß ich die Frauenhausaktion als "Modell" für
Frauenforschung vorgestellt habe. Auch einige Holländerinnen meinen, ich wolle Frauenforschung nur als Aktionsforschung gelten lassen. Dabei haben sie freilich ein
ganz spezifisches Vorverständnis von Aktion und Aktionsforschung, das vor allem typisch ist für Holland mit
seinen vielen Aktionsgruppen zu verschiedenen Problemen.
Sie wollen zwischen "bewußtmachender" und "Aktionsforschung" unterscheiden und meinen Frauenforschung müsse
beides tun. So sagt Marian Kerk, daß nicht alle Frauenforschung Aktionsforschung sein könne: "Nicht alle Erscheinungsformen von Frauenunterdrückung bieten sich
an für eine zielgerichtete Aktion. Wenn es z.B. um das
ungerechte Frauenbild geht, das Frauen mit dem Suppen-
löffel eingetrichtert worden ist, dann ist eine andere
Methode nötig, um eine theoretische Einsicht zu bekommen". (M. Kerk: 1980) Andere meinen, für Aktionen brauche
man keine Theorie, sondern nur ausreichend "Wut" (Komter
und Mossink 1980). Verkürzt heißt das: Für "bewußtmachen-
de" Forschung brauche ich "Theorie" (Geschichte, Psychologie, Soziologie usw.), für Aktionen brauche ich "Wut".
Und "Theorie" und "Wut" bleiben getrennt. Wie schon bei
den anderen Kritikpunkten wird auch hier deutlich, daß
die Forderung nach Integration von Forschung in verändernde und emanzipatorische Praxis und Aktionen nicht
in ihrer Gesamtintention auf ein neues Wissenschaftsverständnis, sondern als fertiges Rezept verstanden wurde. Dabei wurde "Aktion" ähnlich eng und pragmatisch
interpretiert, wie es bei vielen Aktionsgruppen der Fall
ist, die sich bestimmte kurzfristige Ziele gesetzt haben,
nicht aber als verändernde gesellschaftliche Praxis.
Das gleiche scheint für das Vorverständnis von "Aktionsforschung" zu gelten. Was hierunter verstanden wird,
ist in der Regel geplante Intervention in bestimmte

soziale Zusammenhänge, meist unter Mitwirkung und Kontrolle von Behörden und begleitet von Wissenschaftlern,
also eine Art von social engineering. Meine Kritik an
der üblichen Aktionsforschung, vor allem ihre erneute
Umbiegung in den kontemplativen Forschungsbetrieb, vor
allem in der Form der Begleitforschung, scheint meinen
Kritikerinnen entgangen zu sein. Das ist kein Wunder,
denn die von ihnen vorgeschlagene Unterscheidung zwischen
"bewußtmachender" Forschung und "Aktionsforschung" zeigt,
daß sie sich nicht von dem üblichen idealistischen Theorie und Praxis trennenden Wissenschaftsverständnis entfernt haben. Sonst hätten sie nämlich begriffen, daß
nicht jede "action" schon eine verändernde Praxis darstellt, sondern häufig in unreflektiertem, weil theorie-
losem zirkulärem Aktionismus endet, wie wir es leider
auch häufig in der Frauenbewegung erleben. Ferner, daß
eine wirklich verändernde, d.h. emanzipatorische Praxis
nicht ohne Bewußtmachung, Reflexion und Theorie auskommt
und schließlich, daß es auch keine wirkliche, tiefgreifende Bewußtseinsänderung gibt, wenn sie nicht auch zu
verändernder Praxis führt.
In der Tat meinen viele Feministinnen, es genüge, wenn
sich Bewußtseinsänderungen in möglichst vielen Frauen-
köpfen vollzogen hätten. Erreichen wollen sie das durch
Aufklärung. Die sozialen Verhältnisse aber, die das Leben der Frauen materiell strukturieren, lassen sie häufig
außer acht. So kommt es, daß Frauen in der Tat ein ver-
ändertes Bewußtsein haben, aber dennoch in den alten
unterdrückerischen Verhältnissen gefangen bleiben. Das
wird besonders deutlich zur Zeit der wirtschaftlichen
Krise. Wir erleben heute, daß manche Feministinnen sich
trotz ihres emanzipierten Bewußtseins wieder ohne große
Umschweife von männlichen Machtstrukturen in Dienst nehmen lassen, um ihre ökonomische Basis zu sichern. Sie
müssen dies tun, weil sie es versäumt haben, bei den
Bewußtwerdungsprozessen alternative Institutionen, Organisationen und Verhältnisse aufzubauen, d.h. Basen einer
Gegenmacht gegen den Herrschaftsapparat. Bewußtwerdung
ohne Aufbau solcher alternativer Zentren von Gegenmacht
- und das kann nur durch Praxis, Kampf, nicht durch Aufklärung allein geschehen - wird unweigerlich in die Re-
gression führen.
Bei der Forderung nach Integration von Forschung in
emanzipatorische Praxis, geht es also weder um ein bestimmtes "Modell" von Aktion, noch um Aktionen oder Aktionsforschung in dem oben beschriebenen oberflächlichen
aktionistischen Sinn, sondern es geht um nichts weniger
als die Wiedervereinigung von Leben und Wissen, Handeln
und Denken, Kämpfen und Forschen. Ich kann mir keine
Frauenbefreiung ohne diese Wiedervereinigung vorstellen.
Das heißt keinesfalls, daß jedes Frauenforschungsprojekt
einen unmittelbaren, direkten Praxisanteil haben müßte.
Noch heißt es, daß feministische Forscherinnen selbst
überall irgendwelche Aktionen einleiten müßten. In meinem
Postscript zu der englischen Fassung des Aufsatzes habe

ich schon gesagt, daß Forscherinnen sich im besten Fall
einer Bewegung oder Aktion anschließen können, daß sie
aber selten in der Lage sind, eine solch lang andauernde
Sache selbst zu initiieren und auf Dauer zu erhalten.
Integration von Forschung in emanzipatorische Bewegung
heißt natürlich auch Theoriearbeit, Arbeit in Biblio-
theken und Archiven, Studium der Geschichte usw.. Der
Unterschied zur herrschenden Wissenschaft besteht aber
darin, daß diese Arbeit nicht als Selbstzweck gesehen
wird, sondern sich bezieht auf das Ziel der Aufhebung
von Frauenausbeutung und Unterdrückung.
Eine solche Vorgehensweise schließt die Möglichkeit des
Mißerfolgs natürlich ein. Doch führt m.E. der Versuch,
Kämpfen und Forschen wieder zusammenzuführen selbst bei
Mißerfolgen zu einer realistischeren Einschätzung unserer
Stärke und Schwäche, als dies durch die fortgesetzte
Trennung dieser Bereiche möglich ist.

3. Erfahrungen mit den "Methodischen Postulaten":
    Feministische Feldarbeit in Holland

Anstatt mich weiter auf der "Ebene der Argumente" mit
der Kritik an meinem Methodenaufsatz auseinanderzusetzen,
möchte ich nun einige der Erfahrungen schildern, die
wir, d.h. meine Kollegin Mia Berden, meine Studentinnen
und ich in den Jahren 1979-81 am Institute of Social
Studies (ISS) in Den Haag mit den "Methodischen Postulaten zur Frauenforschung" gemacht haben. Diese Ausführungen können auch z.T. eine Antwort auf die häufig geäußerte Frage geben, ob mein Methodenansatz nur außerhalb etablierter Institutionen anzuwenden sei.
Um den neuen Methodenansatz in die Praxis umzusetzen, um
den Studentinnen aus der Dritten Welt ein Lern- und For-
schungsfeld außerhalb des Rahmens des kontemplativen
akademischen Lehrbetriebs zu ermöglichen, führten wir
einen Kurs mit dem Titel "Fieldwork in Holland" in den
Studienplan ein. D.h. kleine Gruppen von Dritte-Welt-
Frauen traten in Kontakt mit holländischen Frauengruppen,
die an irgendeinem Projekt oder einer Aktion arbeiteten.
Ziel dieses Versuches war, die Trennung zwischen Leben
und Denken zu überwinden, die Dritte-Welt-Frauen mit
den realen Problemen von Frauen in sogenannten entwickelten Ländern zu konfrontieren, das Zuhörerwissen, das
sie im Studium erworben hatten, mit dem "wirklichen"
Leben zu vermitteln, in reziproke Lern- und Forschungs-
prozesse mit den holländischen Frauen einzutreten, über
diese neuen Erfahrungen gemeinsam zu reflektieren.
Ehe ich zu den Ergebnissen dieses zweijährigen Experi-
ments komme, möchte ich etwas über die Schwierigkeiten
und Kämpfe sagen, die damit verbunden waren.
Um das "Fieldwork" in den regulären Studienverlaufsplan
des ISS zu integrieren, mußte der Status quo in mehr-
facher Weise aufgebrochen werden. Das Institut kannte

nur theoretische Studienkurse, ohne Praxisanteile. Es bedurfte erheblicher Kämpfe, um den akademischen Gremien klarzumachen, daß das "Fieldwork" ein lohnendes Experiment sei. Und da "Mann" (unter sechzig Kollegen gab es nur drei Frauen!) ja nicht gegen Experimente sein konnte - gar noch bei einer so "unseriösen" Sache wie Frauenstudien - ließ man uns (d.h. meine Studentinnen, Mia Berden, meine inzwischen pensionierte Vorgängerin und mich) gewähren. Andererseits war ich ja selbst fremd in Holland und war darauf angewiesen, daß holländische Frauen den Kontakt zwischen den Dritte-Welt-Frauen und holländischen Frauengruppen vermittelten. Um dies zu ermöglichen, mußte eine weitere Status-quo-Änderung erfolgen: Dies geschah dadurch, daß ich den Kurs: "Women and Development" auch für holländische Studentinnen öffnete. Auch dies hatte es bisher an diesem Institut nicht gegeben. Auch diese Innovation wurde zunächst nicht gerne gesehen, wurde aber aus obigen Gründen "geduldet". Wir erreichten so zweierlei: Erstens gab es in meinem Kurs auf diese Weise mehr Studentinnen, d.h. mehr "Masse" und das heißt auch immer mehr "Macht" als wir sonst gehabt hätten, zweitens gab es nun eine direkte und persönliche Verbindung zwischen Frauen aus der Dritten Welt und holländischen Feministinnen, die sich für die Dritte-Welt-Problematik interessierten. Die künstlichen Barrieren, die im üblichen Wissenschaftsbetrieb zwischen Menschen, die doch etwas miteinander zu tun haben oder zu tun haben wollen, eifersüchtig aufrechterhalten werden, war mehrfach durchbrochen worden: die Barriere zwischen Frauen im Wissenschaftsbetrieb und Frauen "draußen", die Barriere zwischen "entwickelten" und "unterentwickelten" Frauen. Die holländischen Studentinnen spielten eine wesentliche Vermittlerrolle bei diesem Fieldwork. Sie gehörten selbst zu feministischen Gruppen oder stellten den Kontakt zu Frauengruppen her und dolmetschten für die Frauen aus der Dritten Welt.
Es sei hier auch erwähnt, daß es bei der Durchführung des "Fieldwork" nicht nur Erfolge, sondern auch manche Frustrationen und Mißerfolge gab. Sie beruhten z.T. auf Zeitmangel, denn es standen nur drei Monate für die "Fieldwork"-Phase zur Verfügung. Es gab aber auch andere Widerstände gegenüber diesem Ansatz. Z.B. wollte eine Gruppe im ersten Jahr (1979) Kontakt zur Arbeiterinnen in der Gewerkschaft aufnehmen. Es gab durch die Vermittlung von Mia Berden einen guten Kontakt zu einer führenden Frau im FNV, dem holländischen Gewerkschaftsbund, die für Frauenfragen zuständig war. Diese Frau hatte großes Interesse an einer Zusammenarbeit mit den Studentinnen aus der Dritten Welt. Diese waren ihrerseits hochmotiviert herauszufinden, wie Arbeiterinnen in Holland leben, welche Probleme sie als Arbeiterin und Frau haben usw.. Trotz dieser Motivation kam der Kontakt zu holländischen Arbeiterinnen bis zum Ende des Kurses nicht zustande. Die Studentinnen waren den offiziellen institutionellen Weg gegangen, d.h. über die Gewerkschaftsbürokratie. Dabei machten sie die Erfahrung, daß dieser Apparat so hermetisch nach außen abgeschlossen war, und daß

Frauen darin so wenig zu sagen hatten, daß auch die kon-
taktierte Funktionärin nichts ohne ihren Boß tun durfte,
und daß es erhebliche Widerstände auf seiten der führenden Gewerkschaftsmänner gegen einen solchen direkten
Kontakt zwischen Gewerkschaftsfrauen und "anderen" Frauen
gab.
Trotz ihrer Frustration über die Tatsache, daß sie unge-
achtet ihrer Versuche keine holländische Arbeiterin zu
Gesicht bekommen hatten, hatten die Studentinnen doch
eine wesentliche Erkenntnis gewonnen. Sie verstanden
einerseits, daß sie über solche bürokratischen Kontakte
"von oben" nicht einmal an die Frauen herankommen würden.
Zum anderen aber sagten sie, daß sie sich nicht hätten
träumen lassen, daß eine Gewerkschaft in einem entwickelten Land ein solch hermetisch abgeriegelter, betonharter,
männerbeherrschter Machtapparat sei. In keinem ihrer
Länder hätten sie die Schwierigkeiten gehabt, die sie
in Holland erlebt hatten. Überall wäre es möglich, an
die Menschen heranzukommen, mit denen man sprechen wolle,
wenn nicht über offizielle, dann doch über inoffizielle
Kanäle. Das "Fieldwork" hatte zwar nicht zu dem erwarte-
ten Ergebnis geführt, dafür hatte es sie wie kaum eine
andere Methode mit der Realität patriarchalisch-bürokra-
tischer Gewerkschaftsstrukturen in einem angeblich fort-
schrittlichen Industrieland konfrontiert.

Die Erfahrungen, die in diesem "Fieldwork" gemacht wurden,
sind vielfältig. Sie haben bei vielen erst ein tieferes
Verständnis für den neuen Methodenansatz, den sie theoretisch schon kannten, bewirkt. Besonders in bezug auf
das, was ich mit double consciousness und Teilidentifikation umschrieben habe, haben die Frauen aus der Dritten
Welt erstaunliche Aha-Erlebnisse und Einsichten gehabt,
die sie selbst vorher nicht für möglich gehalten hätten.
Die konkrete Konfrontation mit "anderen Frauen", in diesem Fall holländischen Hausfrauen und Feministinnen,
eröffnete für sie einen neuen Horizont des Denkens, durch
den eine Welt von Vorurteilen, Vorverständnissen, sogenannten wissenschaftlichen Erkenntnissen, für zeitlos
und universal gehaltenen Normen und Werten sich als zumindest relativ, wenn nicht als pure Mystifikationen
erwiesen. Dies war möglich, weil in dieser Konfrontation
mit den "anderen Frauen" all dieses Vorwissen **von außen**
betrachtet werden konnte, von einer anderen Perspektive
her.
Zu diesen Mystifikationen gehören z.B. folgende Auffassungen: Daß die kulturellen Unterschiede zwischen Frauen
aus der Dritten und der Ersten Welt so groß seien, daß
es kaum Gemeinsamkeiten zwischen diesen beiden Gruppen
von Frauen geben könnte. Oder: Das Hauptproblem der westlichen Frauen sei die Mann-Frau-Problematik, das Hauptproblem der Frauen aus der Dritten Welt aber die Armut.
Oder: Fragen der Sexualität und des eigenen Körpers könnten unter Europäerinnen zwar diskutiert werden, für
Frauen aus der Dritten Welt aber seien sie tabu, weil
sie zu traditionsgebunden seien. Oder: Die verschiedenen

Experimente der Feministinnen, menschliche Beziehungen
anders zu gestalten, würden Frauen aus der Dritten Welt
nur abschrecken, da sie noch an einem eindeutigen und
festen "traditionellen" Familienbegriff festhielten.
Nach der Erfahrung, die sie in ihrem "Fieldwork" gemacht
hatten, sagten einige der Frauen aus der Dritten Welt
folgendes: "Wir verstehen jetzt, daß das ganze Gerede,
daß Frauen aus der Dritten und aus der Ersten Welt so
verschieden seien, nur ein Trick ist, um uns getrennt
zu halten. Wir haben festgestellt, daß die Frauen hier
die gleichen Probleme mit den Männern haben wie wir,
manchmal sogar schlimmere. Die sogenannten kulturellen
Unterschiede sind zwar da, aber wir haben auch vieles
gemeinsam, wenn es um die Fragen der Sexualität und der
Mann-Frau-Beziehungen geht." Das sagten die Frauen, die
mit dem Utrechter Gesundheitskollektiv zusammengearbeitet
hatten. Eine Frau aus den Philippinen, die mit den "BOM-
Moeders" (den "bewußt unverheirateten Müttern") von
Amsterdam zusammengearbeitet hatte, sagte: "Ich habe
immer geglaubt, daß westliche Werte und westliche Institutionen gut seien für den Westen, aber nicht für uns.
Jetzt habe ich gesehen: Die westlichen Werte funktio-
ren auch nicht im Westen. Zum Beispiel die Kernfamilie,
von der ich gelernt hatte, sie sei funktional für eine
moderne Industriegesellschaft, funktioniert hier auch
nicht mehr."
Für sie und die anderen Frauen war es eine wesentliche
Erfahrung zu sehen, daß Unterdrückung und Gewalt gegen
Frauen in einer reichen, entwickelten Gesellschaft nicht
verschwunden waren, sondern nur andere Formen angenommen
hatten, als in ihren eigenen Ländern. Sie begannen zu
begreifen, daß vieles, was sie über den Fortschritt moderner Gesellschaften in ihren Universitäten gelernt
hatten, einfach nicht stimmte. Und diese Erkenntnis er-
weckte in ihnen ein neues kritisches Bewußtsein gegenüber
vielem, was ihnen an wissenschaftlichen Theorien vorge-
setzt wurde.

Wie kam es zu solchen Einsichten?

Im folgenden will ich einige der wichtigsten Erkenntnisse
aus dem zweijährigen Versuch der Anwendung der "Methodischen Postulate" im Rahmen des "Fieldwork" darstellen (11):

1. Im Gegensatz zum herrschenden Wissenschaftsparadigma
   wurden im "Fieldwork" nicht **eine** Art der Kenntnis
   (die sogenannte "wissenschaftliche") sondern verschiedene Arten von Wissen und Kenntnis angeeignet. Sie
   umfassen: praktisches Alltagswissen, politisches Wissen und politische "Skills", Selbsterkenntnis (Einsicht in die eigenen Stärken und Schwächen), kritisches Wissen (Fähigkeit zur Ideologiekritik, zur
   Entmystifizierung, theoretisches Wissen, Fähigkeit,
   die empirischen Befunde auf theoretische Aussagen

zu beziehen), soziale Kenntnis (die Fähigkeit, sich auf andere zu beziehen, Beziehungen zu
"anderen" herzustellen, soziale Verhältnisse zu erkennen, zu erkennen, daß Individuen in bestimmten
Verhältnissen zueinander und zu ihrer materiellen,
sozialen und historischen Umwelt leben). Für einen
emanzipatorischen Forschungs- und Lernprozeß sind
m.E. alle Arten von Wissen und Kenntnis notwendig,
nicht nur eine, die dann als "die wissenschaftliche"
einen Primat gegenüber allen anderen beansprucht,
denn sie sind alle miteinander verbunden. Im "Fieldwork" wurden die künstlichen strukturellen Schranken,
die normalerweise zwischen diesen verschiedenen Wis-
sensformen bestehen (meist festgeschrieben durch die
Einzeldisziplinen) durchbrochen, und es entstand so
etwas wie eine ganzheitliche Sicht der Wirklichkeit.

2. Dies war möglich, weil die Forschungs- und Lernsitua-
tion keine Laborsituation war, sondern eine wirkliche
Alltagssituation. Die Probleme, die studiert werden
sollten, wurden zusammen von den Dritte-Welt-Frauen
und den holländischen Frauen definiert. Dabei wurde
für beide deutlich, welche Fragen wichtig sind und
welche nicht.

3. Die Konfrontation mit "anderen Frauen" und mit deren
Lebenswirklichkeit bewirkte, daß in den Dritte-Welt-
Frauen viele Fragen auftauchten, Fragen über sich
selbst, die Situation der Frauen in ihren Ländern,
über ihre Institutionen und Wertsysteme, über bisher
weitgehend tabuisierte Bereiche, wie z.B. den eigenen
Körper, ihre Sexualität usw.. Diese Konfrontation
initiierte zunächst einen Prozeß des **Verlernens**, d.h.
eine kritische Überprüfung dessen, was die Frauen
bisher für "normal", "natürlich", "richtig", "universal" gehalten hatten,und was ihnen durch Schule und
Universität als wissenschaftlich erwiesen beigebracht
worden war. Sie sahen, daß die Lebenswirklichkeit
der "anderen Frauen" nicht mit ihrem gelernten Wissen
übereinstimmte.

4. Sowohl die Dritte-Welt-Frauen als auch die holländischen Frauen brachten ihre "Betroffenheit" in die
Forschungssituation ein, d.h. ihre Subjektivität.
Die persönliche Betroffenheit hinderte nicht den Forschungsprozeß, sondern förderte ihn, weil sie die
Wahrnehmung schärfte und erweiterte und neue Fragen
aufwarf. Die Forschungssituation war eine reziproke:
Zwei Gruppen von "anderen Frauen" begegneten einander
und erforschten sich nicht nur gegenseitig, sondern
drangen dabei auch immer tiefer in die Erforschung
dessen vor, was das Wesen von Frauenausbeutung und
Unterdrückung ausmacht.

5. Diese reziproke Forschung war möglich, weil, im Gegensatz zum herrschenden Wissenschaftsverständnis, die
Forschungssituation kein hierarchisches Machtverhältnis darstellte. Die Frauen aus der Dritten Welt waren
zwar Studentinnen, aber dieses "Privileg" wurde in
dieser Situation dadurch neutralisiert, daß sie aus
unterentwickelten, armen Ländern kamen. Diese Kombination von verschiedenen Widersprüchen (z.B. "weiße
- schwarze" Frauen, "Entwickelte - Unterentwickelte",
"Studentin - Hausfrau" usw.) führte zu wichtigen Erkenntnissen auf beiden Seiten: Die holländischen
Frauen sahen, daß nicht alle Frauen in der Dritten
Welt "arm" sind und daß sie trotz "Unterentwicklung"
in mancher Beziehung freier waren als holländische
Hausfrauen. Umgekehrt sahen die Frauen aus der Dritten
Welt, daß kapitalistische Entwicklung und die angeblich fortschrittliche Kleinfamilie die Frauen nicht
befreit, sondern eher tiefer unselbständig gemacht
hat.

6. Die Situation des "Fieldwork" bedeutete eine Veränderung des Status quo in dem Sinne, daß die Frauen,
die daran teilnahmen, eine neue Sicht der Wirklichkeit
erwarben, sie sahen sie mit anderen Augen an. Oder:
Sie betrachteten das Bekannte von einer anderen Perspektive her (z.B. Familie, Mann-Frau Beziehung, unseren Körper, Gesundheit usw.).
Diese neue Perspektive führte tendenziell auch zu
einer anderen Sicht der gesellschaftlichen Totalität.
Eine neue Perspektive der gesellschaftlichen Totalität
bedeutet aber, daß wir **Verhältnisse** ans Licht bringen:
d.h. wenn wir von Frauen sprechen, sprechen wir von
Männern, wenn wir die Armut studieren, müssen wir
den Reichtum studieren, wenn wir von der Dritten Welt
reden, reden wir von der Ersten Welt. In der herrschenden Wissenschaft wird stets eine der beiden Seiten, die die gesellschaftliche Totalität ausmachen,
im Dunkeln gelassen. Feministische Wissenschaft dagegen muß sich mit beiden befassen, weil die eine die
andere bedingt. Dies wurde ansatzweise im "Fieldwork"
deutlich.

7. Das bedeutete auch, daß die an diesem Prozeß Beteiligten, sich selbst und die anderen als "Ensemble sozialer Verhältnisse" zu begreifen begannen. Das begann
mit den intimsten Beziehungen zum eigenen Körper,
zu Männern, zu Kindern und konnte verlängert werden
zu den internationalen Beziehungen und Verhältnissen,
durch die die Dritte-Welt-Frauen mit den holländischen
Frauen in Verbindung gebracht worden waren, durch
die allgemeinen Warenbeziehungen der Weltwirtschaft.
Es ist wichtig, die Konfrontation zwischen zwei Gruppen "anderer Frauen" nicht idealistisch als die Begegnung "Gleichgesinnter" mißzuverstehen. Es handelte
sich vielmehr um die wirkliche, materielle Begegnung
zweier Seiten der Realität, die durch das System des

Weltmarkts de facto verbunden, aber gleichzeitig im Bewußtsein voneinander getrennt sind.

8. Bei diesem reziproken Forschungs- und Lernprozeß tauchte auch ein neuer Begriff der Intersubjektivität auf. Intersubjektive Vergleichbarkeit ist das Wahrheitskriterium der empirisch analytischen Wissenschaft. Sie soll dadurch erreicht werden, daß subjektive Elemente möglichst aus dem Forschungsprozeß ausgeschlossen werden. Was dabei herauskommt ist allerdings nicht "Objektivität" im Sinne von Wahrheit über die Wirklichkeit, sondern totale Verdinglichung und Entfremdung. Intersubjektivität im Sinne feministischer Forschung entstand im "Fieldwork" durch die Anwendung der Prinzipien der double consciousness und der Teilidentifikation. Die von verschiedener Seite kritisierte Tendenz zur totalen Identifikation, die meist moralistisch und paternalistisch motiviert ist, wie wir sahen, konnte in dieser Situation nicht aufkommen. Das lag z.T. daran, daß Frauen aus der Dritten Welt Frauen aus der Ersten Welt erforschten und zweitens, daß keine Seite irgendwelche materiellen Vorteile aus dieser Beziehung ableiten konnte, keine der anderen "helfen" wollte. Die beiden Gruppen konnten sich echte Neugier leisten, ohne dauernd entweder von Ressentiments nach "oben" oder Schuldgefühlen nach "unten" blockiert zu werden.
Was aber auch den Versuch einer totalen Identifikation ausschloß, war die Tatsache, daß in dieser Begegnung das "Anderssein" der "anderen Frauen" zu einer neuen Sicht des Eigenen führte. Die Frauen aus der Dritten Welt begannen sich selbst, ihre Kultur zu entdecken, indem sie sich davon entfernten. Dieser dialektische Prozeß, der darin besteht, daß man sich selbst von außen betrachten kann, ist meines Erachtens identisch mit dem, was in dem Begriff des doppelten Bewußtseins angedeutet ist. Das Außen ist in diesem Fall aber nicht irgendeine vorgestellte Realität, sondern die wirkliche, lebendige andere Frau, die mich ansieht, mich zu verstehen versucht, ungewohnte Fragen stellt. Das Außen besteht also in einem anderen "Ensemble sozialer Verhältnisse" und d.h. auch, daß eine totale Identifikation, selbst wenn sie versucht würde, nicht möglich ist. Denn trotz aller Empathie, allem Verstehen bleiben die anderen "andere".
Andererseits führte der reziproke Forschungsprozeß dazu, daß die Frauen die meisten tabuisierten Fragen der Sexualität, der Gewalt und ihre Beziehung zu Männern diskutierten. An diesem Punkt stellten sie fest, daß trotz aller unterschiedlichen kulturellen Ausprägungen alle Frauen eine gemeinsame Betroffenheit haben, daß es nicht nur Unterschiede, sondern auch Gemeinsamkeiten zwischen verschiedenen Gruppen von Frauen gibt. Es war diese Erkenntnis, die dazu führte, daß die Studentinnen des ISS hinfort von sich selbst als den "Feministinnen aus der Dritten Welt" sprachen

und den Slogan prägten: "Culture divides us - Struggle
unites us!"
Bei diesem reziproken Forschungs- und Lernprozeß
tauchten auf beiden Seiten neue Fragen auf und eine
große Neugier, zu verstehen, wie die Dinge geworden
sind, wie sie heute sind. Außerdem führte diese Erfahrung dazu, daß bei den Frauen aus der Dritten Welt
konkrete Handlungsentwürfe und Projektideen entstanden, wie sie das, was sie erfahren hatten, in ihren
Ländern umsetzen und wie sie den internationalen Kontakt unter Frauen fördern könnten.

Als wichtigstes Ergebnis dieser Erfahrung ist festzuhalten, daß die vielbeschworene Kluft, die angeblich
zwischen westlichen Feministinnen und Frauen aus der
Dritten Welt besteht, kritisch hinterfragt wurde. Durch
Teilidentifikation mit "anderen" Frauen, durch die sowohl
das Gemeinsame wie die Unterschiede erkannt und richtig
eingeordnet werden können, war es möglich, daß die Frauen
auf beiden Seiten ein Stück weit aufhörten, sich mit
den unterdrückerischen Strukturen, die sich an Merkmalen,
wie Rasse, Kultur usw. manifestieren, zu identifizieren.
Sie begannen durch den Nebelschleier zu schauen, den
u.a. auch "die Wissenschaft" um das Frauenbild gewoben
hat, in dem sie selbst gefangen waren. Die Intersubjektivität, die so entstand, basierte auf der Entdeckung
des gemeinsamen menschlichen Wesens, das unter allen
unterschiedlichen Manifestationen von Frauenunterdrückung
verborgen ist.

Schluß

Die Debatte um feministische Forschung und Methodologie
ist nicht abgeschlossen, die Kritikerinnen der "Methodischen Postulate zur Frauenforschung" haben einen wichtigen Beitrag zu dieser Debatte geleistet, denn Kritik
und Selbstkritik sind bisher in der Frauenbewegung und
in der Frauenforschung noch nicht besonders entwickelt.
Aus falsch verstandener Solidarität vertuschen und ver-
harmlosen wir manches.
Doch wenn wir wirklich weiterkommen wollen mit der
Frauenbewegung und der Frauenforschung, ist es wichtig zu
begreifen, daß Frauenforschung als emanzipatorische Forschung nicht
einfach in das alte szientistische Wissenschaftsparadigma   ein-
gefügt werden kann, das die Welt aufspaltet in "Leben"
und "Denken", "Kopf" und "Hand", "Politik" und "Wissenschaft". Die Endresultate dieser Wissenschaft und dieser
Politik sind die Neutronenbombe und Militärblöcke in
Ost und West. Die Suche nach einem neuen Paradigma, einem
neuen Denk- und Handlungshorizont, ist nicht nur eine
Notwendigkeit für die Frauenbefreiung, sondern wird mehr
und mehr zu einer Überlebensfrage der Menschen.
Wenn wir aber zu einem neuen Denkhorizont kommen wollen,
müssen wir den alten "überschreiten", transzendieren.

Das kann aber nicht nur ein Weggehen in Gedanken sein,
ein wissenschaftlicher Diskurs, sondern dieses Überschreiten muß auch in der Realität geschehen, ein neuer
Horizont muß **erfahrbar** sein und **erfahren** werden, d.h.
ohne eine Veränderung des Standortes, auch im konkreten
Sinn, einer Veränderung des Status quo, wird kein neuer
Horizont sichtbar. Das ist das Dilemma der kritischen,
aber nach wie vor kontemplativen "Kritischen Theorie".
Sie wurde nie zur "kritischen Praxis". Die Erfahrungen,
die wir während des "Fieldwork" in Holland gemacht haben,
ermöglichen es uns m.E. ein wenig weiter in die Richtung
dieses neuen Denkhorizonts vorauszuschreiten!

Anmerkungen

(1) 1983 wurde die englische Fassung des Aufsatzes abgedruckt unter dem Titel: "Towards a Methodology
of Feminist Research" in: Gloria Bowles und Renate
Duelli-Klein (Hrsg.) in: Theories of Women's Studies, Routledge and Kegan Paul, London.

(2) In den Jahren 1978-79 führte ich im Auftrag des
Internationalen Arbeitsamtes (Genf) eine Forschung
über Subsistenzarbeit von Frauen im ländlichen
Indien durch. Der erste Teil der Forschung befaßte
sich mit den Arbeits- und Lebensbedingungen von
Heimarbeiterinnen, die Spitzen für den Weltmarkt
häkeln (vgl. M. Mies: The Lace Makers of Narsapur:
Indian Housewives produce for the World Market,
Zed Press London 1982). Der zweite Teil der Forschung fand unter Landarbeiterinnen statt, die im
Rahmen einer Entwicklungsbewegung mobilisiert und
organisiert worden waren. Der ausführliche Bericht
über diesen Teil erscheint demnächst bei der ILO
in Genf. Ein kurzer Bericht über die Vermittlung
unserer Forschung mit dieser Frauenbewegung findet
sich in: C.v. Werlhof, M. Mies, V. Bennholdt-
Thomsen: Frauen, die letzte Kolonie, Reinbek 1983:
S. 18 (vgl. auch meinen Beitrag: "Frauenforschung
oder feministische Forschung" in: Beiträge zur feministischen Theorie und Praxis Nr. 11)

(3) Im April 1979 übernahm ich den Aufbau und die Koor-
dination des neuen Studien- und Forschungsschwer-
punktes "Women and Development" am Institute of
Social Studies, Den Haag. Im Rahmen dieses Programms
können Frauen aus der Dritten Welt ein fünfzehnmo-
natiges Studium mit dem Schwerpunkt "Women's Studies" absolvieren und mit einem Master of Development abschließen.

(4) Die holländische Debatte wurde vor allem in der Tijdschrift voor Vrouwenstudies geführt und zwar in den Nummern 2 und 3 (1980), 6 (1981) und 9 (1982). Der vorliegende Beitrag wurde erstmalig auf holländisch in Nr. 9 dieser Zeitschrift veröffentlicht.

(5) Der Streit zwischen den klassischen Biologen und dem russischen Agronom Lysenko um die Vererbungslehre wurde durch Unterstützung Stalins zugunsten von Lysenko entschieden. Später jedoch stellte sich heraus, daß Lysenko mit seiner Theorie Unrecht hatte.

(6) Cees Hamelink macht eine klare Unterscheidung zwischen repressiver Forschung und emanzipatorischer Forschung. Den Positivismus oder den logischen Empirismus rechnet er zu den Wissenschaftstheorien, durch die repressive Forschung legitimiert wird. (Vgl.: Cees Hamelink: New Structure of International Communication: The Role of Research, ISS Occasional Paper No. 87, July 1981)

(7) Dieses positivistische Wissenschaftsverständnis liegt m.E. auch letzten Endes dem Strukturalismus zugrunde, auf den sich in Frankreich und den angelsächsischen Ländern viele Frauen berufen, die Frauenforschung machen. Auch die Verbindung zwischen Marxismus und Strukturalismus, wie sie Althusser versucht hat (auf ihn und seine Forderung nach relativer Autonomie der Wissenschaft berufen sich Anet Bleich, Ulla Janzs und Selma Leydesdorff), hat das positivistische Paradigma noch nicht überwunden, sondern eher zu einer Verakademisierung des Marxismus geführt, wie leicht an der Produktionsweisendebatte zu sehen ist.

(8) Hier sei nur auf die direkten Folgen dieser Wissenschaft für Frauen in China und Indien verwiesen. In beiden Ländern werden die Methoden der modernen Wissenschaft angewandt, um das weibliche Geschlecht insgesamt zu dezimieren. Die vorgeburtliche Bestimmung des Geschlechts eines Kindes hat in beiden Ländern zu gezielten Abtreibungen von weiblichen Föten geführt. Auch die Sterilisations- und Familienplanungskampagnen in beiden patriarchalisch strukturierten Ländern wirken sich für Frauen z.T. direkt lebensbedrohend aus. (Vgl. Mies 1978)

(9) Der angebliche Gegensatz zwischen quantitativer und qualitativer Methode entspricht exakt dem anderen scheinbaren Gegensatz zwischen Industrieländern und Entwicklungsländern. Die quantitativen Methoden galten als adäquat für die Soziologie in den Industrieländern, die qualitativen für die Anthropologie und Ethnologie in den Kolonien. Was dabei

verschleiert wird ist die Tatsache, daß diese dua-
listisch getrennten Bereiche erst durch den kapita-
listischen Weltmarkt sowohl einander entgegengesetzt
aber auch miteinander in dieser widersprüchlichen
Weise verbunden wurden.

(10) Die Studentinnen des ISS haben in den Jahren 1979
bis 1981 mit folgenden holländischen Gruppen zusam-
mengearbeitet: Frauenprojekt in "De PijP" Amsterdam,
der türkischen Frauengruppe "Schildershage", Den
Haag, der surinamesisch-holländischen Frauengruppe
ANS, Den Haag, Frauen im Industriebond F.N.V., Den
Haag, dem Frauengesundheitszentrum, Utrecht, der
Open School voor Vrouwen, Amsterdam, den BOM-Moeders
Amsterdam, einer Gruppe: Frauen gegen Faschismus,
Rotterdam und der Lateinamerikanischen Arbeitsgruppe
V.K.W., Utrecht.

(11) Die Erfahrungen über das zweijährige Experiment
mit der Umsetzung des neuen Methodenansatzes wurden
zusammengefaßt in einem Bericht von Mia Berden und
mir: "Experimenting with a New Methodological
Approach: "Fieldwork" in: Women's Studies, Institute of Social Studies, 1979-1981", Paper, Institute
of Social Studies, 1981

Literatur

BERDEN, M., MIES, M., 1981: Experimenting with a New
     Methodological Approach "Fieldwork"in: Women's Studies,
     Institute of Social Studies, 1979-1981, Paper, ISS,
     Den Haag.
BLEICH, A., JANSZ, U., LEYDESDORFF, S., 1980: "Lof der
     Rede", in: Tijdschrift voor Vrouwenstudies, Jg.
     1 Nr. 2.
BÖHME, Gernot, 1980: Alternativen der Wissenschaft, STW
     Nr. 337, Frankfurt.
GERRITS, C., 1980: De Slaap von de Rede verwekt Monsters,
     Tijdschrift voor Vrouwenstudies, Jg. 1 Nr. 4.
HAMELINK, C., 1981: New Structure of International Commu-
     nication: The Role of Research, Occasional Paper
     Nr. 87, Institute of Social Studies, Den Haag.
KOMTER, A., MOSSINK, M., 1980: Kennis of verandering:
     de wankele balans tussen wetenschap en politiek,
     Tijdschrift voor Vrouwenstudies, Jg. 1 Nr. 3.
MACHEWSKI, W., 1979: Socialweetenschappelijke methoden
     en hun vooronderstellingen over het ondersoeksob-
     jekt, in: Psychologie en maatschappij, SUA Amster-
     dam, abgedruckt in: Methodologie, Theorie Feminisme,
     Utrecht 1980.
NOTULEN van de Lova, dag: 31.10.1980: Praktijkervaringen met
     werden volgens de feministische methodologie,
     (Paper).

MIES, M., 1978: Methodische Postulate zur Frauenforschung,
     in: Heksenkollege, verslagboek over vrouwen, weten-
     schap en kultuure, Nijmegen.
dies., 1978: Methodische Postulate zur Frauenforschung:
     Dargestellt am Beispiel der Gewalt gegen Frauen,
     in: Beiträge zur feministischen Theorie und Praxis,
     Nr. 1 München.
dies., 1979: Towards a Methodology of Women's Studies,
     ISS Occasional Paper Nr. 77, Institute of Social
     Studies, Den Haag.
dies., 1982: The Lace Makers of Narsapur: Indian House-
     wives produce for the Worldmarket, ZED-PRESS, London
dies., 1983: Towards a Methodology of Feminist Research,
     in: G. Bowles, R. Duelle-Klein (Hrsg.) Theories
     of Women's Studies, London.
RUITENBERG, Chr., BLOM, S., van de BRINK, A., de COOLE,
     B., 1981: Feministisch Onderzoek, (Paper), Utrecht.
THOMAS-LYCKLAMA, G., 1979: Feminisme en Wetenschap, An-
     trittsvorlesung Landbouwhogeschool, Wageningen.
VERKERK, M., 1981: Feministische methodenleer, en nieuwe
     'isme' in: Utrechts Universiteitsblad, 27 februari
WIEMANN, B., 1980: De achillesheel van een feministisch
     onderzoek: Moeders onder elkaar, in: De Groene
     Amsterdamer, 29. Oktober.
GÖTTNER-ABENDROTH, H.: Wissenschaftstheoretische Posi-
     tionen in der Frauenforschung, in: H. Bendkowski
     u. B. Weisshaupt (Hrsg.): Was Philosophinnen denken,
     Amman Verlag Zürich 1983, S. 253 ff.

Helge PROSS

"GIBT ES POLITISCHE ZIELE FÜR FRAUENFORSCHUNG BEZIEHUNGS-
WEISE FEMINISTISCHE FORSCHUNG?
IST ES MÖGLICH, MIT HERKÖMMLICHEN METHODEN DER SOZIAL-
FORSCHUNG DIESE FORSCHUNG ZU BETREIBEN?"

Unter "Frauenforschung" verstehe ich alle Arbeiten, die
mit den Mitteln der verschiedenen Kulturwissenschaften
versuchen, die besondere Situation von Frauen in Gesellschaften der Gegenwart und der Vergangenheit zu beschreiben und zu erklären. Ich grenze "Frauenforschung" also
über ihren Gegenstand von anderen Forschungszweigen
ab - analog etwa zur "Sozialisationsforschung" oder
innerhalb der Soziologie zur "Industriesoziologie".
Wie man weiß, wurde und wird die so verstandene Frauenforschung überwiegend von Frauen betrieben. Selbstverständlich kann sie aber auch von Männern geleistet werden.

Frauenforschung ist kein neues Gebiet, sie hat - jedenfalls in der Soziologie - durchaus Tradition. Es gab sie
bereits vor dem Ersten Weltkrieg - zum Beispiel die Studien von Marianne Weber, über Ehefrau und Mutterrecht
und über Studentinnen -, es gab sie auch in der Aufbau-
phase der Bundesrepublik. Damals kamen wichtige Schriften
heraus über die politische Rolle der Frau (Bremme 1954),
über die Berufstätigkeit von Müttern (Pfeil 1961), über
die Lage der Mütter in der Bundesrepublik (Reinhold
Junker 1965/66), über junge Arbeiterinnen (Jaide 1959),
über andere Themen. Die Liste ließe sich beträchtlich
verlängern.

Frauenforschung als wissenschaftliche Bearbeitung von
"Frauenfragen" ist demnach nichts Neues. Ich erwähne
das, weil Feministinnen gelegentlich behaupten, sie habe
sich erst aus den Anstößen der seit den frühen 70er
Jahren aktiven neuen Frauenbewegung entwickelt (Mies
1978, S. 50 und Woesler 1980, S. 3). Für die Soziologie
trifft das nicht zu.
Hatte und hat die so verstandene Frauenforschung politische Ziele? Nach meiner Einschätzung: Ja. Zumindest
stellen alle mir bekannten soziologischen Untersuchungen
auf Defizite an Rechtsgleichheit und faktischer Gleichberechtigung, auf besondere Belastungen, Benachteiligungen und Lebensrisiken von Frauen ab. Indem sie diese
analysieren, prangern sie sie an, und indem sie sie an-
prangern, kritisieren sie den status quo.

Selbstverständlich waren und sind die unmittelbaren politischen Ziele aber nicht einheitlich. So konnte und kann
zum Beispiel die Kritik an Überbeanspruchungen von er-
werbstätigen Müttern oder die Kritik an Unterbeanspru-
chungen von nichterwerbstätigen Frauen zu durchaus verschiedenen politischen Folgerungen führen. Da der Gegenstand - die soziale Lage von Frauen - immer schon gesellschaftlich bewertet ist; da Politik mit Wertungen zu
tun hat; und da die Wissenschaftlerinnen sich nicht in
einem diesen Wertungen exterritorialen Raum bewegen,
ist die Differenz der mit Frauenforschungen verbundenen
Ziele selbstverständlich. Sie könnte nur durch gewalt-
same Unterdrückung der jeweils als abweichend definierten
Bewertungen von Frauenproblemen beseitigt werden.

Die politischen Ziele, die sich einerseits aus den Normen der Gleichberechtigung zwischen den Geschlechtern
und andererseits aus den Tatsachen von Gleichberechti-
gungsdefiziten ergeben, sind auch keine **Aktionsziele**.
Wohl wurden aus den Ergebnissen häufig Forderungen an
die Politiker abgeleitet - in den 60er Jahren etwa die
Forderung nach dem Ausbau der sozialen Infrastrukturen,
die es Frauen erleichtern sollten, Berufsaufgaben und
Familienaufgaben zu verbinden; oder die alte Forderung
nach einer breiteren Öffnung des Bildungssystems für
Mädchen; oder die Forderung nach einer breiteren Öffnung
qualifizierter Positionen in Wirtschaft und Gesellschaft.
In allen diesen Fällen handelte es sich jedoch um Empfehlungen an die Praktiker der Politik, nicht um Aufrufe
an den eigenen Kreis, die Wissenschaftlerinnen, nun
selbst politisch aktiv zu werden. In allen Fällen wurde
die Trennung von Wissenschaft als Beruf und Politik als
Beruf respektiert und nicht ihre Fusion propagiert.

Ich halte die Beachtung dieser Trennung für richtig,
die von einigen Feministinnen neuerdings erhobene Forderung, Forschung direkt mit praktischer politischer Aktivität zu verbinden, für schlecht. Wenn ich z. B. die
Gedanken, die Maria Mies 1978 veröffentlicht hat, richtig
verstehe, läuft diese Forderung darauf hinaus, daß sich
die Forschung fremdgesetzten Zielen unterwirft. Mies
meint, Sozialwissenschaftlerinnen, wenn sie "die Frauenunterdrückung insgesamt aufgeben wollen" (S. 49), müßten
"selbst an den Kämpfen und Aktionen zur Frauenbefreiung
teilnehmen" (S. 49), Forschung sei "in soziale und politische Aktionen zur Frauenbewegung" zu "integrieren"
(S. 49). Mies folgert weiter, "daß die Wahl des Forschungsgegenstandes nicht mehr der Beliebigkeit der einzelnen Sozialwissenschaftlerin oder ihren subjektiven
Karriereinteressen überlassen bleiben kann, sondern abhängig sein wird von den allgemeinen Zielen und den strategischen und taktischen Erfordernissen der sozialen

Bewegung zur Aufhebung von Ausbeutung und Unterdrückung
von Frauen" (S. 51).

Ich kann mir solche Forderungen nicht zu eigen machen,
denn ihre Realisierung würde bedeuten, daß primär außer-
wissenschaftliche Kräfte die wissenschaftliche Arbeit
beherrschen. Soziale Bewegungen, auch Frauenbewegungen,
kämpfen um Macht. Machtkämpfe zwingen zu Geheimhaltungen
und taktischen Rücksichten. Eine in sie eingebundene
Forschung ist unfrei. Die Wissenschaftler und Wissenschaftlerinnen müssen ihre Themen gemäß den von den An-
führern der Bewegung definierten Interessen wählen, sie
können die Bewegung und deren Sprecher nicht öffentlich
kritisieren und abweichende Ergebnisse nicht publizieren.
Mit der Pluralität von Problemformulierungen, Theorien
und Methoden wäre es vorbei. An die Stelle der Richtig-
keitskontrolle durch die fachwissenschaftliche öffentliche Diskussion träte die politische Kontrolle, Kontrolle durch Gesinnung und Macht.

Auch die von Christine Woesler 1980 genannten Ziele sind
m. E. abwegig. Woesler schreibt: "Ein wesentliches Ziel
(einer feministischen sozialwissenschaftlichen Forschung)
ist die Realisierung einer humanen Gesellschaft mit
Theorien und Erkenntnissen von freien Menschen, die nicht
an Herrschaft gebunden sind" (S. 2). Die Formulierung
ist allerdings dunkel, so daß ich auch hier nicht weiß,
ob ich sie richtig verstehe. Sofern Woesler nur den alten
Marcuse'schen Gedanken einer herrschaftsfreien Gesellschaft wiederholt, gelten alle Einwände, die längst dagegen vorgebracht worden sind - etwa der Einwand, daß
eine Gesellschaft ohne Normen, also ohne verbindliche
und durch Sanktionen gestützte Regulierungen eine abstrakte Salonutopie ist. Sofern Woesler eine andere Vorstellung von "humaner" Gesellschaft hat, bleibt sie die
Konkretisierung schuldig und bietet nur ein leeres
Klischee. Weder die abstrakte Utopie noch die Leerformel
eignen sich als Orientierung für die Forschung, für die
Frauenforschung so wenig wie für andere.

In der feministischen Frauenforschung, oder vielleicht
sollte man sagen: für die feministische Frauenforschung
werden auch noch andere Ziele formuliert. Ich ziehe hier
Überlegungen heran, die von verschiedenen Autorinnen
im Hinblick auf den Wissenschaftsbetrieb vorgebracht
worden sind. Danach soll Frauenforschung dazu beitragen,
diesen Betrieb so umzuformen, daß er weiblichen Bedürfnissen besser entspricht. Gemeint sind nicht nur sozialrechtliche Anpassungen an die familialen Aufgaben von
Frauen, etwa die Nichtanrechnung des Mutterschaftsurlaubs auf Vertragsfristen von wissenschaftlichen Mitarbeiterinnen, sondern darüberhinaus und vor allem die

Durchsetzung von Verhaltensweisen. Gemeint sind: weniger Konkurrenz, weniger Publikationszwang, engerer Bezug zur "Basis", größere Nähe der forschenden Frauen zu den Frauen, über die sie arbeiten, mehr Freiraum für "persönliche Betroffenheit", generell für Subjektivität, weniger Hierarchie, weniger Formalität der Beziehungen in den Forschungsinstitutionen, mehr "Lebensnähe". Solche Zielideen gehen über die Forderung nach Gleichberechtigung der Geschlechter im Sinne ihrer Gleichstellung in ansonsten nicht prinzipiell veränderten Institutionen hinaus. Sie richten sich auch auf eine Veränderung dieser Institutionen, der sozialen Formen der Forschung. Die Betonung der sozialen Arrangements oder der Arbeitsformen und ihrer Veränderung unterscheidet sie von den Zielvorstellungen in der nicht-feministischen Frauenforschung.

Ich habe meinerseits keine grundsätzlichen Einwände gegen solche Programmatiken, die ja auch keineswegs exklusiv feministisch sind. Ich sehe aber auch ihre Schwächen. Eine Schwäche, den Autorinnen natürlich nicht unbekannt, liegt in der Tatsache, daß sie Fernziele sind, unerreichbar, solange nicht sehr viel mehr Frauen in den Forschungsstätten arbeiten, und solange sie dort nicht selbstverständlich anwesend sind. Vielleicht sind Fernziele wichtig, aber ich glaube, man sollte sich nicht lange bei ihnen aufhalten, sondern sich mehr auf Nahziele und auf die eigene wissenschaftliche Arbeit konzentrieren. Das ist, wie wir alle wissen, schon schwierig genug. Wichtiger als Debatten über eine prinzipielle Umformung des Forschungsbetriebes scheint mir das Nachdenken darüber, wie er Frauen besser zugänglich gemacht werden kann, wie sich die Forschungsbedingungen für Frauen, vor allem für Frauen mit Kindern, verbessern lassen. Ob es darüberhinaus erstrebenswert ist, und ob es gelingen kann, den Wissenschaftsbetrieb im Sinne der referierten Ziele umzubilden, und ob das durch Frauenforschung möglich wäre, kann man heute getrost offenlassen. Lange Diskussionen über Fernziele sind m. E. nicht nur unnötig, sie können auch gefährlich sein, dann nämlich, wenn sie der Illusion Vorschub leisten, man käme irgendwie um die Mühen des Eintritts in die Institutionen und der Behauptung in ihnen herum. Die Hoffnungen auf eine Veränderung der Institutionen vermindern ja nicht die Schärfe der Konkurrenz, sie verringern auch nicht die Preise für erfolgreiche wissenschaftliche Arbeit, und auch nicht die Risiken, die man eingeht, wenn man sich auf den Weg der Wissenschaft als Beruf begibt.

Die Hoffnung, forschende Frauen könnten die Forschungseinrichtungen im skizzierten Sinn verändern, nämlich sie entspannen, hat auch Züge einer Hoffnung auf die

Quadratur des Kreises. Verändern kann man in diesem Bereich nur **in** den Institutionen, aber wer sich in den Institutionen bewegt, wird auch durch sie geprägt. Dabei bleiben manche Motivationen und Fähigkeiten, so etwas wie einen weiblichen Kultureinfluß zur Geltung zu bringen, auf der Strecke. Ich habe den Stoßseufzer eines amerikanischen Kollegen im Ohr, in dessen Department so viele Professorinnen arbeiten, wie es in der Bundesrepublik noch undenkbar ist: "They are so strong."

Die zweite uns vorgegebene Frage lautet: "Ist es möglich, mit den herkömmlichen Methoden der empirischen Sozialforschung diese (die Frauen-)Forschung zu betreiben?" Meine Antwort: "Selbstverständlich ja". Ich sehe nicht, daß für die Frauenforschung grundsätzlich andere Verfahren der Datenerhebung und -auswertung nötig wären, als für Untersuchungen über andere Themen. Ganz abgesehen davon, befinden sich ja auch die sogenannten herkömmlichen Methoden in einem Dauerprozeß der Veränderung. Das jeweils Herkömmliche in der empirischen Sozialforschung bleibt nicht herkömmlich, es wandelt sich infolge von Fachkritik, neuen Problemen, neuen Technologien und innovativen Ideen der Forscher. Das sind triviale Feststellungen, anstößig nur für diejenigen, die glauben, man könnte Forschung außerhalb der allgemeinen Entwicklung der Wissenschaft besser betreiben, insofern also "Autonomie" praktizieren. Welche Methoden man benutzt, hängt - außer von Finanzierungsmöglichkeiten - vom allgemeinen Stand der Methodenentwicklung und von der speziellen Fragestellung ab. Quantifizierende, auf statistische Repräsentativität abstellende Methoden gegen eher qualitative Vorgehensweisen, oder standardisierende gegen hermeneutische Verfahren auszuspielen, scheint mir sinnlos. Wir brauchen beide. Auch in der Frauenforschung braucht man Informationen über Verteilungen **und** Informationen über Tiefenstrukturen, Aufschlüsse über aktuelle Verhältnisse **und** über deren Genese. Welche Methode oder Methodenkombination angemessen ist, muß von Projekt zu Projekt neu entschieden werden.

Da seit einigen Jahren in der Frauenforschung die Neigung besteht, qualitative Verfahren zu favorisieren und quantitative Verfahren abzuwehren, möchte ich auch hier einige Warnungen vorbringen. Nicht repräsentative Untersuchungen haben vielleicht eine bessere Chance, individuelle Differenzen, Unterschiede der persönlichen Einstellungen, Erfahrungen und Verhaltensweisen und Ambivalenzen innerhalb einer Person zutage zu bringen. Diese Chance hat aber auch ihren Preis. Die Untersuchungen bleiben explorativ, enthalten also keine Aussagen über makrosoziale Verteilungen und deren Veränderungen. Genauso wichtig ist, daß sie keine zuverlässigen Auskünfte über Zusammenhänge zwischen Soziallagen und Verhaltensweisen geben können - Auskünfte, die nur über Vergleiche zwischen Gruppen in verschiedenen Soziallagen möglich werden. Nichtrepräsentative Untersuchungen sind auch außerstande, die spezifischen Züge der jeweils untersuchten Gruppe zu erhellen, weil das je Spezifische sich nur durch Vergleich ermitteln läßt. Ein Beispiel: Was an der ausgeprägten Familienorientierung von Fabrikarbeiterinnen ist charakteristisch für Arbeiterinnen, und was daran ist unspezifisch, nämlich Gemeingut von Arbeiterinnen und Frauen anderer Schichten und Berufe? Bloß explorative Studien kommen über die Deskription nicht hinaus, sie können Zusammenhänge zwischen Sozialstrukturen einerseits, Einstellungen und Verhalten andererseits nicht klären, weil sie keine ausreichende Zahl verschiedener Sozialstrukturen und verschiedener Einstellungen erfassen.

Nach meinem Eindruck steckte freilich in der Frage, ob man Frauenforschung mit den herkömmlichen Methoden der empirischen Sozialforschung betreiben kann, nicht allein die Frage nach der von Fall zu Fall zu treffenden Entscheidung, die Frage nach den adäquaten Techniken für ein bestimmtes Projekt, sondern das grundsätzliche Problem, ob für Forschungen über Frauen generell andere Vorgehensweisen benötigt werden als für Studien über andere Gruppen und Themen. Meine Antwort ist ein nachdrückliches "Nein". Es gibt keine spezifisch weiblichen Problemlagen, die den bekannten Erhebungs- und Auswertungsmethoden nicht zugänglich wären. Die Probleme von Frauen sind komplex, aber das sind Probleme von Männern auch, also Probleme, zu deren Ermittlung die verschiedenen empirischen Methoden entwickelt wurden.

Die Eigenart der Frauenforschung besteht nicht in den von ihr benutzten Methoden. Sie besteht in der Problemformulierung, in der Auswahl der Forschungsgegenstände. Sie besteht darin, daß ignorierte oder vernachlässigte Gruppen zum Gegenstand von Untersuchungen gemacht werden. Vielleicht werden davon langfristig Rückwirkungen auf allgemeine Fachentwicklungen ausgehen.

Ein Beispiel sind soziologische Theorien der Schichtung und Mobilität. Sie beziehen sich fast ausschließlich auf die sozialen Positionen von Männern. Allenfalls werden, wie vor langer Zeit von Schumpeter, Familien zur Bezugsgröße gemacht. Ungelöst ist, wie die verschiedenen Kategorien von Frauen in die Schichtungsschemata eingeordnet werden können, wenn man die Frauen nicht einfach als Annexe der Väter und Ehemänner klassifiziert.
Ein anderes Beispiel dafür, wie Frauenforschung auf allgemeine Fachentwicklungen zurückwirken könnte, bezieht sich auf Prozesse der Prioritätensetzung in der Politik.

Hängen die Prioritäten etwa von Parteien und Parlamenten mit dem Geschlecht der Akteure, also damit zusammen, daß diese beinahe ausschließlich Männer sind? Ich zweifle nicht, daß solche Zusammenhänge bestehen, aber sie müßten sorgfältig nachgewiesen werden und das ist bisher nicht geschehen. Wenn es eines Tages geschieht, dann könnte es nötig werden, die allgemeinen Theorien über Willensbildung und Entscheidungsfindung in der Politik zu revidieren; dann hätte die Frauenforschung der Soziologie und der Politikwissenschaft tatsächlich neue Horizonte geöffnet.

Frauenforschung im eingangs genannten Sinn als Forschung **über** Frauen, aber nicht exklusiv **von** Frauen trägt zu einem differenzierteren Verständnis sozialer Wirklichkeiten bei. Sie kann zur Revision herrschender Theorien führen und hat das bereits getan (z. B. die Revision der an Parsons anschließenden Theorie von Zeldich über die Universalität der Zuweisung von instrumentellen und expressiven Funktionen an die Geschlechter innerhalb der Familie). Sie kann auch zu politischen Maßnahmen zugunsten von Frauen beitragen und hat das ebenfalls bereits getan (z. B. die Modellversuche "Tagesmütter", "Mädchen in technischen Ausbildungen"; die Reform der Versorgungsansprüche im Rahmen der Eherechtsreform). Frauenforschung kann dazu beitragen, die in der Öffentlichkeit herrschenden Ideologien vom männlichen und weiblichen "Wesen" zu korrigieren - und auch das ist schon geschehen. Eine, wenn auch sicher nicht die einzige und keine ausreichende Voraussetzung dafür ist, daß sie den jeweils erreichten wissenschaftlichen Standards entspricht. Das wiederum schafft sie nur, wenn sie sich nicht freiwillig in ein Ghetto begibt, sondern den Anschluß an die allgemeinen Entwicklungen der jeweiligen Wissenschaft, der Entwicklung von Theorien und Methoden, der Kritik und Kontroversen, bewahrt.

Literatur

Frauenforschung in den USA und in der Bundesrepublik (Teil 1). Referate der Tagung des DAB vom 9. - 11.10. 1981, in: Mitteilungsblatt des Deutschen Akademikerinnenbundes e. V. 61/1982
Frauen in Forschung und Lehre, Referate der Arbeitstagung vom 14. - 16.10.1982. in: Mitteilungsblatt des Deutschen Akademikerinnenbundes e. V. 63/1983.
METZ-GÖCKEL, S. Hrsg., Frauenstudium. Zur alternativen Wissenschaftsaneignung von Frauen. Hamburg 1979 (Reihe "Blickpunkt Hochschuldidaktik").

MIES, M. Methodische Postulate zur Frauenforschung, dar-
    gestellt am Beispiel der Gewalt gegen Frauen, in:
    Beiträge zur Feministischen Theorie und Praxis
    1/1978.
SÜßMUTH, R., Kritische Frauenforschung in der Bundes-
    republik, in: Mitteilungsblatt des Deutschen Akade-
    mikerinnenbundes, e.V. 61/1982.
WOESLER, Chr., Ein feministischer Blick auf die empiri-
    sche Sozialforschung, in: Dokumentation II der Tagung
    Frauenforschung in den Sozialwissenschaften. Dort-
    mund 1980.
WOESLER DE PANAFIEU, Chr., Empirie und Frauenforschung -
    Forschung am Beispiel biographischer Methoden, in:
    Zentraleinrichtung zur Förderung von Frauenstudien
    und Frauenforschung an der Freien Universität Berlin.
    Vortragsreihe zur Frauenforschung. Berlin (W) 1983.
Zentraleinrichtung zur Förderung von Frauenstudien und
    Frauenforschung an der FU Berlin. Vortragsreihe zur
    Frauenforschung, Berlin (W) 1983.

Monika BOLBRÜGGE / Sabine HERMANN / Sabine HENCK /
Brigitte PAPEN / Brigitte SALZMANN

VON DER THEORIE ZUR PRAXIS.
ERFAHRUNGEN UND ERGEBNISSE AUS DEM UMGANG MIT EINEM
FEMINISTISCHEN FORSCHUNGSANSATZ.

Wer wir sind

Wir fünf Frauen haben gemeinsam mit einer weiteren Frau,
also zu sechst, eine Diplomarbeit am Fachbereich Psychologie der Universität Hamburg geschrieben, mit dem Titel
"Sechs Frauen - ein Thema - ein neuer Weg". Dabei haben
wir die Postulate von Maria Mies aufgegriffen und versucht, Frauenforschung in die Praxis umzusetzen. Nach
einem Arbeitsprozeß von 1 1/2 Jahren war das "Werk" fertiggestellt. Es umfaßt 570 Seiten und besteht - wie der
Titel schon sagt - aus drei großen Teilen: "Sechs Frau-
en": Beschreibung eines Arbeitsprozesses, unsere Höhen
und Tiefen auf inhaltlicher, methodischer und zwischenmenschlicher Ebene. "Ein Thema": Die historische Aufarbeitung von Mütterlichkeit ; von ihrer Entstehung im
Zuge der Industrialisierung, über die Beurteilung, wie
die Alte Frauenbewegung und die Neue Frauenbewegung mit
"Mütterlichkeit" umgegangen ist bzw. umgeht, und welche
gesellschaftliche Funktion dieses Phänomen heute noch
immer hat. "Ein neuer Weg": Darstellung unseres feministischen Forschungsansatzes.

In dem folgenden Aufsatz versuchen wir, unser methodisches Vorgehen darzustellen, von den Ansprüchen, die
wir zu Beginn der Arbeit hatten, über die Darstellung
unseres Prozesses bis zu der Frage, was wir erreicht
haben und was nicht.

Unser Hintergrund

Seit Beginn unseres Studiums haben wir uns mit psychologischen Forschungsmethoden auseinandergesetzt. In Arbeitsgruppen (sogenannten Methoden-Kritikgruppen) diskutierten und kritisierten wir das am Fachbereich überwiegend vertretene herkömmliche Wissenschaftsverständnis
und befaßten uns auch mit Aktionsforschung. Auch dieser
Ansatz befriedigte uns nicht restlos. Wir waren auf der
Suche nach einem Forschungsweg, der sowohl an gesellschaftlich relevanten Problemen ansetzt, sich an den
Erfahrungen und den Zielen der Betroffenen selbst
orientiert, Parteilichkeit der Forscherinnen/der Forscher
voraussetzt, als auch von einer feministischen Sichtweise aus die Situation von Frauen in dieser Gesellschaft
erforscht.

Als das erste Frauenforschungsseminar - von Feministinnen
erkämpft - am Fachbereich entstand, schienen sich unsere
Hoffnungen zu erfüllen.
Wir begannen das Seminar mit der Frage: Was ist für uns
Frauenforschung? Um eine Antwort zu finden, gingen wir
viele Wege, probierten, verwarfen, stellten in Frage,
verzweifelten auch manchmal:
Zu Beginn machten wir eine Selbsterfahrungseinheit zum
Thema: Wie haben wir gelernt, die Welt zu erforschen
bzw. wodurch wurde unsere Neugierde (oder Forscherinnen-
drang) in unserer Kindheit beschnitten? Mit einem brain-
storming versuchten wir der Frage: Was ist für uns Wissenschaft, was verbinden wir mit dem Begriff? näherzu-
kommen. Lange und ausführlich setzten wir uns dann mit den
Postulaten von Maria Mies zur Frauenforschung auseinander. Problem- und Diskussionspunkte dabei waren:
- wie macht frau Frauen nicht zu Forschungsobjekten?
- gibt es "falsches" oder "richtiges" Herangehen an
  ein Forschungsthema?
- liegt in einer Forschung, die sich mit allerkleinsten
  Details befaßt nicht die Gefahr, den Gesamtzusammen-
  hang zu verlieren oder zu zerstören?

Als nächstes untersuchten wir Frauenforschung unter dem
Blickwinkel von "Sprache" und "Praxis". Anhand von mit-
gebrachten anonymen Texten versuchten wir Kriterien zu
entwickeln, um herauszufinden, ob sie von einer Frau
oder einem Mann geschrieben wurden. In der Diskussion
wurde uns bewußt, daß nicht nur die Geschlechtsrolle,
sondern auch Inhalt und Auftrag/Absicht die Ausdrucksform
eines Textes bestimmen. Daraufhin versuchten wir, uns
diesem Thema "historisch" zu nähern und fragten: Was
ist Sprache überhaupt? Wie hat sie sich entwickelt?
Welche/wessen Realität spiegelt sie wieder? Wurde auch
weibliche Erfahrung mit Sprache benannt?
Danach verwandten wir einige Sitzungen, um über unsere
Zukunft als Psychologinnen zu sprechen, über unsere
Träume, Utopien, Praxisängste. Dabei stellten sich uns
folgende Fragen: Wie kann ich (männliche) Herrschaft
bekämpfen? Kämpfen - wofür/wogegen/warum/wie? Vieles
blieb unklar, Maos Text "Über die Praxis" gab uns neue
Anstöße: Wie machen wir Erfahrungen? Haben wir ein Bedürfnis nach Erkenntnis und Praxis? Haben wir noch eine
Ahnung von unseren "ureigenen" Bedürfnissen? Gibt es
"richtige" und "falsche" Bedürfnisse?

Nach drei Semestern Frauenforschung stellten wir fest,
zum Thema "Frauenforschung" gibt es wenig, auf das frau
zurückgreifen kann. Die Forscherinnen sind wir! Manchmal
waren wir entmutigt, wollten gern etwas "ganz Neues"
schaffen und mußten feststellen, Frauenforschung läßt
sich nicht losgelöst von der Männerwelt entwickeln. Unsere Ansätze zu Theorie und Praxis sind gebrochen durch
die Tatsache, daß wir in einer männlichen Welt leben.

Ein Weg damit umzugehen ist, stets zu beobachten, was
wir tun, wofür, wie, unter welchen Bedingungen, mit welchen Strukturen?
Wir stellten weiterhin fest, daß die Postulate von Maria
Mies eine wichtige Grundlage von Frauenforschung darstellen, daß sie uns Hilfen und Ansatz bieten, wir sie
jedoch nicht als Dogmen setzen wollen, sondern als Anregung verstehen und daß jede Frauen-Forscherin auf dieser Basis ihren eigenen Weg finden und gehen muß.
Dabei haben wir folgende Grundvoraussetzungen als wesentlich erkannt:
- Einbeziehen und analysieren von Alltagserfahrungen -
  Dialektik aufzeigen zwischen gesellschaftlichen Bedingungen und subjektiven Erfahrungen
- Prozeß verändert die Forscherin - diese Veränderungen
  dokumentieren
- Methoden immer aus der konkreten Situation entwickeln
  und ihren Nutzen hinterfragen
- "Sprache" als Spiegel des eigenen Selbstverständnis-
  ses nutzen

Vor diesem Hintergrund begannen wir unsere Diplomarbeit.

Was wir wollten

Innerhalb des von der Uni gesetzten Rahmens wollten wir
unsere Zeit nutzen und das Bestmögliche daraus machen.
Wir wollten einen neuen Forschungsweg gehen, etwas Ganz-
heitliches machen. Wir wollten uns ein Jahr lang mit
etwas beschäftigen, was uns betrifft, was uns zugute
kommt, was uns weiterbringt, woraus wir etwas lernen
und auch andere etwas lernen können. Wir wollten von
unserer Betroffenheit als Frauen in dieser Gesellschaft
ausgehen, unsere alltäglichen Erfahrungen von Ausbeutung
und Unterdrückung zum Ausgangspunkt unserer Forschung
machen.
Wir wollten eine Verbindung herstellen zwischen unseren
individuellen Erfahrungen, den Erfahrungen aller Frauen
und den herrschenden gesellschaftlichen Bedingungen.
Wir wollten parteilich sein, Strukturen offenlegen und
auf ihre Veränderung hinwirken.
Wir wollten Methoden finden, die diesen Interessen dienlich sind. Wir wollten den Forschungsprozeß durchsichtig
machen, Meinungen, Standpunkte und damit auch Ergebnisse
in einen Kontext stellen, verstehbar und nachvollziehbar
machen.
Wir wollten nicht vorher ein Konzept festlegen, was und
wie etwas erarbeitet werden sollte, sondern Fragen immer
wieder neu stellen, das Vorgehen immer wieder neu entscheiden.
Wir wollten immer von dem ausgehen, was gerade ist, wollten machen und gucken was passiert, was bei relativ

spontanem Umgehen mit Wissenschaft so zutage tritt und
erst hinterher beurteilen, einschätzen und kritisieren.
Wir wollten sehen und zeigen, was dabei herauskommt,
wenn sechs Frauen mit diesen und vielen anderen Ansprüchen im Kopf ein Thema bearbeiten.
Wir waren selber neugierig auf unseren Weg, gespannt,
was sich verändern würde.
Wir wollten alles aufschreiben in einer klaren, verständlichen Sprache, möglichst nichts beschönigen, begra-
digen, klarer machen als es uns selbst zu der Zeit war,
allenfalls hinterher erklären, analysieren.
In der Diplomarbeit sollte genau das stehen, was auch
gewesen war, was wir in diesem Zeitraum erarbeitet haben,
und wie wir das erarbeitet haben, welche Wege wir gegangen sind, wie es uns dabei ergangen ist und was dabei
herausgekommen ist, was wir daraus gelernt haben und
was andere daraus lernen können.
Wir wollten den geheimnisvollen Schleier lüften und zeigen, wie eine wissenschaftliche Arbeit gemacht wird und
wie so etwas aussehen kann, wenn es nicht glatt- und
geradegerückt ist, nicht einem Verwertungsprinzip untergeordnet und für andere als perfektes, makelloses Ergebnis angerichtet ist, d. h. unmenschlich und realitäts-
fern ist, weil die Realität - das Leben und die Menschen-
eben nicht gradlinig und logisch ist.

Was wir gemacht haben

Vorbemerkung

Bevor wir jetzt ausführlich unser methodisches Vorgehen
darstellen, erscheint uns zum grundsätzlichen Verständnis
unserer Arbeit noch wichtig zu erwähnen, welche große
Rolle gruppendynamische Probleme bei unserer Zusammenarbeit immer wieder gespielt haben und wahrscheinlich
bei jeder Gruppenarbeit spielen werden.
Zuerst haben wir das oft nicht erkannt, nur über den
thematischen und methodischen Aspekt eines Problems
diskutiert, und nicht selten haben wir sogar die eigentlichen Probleme über Sachfragen auszutragen versucht.
Ein wesentlicher Teil unseres Prozesses wurde dadurch
bestimmt, daß wir einerseits auf jeden Fall die Gruppe
zusammenhalten wollten, andererseits unterschiedliche
Vorstellungen über unser inhaltliches und methodisches
Vorgehen diesen Zusammenhalt bedrohten.
Der Versuch, eine Balance zwischen Einigkeit und Interes-
senverwirklichung herzustellen, hat unseren Gruppen-
und Arbeitsprozeß wesentlich geprägt. So weit wie möglich
haben wir versucht, gegen Ende unserer Arbeit diese
Dynamik zu erkennen, offenzulegen und zu verarbeiten - um
besser zu verstehen und daraus zu lernen.

Wir suchen nach einem Thema

Das erste halbe Jahr unseres Forschungsprozesses sollte
dazu dienen, ein gemeinsames inhaltliches Interesse herauszufinden und festzulegen, wie wir methodisch vorgehen
wollten. Wir haben uns in der Zeit regelmäßig getroffen
und versucht, unsere verschiedenen thematischen Interessen auf einen Nenner zu bringen und vor allem ein Thema
zu finden, das unseren - im Laufe des Studiums entwickelten - Anspruchskriterien standhielt. Bei jedem Themen-
vorschlag fragten wir uns:
1) nach **Machbarkeit und Umfang**
Ist es möglich, dieses Thema im Rahmen der gegebenen
Prüfungsordnung zu bearbeiten? Sind die nötigen Informationen überhaupt zu beschaffen? Ist das Thema soweit
von anderen Bereichen abgrenzbar, daß die Fragestellung
noch sinnvoll und in unserem zeitlichen Rahmen zu bearbeiten ist?
2) nach **Mißbrauchmöglichkeiten**
Jedes veröffentlichte Forschungsergebnis kann für Ziele
und zur Durchsetzung oder Legitimation von Interessen
genutzt werden, die den Zielen und Interessen der For-
scher/in nicht entsprechen. Wir versuchten also, das
Risiko des Mißbrauchs gegen den angestrebten Nutzen abzuwägen.
3) nach **Zielsetzung**
Welches Ziel wird mit der Forschung angestrebt? Für wen
sind die Ziele dienlich?
4) nach dem **eigenen Bezug**
Der eigene Bezug zum Thema hat einen ganz wesentlichen
Einfluß auf die Herangehensweise und die Ergebnisse der
Forschung. Was steckt hinter meinem Forschungsinteresse?
Warum interessiert mich gerade diese Frage?
5) nach der **praktischen Relevanz**
Setzt das Thema an konkreten gesellschaftlichen Problemen
an, dient es dazu, Veränderungsprozesse voranzutreiben?
Kann das Ergebnis der Forschung von den Betroffenen sinn-
voll genutzt werden oder hat es außerhalb des sogenannten
Elfenbeinturms keinerlei Bedeutung?
Diese Auseinandersetzung beendeten wir nach einem halben
Jahr mit einem Thema, das unseren Ansprüchen standhielt,
und das auch den unterschiedlichen Interessen in der
Gruppe gerecht wurde. Wir wollten den neuen Trend zum
Kinderkriegen (auch) in der Frauenbewegung einschätzen,
dokumentieren, Bezüge herstellen zur gesamtgesellschaft-
lichen (Baby-Boom) Situation und zu unseren eigenen
Kinderwünschen und ebenso verfahren mit dem Trend zu
"professioneller Mütterlichkeit", die wir in den vielen
neuen Frauenprojekten verwirklicht sahen, in denen wir
nach Abschluß unseres Studiums eventuell auch arbeiten
wollten. Wir hatten dabei die These: Frauen werden zur
"Mütterlichkeit" erzogen. (= Gesamtheit von Fertigkeiten
und emotionalen Fähigkeiten, die Frauen wesensmäßig zugeschrieben werden und die auf andere Menschen in der

Absicht gerichtet sind, deren physisches und psychisches
Wohlergehen zu sichern bzw. zu entwickeln und wiederher-
zustellen.)
Auch frauenbewegte Frauen scheinen diese Festschreibung
zu akzeptieren, indem sie in der privaten Mutterschaft
oder der professionellen Gefühlsarbeit in einem Frauenprojekt eine neue Möglichkeit der Selbstverwirklichung
sehen. Wir fragten uns: Was ist an der neuen "Mütterlichkeit" alternativ, fortschrittlich, anders, und was ist
nur Uralt-Ideologie im neuen Kleid? Das Überthema "Private und professionelle Mütterlichkeit in der neuen
Frauenbewegung" wollten wir in zwei Untergruppen "Feministin und Mutter, (wie) geht das?" und "Feministin und
professionelle Gefühlsarbeiterin, (wie) geht das?" bearbeiten und damit die unterschiedlichen Interessenschwer-
punkte und Sympathien in der Gruppe unter einen Hut bringen.
Gleich nach den Semesterferien wollten wir uns unserem
Verständnis von Wissenschaft zuwenden. Wir hofften durch
gegenseitige Interviews Antworten auf unsere Fragen zu
bekommen: Welche Ansprüche haben wir an die Diplomarbeit?
Welche noch uneingestandenen Normen und Vorstellungen
spuken in den Hinterköpfen der einzelnen Frauen?
Welche Erwartungen und Befürchtungen haben wir in bezug
auf das Thema, die Art der Arbeit, auf die Zusammenarbeit
in der Gruppe?
Von welchem Verständnis von Wissenschaft gehen wir aus:
Was ist dazu in Kopf und Bauch, wenn wir die bewußten
Ansprüche einmal weglassen?

Die Interviews sollten in Dreier-Konstellationen durchgeführt werden, d. h. es gibt eine Fragerin, eine Befragte und eine Beobachterin, die eingreifen soll, falls
ihrer Meinung nach der rote Faden verlorengeht oder Sachen unter den Tisch fallen. Neben der Abklärung unseres
Wissenschaftsverständnisses sollten die Interviews einen
sogenannten status quo dokumentieren, sie sollten unsere
Vorstellungen vor dem Schreiben der Arbeit festhalten,
damit am Ende der Arbeit deutlich wird, was sich durch
das konkrete Umgehen mit Wissenschaft bei uns verändert
hat, welche Ansprüche wir über Bord geworfen haben, welche auch in der Praxis Bestand hatten und welche neu
hinzugekommen sind.

Nach den Ferien ist alles anders.

Nach drei Monaten Ferien ist alles anders. Fast alle
Frauen sind von mehr oder weniger schwerwiegenden Lebens-
krisen betroffen, alles ist offen, und wir wissen nicht
mehr, wie und ob es weitergehen kann. Die Planung wird
hinfällig, und wir versuchen nur noch, die Gegenwart zu
bewältigen. Um ersteinmal zu erfassen, was alles

passiert ist und wo jede Frau im Moment steht im Hinblick auf Thema, Gruppe und gemeinsame Arbeit, schreibt jede Frau zu Hause eine "Bestandsaufnahme", die wir uns gegenseitig vorlesen und die dann wiederum von jeder Frau bearbeitet wird, um noch ungeklärte Fragen herauszuziehen und Übereinstimmungen festzuhalten. Als uns unsere Situation durchsichtig genug erscheint, schreibt jede Frau ein "Fazit", in dem sie ihren Vorschlag zum weiteren Vorgehen macht. Nach einem Monat Krisenintervention glaubten wir wieder auf so festem Boden zu stehen, um uns inhaltlichen Themen zuzuwenden.

Die nachfolgende Zeit wurde durch zwei Schwerpunkte bestimmt:
- Klärung unseres Wissenschaftsverständnisses und
- die Suche nach der inhaltlichen Ausfüllung unseres Themas.

WIR WENDEN UNS UNSEREM WISSENSCHAFTSVERSTÄNDNIS ZU:

Zunächst wandten wir uns unserem Wissenschaftsverständnis zu. Jede von uns schrieb einen Aufsatz darüber, wie wir in bezug auf Wissenschaft sozialisiert worden sind, welche Erfahrungen wir bisher mit der herkömmlichen Wissenschaft gemacht hatten, was wir daran kritisierten, und was wir anders machen wollten. Die Aufsätze sollten uns einstimmen auf die geplanten Interviews zu diesem Thema. Die Ergebnisse waren sehr unterschiedlich, weil jede Frau einen anderen Schwerpunkt gewählt hatte. Um eine Vergleichbarkeit unserer Standpunkte sicherzustellen, wollten wir die Interviews mit einem Leitfaden vorstrukturieren. Die Interviews sollten uns gleichzeitig bei der Entscheidung helfen, ob wir später 'guten Gewissens' auch andere Frauen interviewen könnten. Trotz des Leitfadens ermöglichten auch die Interviews keinen Verleich unserer Standpunkte, wir waren wieder alle sehr unterschiedlich an die Beantwortung der Fragen herangegangen, insbesondere auch an die Fragen, wie wir die Frauenforschungs-Postulate von Maria Mies einschätzen und ob wir sie mit unserer Arbeit erfüllen würden. Daraus entwickelte sich eine lebhafte Diskussion darüber, ob wir uns mit der entschiedenen Erfüllung der Postulate nicht wieder einem (wenn auch feministischen) Wissenschaftsdogma unterordnen und damit evtl. unsere Arbeitsweise behindern würden.
Wir wollten unsere eigenen Wege gehen und verstanden Frauenforschung als etwas Veränderliches, das wir durch unsere Arbeit erfahren, bewegen und weiterentwickeln wollten.
Mit einer zunächst mehr pauschalen Kritik und Ablehnung der 'Methode Interview' beschlossen wir den Abschnitt

über unser Wissenschaftsverständnis. Wir waren enttäuscht über die Ergebnisse, die nichts wesentlich Neues
zutage gefördert hatten. Später revidierten wir dieses
harte Urteil, nachdem wir eingesehen hatten, daß wir
die 'Methode Interview' im Hinblick auf das, was sie
leisten kann überschätzt hatten: Antworten können nicht
besser sein als die Fragen, und mit platten Fragen ist
niemandem auf die Schliche zu kommen. Außerdem hatten
wir zwei verschiedene Ziele mit dieser Methode verbunden
und sie damit mit Ansprüchen überfrachtet. Einmal wollten
wir mit ihrer Hilfe Veränderung erforschen und zum anderen sollte sie das liefern, was wir glaubten uns einfach
nicht so sagen zu können. Was wir bisher nicht erreicht
hatten - eine wirkliche, klärende Diskussion über die
latent spürbaren Unterschiedlichkeiten in der Gruppe
- sollten uns die Interviews "bescheren".
Die vehemente Ablehnung der 'Methode Interview' stellte
das Problem, auf welche Weise wir in Kontakt mit betroffenen Frauen treten könnten, um sozusagen das Praxis-
feld zu erforschen. Einige Zeit später kam uns dazu der
rettende Gedanke, wir entschieden uns, auf der Hamburger
Frauenwoche einen workshop über private und professionelle "Mütterlichkeit" anzubieten.

...UND SUCHEN IMMER NOCH NACH UNSEREM EIGENTLICHEN THEMA

Parallel zu unseren Interviews versuchten wir, mit verschiedenen Strukturvorschlägen eine Einigung über den
thematischen Schwerpunkt unserer Arbeit herbeizuführen,
lange Zeit ohne Erfolg. Erst nachdem uns von einer Frau
die 'Pistole auf die Brust' gesetzt wurde, konnten wir
zu einem für alle akzeptierbaren Kompromiß kommen. Heraus
kam unser altes Thema: "Private und professionelle Mütterlichkeit in der neuen Frauenbewegung. Feministin und
Mutter, (wie) geht das? Feministin und professionelle
Gefühlsarbeiterin,(wie) geht das?

Wir hatten uns scheinbar im Kreise gedreht, waren aber
auf einer höheren Ebene angekommen, die unsere Bedürfnisse, Hintergründe etc. offengelegt hatte, so daß wir
sicher sein konnten, einen tragfähigen Kompromiß gefunden
zu haben.

WAS HAT DAS THEMA MIT UNS GANZ PERSÖNLICH ZU TUN?

Wir beschlossen, daß als nächstes jede Frau ihren Bezug
zum Thema schriftlich darlegt. Damit sollte gewährleistet
sein, daß wir selbst und spätere Leserinnen nachvollziehen könnten, vor welchem persönlichen Hintergrund und
mit welcher Absicht jede von uns an das Thema herangegangen ist. Wir gingen davon aus, daß unser inhaltliches

Vorgehen und unsere Ergebnisse auch von unseren persönlichen Erwartungen und Fragen geprägt werden. Da unser
Thema mehrere Aspekte umfaßte, zu denen wir jeweils
differenziert Stellung nehmen wollten, schrieben wir
drei Aufsätze: "Bezug zur Frauenbewegung", "Bezug zu
privater Mütterlichkeit", und "Bezug zu professioneller
Mütterlichkeit". Darin wurde jeweils die persönliche
Geschichte und der aktuelle Standpunkt bezüglich des
Aspektes beschrieben, und jede Frau legte dar, worin
ihr spezielles Forschungsinteresse lag.
Wir lasen uns die Aufsätze in der Gruppe vor und versuchten, bei jeder Frau die Kernfragen herauszuschreiben.
Die Methode "schriftliche Hausaufgabe" führt dazu, nur
sehr rationale und wohldurchdachte Aspekte aufs Papier
zu bringen. Unser Interesse war aber, auch an die versteckten Hintergedanken im Kopf heranzukommen, an Ängste
und Hoffnungen, die bei der Methode "schriftliche Hausaufgabe" der Zensur-Schere im Kopf zum Opfer fielen.
Wir hofften, mit anderen Methoden zu anderen Ergebnissen
zu kommen, und probierten es mit assoziativen Methoden
wie "Traumreise"(1), "Tarot-Karten" und "Assoziieren
zu einem Begriff". Tatsächlich gelang es uns auf diese
Art und Weise eher, unsere bisher uneingestandenen Gefühle wahrzunehmen und Wünsche und Gedanken offenzulegen.

ALLES ÜBER DEN WORKSHOP

Parallel zu der Auseinandersetzung über unseren Bezug
zum Thema bereiteten wir unseren workshop vor. Ausgangspunkt war zunächst das Bedürfnis, uns mit Frauen auseinanderzusetzen, die Feministin und Mutter bzw. Therapeutin
sind. Der workshop bot gegenüber der Methode "Interview"
eine Menge Vorteile: Wir waren in der Rolle der Anbieten-
den, d. h. die Frauen kamen nur zu uns, wenn sich ihr
Interesse mit unserem Angebot deckte. Wir waren nicht
die einzigen Gesprächspartnerinnen, sondern wir ermöglichten ein Kennenlernen und einen Erfahrungsaustausch
zwischen Frauen in ähnlicher Situation.

Im Rahmen der Hamburger Frauenwoche waren zudem Bildungs-
urlaub und Kinderbetreuung gewährleistet, so daß die
Frauen wirklich Raum für ihre eigenen Bedürfnisse hatten.
Wir planten zwei Veranstaltungen, mit den Titeln: "Femi-
nistische Mutter - alte Mütterlichkeit im neuen Kleid? -
Feministin und Mutter,(wie) geht das?" und "Feministische
Gefühlsarbeiterin - alte Mütterlichkeit im neuen Kleid -
Feministin und Therapeutin,(wie) geht das?"
Ausgangspunkt der Diskussionen sollten Widersprüche sein,
die wir bei unseren Auseinandersetzungen mit dem Thema
herausgefunden hatten. Widersprüche zwischen dem Selbst-
verständnis als Feministin und der Rolle als Mutter bzw.
Gefühlsarbeiterin.

Bei der Vorbereitung des workshops entstand an diesem
Punkt eine heftige Diskussion. Einige Frauen aus der
Gruppe wollten diese Widersprüche von den Teilnehmerinnen
(Tn) des workshops bestätigt bzw. verworfen haben. Die
andere Fraktion in der Gruppe bezeichnete dieses Interesse als Ausdruck eines bürgerlichen Forschungsansatzes,
bei dem es darum geht, eine These aufzustellen und diese
dann im Forschungsprozeß von anderen bestätigen bzw.
ablehnen zu lassen. Sie meinten, für uns blieben die
Widersprüche existent, selbst wenn alle Tn des workshops
sie für sich nicht akzeptieren würden.
Wir hatten die Widersprüche aus der Theorie von Frauenunterdrückung und aus eigenen Erfahrungen hergeleitet
und halten sie in diesem Rahmen für richtig. Uns wurde
klar, daß wir von daher auch nur an den Frauen Interesse
hatten, die diesen Rahmen akzeptierten. Um unseren eigenen Standpunkt offenzulegen, beschlossen wir, ein Papier
zu verfassen, in dem wir unsere Sichtweise von "Mütterlichkeit" und unser feministisches Selbstverständnis
darstellten, und in dem wir zum Ausdruck brachten, daß
unser Interesse nur den Frauen galt, die unsere Sichtweise teilten.

Am Ende des workshops waren wir alle Sechs mehr oder
weniger enttäuscht. Wir waren über eine Bestandsaufnahme
der Probleme nicht hinausgekommen, die Frauen hatten
von ihren individuellen Wegen berichtet, mit den Widersprüchen umzugehen. Erst zu diesem Zeitpunkt konnten
wir uns eingestehen, daß für jede von uns mit dem workshop eine große heimliche Hoffnung verbunden gewesen
war: die Hoffnung auf eine radikalfeministische Lösung
der Widersprüche. Die eigentliche Triebfeder des workshops war die Frage gewesen: Welche Lösung gibt es für
die Widersprüche, die wir in unserer zukünftigen Praxis
als feministische Mütter bzw. als feministische Therapeu-
tinnen sehen? Als die Tn von ihren individuellen Ansätzen
berichtet hatten, war der Traum von der "Lösung" zer-
platzt, und wir konnten akzeptieren, daß jede von uns
für sich selbst entscheiden muß, ob sie bereit ist, sich
den Widersprüchen zu stellen und welche Kompromisse sie
dafür eingehen will. Wir hatten uns bis dahin oft gegenseitig beteuert, daß wir mit einer Diplomarbeit keine
Entscheidungen über zukünftige Lebensfragen treffen
können. Trotzdem konnten wir diese Hoffnung erst aufgeben, als wir konkret damit gescheitert waren.

Die Frage "...(wie) geht das?" war für jede von uns nach
dem workshop uninteressant geworden. Spannend erschienen
uns nun die Fragen nach den Strukturen von "Mütterlichkeit" und der gesellschaftlichen Funktion. Entsprechend
unserem Anspruch, immer von dem Interesse auszugehen,
das uns am wesentlichsten ist und kein altes Konzept
nur um seiner selbst willen aufrechtzuerhalten, veränder-

ten wir unseren Themenschwerpunkt und beschlossen, uns
als nächstes mit der historischen Entwicklung von "Mütterlichkeit" zu beschäftigen.

WIR SUCHEN IN DER GESCHICHTE NACH DEN WURZELN VON "MÜTTERLICHKEIT" UND VERFOLGEN IHRE ENTWICKLUNG BIS HEUTE

Daß "Mütterlichkeit" eine Geschichte hat, wußten wir
schon aus den Diskussionen aus den Frauenseminaren, die
wir an der Uni besucht hatten. Wir gingen von der Annahme
aus, daß "Mütterlichkeit" kein den Frauen angeborener
Instinkt sein kann, sondern daß es sich um - im Laufe
der Geschichte - erlernte Fähig- und Fertigkeiten handelt, die den Frauen aufgrund ihrer Gebärfähigkeit wesensmäßig zugeschrieben wurden, und daß diese Zuschreibung in engem Zusammenhang mit den Veränderungen der
Produktionsverhältnisse (z. Zt. der Industrialisierung)
erfolgt ist. Wir wußten: Früher hat es zwischen Frau
und Mann keine Liebe im heutigen Sinne gegeben, und auch
der spezielle Lebensabschnitt "Kindheit" war den Menschen
kein Begriff. Daraus schlossen wir, daß es demnach auch
die "mütterliche" Frau im heutigen Sinne nicht gegeben
haben kann. Konkret waren diese Aussagen für uns jedoch
kaum vorstellbar. Keine Liebe? Keine Kindheit? Wir wollten es ganz genau wissen, um für uns und andere Frauen
die Entwicklungsgeschichte von "Mütterlichkeit" begreif-
bar zu machen.
Konkret sind wir folgendermaßen vorgegangen:
Jede Frau befaßte sich intensiv mit einer Phase bzw.
einem Aspekt der Entstehungsgeschichte von "Mütterlichkeit".

Der Rohentwurf jedes Kapitels wurde in der Gruppe diskutiert, die jeweilige "Fachfrau" konnte somit überprüfen,
ob sie das von ihr Erarbeitete schlüssig darlegen kann,
ob es für uns andere nachvollziebar ist, wo noch Wissens-
lücken geschlossen werden mußten.
Die Erarbeitung des historischen Teils bereitete uns
erhebliche Schwierigkeiten.
Drei Frauen wollten nach bestimmten Fragestellungen die
geschichtliche Entwicklung durchforsten und darstellen,
während die anderen sich genau am Alltag und Leben der
damaligen Menschen, speziell der Frauen, orientieren
wollten, d. h. beschreiben, wie die Menschen tatsächlich
gelebt haben. Wir entschieden uns dann für letzteres.
Es fiel uns auch schwer, aus der Fülle von Material das
herauszufinden, was für die Entstehungsgeschichte von
"Mütterlichkeit" wirklich relevant ist. Wir mußten ein-
grenzen, wollten gleichzeitig nicht verfälschen, Geschichte nicht gradliniger machen als sie ist, und das
Ganze sollte nachprüfbar sein. So fielen die Kapitel
auch unterschiedlich aus hinsichtlich Ausführlichkeit,

Gewichtung und Stil. Die Konsequenz war, daß wir die Texte nochmals überarbeiteten, um aus sechs verschiedenen Teilen ein Ganzes werden zu lassen.
Insgesamt dauerte die Erarbeitung des historischen Teils vier Monate, viel länger als wir erwartet hatten. Zum Schluß hatten alle Frauen alle Texte durchgearbeitet - eine sehr aufwendige und manchmal nervenzermürbende Methode, von der wir aber am meisten profitierten.

Die Erarbeitung dieses Teils brachte uns zwei wichtige Erkenntnisse. Wir haben uns Geschichte anders genähert und angeeignet als wir dies von unserer Schulzeit her gewohnt waren: Wir orientierten uns am wirklichen Alltag der Menschen, versuchten, Phänomene genau zu beschreiben. Dabei haben wir erfahren, wie stark sich gesellschaftliche Verhältnisse im alltäglichen Leben der Menschen widerspiegeln, anschaulicher und eher nachvollziebar als die bloße Wiedergabe von Fakten bzw. Ereignissen dies vermag.
Darüberhinaus ist uns deutlich geworden, wie stark die herkömmliche Geschichtsschreibung von männlicher Sicht geprägt ist, die die Frauen und ihr Leben wenig oder kaum miteinbezieht.

Nachdem wir uns ausführlich mit der Geschichte von "Mütterlichkeit" befaßt hatten, zeigten wir auf, wie die Alte Frauenbewegung "Mütterlichkeit" eher noch manifestiert hat und wie die Neue Frauenbewegung mit "Mütterlichkeit" umgeht.

In einem weiteren Teil stellten wir dar, warum "Mütterlichkeit" ihre Funktion bis heute nicht verloren hat und wie wir uns selbst in unserer "Mütterlichkeit" halten.
Zum Abschluß gaben wir einen kurzen Ausblick auf die zukünftige gesellschaftliche Entwicklung, die gekennzeichnet ist durch eine tiefgreifende Weltwirtschaftskrise, und welche Rolle "Mütterlichkeit" dabei spielen könnte.

Auch bei den zuletzt erwähnten inhaltlichen Teilen behielten wir die Arbeitsweise bei, daß eine oder zwei Frau(en) zuständig war(en) für ein bestimmtes Themengebiet, in der Gruppe wurde jedoch nach wie vor über Herangehensweise, Inhalt und Umfang diskutiert und über Veränderungen entschieden.

WIR SCHREIBEN UNSERE CHRONIK UND DECKEN HINTERGRÜNDE
AUF

Wir beschäftigten uns nun mit der Chronik unseres Gruppen-
und Arbeitsprozesses. In unserer Arbeit sollten nicht
nur die Ergebnisse unserer Forschung enthalten sein,
sondern auch der Weg, den wir dabei gegangen sind, mit
all seinen Höhen und Tiefen, mit seinen Widersprüchlichkeiten und all den Fragen, die dabei offen geblieben
sind. Unsere Absicht war, mit dieser Chronik und ihrer
nachfolgenden Analyse einen Abschnitt unserer Geschichte
zu beschreiben und aufzuarbeiten und damit dem ständigen
Prozeß der Geschichtszerstörung in unserer Gesellschaft
entgegenzuwirken, von dem auch die Frauenbewegung nicht
unbeeinflußt ist. Wir hofften, daß andere Frauen so eher
auf unsere Arbeit aufbauen können, nicht wieder von vorne
beginnen müssen, auch wenn damit konkrete eigene Erfahrungen nicht ersetzt werden.
Jede von uns war "Fachfrau" für einen bestimmten Zeit-
abschnitt unseres Prozesses, den sie anhand von Proto-
kollen, Tagebuchaufzeichnungen und Aufsätzen genau und
detailliert rekonstruierte.
Wir durchlebten noch einmal sehr intensiv den ganzen
Prozeß. Einige Konflikte und Irrwege fielen uns erst
zu diesem Zeitpunkt auf, und wir entdeckten hinter so
mancher Auseinandersetzung unsere eigentlichen, oft recht
persönlichen Motive. Das führte dazu, daß unser Interesse
an einer anschließenden Analyse unseres Prozesses noch
größer wurde. Wir einigten uns darauf, drei Aspekte genauer zu beleuchten und zu verarbeiten:
- unseren Themenfindungsprozeß zu Beginn der Arbeit
- unsere gruppendynamischen Muster, Konflikte, Rollen-
  verteilung
- die Darstellung und Bewertung der von uns angewandten
  Methoden.

Während der Aspekt des Themenfindungsprozesses sich
relativ problemlos gestaltete, war die Analyse unserer
gruppendynamischen Muster für uns alle ein sehr heikles
Thema, weil dabei nicht ausgetragene Konflikte aufbra-
chen (Dominanz, Verantwortung tragen oder abgeben).
In diesem Zusammenhang wurde uns immer klarer, welche
wesentliche Rolle auch in unserer Gruppe "mütterliche"
Verhaltensweisen gespielt und wieviel subtiler und be-
ständiger sie unser Miteinanderumgehen bestimmt hatten,
als wir es je vermutet hätten.
Wir setzten uns intensiv damit auseinander und suchten
für uns nach Alternativen. Wir wollten nicht länger in
alten anerzogenen Verhaltensmustern verharren, die uns
einseitig auf einen Pol der menschlichen Fähigkeiten
- den "mütterlichen" - festschreiben, sondern auch sogenannte "männliche" Eigenschaften in unser Selbstbild
integrieren. In letzter Linie heißt das, unsere eigenen
Bedürfnisse wahrnehmen und offen und eindeutig zu vertreten, um uns unabhängig zu machen und nicht mehr unsere

Existenzberechtigung aus dem Leben für und durch andere
abzuleiten.

Bei der Darstellung der von uns im Laufe der Arbeit angewandten Methoden unterschieden wir zwischen:
- Methoden, die unsere Gruppenarbeit unterstützt haben
  (Protokolle, Blitzlicht, Kassettenaufzeichnungen...)
- Methoden, die die Zusammenarbeit ergänzt und ent-
  lastet haben (Problemgespräche, Diplomarbeitstage-
  buch...)
- Methoden, mit deren Hilfe wir von uns selbst oder
  von anderen Frauen etwas zum Thema erfahren haben
  (schriftliche Hausaufgaben, Traumreisen, workshop,
  Interviews...)

Mit diesen Methoden haben wir versucht, unsere Vorstellungen von ganzheitlicher Arbeit zu verwirklichen. Wichtig war uns neben der Darstellung und Beurteilung einer
jeden Methode, ihren Zusammenhang mit unserem jeweiligen Forschungsinteresse deutlich zu machen, aufzuzeigen,
aus welcher Situation wir sie entwickelt haben und welche
Ergebnisse sie gebracht hat. Die Erarbeitung von Chronik
und Analyse dauerte 2 Monate. Sie wurden zu einem wesentlichen Bestandteil unserer Arbeit. Deshalb änderten wir
noch einmal unser Thema. Von nun an sollte es heißen:
"Sechs Frauen - ein Thema - ein neuer Weg".
Damit betonten wir die drei Hauptaspekte unserer Arbeit,
nämlich den Gruppenprozeß, den thematischen Schwerpunkt
und die Darstellung unseres feministischen Forschungsansatzes. Als diese großen Kapitel fertiggestellt waren,
schrieb jede Frau noch ein Resumee - was sich für sie
durch die Arbeit in bezug auf das Thema "Mütterlichkeit"
verändert hat, und beschäftigte sich noch einmal mit
den Fragen unseres Interviews, um auch hier Veränderungen
zu erkennen und festzuhalten. Wir beendeten die Arbeit
mit einem gemeinsamen Papier, in dem wir einschätzten,
was wir erreicht hatten bzw. was wir nicht erreicht
hatten. Dieses Papier ist im Anschluß abgedruckt:

Was wir erreicht haben

Wir gingen von uns aus und waren parteilich.
Wir haben uns mit unserem Forschungsgegenstand "Mütterlichkeit" ein Thema gesucht, das uns selbst betrifft
wie jede andere Frau in dieser Gesellschaft. "Mütterlichkeit" ist ein wesentlicher Bestandteil der weiblichen
Geschlechtsrolle aufgrund derer Frauen benachteiligt,
unterdrückt und ausgebeutet werden.
Wir haben herausgefunden, daß jede von uns im Laufe ihres
Lebens Brüche oder Krisen erlebt hat, in denen sie sich
mit ihrer "Mütterlichkeit" konfrontiert sah, als einem

grundlegenden Hemmnis auf dem Wege zur Selbstverwirklichung als Frau. Wir haben aus feministischer Sichtweise
das Thema "Mütterlichkeit" erforscht und sind dabei von
unserer Betroffenheit ausgegangen. Wir wußten, daß "Mütterlichkeit" kein natürliches Wesensmerkmal von Frauen
ist, sondern etwas im Laufe der Geschichte Gewordenes,
das im direkten Zusammenhang steht mit den gesellschaftlichen Verhältnissen.
Aus diesem Blickwinkel heraus haben wir die historische
Entwicklung von "Mütterlichkeit" nachvollzogen, die Funktion dieses Phänomens und seine Auswirkungen untersucht,
um daraus Veränderungsmöglichkeiten abzuleiten.
Unsere Subjektivität prägte unseren Forschungsprozeß
und unsere Erkenntnisse, zumal wir uns - von der work-
shop-Phase einmal abgesehen - nicht mit anderen Frauen
konfrontiert hatten, die mit ihrer Sichtweise Einfluß
auf unsere Fragen und unsere Wege genommen hätten. Wir
waren überwiegend Forscherinnen und Beforschte in einer
Person:
Wir haben unsere Erfahrungen und Meinungen aufgeschrieben
und uns nach einer zeitlichen Distanz erneut damit auseinandergesetzt; wir haben uns gegenseitig korrigiert
in unserer Selbstwahrnehmung und haben unseren Prozeßver-
lauf analysiert. Wir haben Verbindungen hergestellt
zwischen unseren individuellen Erfahrungen und den ge-
samtgesellschaftlichen Verhältnissen, haben unsere Erfahrungen in Verbindung gesetzt mit Ergebnissen von
Sozialisationsforschung, haben sie konfrontiert mit
Theorien zur Frauenunterdrückung und zur "Mütterlichkeit". Auf diese Weise gelang es uns, evtl. subjektive
Wahrnehmungsverzerrungen zu korrigieren und unsere soziale Realität umfassend zu erkennen.

Wir haben uns mit Theorien beschäftigt und daraus gelernt, aber wir haben auch Erfahrungen in der Praxis
gesammelt, und wir haben alles genau aufgeschrieben,
damit nicht nur wir, sondern auch andere Frauen davon
profitieren können.
Unser workshop war ein Teil der Hamburger Frauenwoche
und damit ein praktischer Beitrag im Rahmen der Frauenbewegung.

Dieses Zusammenspiel von theoretischer Erkenntnis, praktischer Umsetzung und erneuter Reflexion haben wir auf
einem anderen Gebiet noch gründlicher erfahren und genutzt:
Als Gruppe, die auch sich selbst zum Gegenstand ihrer
Forschung machte, waren wir in einem ständigen Prozeß:
Erfahrungen sammeln, Ideen entwickeln, aufschreiben,
reflektieren, analysieren, verändern und neu probieren.
Es ging uns nicht darum, bestimmte Verfahren anzuwenden,
sondern wir gingen aus von dem, was war und entschieden
uns für Methoden, die in dem Moment eine Hilfe für unsere

Vorhaben darstellten: Methoden, um Wissen zu erarbeiten
und sich darüber auseinanderzusetzen, um Arbeitswege
zu strukturieren, Gefühle bewußt zu machen und auszudrücken. Wir haben probiert und erfahren, daraus Erkenntnisse gezogen und diese wieder in die Praxis eingebracht
und umgesetzt.
Doch nicht nur unser methodisches Handeln war auf diese
Weise von unseren Erfahrungen geprägt. Wir haben aus
der Geschichte gelernt, wir haben unsere Gruppengeschich-
te reflektiert, und jede hat ein Stück ihrer eigenen
Lebensgeschichte aufgearbeitet. Auf diesen verschiedenen
Ebenen haben unsere Erfahrungen zu Bewußtseinsprozessen
geführt, die Veränderungsansätze einleiteten: in der
Gruppe, für uns als Frauen überhaupt und damit natürlich
auch für jede individuell.

Wir wollten mit dieser Arbeit zeigen, wie Wissenschaft
entstehen kann, und welche Wege wir dabei gegangen sind,
Veränderungen aufzeigen und anderen Frauen Anstöße geben.

Zu Beginn unserer Arbeit hatten wir die Idee, zu erforschen, welche Ansprüche und Erwartungen Frauen vor der
Geburt ihres Kindes hatten und welche Veränderungen sie
erfahren, wenn sie das Kind bekommen haben. Wir mußten
dieses Vorgehen schließlich verwerfen, weil uns keine
geeignete Methode zur rückwirkenden Erfassung dieses
Vorher-Nachher-Effektes zur Verfügung stand.
Unser Interesse, Veränderung aufzuzeigen, blieb bestehen;
was lag da näher, als unseren eigenen Veränderungsprozeß
während eines bestimmten Zeitraumes zu erfassen. So entstand die Idee, uns am Anfang und Ende der Diplomarbeit
zu interviewen. Aus demselben Grund haben wir unsere
'Chronik' geschrieben, dabei sind wir jedoch noch einen
Schritt weitergegangen: Wir wollten nicht nur Veränderung
hinsichtlich unserer Ansprüche und Erwartungen festhalten, sondern unseren gesamten Arbeitsprozeß dokumentieren, um Veränderungen im Detail zu erfahren. Wir wollten
daraus lernen und darüberhinaus auch anderen ermöglichen,
darauf aufzubauen, um nicht immer wieder neu anzusetzen,
sondern bereits Begonnenes weiterzuentwickeln und aus-
zubauen.

Dieses Bemühen, Veränderungen zu dokumentieren, bezieht
sich insgesamt auf alle Erfahrungen und Erkenntnisse,
die wir durch die besondere Art unserer Zusammenarbeit
gesammelt haben. Bei der Beschäftigung mit der historischen Entwicklung von "Mütterlichkeit" haben wir gelernt,
wie genau sich gesellschaftliche Strukturen im Alltag
widerspiegeln. Das scheinbar Nebensächliche, Unbedeutende
teilt uns die Funktion von Normen anschaulicher und ein-
dringlicher mit als Theorien über soziologische Phänomene. Wir haben daraus eine weitere Erkenntnis für Vorhaben

im Bereich Frauenforschung gezogen:
Die am Forschungsprozeß Beteiligten sollten versuchen,
den Gegenstand ihrer Forschung auch in ihrem unmittelbaren Alltag zu dokumentieren. Wenn wir erkennen, wo
sich gesellschaftliche Strukturen in unserem "privaten"
Alltag festmachen und sich durch unser Verhalten immer
neu stabilisieren, sind Ansätze zur Veränderung sichtbar - was nicht heißt, daß es auch leichter ist, sie
umzusetzen. Doch in unseren eigenen Handlungen stecken
Möglichkeiten, Strukturen aufzubrechen und zu verändern
- das zu erkennen, ist uns wichtig.

Weiterhin ist uns bewußt geworden, wie stark das eigene
Forschungsinteresse den Forschungsprozeß und seine Ergebnisse beeinflußt. Wir haben zu Beginn der Arbeit
unseren Bezug zum Thema dargestellt - zum einen, um uns
selbst Klarheit darüber zu verschaffen, zum anderen,
um es der(m) Leser(in) zu erleichtern, unsere Beweggründe
nachzuvollziehen und unser Vorgehen einzuschätzen. Aus
dieser Erfahrung leiten wir die Forderung ab, daß jede
Frauen-Forscherin sich selbst bewußtmachen sollte, welchen persönlichen Bezug sie zu ihrer Fragestellung hat
und welche Motive ihre Handlungen steuern, und daß sie
dies auch in ihrer Forschungsarbeit offenlegen sollte.
Wir haben versucht, diese wichtige Voraussetzung für
Frauenforschung in unserer Arbeit zu realisieren, indem
wir - soweit es uns möglich war - unsere Motive, Interessen, Absichten, unsere inhaltlichen und methodischen
Schritte für andere (Frauen) durchsichtig und nachvollziebar machten.
Eine wichtige Grundlage war für uns dabei, uns mit den
Diplomarbeiten der Frauen aus vorausgegangenen Semestern
auseinanderzusetzen, um auf deren Ansätzen von Frauenforschung aufzubauen und sie weiterzuentwickeln.
Durch das Offenlegen unseres Forschungsprozeßes wollten
wir weitere Anstöße geben, die bereits entwickelten Ansätze fortzuführen.

Unsere Widersprüche - und was wir nicht erreicht haben

Bei der Durchführung der Interviews sind wir unserem
Prinzip untreu geworden, alles zu hinterfragen, was wir
tun bzw. tun wollen. Die Methode - durch Interviews am
Anfang und Ende der Arbeit einen Veränderungsprozeß zu
erfassen - halten wir nach wie vor für geeignet. Doch
die Vorbereitung und Durchführung waren unüberlegt. Wir
wollten so schnell wie möglich inhaltlich etwas erarbeiten - etwas leisten - und über uns erfahren, setzten
uns unter Zeitdruck, so daß kein Raum mehr blieb, das
ganze Vorhaben zu überdenken und methodisch genau aus-
zuarbeiten. Unsere fehlende Erfahrung im Umgang mit unseren unterschiedlichen Vorstellungen und Wünschen an die

Diplomarbeit und die daraus resultierende chaotische
Gruppensituation zu Beginn des Prozesses sehen wir als
weiteren Grund an für unser unbedachtes Vorgehen. Auch
die anfängliche Fragestellung "...(wie) geht das?" zeigt
einen Widerspruch zwischen unserem Anspruch, von unserer
Betroffenheit auszugehen, und unserer tatsächlichen Herangehensweise. Diese Fragestellung impliziert ein Vorgehen, das uns als Forscherin beobachtend an der Handlung anderer teilnehmen läßt, ohne selbst von dem Forschungsprozeß direkt betroffen zu sein.

Einen anderen Widerspruch sehen wir in unserem Umgehen
mit Geschichte. Nach unserem Verständnis müßte Frauenforschung an den Wurzeln der Geschichte ansetzen, sich
also an Original-Dokumenten orientieren und diese aus
feministischer Sicht neu interpretieren. Wir haben zwar
vorrangig Bücher von Feministinnen gelesen und verarbeitet, aber auch auf Interpretationen anderer Autoren
zurückgegriffen. Eine andere Vorgehensweise hätte den
Rahmen unserer Arbeit gesprengt, denn wir wollten Geschichte bewußt nur darstellen, sie aber nicht grundlegend neu erforschen.

Ein letzter Kritikpunkt betrifft unsere Sprache. Wir
wollten in einer klaren, verständlichen Sprache schreiben
und bemerkten im Verlauf der Arbeit, wie schwer uns das
fiel. Wir haben versucht, immer wieder eine kritische
Distanz zu unserem Geschriebenen zu entwickeln und dabei
entdeckt, daß bestimmte Begriffe oft die Funktion hatten,
unsere eigene Unsicherheit zu verschleiern. Eine klare
Sprache - frei von Fachausdrücken und Wörtern einer bestimmten "Szene" - ist keine großzügige Geste gegenüber
anderen, sondern ein Spiegel des eigenen Selbstverständ-
nisses, der verdeutlicht, mit wem und womit sich die
Forscherin identifiziert. 'Sprache' zu hinterfragen,
sollte deshalb eine zusätzliche Bedingung von Frauenforschung sein.

Wir haben erfahren und gezeigt, was bei unserem relativ
spontanen Umgang mit Wissenschaft so zutage trat und
was dabei herauskommt, wenn sechs Frauen Frauenforschung
betreiben. Diese Arbeit ist das Ergebnis: nicht makellos
und logisch, sonder widersprüchlich und kantig und manchmal auch "glattgebügelt".

Wir hoffen, daß andere Frauen durch diese Arbeit trotzdem
- oder erst recht - Mut bekommen, selber etwas zu probieren und zu lernen - für sich und für andere.

Anmerkungen

(1) Eine Traumreise ist eine Übung, mit der die Phantasie
    angeregt werden soll. Durch das Vorlesen einer Situa-
    tion sollen Gedanken, Gefühle, Ahnungen wachgerufen
    oder entwickelt werden, als wichtige Ausdrucksformen
    des Selbst und der eigenen Lebenssituation.

Regina BECKER-SCHMIDT

PROBLEME EINER FEMINISTISCHEN THEORIE UND EMPIRIE IN
DEN SOZIALWISSENSCHAFTEN

I.

Jede sozialwissenschaftliche Theorie und Empirie mit
emanzipatorischem Anspruch (1) steht - ob sie nun von
Frauen oder Männern ersonnen und angewandt wird - zunächst einmal vor den gleichen Problemen:

- Sie muß sich der gesellschaftlichen Relevanz ihres
  Forschungsbereiches vergewissern. Aber was sind dafür
  die Kriterien? Diese Frage läßt sich gar nicht so
  leicht beantworten - ich erinnere nur an die endlosen
  Debatten innerhalb der Linken über Haupt- und Neben-
  widersprüche; ich entsinne mich z.B. einer Situation,
  wo ein junger Kollege von einer Reihe von Industriesoziologen angegriffen wurde, weil er sich nicht mit
  dem Betrieb, sondern mit Schrebergärten beschäftigen
  wollte - der Zusammenhang von proletarischem Leben
  und dieser klassenspezifischen Öffentlichkeit schien
  den Industriesoziologen für die Erforschung von Arbei-
  terbewußtsein nicht so wichtig.
  Soll man sich auf den Standpunkt stellen, jeder bisher
  unerhellte Wirklichkeitsausschnitt besitze ein Recht
  darauf, aufgeklärt zu werden? Für diese Haltung gegenüber allem unbekannt Gebliebenen spricht einiges:
  Es kann wirklich "Neues" entdeckt werden , und es
  besteht die Möglichkeit, daß etwas, was zunächst als
  ganz nebensächlich erschien, seine wirkliche, d.h.
  bisher latent gebliebene Bedeutung erst in der Beschäftigung mit ihm freisetzt (Walter Benjamins
  "Passagenwerk" ist für diese Möglichkeit ein vielfältiger Beleg).(2) Entschiedener gefragt: Kann Neugierde, die über das Bestehende hinaus will, sich
  überhaupt entfalten, ja: bis ins Utopische vordringen,
  wenn sie mit dem Nachweis des gesellschaftlich Gewich-
  tigen beschwert wird? In der Kunst z.B. muß sich der
  Gegenstand der Gestaltung nicht legitimieren, wohl
  aber das "Wie" - das ist historisch eingebunden in
  den zwar offenen, aber als Maßstab doch vorhandenen
  Kanon ästhetischer Produktion.
  In den Sozialwissenschaften nimmt die bisher verlau-
  fene Geschichte die Theoriebildung und die Erforschung
  der Realität in eine andere Verantwortlichkeit:
  Gleichgültigkeit gegenüber gesellschaftlich ungelösten Problemen kann - unter Herrschaftsbedingungen -
  sehr schnell zur Marginalisierung von Gruppen, zur
  Verletzung menschlicher Bedürfnisse, Interessen und
  Rechte beitragen. Angesichts sozialer Ungleichheits-
  lagen sind daher Sozialwissenschaftler, die nicht

zur Affirmation von Unrecht beitragen wollen, dazu aufgefordert, das bewußtseinsfähig und einer befreienden Praxis zugänglich zu machen, was historisch mit Methode und System unterdrückt, ins Abseits geschoben, diskriminiert wurde und wird.

- Diese Aufgabe, die Theorie und Praxis zur Parteilichkeit zwingt, läßt sich nur in einer Doppelbewegung lösen: Zum einen müssen die Interessen und Interessenten benannt werden, die von der Ausblendung bestimmter Realitätsimplikationen profitieren; die Realität von Unterdrücktem (z.B. bestimmter Minoritäten oder Klassen) wird so unter dem Aspekt untersucht, welche strukturellen Abhängigkeiten und Machtmechanismen die Ausgrenzung bewirken, welche Folgen das hat, wie Ungleichheit sich durchsetzt. Gleichzeitig muß die unterdrückte Realität auch "für sich" untersucht werden. Sie muß nicht durchgängig und ungebrochen herrschaftskonform sein - innerhalb von Abhängigkeitsverhältnissen können sich durchaus - quasi im Gegenzug - eigenständige Entwicklungen anbahnen, sich authentische Existenzweisen herausbilden, die Elemente des Widerstands, Gegenbilder zur Herrschaft, alternative Möglichkeiten bergen. So kristallisieren sich z.B. in Ausländerghettos autonome Bereiche heraus, in denen sich - quer zum Integrationszwang - eigenwillige Lebensformen erhalten (3).

- Parteinahme macht eine weitere Doppelorientierung notwendig: Die (unterdrückte) Realität, die es zu untersuchen gilt, ist in zweifacher Weise konstituiert. Sie erscheint einmal als objektive, als eine, die innerhalb gesellschaftlicher Strukturzusammenhänge, sozialer Abhängigkeitsverhältnisse und historischer Bedingungen entstanden ist und fortbesteht. Und sie ist als subjektive zu begreifen, als eine, die von Individuen und Gruppen gemacht, erlitten, wahrgenommen, verzerrt gesehen, ignoriert, akzeptiert, abgelehnt, interpretiert und segmentiert - d.h. auf ganz unterschiedliche Weise verarbeitet wird.
Theorie und Empirie stehen also vor der schwierigen Aufgabe zu klären, wie sich die beiden Realitätsebenen zueinander vermitteln. Bei allem Überhang an Objektivität müssen sie herausfinden, wie sich die erstarrten sozialen Verhältnisse durch die lebendige Praxis von Individuen und Gruppen doch auch ständig in Veränderung befinden. Und umgekehrt: Die psychische Realität der Menschen, die Teil ihrer ganzen gesellschaftlichen Wirklichkeit ist, läßt sich nicht einfach als Reflex, Abbild ihrer objektiven Lebensbedingungen erfassen. Jede der einzelnen Wirklichkeitsebenen hat ihre eigenen Dynamiken und Gesetzmäßigkeiten - sie müssen für sich untersucht und doch aufeinander bezogen werden; d.h., daß sehr verschiedene wissenschaftliche Zugangsweisen - historische, kulturelle,

sozioökonomische und sozialpsychologische - zusammen-
arbeiten müssen, um die verschlungene Subjekt-Objekt-
Dialektik eines Forschungsbereichs erschließen zu
können.

Das bisher Aufgeführte, in dem ein komplexes Programm
auch für Frauenforschung angedeutet wird, hat Konsequenzen für den Umgang mit Kategorien der Theoriebildung
und Methoden der empirischen Sozialforschung. Was wichtiger ist: Es hat Konsequenzen für die Selbsteinschätzung
der eigenen Forscher(innen)kompetenz sowie die Interpretation der sozialen Beziehungen zwischen Wissenschaftlern und denen, deren Realität untersucht werden soll.

Zum ersten: Die gesellschaftliche Wirklichkeit ist durch
Widersprüche charakterisiert. Das Netz sozialer Sicherung
wird ausgerechnet da durchlöchert, wo es eigentlich Benachteiligungen ausgleichen soll - dafür werden die
staatlichen Ausgaben zur Stationierung von Vernichtungs-
waffen erhöht; die Zahl der Arbeitslosen im Lande wächst,
aber Kapitalflucht und Verlagerung von Arbeitsplätzen
in Länder der Peripherie sind an der Tagesordnung, ohne
daß dies an den Peripherien wirkliche Entwicklungsimpulse
zur Folge hätte. Kinder zu gebären, ist die intimste
und privateste Entscheidung, die man sich ausdenken kann
- dennoch beschneidet staatliche Geburtenpolitik aller
Orten auch heute noch das Recht der Frauen, über diese
Frage in erster Linie selbst zu entscheiden.
Solche Widersprüche sind nicht unbedingt offenkundig
direkt einsichtige. Zum Wesen gesellschaftlicher Zusammenhänge gehört, daß sie nur zum Teil sichtbar sind,
zum großen Teil aber unsichtbar bleiben. Gesellschaftliche
Realität ist nicht in allen Bereichen unmittelbar erfahrbar.
Die Auswirkungen des Taylorismus z.B. sind an der Miß-
gestaltung der Arbeitsplätze, vorab der Frauenarbeits-
plätze in den Fabriken, wenigstens oberflächlich sichtbar - die dahinter stehenden Mechanismen der Profitmaxi-
mierung aber nicht. Die Aggressivität gegenüber Auslän-
dern ist für Sensible spürbar, die Ursachen der Krise,
die Fremdenhaß mitproduzieren können, bleiben den meisten
Menschen verborgen. Auch die unterschwelligen Verschie-
bungen im Kräftefeld zwischen statischen Herrschaftsposi-
tionen und Umwälzungsprozessen, deren Richtung noch nicht
klar erkennbar sind, sind schwer wahrnehmbar. Diese Schwierigkeiten, Ursachen und Auswirkungen, statische Zustände
und dynamisierende Bewegungen, Sichtbares und Unsicht-
bares, das Einerseits und das Andererseits eines Sachverhalts
zugleich im Auge zu behalten, zwingt zu einer eindeutigen, aber undogmatischen Haltung: Ich muß die Entschie-
denheit der Parteilichkeit, die Unnachgiebigkeit in der
Fragestellung verbinden mit der Fähigkeit, Kategorien,
Begriffe, Interpretationen in der Analyse für Modifika-
tionen offen, gleichsam im Fluß zu halten: Sie dürfen
nicht statisch, unsensibel, einseitig werden. Sonst verstärkt Wissenschaft den gesellschaftlichen Prozeß, Menschen und Lebensweisen zu verdinglichen.

Zum zweiten: Ein nicht mehr wegzudenkender Anspruch einer
kritischen empirischen Sozialforschung lautet - von den
Vertretern der Aktionsforschung formuliert - Menschen
in Untersuchungen nicht wie Objekte zu behandeln. Aber
was soll heißen, sie zu **Subjektiven des Forschungsprozesses zu machen?** Zunächst gilt es festzuhalten: Innerhalb der vorgegebenen Realität sind Individuen zwangsläufig **Objekte und Subjekte** der sozialen Wirklichkeit.
Sie sind Objekte, soweit sie ihre Geschicke und Geschichte nicht aus eigenem Willen und Bewußtsein lenken können; und sie sind Subjekte, soweit sie selber - bewußt
oder unbewußt - die Anpassungsmechanismen an gesellschaftliche Prozesse steuern, ihnen widerstehen oder
in ihnen nicht aufgehen.
Ich kann also Menschen nicht einfach zu Subjekten des
Forschungsprozesses erklären, solange ich lediglich die
Instrumente humaner gestalte, die sie verdinglichende
Realität aber nicht **grundsätzlich** im gemeinsamen Unter-
suchungsverlauf aufhebe. Ich muß mich sogar fragen, ob
ich die Individuen, mit denen und über die ich forsche,
nicht gerade als Subjekte verfehle, indem ich sie als
Objekte - der Forschung und der Realität - verleugne.
Wenn sie sich nämlich selber begreifen wollen, müssen
sie zu sich selber nicht nur in ein Verhältnis der Betroffenheit treten, sondern ebenso in eine sachlich-ge-
genständliche Beziehung. Ein Beispiel: Wenn sich eine
jugendliche Arbeitslose als Subjekt begreifen will, dann
darf sie nicht nur in sich hineinschauen und erspüren,
was diese Situation in ihr bewirkt; sie muß auch durchschauen, was die Schule, die Familie, der Arbeitsmarkt
mit ihr und aus ihr gemacht haben und machen. Und wenn
ein Forschungsteam die Situation von jugendlichen Arbeitslosen untersuchen will, dann muß es auch ein Stück
weit die Besonderheit jedes einzelnen objektivieren,
d.h. in allgemeine Zusammenhänge einordnen. Überhaupt:
Was meine ich, wenn ich "Subjekt" sage? Wovon rede ich
da - von dem Sichtbaren, Abfragbaren: den Einstellungen,
Meinungen, Handlungen und Überlassungen? Diesen Subjekt-
begriff hat die bürgerliche Soziologie immer beachtet.
Was aber weiß ich dagegen von dem Nicht-Manifesten, dem
Latenten, dem Unbewußten, dem Verdrängten, dem noch nicht
Entwickelten, dem Verhinderten? Wie hole ich das Sprach-
lose, ds Nicht-Selbstbewußte aber doch Potentielle ein?
Widersprüche im Subjekt, gesellschaftlich und innerpsy-
chisch bedingte Konflikte, die Potentialität, Latenz,
Prospektivität und Unterdrückung von Individualität machen es schwer, den Begriff "Subjektivität" einfach zu
hypostasieren oder zu positivieren.

Weiteres zum Zweiten:

Der Subjekt-Objekt-Status des sozialen Individuums gilt
natürlich auch für die Forschenden. Das tangiert ihre
Kompetenz in doppelter Weise. Die Erfahrungen derer,
mit denen sie sich beschäftigen, treffen sich nicht
unbedingt mit ihren eigenen. Das gesellschaftliche

Prinzip der Segregation - die Trennung der Gesellschafts-
mitglieder nach Alter und Geschlecht, kulturellen Milieus
und sozialen Klassen entfremdet auch sie von sozialen
Sphären, in denen sie nicht großgeworden sind. Sie sind
Objekte ihrer sie bornierenden Sozialisation, einer ar-
beitsteiligen Gesellschaft, die sie von bestimmten Ein-
blicken ausschließt, sie sind Objekte eines arbeitsteili-
gen Wissenschaftsbetriebs, der seine eigenen deformations
professionelles hervortreibt. Sicherlich kann sich ein
engagierter, schwer arbeitender Wissenschaftler aus dem
Bann dessen, was Mannheim einmal "standortgebundenes
Denken" nannte, lösen. Die Wissenschaftlerin und Sozia-
listin Rosa Luxemburg beweist, daß dieses immerhin möglich ist (4).
Aber: Kategoriale Zusammenhangsanalyse, politische Praxis und Kontakt zu den Betroffenen reichen nicht aus,
um von den Strukturgegebenheiten eines Phänomens auf
die konkreten Auswirkungen samt ihrer subjektiven Verarbeitungsweisen schließen zu können. Wie umgekehrt die
Kenntnis psychischer Mechanismen noch keinen Einblick
in deren **soziale** Entstehungsbedingungen gewährt.
Es gibt eine weitere Blockade, die den Wissenschaftler
behindert. Er ist Subjekt/Objekt seiner eigenen psychischen Konflikte. Das macht sich besonders bemerkbar,
wenn er sich auf Wirklichkeiten einlassen muß, in denen
er nicht bewandert ist. Was an sozialen Formen der Rea-
litätsbewältigung in der eigenen Lebensgeschichte angeeignet wurde, reicht nicht aus, eine fremde Welt und den
andersartigen Umgang damit zu begreifen. Diese Erfahrung
der eigenen Insuffizienz provoziert nicht nur intellektuelle Kränkungen, sondern ebenso emotionale Irritatio-
nen. Selbstaufklärung ist also notwendig, um derartige
Schwierigkeiten in einer Forschungssituation zu bewältigen. So berichtet etwa die Ethnologin Maya Nadig von
Ethnologen, die unfähig waren, in der Feldforschung die
sexuellen Verhaltensweisen von Kindern und Pubertierenden
wahrzunehmen, weil sie das so sehr in eigene, aber ver-
drängte Pubertätskonflikte verstrickte, daß sie wahr-
nehmungsblind wurden. Der Vergleich mit den Berufsproble-
men der Ethnologen ist nicht zu weit hergeholt: Der Kon-
trast zwischen der Lebens- und Interpretationsweise unterschiedlicher sozialer Gruppierungen innerhalb unserer
eigenen Gesellschaft kann unter Umständen genauso groß
sein wie der, den die Begegnung mit einer "exotischen"
Situation hervorruft.
Das Zusammentreffen unterschiedlicher kultureller und
sozialer Verhaltensmuster kann Abwehrmechanismen in Gang
setzen, die sich einer Korrektur durch ein kritisches
Bewußtsein entziehen. Die Reaktionen verlaufen **unbewußt**.
M. Erdheim beschreibt diese Phänomene innerhalb der eth-
nologischen Feldforschung:
"Jede Kultur behandelt das gleiche psychische Material
auf verschiedene Weise. Die eine unterdrückt es, eine
andere begünstigt seine offene, manchmal sogar über-
mäßige Ausprägung, wieder eine andere duldet es als

zulässige Alternative, sei es für alle, sei es nur für
bestimmte über- und unterprivilegierte Gruppen usw..
Die Untersuchung fremder Kulturen zwingt deshalb den
Anthropologen oft, bei der Feldforschung Material zu
beobachten, das er selbst verdrängt.
Diese Erfahrung löst nicht nur Angst aus, sondern wird
zugleich als 'Verfügung' erlebt (Devereux 1967:67). Tauchen nun während der Feldforschung Situationen auf, die
gerade diese Anteile der Persönlichkeit des Forschers
ansprechen, dann wird er unbewußt versuchen, solche Erfahrungen zu verleugnen (er nimmt sie dann einfach nicht
wahr), ins Gegenteil umzukehren (etwa als Ausdruck exo-
tischer Freiheit) oder als barbarisch oder unzivilisiert
zu entwerten. Andererseits wird der Ethnologe auch dazu
neigen, das, was er nicht ist, aber gerne sein möchte,
auf die fremde Kultur zu projizieren...".(5)
Derartige "blinde Flecken" im Forscherbewußtsein ver-
eiteln die Wahrnehmung der fremden Subjekthaftigkeit
wie der eigenen. Die Berührungsangst verhindert, daß
man sich in die Situation des anderen versetzen kann
und ihn zu verstehen vermag; und das Verfehlen einer
solchen Versetzung macht es unmöglich, am Anderen das
Fremde in einem selbst zu entdecken.
Diese Ansprüche und Probleme sind in der kritischen Sozialwissenschaft zwar diskutiert worden, aber nennens-
werte Ansätze zur Entwicklung von empirischen Unter-
suchungsverfahren mit emanzipatorischer Zielsetzung wurden bisher nicht entwickelt. Die Frauenforschung ist
da auf sich selbst verwiesen. Ich möchte es jedoch nicht
versäumen, Hartwig Berger zu zitieren, der die wichtigsten Kritikpunkte an der traditionellen wie marxistischen
Forschungspraxis formuliert hat:

"1) Die vorherrschenden Verfahren zur Untersuchung so-
     zialen Bewußtseins - das Forschungsinterview und
     die Techniken der Einstellungsmessung - sind zuge-
     schnitten auf die Erfassung von Bewußtsein, das
     mit bestehenden Herrschaftsverhältnissen konform
     geht. In Ansätzen einer emanzipatorisch gerichte-
     ten Sozialforschung sollten sie daher nicht übernom-
     men werden.

2)   Latente und kaum entfaltete Verständigungsmuster über
     die gesellschaftliche Wirklichkeit lassen sich mit
     diesen Methoden ebenso wenig erfassen wie komplexe,
     ambivalente und widersprüchliche Sozialorientierungen.
     Sie eignen sich wohl zur Untersuchung stereotyper
     Meinungen vereinzelter Personen, nicht aber von Be-
     wußtsein, das Erfahrungen und konkrete soziale Situa-
     tionen kollektiv verarbeitet und interpretiert. Die
     spätkapitalistische Sozialforschung faßt ihren re-
     striktiven methodischen Zugang zum subjektiven Lage-
     verständnis von Menschen im Begriff der 'Einstellung'
     zusammen. Eine emanzipatorische Sozialforschung wird,
     um ihrem erkenntnisleitenden Interesse gerecht zu
     werden, einem anderen Begriff von sozialem Bewußtsein
     folgen müssen.

3) Der positivistische Objektivitätsanspruch erweist sich in der Ermittlung sozialen Bewußtseins als unhaltbar. Für eine emanzipatorische Sozialforschung werden daher andere Objektivitätskriterien zwingend. Sie muß sowohl die Forderung nach situationsunabhängig geltender Datenermittlung aufgeben als auch die Abstinenz des Forschers, durch seine Untersuchung das soziale Bewußtsein der Untersuchten nicht zu verändern.

4) Die Struktur der Sozialbeziehung zwischen Forschern und untersuchten Subjekten, die in den vorherrschenden Untersuchungsmodellen impliziert ist, ist mit den kollektivistischen und egalitären Ideen und Ablaufformen von Sozialbewegungen unvereinbar." (6)

II. Was unterscheidet eine feministische von anderen sozialwissenschaftlichen Formen der Theoriebildung, worin besteht das Spezifische der Frauenforschung?

Das Besondere einer feministischen Theorie und Empirie liegt nicht einfach nur in ihrer Thematik. Frauenforschung kann sich nicht darauf beschränken, alle Sachverhalte, mit denen sie sich beschäftigt (Familie, Erziehung, Ausbildung, Beruf, Arbeit, Kultur, Sexualität u.a.) unter dem Gesichtspunkt der Weiblichkeit zu differenzieren. An dem Katalog, was alles frauenspezifisch untersucht werden müßte, läßt sich bereits ablesen, daß die Zugehörigkeit zu diesem Geschlecht andere Konsequenzen hat als etwa die Zugehörigkeit zu einer Altersgruppe oder Nationalität. Die Analyse der Unterdrückungs- und Emanzipationsgeschichte von Frauen, das Verständnis ihrer Lebensläufe und Lebenszusammenhänge erfordert daher **Zugangsweisen** und **Reflexionsformen**, die im traditionellen wie im kritischen Wissenschaftsverständnis weitgehend fehlen.
Die Notwendigkeit, aus den gewohnten Bahnen wissenschaftlichen Arbeitens auszuscheren, ergibt sich aus einer Reihe von Gründen.
Da ist zum einen die Wissenschaftsgeschichte und die Geschichtswissenschaft. Beide haben die weiblichen Spuren in der menschlichen Entwicklung, genauer: Die weiblichen Einflüsse wie ihre Verhinderungen verzerrt, verkleinert, verschwiegen. Das gelang mit einer Vielfalt von Methoden. So werden Phänomene als geschlechtsneutral ausgegeben, obwohl sie es nicht sind. Ein eklatantes Beispiel hierfür ist die Politische Ökonomie. Von Ricardo bis zu Marx und Keynes glaubten Gesellschaftstheoretiker, wirtschaftliche Zusammenhänge unter Ausklammerung der häuslichen Subsistenzproduktion erklären zu können (7). Oder die Wissenschaft übersah ganz einfach die Relevanz weiblicher Praxisfelder. G. Steinkamp hat etwa darauf hingewiesen, daß die gesamte Theorie zur schichtenspezifischen Sozialisation väterzentriert sei, obwohl die soziale Verantwortlichkeit von Müttern für die Erziehung von Kindern nun wahrlich nicht zu leugnen ist.

Verzerrungen anderer Art können durch willkürliche Zu-
schreibungen zustandekommen. Nehmen wir e.g. die Rede-
wendung von der "außerhäuslichen Tätigkeit". Seitdem
sich die Trennung von Familienleben und Erwerbssphäre
historisch durchgesetzt hat, arbeiten in der Regel **alle**
Berufstätigen außerhalb der Privaträume. Gebräuchlich
ist dieses Schlagwort aber nur, wenn es um Frauen geht.
Niemand käme auf die Idee, den Beruf eines Mannes als
"außerhäusliche Tätigkeit" zu titulieren.

Die Ausblendung weiblicher Realitäten aus dem wissenschaftlichen und geschichtlichen Bewußtsein läßt sich
auch noch anders erklären. Luce Irigaray hat durchsichtig gemacht, in welcher Weise in von Männern geprägten
Disziplinen (Philosophie, Psychoanalyse) Abwehrmechanismen am Werke sind (8). Abgewehrt wird die Berührung mit
Konflikten und Konsequenzen, die sich aus der Gechlech-
tertrennung und der Geschlechterdifferenz ergeben. So werden
z.B. in der Psychoanalyse phalluszentrierte Sichtweisen
auf Probleme weiblicher Sexualität und Objektbesetzungen
projiziert. Der Begriff der Kastration etwa, naturgemäß
einen maskulinen Komplex betreffend, wird oft unbesehen
auf Trennungstraumata in mädchenspezifischen Ablösungs-
prozessen angewandt (8a). Überformungen und Entstellungen
dieser Art müssen rückgängig gemacht werden - weder ist
eine naive Anlehnung an gängige Wissenschaftssprachen
und etablierte Vorstellungen möglich, noch können wir
einfach an ihnen vorbei. Solche Entfremdungen und Ent-
eignungen sind Teil der Geschichte, die Frauen unsichtbar
und unspezifisch macht. Vorsicht gilt selbst gegenüber
Optiken, die auf den ersten Blick als frauenfreundliche
erscheinen. Ilona Ostner hat paradigmatisch darauf aufmerksam gemacht, daß z.B. die Arbeitsschutzbestimmungen
für weibliche Beschäftigte nicht nur fürsorglichen Charakter haben (9). In ihnen steckt - quer durch die Geschichte - immer auch ein diskriminierender Kern. Als
Sonderbestimmungen über Arbeitszeiten, über Zulassungen
zu bestimmten Arbeitsplätzen, als Verbote und Behinderungen kommt ihnen ebenso der Nebensinn zu, den Ehemännern ein relativ ungestörtes Familienleben zu sichern
und die Frauen als mögliche Konkurrentinnen auf dem Arbeitsmarkt auszuschalten.

Wir müssen in unserer Parteilichkeit selber auf der Hut
sein, nicht eingeschliffene Vorstellungen über das, was
"weiblich" sei, durch eigene Einseitigkeiten zu ergänzen.
Eine solche Gefahr zeichnet sich z.B. bei einigen von
Wissenschaftlerinnen entworfenen Theorien zur Mädchen-
sozialisation ab (10).In diesen Konzepten sind weibliche
Kinder hilflose Opfer gesellschaftlicher Rollenmuster,
die von den Müttern ungebrochen auf sie übertragen werden. Die Väter wirken nur als Verstärker, und in außer-
familialen Lernsituationen setzen sich als persönlich-
keitsbildende Einflüsse ausschließlich die für Mädchen
spezifizierten Erwartungen durch. In der berechtigten
Kritik an den sozialen Mechanismen der Segregation und

Vereinseitigung werden unter der Hand gesellschaftliche Normen, wie Frauen sein sollen, zur Wirklichkeit der Frauen selbst. Getan wird, als entsprächen sie vollkommen den über sie verhängten Klischees - sie erscheinen als angepaßt, als widerspruchslos und konfliktfrei in ihren Rollen gefangen.

Daß Weiblichkeit in der Geschichte und Wissenschafts-geschichte dermaßen unterbelichtet und fremdbestimmt wahrgenommen wird, setzt Frauenforschung vor gravierende Probleme: Die den Frauen abhanden gekommene **eigene** Historizität kann - da sie weitgehend unbenannt ist - nicht einfach rekonstruiert werden. Die Benennung von Lücken und Verkehrungen ist ein Anfang - sie gibt noch keine Auskunft über die verborgene **Konstitution** von weiblicher Realität.

Feministische Wissenschaft **hat** demnach ihren Gegenstand substantiell noch gar nicht - sie muß ihn erst einmal finden, vielleicht überhaupt erst einmal erfinden, ent-werfen. Das Verhältnis zur Geschichte stellt sich als paradoxes dar. Was an historischem Material über Frauen vorhanden ist, muß nicht nur gegen den Strich gebürstet werden, es muß auch als eines von Weglassungen interpre-tiert werden. Frauenforschung ist, um ihre Wirklichkeit formulieren zu können, auf Geschichte verwiesen, aber in dieser Verwiesenheit ist sie auch verwaist: Sie kann sich nicht so ohne weiteres selbstbewußt auf bewahrte und bewährte Traditionen beziehen.

Dazu kommt, daß sich Frauengeschichte, soweit sie doku-mentiert ist, als vielschichtig erweist. Sie ist linear und doch voller Ungleichzeitigkeiten, universell und doch von Epoche zu Epoche, von Kultur zu Kultur, von sozialer Schicht zu sozialer Schicht, auch spezifi-ziert.

Frauen unterliegen zwei Herrschaftsformen: einer patri-archalischen, und einer gesellschaftlichen, die in "Män-nerwirtschaft" nicht aufgeht. Diese doppelte Abhängig-keit trifft auf keine andere diskriminierte Gruppe zu. Denn: bei allen sozial Unterdrückten - Kindern, Alten, Arbeitslosen, Unterprivilegierten, Armen und Fremden - verschärften sich die Diskriminierungserfahrungen, wenn die Betroffenen weiblich sind.

Insofern ist die Geschichte der Frauen linear und univer-sell - fast in allen Gesellschaften läßt sich zurückver-folgen, wie patriarchalische Machtpositionen mit unper-sönlichen, strukturellen Mechanismen der Deklassierung zusammenwirken, um eine soziale Gleichstellung und Gleichbewertung von Frauen zu verhindern.

Andererseits steckt sie voller Ungleichzeitigkeiten und Besonderheiten. Je nach kultureller und gesellschaftli-cher Situation konnten Frauen in ein- und derselben Epoche sowohl erhöht als auch erniedrigt werden. Im Mit-telalter hatten z.B. einzelne privilegierte Frauen im religiös-politischen Bereich eine starke Position, ob-wohl die Institution Kirche als Paradebeispiel patri-archalischer Hierarchien gelten kann. Ich erinnere an Hildegard von Bingen. (Sie durfte auf dem städtischen

Marktplatz öffentlich predigen.) Oder an Katharina von
Siena und Theresa von Avila, die nicht nur einflußreiche
Äbtissinnen waren, sondern bestimmende Beraterinnen von
Kaiser und Papst. In der gleichen Zeit wurden Frauen
als Hexen verbrannt.
Ganz allgemein läßt sich sagen: Veränderungen im Geschlechterverhältnis, hervorgerufen durch Umbrüche im
gesellschaftlichen Arbeitsprozeß, durch Fortschritte
im Rechtssystem, durch neue Ansprüche im Ausbildungssek-
tor, durch Lockerung von Sexualtabus, durch Lernprozesse
in Partnerbeziehungen, können querliegen zu historischen
Tendenzen, frauenspezifische Benachteiligungen fortzu-
schreiben, ja zu verschärfen. In Zeiten wirtschaftlicher
oder anderer politischer Legitimationskrisen werden Widersprüche zwischen emanzipatorischen und repressiven
Impulsen besonders deutlich: Ausbruchsversuche von Frauen
aus dem familialen Ghetto stoßen sich z.B. im Augenblick
hart an den - gegenüber Männern - höchst ungleichen Chancen auf dem Arbeitsmarkt.
Diese Vielschichtigkeit historischer Entwicklungen hat
Konsequenzen sowohl für die Analyse der Frauenbewegung
als ganzer, als auch für das Verständnis einzelner weiblicher Lebensläufe.

Frauen machen in unterschiedlichen Praxisfeldern durchaus
gegenläufige Erfahrungen von Ermutigungen und Niederlagen, von Fortschritten und Stagnationen. Von daher können auch Befreiungsversuche nicht gradlinig, gleichmäßig
und in allen Lebensbereich synchron ablaufen. Dazu kommt,
daß Emanzipation und Unterdrückung klassenspezifisch
vermittelt sind. Es gibt nicht nur ein soziales Gefälle
von Privilegien und Diskriminierungen unter Frauen; diese
Tatsache hat auch zur Folge, daß - je nach gesellschaftlicher Problemlage - der Forderungskatalog nach Veränderungen variiert. So waren die Kämpfe bürgerlicher Frauen
eher auf Chancengleichheit in der Ausbildung, Befreiung
von sexueller Bevormundung, Gleichberechtigung in der
Öffentlichkeit gerichtet, die der proletarischen Frauen
eher auf Recht auf Arbeit, gleichen Lohn, gerechte Verteilung der häuslichen Lasten. Bis heute halten solche
Fraktionierungen innerhalb der Frauenbewegung an - und
nur zu oft werden sie als Ausdruck jeweils falscher Bedürfnisse statt als Resultat unterschiedlicher Lebensbedingungen interpretiert.
Ich fasse zusammen: So universell die Ungleichbehandlung
von Frauen auch sein mag - ihre Analyse bedarf, bei aller
Betonung des Gemeinsamen, doch auch der Beachtung von
Differenzen. Eine feministische Sichtweise, die sich
nur auf die Frauen als Gleiche einlassen will, macht
den Begriff "weiblich" wieder zu einer Subsumtionskate-
gorie, wie er es immer schon war.
Das Beieinander von Betroffenheit als Gleicher und von
sozialer Distanz als Ungleicher erzwingt' im feministischen Forschungsprozeß besondere Formen der Selbstreflexion. Das Phänomen gemeinsamer Betroffenheit eröffnet
die Chance, daß Wissenschaftlerinnen sich ein Stück weit

in die Realität anderer Frauen, denen die Forschung gilt,
hineinversetzen können.

Empathie ist hier nicht nur ein Medium der Einfühlung,
sondern darüberhinaus eines der Frauensolidarität; Introspektion ist nicht nur eine Brücke zu ähnlichen Konflikt-
lagen, sondern auch eine Verständigungshilfe in der Einschätzung psychischer Verarbeitungsweisen solcher Kon-
fliktlagen.
Alle drei Reflexionsformen - Analyse der Selbstbetroffen-
heit, Empathie und kritische Introspektion - reichen
jedoch nicht aus, andere Frauen im Forschungsprozeß als
andere, als mögliche **Fremde** zu erreichen. Als Analogon
zur Klärung von Übertragungs- und Gegenübertragungsphä-
nomenen eignen sie sich zwar zum Abbau von Wahrnehmungs-
barrieren im Umgang mit sozial Befremdlichem - das gründliche Studium unvertrauter Wirklichkeit muß dann aber
erst beginnen. Wir kommen darauf zurück, welche spezifische Anforderung das an das Zusammenspiel von feministischer Theorie und Empirie stellt.
Zwei Gründe lassen sich benennen, warum Betroffenheit
und Introspektion nicht einmal garantieren, daß das Gemeinsame zwischen Frauen erkannt wird. Ich kann nicht
voraussetzen, daß meine Erfahrungen, meine Emanzipations-
ansprüche, die ja auch meine Forschungsinteressen berüh-
ren, sich mit denen der Frauen decken, mit denen und
über die ich arbeite. Ich muß andere soziale Realitäten
mit anderen Verhaltensanforderungen, anderen Schwerpunkt-
setzungen, vor allem: anderen vorgängigen Sozialisations-
einflüssen als Möglichkeit antizipieren.
Gemeinsamkeit muß sich erst herstellen, und zwar durch
die Arbeit an den wechselseitigen Fremdheiten hindurch.
Es gibt sie nicht unmittelbar.

Zum zweiten: "Weiblichkeit" unterliegt nicht nur "gesellschaftlicher Unbewußtheit" (M. Erdheim). Wir selbst haben
Segmente unserer Geschichte verdrängt, wir selbst wollen
bestimmte Anteile in uns (z.B. männliche Introjekte,
feindliche Mutterbilder) nicht wahrhaben. Das Gemeinsame
an der Unterdrückungsgeschichte kann bei beiden - Forscherinnen und Frauen, über deren Leben geforscht wird -
die gleichen Tabuisierungen, die gleichen Verleugnungen,
die gleichen "blinden Flecken" gezeitigt haben. Gerade
wenn Empathie und Introspektion wechselseitig auf Betroffenheit stoßen, können sich die Abwehrmechanismen auch
wechselseitig verstärken. Man begegnet sich in seinen
"dark continents",die durch diese Begegnungen nicht hel-
ler werden. In diesem Spannungsfeld von Gleichem und
Anderem, Vertrautem und Fremdem, die sich bei beiden
am Forschungsprozeß Beteiligten sowohl im Objekt- wie
im Subjektstatus geltend machen, hat die Forderung nach
Selbstreflexion andere Hemmnisse, aber auch einen weiteren Horizont als in den bisher dargestellten Positionen
der Ethnopsychoanalyse.
Der Anspruch feministischer Sozialwissenschaft liegt
ja nicht nur in einem doppelten Erkenntnisgewinn: den

untersuchten Phänomenen gerecht zu werden und bei den
Forscherinnen auch einen für sie selbst produktiven Lernprozeß anzuregen. Die Forschung hat darüberhinaus den
Sinn, zur Aufhebung von Frauendiskriminierung, zur Erweiterung weiblicher Spielräume beizutragen. Dieser Pra-
xisbezug macht es notwendig, daß beide Parts der For-
schungsaktivität sich über deren Zielsetzung einig werden. Die Notwendigkeit von Selbstreflexion und Um-
orientierung schließt also beide ein - die, die mittels
der Wissenschaft eingreifen und die, die von diesem Eingriff betroffen sind. Frauenforschung zwingt zum ständigen Standortwechsel zwischen ähnlichen und abweichenden
Erfahrungen, zur Modifikation vorgängiger Sichtweisen,
zur Akzeptanz eigener Behinderungen und der Emanzipa-
tionsvorsprünge anderer, zum langen Atem im Umgang mit
Angstschwellen und Widerständen.
Ein weiteres grundlegendes Spezifikum feministischer
Sozialforschung besteht in der nicht reduzierbaren Komplexität ihrer Problemfelder. In weiblichen Lebenszusammenhängen lassen sich einzelne Bereiche nicht voneinander
isolieren und voneinander abgrenzen. Sie bilden ein in-
terdependentes Gefüge - sowohl objektiv als auch subjektiv.
Die Gesellschaft braucht die Arbeit der Frauen in der
Familie und in der Erwerbssphäre. Und auch die Lebens-
perspektiven der Frauen selbst sind an beiden Bereichen
ausgerichtet. Zwar wollen auch Männer in den meisten
Fällen beides: ein Zuhause mit Frau und Kindern und einen
Beruf. Dennoch ist ihre Situation grundsätzlich anders.
In ihrer Sozialisation ist die **Arbeitsorientierung eindeutig**: Arbeit, das ist schwerpunktmäßig die berufliche
Tätigkeit. Die Arbeit im Haus blieb in den meisten Ehen
Aufgabe der Frauen. Wo Berufstätigkeit also für diese
zu einer gleichrangigen Zielsetzung neben dem Wunsch
nach Familie geworden ist, sind sie stets mit zwei Ver-
antwortungsbereichen bzw. **zwei Arbeitsplätzen** konfrontiert.
In der Praxis bedeutet das für die Frauen einen permanenten Zwang zum Prioritätenwechsel. Um sich auf die "Fami-
lienpflichten" konzentrieren zu können, müssen sie zuhause vergessen, was im Beruf gelaufen ist. Und umgekehrt: familiale Belange dürfen die Arbeitsfähigkeit
in der Erwerbssphäre nicht beeinträchtigen. Diese jeweilige innere Umzentrierung ist sehr belastend, weil
sie mit vehementen Umstellungsproblemen verbunden ist:
Der Umgang mit Maschinen, Waren, Kunden ist erzwungener-
maßen ein anderer als der mit Kindern, Ansprüchen von
Partnern, Regenerationsbedürfnissen und dem häuslichen
Ambiente. Sicherlich kennen auch Männer Umstellungs-
schwierigkeiten - für sie impliziert die Privatsphäre
aber nicht in gleicher Weise Arbeit, Verantwortlichkeit,
Präsenz.
Frauen sind somit den Konsequenzen, die aus der gesellschaftlichen Trennung von Familie und Beruf erwachsen,
sehr viel härter ausgesetzt. Sie sind aber in ihren

Anerkennungs- und Betätigungsbedürfnissen in gleicher
Weise auf beide Bereiche verwiesen.
Frauen sind gezwungen, das Für und Wider jedes der beiden
Bereiche für sich zu gewichten. Wie immer sie sich dabei
entscheiden: für Familie und Beruf, gegen diese doppelte
Belastung: sie haben dafür zu zahlen - entweder mit
Überbeanspruchung oder mit einer Vereinseitigung ihrer
Potentiale.

Frauenforschung muß sich in die Lage versetzen, dieses
Spektrum von Möglichkeiten so facettenreich, konkret
und nuanciert wahrzunehmen, wie es von den Individuen
erlebt wird. Das setzt Anstrengungen in zwei Richtungen
voraus: Die objektive Situation von Frauen muß in ihrer
ganzen Widersprüchlichkeit ausgelotet werden. Und es
muß an einer weiblichen Subjekttheorie gearbeitet werden.
Ihre Aufgabe wäre es, die Antagonismen im Leben von
Frauen in ihren psychischen und sozialen Dimensionen
an allen Stationen weiblicher Sozialisationsverläufe
offenzulegen. Eine mögliche Antwort auf die Herausforderung durch Widersprüche könnte ein hohes Maß an Ambi-
guitätstoleranz sein. Vielleicht ist **Ambivalenz** eine
zentrale Kategorie für das Verständnis der Sozial- und
Triebschicksale von Frauen. "Ambivalenz" - heutzutage
allzu schnell als Floskel für beliebige Einerseits-ande-
rerseits-Aussagen verwandt - verweist als Begriff auf
Konflikte, die sich auf zwei Realitätsebenen beziehen
lassen. In ihrer psychoanalytischen Bedeutung meint Ambivalenz emotionale Reaktionen auf zweiwertige Identifi-
kations- und Liebesobjekte ("gute Mutter - böse Mutter");
in seiner sozialpsychologischen Bedeutung erklärt dieser
Begriff die Entstehung eines Wirklichkeitssinns, der
sich über die Abarbeitung an **gesellschaftlich** unvereinba-
ren Gegensätzen ausbildet. Beide Verarbeitungsweisen
von Realität beeinflussen sich vermutlich wechselseitig - also wieder eine neue Komplexität.

Lassen wir uns nicht entmutigen - gemeinsam, in konti-
nuierlichem Austausch, durch - auch kontroverse - Diskussionen hindurch, müßte sich eine feministische Theorie
und Empirie doch realisieren lassen.

Anmerkungen

(1) Zu den sozialwissenschaftlichen Positionen, hinter
     die - bei allem Neuanfang - auch die Frauenforschung
     nicht zurückfallen kann, gehören für mich die An-
     sprüche der Kritischen Theorie sowie vor allem die
     historisch-materialistischen Ansätze, die sozialen
     Bewegungen verpflichtet sind.

(2) Damit soll nicht gesagt werden, daß die dialekti-
     schen Bilder in Benjamins Passagenwerk keinen dezi-
     dierten historischen Bezug hätten. Diesen Modell-
     analysen sollte es ja gerade gelingen, "gesteigerte
     Anschaulichkeit mit der Durchführung marxistischer
     Methoden zu verbinden." (W. Benjamin) Aber seine
     geschichtsphilosophischen Perspektiven greifen wei-
     ter aus, entdecken andere und neue Themen, die in
     der Abstraktheit der Kapitalanalyse und ihrer ge-
     sellschaftlichen Bewegungen keinen rechten Ort ha-
     ben.

(3) Vgl. hierzu: Müller, M., 1983

(4) Trotz aller progressiven Momente, die Rosa Luxemburg
     gegenüber ihren Genossen voraus hat (Kritik an Ein-
     heitsforderungen angesichts heterogener Interessen,
     Ablehnung von Parteioligarchien und basisfeindlichen
     Führungsansprüchen), bleibt auch sie ein Stück weit
     ein Kind ihrer Zeit und ihrer sozialen Herkunft.
     So finden sich z.B. in ihren Briefen auch Vorstel-
     lungen von Massenpsychologie, wie wir sie bei Le
     Bon nachlesen könnten: "Es gibt nichts Wandelbareres
     als menschliche Psychologie. Zumal die Psyche der
     Massen birgt stets in sich, wie die Thalatta, das
     ewige Meer, alle latenten Möglichkeiten: tödliche
     Windstille und brausenden Sturm, niedrigste Feigheit
     und wildesten Heroismus..." (Briefe an Freunde,
     München 1958, S. 11)

(5) Erdheim, M., Frankfurt a.M. 1982, S. 20 ff.

(6) Berger, H., Frankfurt a.M. 1980.

(7) Erst C. Meillassoux hat in der unbezahlten Einver-
     leibung der Subsistenzarbeit zwei Formen gesell-
     schaftlicher Ungleichheit gesehen: Die erste be-
     trifft die Nichtbewertung der weiblichen Hausarbeit,
     die in den Industrienationen die billige Reproduk-
     tion von Arbeitskräften garantiert. Desweiteren
     gehört das Überleben agrarischer und häuslicher
     Subsistenzwirtschaft zu den Bedingungen der Über-
     ausbeutung von Arbeit - vor allem Frauenarbeit -
     in den kolonisierten Gebieten der Peripherie. Vgl.
     hierzu: Meillassoux, Frankfurt a.M. 1974

(8) Vgl. hierzu: Irigaray, L., Frankfurt a.M. 1980

(8a) Vgl. hierzu: Berna-Simons, L., Frankfurt a.M. 1981,
     S. 131 ff.

(9) Ostner, I., Göttingen 1983, S. 277 ff.

(10) Ich erinnere an die Arbeiten von E.G. Belotti, U.
     Scheu, F. Friday, M. Neumann-Schönewetter u.a.

(11) Wir haben die Konsequenzen dieser Doppelorientierung, aber auch die Gründe für ihre Notwendigkeit
an anderer Stelle ausführlich dargestellt. (Vgl.
hierzu: Becker-Schmidt, R. u.a., Bonn 1983). In
dieser Publikation findet sich auch eine ausführliche Darstellung widersprüchlicher Verhaltenszumu-
tungen, denen Frauen sowohl innerhalb der Bereiche
Familie - Beruf gewachsen sein müssen als auch im
Wechsel zwischen beiden Praxisfeldern. Auf eine
eingehendere Analyse dieser doppelten Widerspruchs-
struktur im Lebenszusammenhang von Frauen wurde
darum hier verzichtet.

Literatur

BECKER-SCHMIDT, R., BRANDES-ERLHOFF, U., RUMPF,M.,SCHMIDT,
B.: Arbeitsleben-Lebensarbeit, Konflikte und Erfah-
rungen von Fabrikarbeiterinnen. Bonn,1983.
BENJAMIN, W.: Das Passagen-Werk, Gesammelte Schriften
Bd. V-1, hrsg. v. R. Tiedemann, Frankfurt a.m. 1982,
BERGER, H.: Untersuchungsmethode und soziale Wirklich-
keit, Frankfurt a.M. 1980.
BERNA-SIMONS, L.: Narziß zwischen Uterus und Phallus,
in: Die neuen Narzißmustheorien: zurück ins Para-
dies? Hrsg. v. Psychoanalytisches Seminar Zürich,
Frankfurt a.M. 1981.
DEVEREUX, G.: Angst und Methode in den Verhaltenswissen-
schaften, München 1967.
ERDHEIM, M.: Die gesellschaftliche Produktion von Unbe-
wußtheit. Eine Einführung in den ethnopsychoanaly-
tischen Prozeß, Frankfurt a.M. 1982.
IRIGARAY, L.: Speculum. Spiegel des anderen Geschlechts,
Frankfurt a.M. 1980.
LUXEMBURG, R.: Briefe an Freunde, München 1958.
MEILLASSOUX, E.C.: Die wilden Früchte der Frau. Über
häusliche Produktion und kapitalistische Wirt-
schaft, Frankfurt a.M., 1974.
MÜLLER, M.: Selbstorganisation im Ghetto, Frankfurt a.M.
1983.
OSTNER, I.: Kapitalismus, Patriarchat und die Konstruk-
tion der Besonderheit "Frau", in: Soziale Welt,
Sonderband 2, Soziale Ungleichheit, hrsg. v. R.
Kreckel, Göttingen 1983.
STEINKAMP, G.: Klassen- und schichtenanalytische Ansätze
in der Sozialisationsforschung, in: Handbuch der
Sozialisationsforschung, hrsg. v. K. Hurrelmann,
D. Ulich, Weinheim-Basel 1980.

Gudrun SCHIEK

SPEZIFISCHE, GEGENSTANDSANGEMESSENE METHODEN UND DIE
MÖGLICHKEITEN VON THEORIEBILDUNG IM SELBSTREFLEXIVEN
ANSATZ

Meine Thesen will ich akzentuieren in solche zu 1. Was
heißt "selbstreflexiver Ansatz"? 2. Was sind ihm angemessene Methoden? 3. Welche Möglichkeiten von Theoriebildung hat dieser wissenschaftliche Ansatz?

1. Was heißt "selbstreflexiver Ansatz"?

1) **Herrschende Wissenschaft** ist in meinen Augen das
Arsenal von Naturwissenschaften, Technik mit ihren quan-
tifizierenden, zählenden, messenden Methoden, mit ihrem
"Gesetz der großen Zahl", mit ihren großangelegten
Labor-Experimenten, in denen "Störfaktoren" um der "Rein-
heit" bzw. "Objektivität" der Ergebnisse willen auszuschalten sind. Diese Sicht und Praxis von Wissenschaft
kann nicht anders als Leben als den großen "Störfaktor"
zu betrachten.

2) Herrschende Wissenschaft hat denselben Dogmatismus,
dieselbe Intoleranz, beansprucht dasselbe Monopol auf
den Besitz "der einzigen Wahrheit" wie intolerante Vertreter von Kirchen, Religionen oder anderen Ideologien.

3) Herrschende Wissenschaft muß bestreiten, daß sie
ein neuer Mythos ist; zumindest wird sie es verschleiern
oder verschwinden lassen wollen hinter ihren erklärten
Zielen Zweckrationalität, Objektivität, Effektivität.

4) Aber: an den Früchten werdet ihr sie erkennen. Und:
"die unausgesprochenen Werte, die hinter der dominanten
Wissenschaft stehen, (reflektieren) die alten Werte einer
elitären Herrschaftsordnung (Benard/Schlaffer, S. 416)

5) **Herrschende Sozialwissenschaft** orientiert sich nach
wie vor am Modell der Naturwissenschaften. Man zählt
und mißt zwar nicht mehr so primitiv wie um die Jahrhundertwende, aber Anliegen ist es, Herrschaftswissen be-
reitzustellen, verkauft unter den Etiketts Zweckrationalität, Objektivität. Endlich haben die Sozialwissenschaften es geschafft, den "exakten" Wissenschaften ein wenig
näher zu rücken, obgleich immer noch nicht restlos anerkannt, vermutlich aufgrund ihres "sperrigen Materials":
bei den "Beforschten" handelt es sich nämlich um Menschen.

6) Die Nähe zum naturwissenschaftlichen Modell dokumentiert sich in der rigide empirischen Sozialwissenschaft in ihren aus der Statistik/Wahrscheinlichkeitsrechnung stammenden sog. "empirischen Gütekriterien", nämlich: Validität, Reliabilität von Untersuchungen und Forschungsmethoden, Repräsentativität, Verallgemeinerungsfähigkeit, Signifikanz und intersubjektive Nachprüfbarkeit von Untersuchungsergebnissen.

7) Die Nähe zum naturwissenschaftlichen Modell dokumentiert sich weiter in der dort vermutlich eher zulässigen, trotzdem arroganten, in Sozialwissenschaften aber künstlich erzeugten Aufspaltung der Realität in Gegensatzpaare wie diese: "Theorie/Praxis", "Inhalt/Form/Methode", "Subjektivität/Objektivität", "das Einzelne/das Besondere/das Allgemeine", "abstrakt/konkret", "Rationalität/Irrationalität/Emotionalität". Dazu LAING: "Wenn man das, was tatsächlich der Fall ist, in die Dualität des Subjektiven und Objektiven spaltet, **macht** man eine Unterscheidung, die sehr nützlich und für viele Zwecke sogar unbedingt notwendig ist. Glaubt man aber daran, ist die Welt ein zerbrochenes Ei" (S. 17).

8) Weg von diesem zerbrochenen Ei, weg von Herrschafts- und Verfügungswissen, weg vom Objektstatus des weiblichen wie männlichen Menschen, hin zum autonomen Subjekt: das ist das Anliegen des **selbstreflexiven Ansatzes.**

9) Zur ersten Umreißung dessen, was ich "selbstreflexiv" nenne, hier zwei Zitate von DEVEREUX und LAING, die vielen ihrer Fachkollegen als "verrückt" oder "Störenfriede" gelten: "Ich glaube, daß der Mensch nicht vor sich selber gerettet werden muß. Es genügt, wenn er er selbst sein kann...Eine authentische Verhaltenswissenschaft wird es dann geben, wenn ihre Vertreter erkannt haben, daß eine realistische Wissenschaft vom Menschen nur von Menschen geschaffen werden kann, die sich ihres eigenen Menschseins vollkommen bewußt sind, was vor allem bedeuten muß, daß dieses Bewußtsein in ihre wissenschaftliche Arbeit eingeht" (Devereux, S. 21ff.)
"Nichts ist subjektiver als eine Objektivität, die gegen die eigene Subjektivität blind ist" (Laing, S. 24).

10) Da der selbstreflexive Ansatz weg will vom Objekt-Status "Beforschter", kann er nicht anders als die sogenannte "Objektivität" von Wissenschaft in Frage zu stellen bzw. sie als Konstruktion zu entlarven. Sogar ein weniger verrückter Autor als LAING oder DEVEREUX, nämlich Gunnar MYRDAL, vermerkt: "Sozialwissenschaft kann niemals nur 'Tatsachen schildern' oder 'neutral' sein; sie ist nicht 'objektiv' in der herkömmlichen Bedeutung des Begriffes. Die Forschung basiert immer auf moralischen und politischen Wertungen, und der Forscher tut

gut daran, sich ausdrücklich auf sie zu besinnen und sie zu benennen" (S. 78 ff.).

11) Ich habe meine Zielsetzung und Wertungen in meinen Publikationen im Klartext genannt. In ebensolchem Klartext nennen weitere Autorinnen ihre Zielsetzungen, nämlich: Abschaffung einengender Geschlechtsnormen, Hervorbringung des autonomen Subjekts, Offenheit, kein Vergessen/Verdrängen der eigenen, nichtglatten, oft schmerzhaften Geschichte. Das verstehe ich unter "Demokratisierung". "Wenn also (z. B.) feministische Wissenschaft ihren subjektiven und parteilichen Zugang anführt, dann ist sie damit argumentativ im Vorteil. Denn dieser Zugang ist in Einklang mit den Werten und Zielen feministischer (selbstreflexiver) Wissenschaft, mit den öffentlich verkündeten Werten der Gesamtgesellschaft; sie ist Bestandteil der progressiven, politischen und sozialen Bewegungen der Gegenwart; sie hat den Vorsprung der Innovation" (Benard/Schlaffer, S. 415 ff.).

12) Zwei Zwischenbemerkungen: 1. so grotesk es nun auch klingen mag - trotzdem (oder gerade deshalb) befindet sich selbstreflexive Wissenschaft im Widerstreit mit herrschender Wissenschaft; sie stellt traditionelle Methoden und Inhalte total, konsequent in Frage. 2. Empirie ist gar nicht übel, wenn sie z. B. wie in der Untersuchung "Mädchen 82" massenhaft, sogar repräsentativ die derzeitige Lebenssituation von Mädchen/jungen Frauen erfaßt und erfreuliche Trends im politischen Bewußtsein herausstellt. Aber: so gut dafür, so ungeeignet zur Aufarbeitung der eigenen Geschichte, zur Förderung der Ichfindung.

13) Das kann beispielsweise der selbstreflexive Ansatz leisten, der Parallelen hat mit feministischer, auch psychoanalytischer Herangehensweise, letztere allerdings befreit von der männlichen Sicht ihres Vaters FREUD.

14) Ich nenne Ihnen zunächst weitere Begriffe, Attribute, synonym zu "selbstreflexiv": "selbstreflexiv" als Begriff wird nicht nur von mir verwendet, sondern auch bei ZIEHE, DANIEL, GAMM, HOMFELDT. Bisweilen wird das Wort zerlesen in "selbstreflektiv, selbstreflektorisch". Synonyme sind: subjektivitätsorientiert, selbstbetroffen, selbsterfahrungsbezogen, biografisch/autobiografisch. Alle diese Begriffe treffen und stimmen, haben jedoch unterschiedlichen Stellenwert; dazu etwas später mehr.

15) Eine "Definition" von "Selbstreflexion" fällt nicht leicht. Da sie mit "Identität", "Ichfindung" zu tun hat, ist sie komplex und sperrt sich von daher der verbalen Erfassung. Gleichwohl existiert der Sachverhalt. Ich will mich ihm annähern in den Worten von Claus DANIEL

und in meinen eigenen Worten. DANIEL: " 'Identität' meint das 'Mit-Sich-Selbst-Gleichsein' in oder trotz der Mannigfaltigkeit der teilweise sehr verschiedenen und widersprüchlichen Taten, die man im Verlauf des Lebens vollbringt oder die andere von einem erwarten...Eine bestimmte 'Instanz', das reflektierende Ich, beschreibt bestimmte Sachverhalte, Merkmale einer 'gegebenen' Instanz, die es selbst ist" (S. 10, 13).
Ich: "Selbstreflexion ist die Arbeit an der eigenen Person im Sinne zunehmenden Aufbaus eines authentischen Ich" (1982, S. 48).

16) Hierbei handelt es sich jedoch nicht um "Privatkram", sondern um die persönliche und berufliche Qualifikation von Studierenden, also künftigen Pädagogen. Wenn sie ihre persönlichen Schäden nicht unbesehen an die Nachgeborenen weiterreichen wollen, dürfen sie sich selber gegenüber nicht wie Analphabeten verhalten bzw. ihr eigenes Selbst nicht wie einen unentdeckten Kontinent mit sich herumschleppen. Das bedeutet u.a. "Das Persönliche ist politisch" oder auch die Umkehrung "Das Politische ist persönlich", d. h.: es verlängert sich in die Subjekte, es betrifft sie. Und also folgt: das Einzelne, das Besondere ist allgemein; das Allgemeine erscheint im Einzelnen/Besonderen.

17) Abschließend Aussagen von HOMFELDT, der mit seinen Ko-Autoren "Hochschule als erziehungswissenschaftlich **und** erzieherisch bedeutsames pädagogisches Feld" sieht (S. 7) und "Subjektivität nicht ignorieren, sondern qualifizieren" will (S. 57), zur Aufgabe pädagogischer Forschung: sie ist "nicht das Bereitstellen von Verfügungswissen mit Aussagen über 'normale', 'durchschnittliche' und 'allgemeine' erzieherische Abläufe, ...sondern das Erschließen des Individuellen und Besonderen als Voraussetzung für erzieherisch wirksames Verstehen und Helfen" (S. 13). Ich selbst verstehe unter "Erziehung" bzw. der Aufgabe von Pädagogik dies: beiden darf es nur darum gehen, behilflich zu sein, daß das Individuum mit sich immer identischer wird (1982, S. 48).

2. Was sind dem selbstreflexiven Ansatz angemessene Methoden? Zunächst einige prinzipielle Thesen.

18) Für das Bundesverfassungsgericht ist **wissenschaftliche Tätigkeit** "alles, was nach Inhalt und Form als ernsthafter planmäßiger Versuch zur Ermittlung der Wahrheit anzusehen ist" (v. Münch, S. 287), und von erziehungswissenschaftlicher Seite wurde betont: "Es ist offenbar gegenwärtig nicht möglich, einen Gegenstandsbereich, in dem es um Systembeziehungen, um zielgeleitete Interaktion zwischen Personen, um psychische Prozesse

und Strukturen sowie um die argumentative Begründung normativer Prämissen geht, von einer einheitlichen theoretischen und methodologischen Position aus zu analysieren" (Senatskommission Erziehungswissenschaft der DFG, S. 12). Das bedeutet Garantie des Methoden-Pluralismus.

19) Scharfsichtige Wissenschafts-Ketzer, Nicht-Erziehungswissenschaftler zumeist, entlarven den Methoden-Fetischismus als das, was er ist, nämlich: "Methode ist die Wahl der Fakten. Es ist einfach eine Frage der Übereinkunft, was man in einem gegebenen Kontext als **relevant** ansieht" (Devereux, S. 52). "Der einzige Grundsatz, der den Fortschritt nicht behindert, lautet: Anything goes (Mach, was du willst)" (Feyerabend, S. 35 ff.).

20) Spätestens seit den Wissenschaftstheoretikern RICKER, WUNDT, WINDELBAND, DILTHEY stimmen Geistes- bzw. Kultur- oder Sozialwissenschaftler darin überein, daß nicht die Methode den Gegenstand bestimmt, sondern umgekehrt der Gegenstand die Methode.

21) Das heißt, in ganz großem Maßstab: naturwissenschaftliche Gegenstände, chemische Prozesse, z. B., erfordern naturwissenschaftliche Forschungsmethoden, andere jedenfalls als solche, mit denen "zielgeleitete Interaktionen zwischen Personen" oder gar "psychische Prozesse und Strukturen" oder gar "die eigene Geschichte" oder "Ich-findung" untersucht und erforscht werden können.

22) Weiter zugespitzt: wenn das Individuum aus seinem Objekt-Status befreit, wenn es Subjekt seiner eigenen Lebens- und Lerngeschichte werden soll, ist sogar der Begriff "Gegenstand" (= Objekt) unangemessen; es sei denn, wir verstehen das Subjekt zugleich als sein Forschungs-Objekt - mit besseren Worten: "Deckungsgleichheit von (erkennendem) Subjekt und (erkanntem) Objekt" (Ziehe, S. I ff.).

23) Zwischenbemerkung: die eben gemachten Aussagen **müssen** dominante Wissenschaft in ihrem Herrschaftsanspruch und der Verbreitung ihres Herrschaftswissens irritieren. Sie **muß** "Subjektivismus" unterstellen, d. h. vor allem: sie muß dem Subjekt Unfähigkeit der eigenen Erforschung nachsagen, mögliche Fälschung, Willkür, Anarchie, Mangel an "intersubjektiver Nachprüfbarkeit", Verallgemeinerungsfähigkeit usw.

24) Ich halte dagegen: das Subjekt wird in der Tat unverfügbarer. Mit 'Willkür' oder 'Fälschung' oder 'Unordnung' hat das nichts gemein. Und das forschende 'Subjekt-Objekt' untersucht auch nicht etwa Ameisen. Jedes Individuum ist gleichzeitig wie alle anderen Menschen, wie

manche anderen Menschen und wie kein anderer Mensch".
Diese Ausführung ERIKSON's zur "Identität" (S. 97 ff.)
steht in diametralem Gegensatz zur nachweislich falschen
Annahme dominanter Sozialwissenschaft, daß alle Menschen
sich in vergleichbaren sozialen Situationen gleich verhalten.

25) In Konfrontation mit meinen letzten beiden Thesen
komme ich zurück auf den unterschiedlichen Stellenwert
der Attribute "selbstreflexiv", "selbstbetroffen", "subjektivitätsorientiert", "selbsterfahrungsbezogen", "auto-
biographisch". Ich habe mich vor allem aus folgenden Gründen entschieden für die Kennzeichnung "selbstreflexiv".
Die anderen Attribute können den seitens der dominanten
Wissenschaft vorgebrachten Subjektivismus-Vorwurf verstärken. Die schiere Selbsterfahrung (z. B. die Wut im
Bauch) "adelt" den Menschen noch nicht.
Selbstreflexion ist kritisch, vor allem auch selbstkri-
tisch und fähig zu Distanz, auch Selbstdistanz; sie kann
die Augen öffnen über die Verhältnisse **und** über einen
selbst, sie kann weh tun, sie kann Veränderung und Wachs-
tum einleiten, was nie ohne Schmerzen vor sich geht.

26) Dem selbstreflexiven Ansatz **angemessene Methoden**
sind alle die, denen es gelingt, ihm tatsächlich angemessen zu sein, so konsequent und radikal wie nur möglich. Ich will diese tautologische Erklärung ausdifferen-
zieren. Das "Material" der Erforschung ist das Subjekt
selber, seine Lebens- und Lerngeschichte oder Ausschnitte
daraus. Die Erforschung erfolgt nicht deduktiv, auch
nicht empirisch-induktiv, vielmehr nichtempirisch-induk-
tiv.

27) Besonders geeignet sind daher phänomenologische,
dialektische, hermeneutische, auch tiefenhermeneutische
Methoden; unter "dialektisch" verstehe ich vor allem:
Stehenlassen, Aushalten (nicht: Wegargumentieren) von
Widersprüchen, Ambivalenzen u. ä.

28) Die genannten Methoden oder auch ihre Kombination
lassen sich in unterschiedlicher Konsequenz und Reichweite verwenden, in verschiedenen Stufungen.

29) Die radikalste Version ist die "Beschränkung" auf
die Erforschung der eigenen Geschichte, die zugleich
eine immense "Ausdehnung" der Erforschungschancen, ihrer
Tiefe nämlich, bedeutet.

30) Ein solcher "ernsthafter, planmäßiger Versuch zur
Ermittlung der Wahrheit" (v. Münch, S. 287) zeichnet
sich in der Tat aus durch "Planmäßigkeit", das aber nicht
gemäß einem "von außen" angelegten Raster, sondern gemäß
einer inneren Logik, als "Aufdecken subjektiver Sinn-

strukturen" oder "Erschließung des Sinnes von zunächst Verborgenem" (Homfeldt, S. 106, 120).

31) Dieser bei HOMFELDT als "Selbstreport" bezeichnete Vorgang "ist nicht nach dem Kriterium der größtmöglichen Exaktheit und Vergleichbarkeit, sondern nach der hervorgebrachten größtmöglichen Subjektivität zu bewerten" (S. 145), wobei "Subjektivität" bedeutet "Subjektwerdung"; und derartige "Selbstreports" sind anders vorgehenden Forschungsarbeiten an "Komplexität, Aktualität, Einsicht, Einfühlung, Authentizität" überlegen (S. 146).

32) Dabei entwickelt das Subjekt kraft seiner Selbstreflexion "Begriffe von sich selbst", Trends, Richtungen, Stränge, Muster seiner Gewordenheit, mithin eine Art "Theorie von sich selbst", ein Selbstkonzept.

33) ZIEHE sieht in der "Selbstreflexion als emanzipatorischer Aneignung von Subjektivität" sogar kollektive und interpretativ verallgemeinernde Möglichkeiten: "Das 'Material' der Reflexion sind die akkumulierten Erfahrungen der Beteiligten; die Verarbeitung des 'Materials' ist ein Lernprozeß, im Verlaufe dessen eine methodisch strukturierteReorganisation dieser Erfahrung vorgenommen wird; diese Reorganisation intendiert die Aneignung sowohl nicht begriffener Lebensgeschichte als auch der aktuellen Lebenssituation" (S. 23 ff.).

34) Ähnlich und um etliches ergänzt: HOMFELDT u. a., die ein Seminar an der PH Flensburg in folgende vier Schritte gliederten: "1. die Praxis hervorbringen, 2. die Praxis verstehend ergründen, 3. aus dem Verstehen Erkenntnisse entwickeln, 4. diese Erkenntnisse in neue, verbesserte Praxis überführen" (S. 83 ff.). Die vorliegenden Ergänzungen des selbstreflexiven Ansatzes, der häufig im Verbalen oder im Reflektieren stecken bleibt, bestehen bei HOMFELDT in der Heranziehung von Musik als "pädagogischem Medium" und in bewegungsmäßiger sowie musikalischer Praxis, vermutlich wiederum ein Ärgernis für die dominante Wissenschaft, die sich gegenüber der Kunst arrogant abschottet.

35) Ich selber wies in meiner Publikation von 1982 auf Möglichkeiten der "Ausweitung" der "radikalen Version" von Selbstreflexion hin. Konfrontation mit ausgewählter, themenbezogener Fachliteratur; ein Gesprächspartner, dessen Stellungnahmen im Text auftauchen können; Kombination der selbstreflexiven Teile mit Fremd-Interviews, Fallstudien (S. 185). Innerhalb des akademischen Prüfungsbetriebes kann z. B. in einer Gruppen-Diplomarbeit Gemeinsames, Ähnliches, Unterschiedliches in den Biographien herausgearbeitet werden, ohne in einen Vergleichs-Zwang verfallen zu müssen.

36) Die Stärke, Konsequenz, Glaubwürdigkeit selbstreflexiver Methoden beruht auf ihrer "Gegenstandsangemessen-
heit", auf der "Übereinstimmung, Kongruenz zwischen "Gegenstand" und "Methoden", bis hin zu den angestrebten
Zielen: Abbau von Fremdbestimmung als Ziel wird befreien-
de Methoden verwenden bzw. zulassen, während Herrschaft,
Fremdbestimmung als Ziel unterdrückende, disziplinierende
und verschleiernde, verdrängende Methoden verwenden und
gegenteilige verbieten muß.

3.   Welche Möglichkeit von Theoriebildung hat der selbst-
     reflexive Ansatz?

37) "Theorie", "Theoriebildung" hat innerhalb des selbstreflexiven Ansatzes eine andere Qualität, einen anderen
Stellenwert, eine ander Frunktion als herkömmlicherweise.
Sie ist nicht "Theorie über", über z.B. Praxis, gewonnen
aus der Gerinnung möglichst vieler, quantifizierter Ein-
zeldaten in eine "allgemeine Gesetzmäßigkeit" oder in
ein sonstiges Konstrukt.

38) Theoriebildung als gewonnene und immer wieder zu
gewinnende, also nie abgeschlossene Erkenntnis über sich
selbst und andere, gehorcht nicht den Maßstäben der Ge-
neralisierbarkeit oder der Repräsentativität der Ergebnisse. "Erkenntnis über sich selbst und andere" erinnert
mich auch noch zu sehr an "Theorie über". Hier ist angemessen, neue Sprache erst noch zu schaffen. In ersten
Umrissen vielleicht so: "Theorie von sich selbst, Selbstkonzept, Theorie aus und für die Praxis".

39) Solche Theorie hat zwei Stränge, die sich bereits
andeuten in den Worten "Zu gewinnende Erkenntnis von
sich selbst und anderen".

40) Der eine Strang ist die Theoriebildung, die das
Selbst betrifft (Selbstkonzept). In Bezug darauf wage
ich die kühne Behauptung, daß die Gegensätze "Theorie/
Praxis", "Erkennen/Handeln" in der Person selber aufhebbar sind; sie muß also durch keine ihr von außen über-
stülpte Theorie "vor sich selber gerettet" werden. Ich
selber bin (nicht: habe) und werde dann immer wieder
meine eigene Theorie und Praxis.

41) Der andere Strang ist die Theoriebildung, die die
Brücke schlägt zu anderen, zu solchen z.B. mit denen
Pädagogen zu tun haben. Ist bereits der erste Strang
von Gewicht für die "professionelle Kompetenz", so auch
der zweite, den HOMFELDT u.a. als "Aufgabe der Pädagogik
als Praxis und Theorie und pädagogischer Forschung" bezeichnen, nämlich: "Erschließen des Individuellen als
Voraussetzung für erzieherisch **wirksames Verstehen und
Helfen**" (S. 13). Die anderen sollen also nicht zu Objekten degradiert werden, sondern ihre eigene Theorie und
Praxis abwickeln können.

42) Medium dieser beiden Stränge von Theoriebildung im
Sinne von Erkenntnisgewinnung nicht über, sondern für
und mit betroffenen Menschen ist das Verstehen, "ein

Verstehen in der Spannung von Handeln und Erkennen"
(HOMFELDT, S. 131).

43) Subjektivität, Verstehen und Intersubjektivität
schließen sich nicht aus, im Gegenteil. Nicht ignorierte, sondern qualifizierte Subjektivität ermöglicht Herstellung von Intersubjektivität in Handeln und Erkennen.
HOMFELDT betont: "Verstehen setzt ein Mindestmaß an bio-
grafischem Interesse voraus; es benötigt ein Minimum
an Intersubjektivität, Solidarität und Vertrauen" (S.
106).

44) Ich selber habe für den Diskurs zwischen akademischem
Prüfer und Prüfling einige Minimalforderungen oder "Gütekriterien" entwickelt, die sich auch für andere päda-
gogische Personenkonstellationen übertragen lassen. Hier
beschränke ich mich auf einige wesentliche Ausführungen
dazu. Sie können das genauer nachlesen in meinem Buch
von 1982.

45) Kriterium der Gültigkeit (nicht Allgemeingültigkeit):
Das Subjekt, das seine Subjektivität und Selbsterfahrung
reflektiert, kann sich selbst "repräsentieren", und wenn
es das kann, sind die dabei zutage geförderten Erkenntnisse allemal "signifikant" (bedeutsam), und zwar für
das Subjekt selber sowie für andere, denen es sein Sich-
selbst-Verstehen kommunikativ vermittelt (S. 206).

46) Kriterium der "intersubjektiven Nachprüfbarkeit"
bzw. Nachvollziehbarkeit, Kommunizierbarkeit: Selbsterfahrung ist kommunizierbar; sie ist umso kommunizier-
barer, je mehr wir miteinander kommunizieren. Fremde
Selbsterfahrung ist "unverfügbar", sie ist aber durch
"Intererfahrung" (Laing) nachvollziehbar, im Prozeß des
hermeneutischen "Hineintauchens" in die andere Lebens-
form. Der "Übersetzer" muß sich stets in das Sinnsystem
des anderen **hineinbegeben** (S. 201 ff.).

47) ZIEHE koppelt beide Kriterien, diesmal nicht aus
der Perspektive des "Übersetzers", wie folgt: "Das 'Objekt' **ist** sein eigener Sinn, insoweit es sich selbst
versteht und dieses sein eigenes Verstehen dem anderen
kommunikativ vermitteln kann" (S. 13).

Zum Schluß nur noch wenige Anmerkungen, die ich lediglich anreiße; sie lassen sich in der Diskussion vertie-
fen.

1) Vielleicht berührt die "innere Logik" des selbstreflexiven Ansatzes, seine "Geschlossenheit" Sie als
"Nichtoffenheit".

2) Selbstverständlich hat dieser Ansatz seine Grenzen.
Auf sie wies ich in meiner Publikation von 1982 ausdrück-

lich hin (S. 105 ff.). Die Realisierbarkeit des Ansatzes "In großem Maßstab", d. h. für möglichst viele, ist wohl nur sehr schwer möglich. Aber das teilt der Ansatz mit allen innovativen Ansätzen. Die internen Grenzen "werden wiederum gesteckt durch die Subjekte selbst: durch die individuelle Lebensgeschichte und die persönliche Grenze der Belastbarkeit. Praktische Verstehensprozesse sind nicht nur auf gelingende Interaktionen, sondern auch auf gelingende Distanzierungsprozesse angewiesen" (HOMFELDT, S. 214).

3) Mit hoher Wahrscheinlichkeit existieren Parallelen und Unterschiede zwischen selbstreflexivem, psychoanalytischem und feministischem Vorgehen. Der stärkste Berührungspunkt liegt in meinen Augen im gemeinsamen Anliegen, das autonome Subjekt zu ermöglichen, ein weiterer in der möglichst ganzheitlichen Betrachtungsweise, die interdisziplinäre Zusammenarbeit notwendig macht. Ein möglicher Unterschied zwischen selbstreflexivem und feministischem Ansatz ist, daß der selbstreflexive von Frauen **und** Männern für sich in Anspruch genommen werden kann, in meinen Augen wichtig für die Beseitigung der Normen, welche die Geschlechter voneinander trennen.

Literaturliste

BAAKE, D./SCHULZE, Th., (Hg.): Aus Geschichten lernen. Zur Einübung pädagogischen Verstehens. München 1979
BENARD, Ch./SCHLAFFER, E.: Frauenkarrieren an der Universität. In: Pusch, L. F.(Hg.): Feminismus. Inspektion der Herrenkultur. Frankfurt a. M. 1983, S. 408ff
Brigitte: Mädchen 82. Eine repräsentative Untersuchung, durchgeführt vom Deutschen Jugendinstitut München i. A. der Ztschr. "Brigitte" - Autorinnen: Seidenspinner, G., Burger, A., Hamburg 1982. 2 Bände, Bericht und Tabellen
BRÜCK, H.: Die Angst des Lehrers vor seinem Schüler. Reinbeck 1978
DANIEL, C.: Theorien der Subjektivität, Einführung in die Soziologie des Individuums. Frankfurt a. M. - New York 1981
DEVEREUX, G.: Angst und Methode in den Verhaltenswissenschaften. München 1967
ERIKSON, E. H.: Identität und Lebenszyklus. Frankfurt a. M. 1974
FEYERABEND, P.: Wider den Methodenzwang. Skizze einer anarchistischen Erkenntnistheorie. Frankfurt a.M.1976
GAMM, H.J.: Umgang mit sich selbst. Grundriß einer Verhaltenslehre, Reinbeck 1979
GERHARDT, M.: Kein bürgerlicher Stern, nichts, nichts konnte mich je beschwichtigen. Essay zur Kränkung

der Frau. Neuwied - Darmstadt 1982
GOULD, R.L.: Lebensstufen. Entwicklung und Veränderung
im Erwachsenenleben. Frankfurt a.M. 1979
v. HENTIG, H.: Erkennen durch Handeln. Versuche über
das Verhältnis von Pädagogik und Erziehungswissenschaft. Stuttgart 1983
HOFMANN, C.: Smog im Hirn. Von der notwendigen Aufhebung der herrschenden Wissenschaft. Bensheim 1981
HOMFELDT, H. G./ Schulz, W./ Barkholz, U.: Student sein -
Lehrer werden? Selbsterfahrung in Studium und Beruf.
München 1983
LAING, R. D.: Die Stimme der Erfahung. Erfahrung, Wissenschaft und Psychiatrie. Köln 1983
MAURER, F. (Hg.): Lebensgeschichte und Identität. Beiträge zu einer biographischen Anthropologie. Frankfurt a. M. 1981
v. MÜNCH, I.: Grundgesetz-Kommentar. München 1981, Bd.1
(Präambel bis Art. 20. hier insbes.: Art. 5, Freiheit
der Wissenschaft, S. 241 ff.)
MYRDAL, G.: Objektivität in der Sozialforschung. Frank-
furt a. M. 1971
SCHIEK, G.: Emanzipation in der Erziehung. Von der Fremd-
erziehung zur Selbsterziehung. Pullach/München 1975
dies.: Rückeroberung der Subjektivität. Der selbstreflexive Ansatz in der Ausbildung von Sozialwissen-
schaftlern. Frankfurt a. M. - New York 1982
Senatskommission für Erziehungswissenschaft der DRG:
Empfehlungen zur Förderung erziehungswissenschaft-
licher Forschung. In:Ztschr. für Pädagogik, 1/1976/
S. 9 ff.
SÖLLE, D.: Leiden. Stuttgart - Berlin 1973
ZIEHE, Th.: Pubertät und Narzißmus. Frankfurt a. M. -
Köln 1975 (daraus insbes. Teil 2).

Heide GÖTTNER-ABENDROTH

WISSENSCHAFTSTHEORETISCHE POSITIONEN IN DER FRAUENFOR-
SCHUNG (AMERIKA, FRANKREICH, DEUTSCHLAND)

In Amerika und Europa hat sich im letzten Jahrzehnt immer
rascher eine frauenspezifische Forschung, getragen von
engagierten Wissenschaftlerinnen aus der Frauenbewegung
entwickelt. Sie begann in der Soziologie und Anthropologie und hat sich mittlerweile auf die verschiedenen Disziplinen der Sozialwissenschaften (Psychologie, Polito-
logie, Wirtschaftswissenschaft) und Kulturwissenschaften
(Philosophie, Geschichtswissenschaft, Kunstwissenschaf-
ten, Religionswissenschaft) ausgedehnt. Sie beruht auf
verschiedenen wissenschaftstheoretischen Konzepten der
Frauenforschung, die nicht immer ausdrücklich formuliert
werden, sondern meist implizit im Vorgehen der feministischen Wissenschaftlerinnen enthalten sind. Falls
es doch zu Ausformulierung und Abgrenzung kommt, wird
dies nicht als kontroverse Schulenbildung verstanden,
wie dies in der etablierten Wissenschaftstheorie aus
wissenschaftspolitischen Machtinteressen der Fall ist,
sondern theoretische Verallgemeinerungen werden als Versuche in einem permanenten Diskussionsprozeß angesehen,
der Selbstreflexion neue Anstöße zu geben ohne sich in
hegemonialen Mustern zu verfestigen. Es gibt daher kein
wissenschaftstheoretisches Konzept, auf das Frauenforscherinnen eingeschworen sind, und es soll auch keins
geben. Die Normativität wissenschaftstheoretischer Konzepte in der Frauenforschung beschränkt sich darauf,
Modelle vorzuschlagen, welche die konkreten Forschungs-
aufgaben erleichtern sollen.
Die entgegengesetzten Mißverständnisse sind allerdings
auch nicht ausgeschlossen, nämlich die Ansichten, es ginge
in der Frauenforschung auch ohne Wissenschaftstheorie
- eine "Theoriefeindschaft" auf höherer Stufe - oder
Theoretikerinnen sollten in Richtung einer Harmonisierung
ihrer Konzepte fortschreiten. Beides ist falsch: Denn
Wissenschaftstheorie-Feindschaft läßt den Prozeß der
Selbstreflexion gar nicht erst in Gang kommen, und Harmonisierung schaltet gegenseitige Kritik zu früh aus
und demontiert damit die notwendige Selbstreflexion auf
schleichendem Wege. Deshalb werde ich hier kurz gegen
die Wissenschaftstheorie-Feindschaft argumentieren und
dann wissenschaftstheoretische Konzepte in der Frauenforschung Amerikas, Frankreichs und Deutschlands im Sinne
von normativen Modellen vorstellen, wobei ich durch Kritik daran ihnen den verfestigenden Charakter nehmen und
sie wieder in den selbstreflexiven Prozeß der Frauenforschung einbetten möchte.

1. Gegen die Theoriefeindschaft auf höherer Stufe

Etliche Feministinnen kritisieren theoretische Verallgemeinerungen überhaupt: Denn Verallgemeinerungen hätten
in den Wissenschaften stets die Funktion gehabt, das
Besondere auszuklammern. Auf diese Weise brachte man
permanent die Frau als das Besondere bzw. ihre besondere
Situation erkenntnismäßig zum Verschwinden.
Auf wissenschaftstheoretischer Stufe kehrt dieser Vor-
wurf nicht als Gegenüberstellung von "Allgemeinem" und
"Besonderem", sondern von "Universalismus" und "Partiku-
larismus" wieder. Denn mit dem wissenschaftstheoretischen
Universalismus tue sich die Gefahr auf, den Partikularis-
mus, welcher die Forschungsbewegung in Fluß hält, durch
Normierungen und Subsumieren von oben zum Stillstand
zu bringen.
Beide Einwände scheinen plausibel, aber sie verwechseln
Struktur und Funktion des Forschungsprozesses. Von der
Struktur her gesehen, sind die Dichotomien "Allgemeines-
Besonderes" und "Universalismus-Partikularismus" schief,
denn in sich widersprüchlich: Würden wir nämlich das
"Besondere" bei der wissenschaftlichen Arbeit und den
"Partikularismus" bei der wissenschaftstheoretischen
Arbeit prinzipiell verfolgen, so kämen wir dahin, jede
individuelle Äußerung als ihre eigene Theorie und jede
Frauenforschungsarbeit als ihr eigenes wissenschaftstheoretisches Konzept betrachten zu müssen. Im vollkommenen
Relativismus liegt aber Erkenntnislosigkeit. Vertreten
wir daher rasch einen "gemäßigten" Relativismus, so ist
unklar, wo dieser anfängt und wo er aufhört. Offenbar
wäre aber bei ihm in jede noch so besondere Aussage etwas
Allgemeines eingebettet und in jede noch so partikula-
ristische Forschungsarbeit etwas Universalismus, womit
wir wieder bei diesen angelangt sind.
Die Kritik richtet sich eigentlich gegen die **Funktion**,
welche theoretische Allgemeinheiten und wissenschaftstheoretische Universalismen bisher in der Wissenschaft
gespielt haben. Diese war in der Tat unerfreulich, denn
die Verwendung beider lief darauf hinaus, die Frau und
ihr Denken erkenntnismäßig wegfallen zu lassen. Nichts
zwingt uns aber dazu, theoretische Verallgemeinerungen
und wissenschaftstheoretische Universalismen ebenso zu
verwenden, vor allem nicht, wenn wir uns dessen bewußt
sind, sie ständig wieder in den fortschreitenden Selbstreflexions-Prozeß zurückvermitteln zu müssen.

2. Wissenschaftstheoretische Konzepte in der Frauen-
    forschung

2.1 Amerika:

In Amerika lassen sich drei Hauptgruppen feministischer
Wissenschaftsreflexion unterscheiden, 1. die empiristische Richtung, 2. die Richtung des "Radical Feminism",
3. Ansätze zu einem materialistischen Feminismus.

Die empiristische Richtung tritt in breiter Front, z.B.
in der Frauenforschungszeitschrift "Signs" zutage, welche zahlreiche Frauenforschungs-Disziplinen repräsentiert, ohne daß es jedoch zum Aufbau größerer theoretischer Zusammenhänge kommt, von wissenschaftstheoretischen Zusammenhängen ganz zu schweigen. Typisch dafür
sind zwei Aufsätze über das Problem der inhaltlichen
Bestimmung von "Weiblichkeit" und "Männlichkeit" bzw.
der Geschlechterdifferenz. Das ist ein zentrales Problem
in der Frauenforschung, an dessen Behandlung sich im
allgemeinen sowohl die theoretischen Voraussetzungen
wie die wissenschaftstheoretischen Implikationen erkennen
lassen:

Beide Autorinnen, Marian Lowe (1) und Helen L. Lambert
(2), reduzieren die Frage von vornherein darauf, ob die
biologischen Unterschiede eine durchgängige Geschlechterdifferenz herstellen oder nicht, d.h. sie setzen sich
anhand empirischen Forschungsmaterials kritisch mit dem
Biologismus auseinander. So kritisiert Marian Lowe Theorien der Soziobiologie, welche einen Neo-Biologismus
einführen, indem sie Verhalten und Intelligenz von den
Genkombinationen ableiten und Umweltfaktoren nur soweit
erkennen, als sie sich genetisch niederschlagen. Das
heißt, Verhalten wird als genetisch verankert betrachtet,
und wenn es sich entwickelt, dann aufgrund von nach Dar-
winschen Regeln erworbenen günstigen weiteren Genen.
Ihre Kritik daran lautet, daß sich empirisch nicht bestimmen lasse, ob ein bestimmtes Verhalten nun eine genetische Komponente enthält oder nicht, diese ganze Zuordnung sei dubios und nicht einmal bei Experimenten
mit Tieren durchzuführen.
Helen Lambert geht mehr ins Detail: Sie beschreibt, auf
welche Weise man versucht hat, die Geschlechterunter-
schiede neuerdings biologisch dingfest zu machen: anatomisch, genetisch, hormonell und cerebral. Anatomisch
ist es der Unterschied der Sexualorgane mit der Repro-
duktionsfähigkeit der Frau, zusätzlich eine Reihe sekun-
därer Merkmale. Hiergegen argumentiert sie, daß die se-
kundären Merkmale aufhebbar sind, die primären dagegen
durch gegenwärtige und künftige Technologien verringert
werden könnten (Verhütung, extrauterine Schwangerschaft). Was die genetische Verschiedenheit betrifft,
so weist sie darauf hin, daß Experimente gezeigt hätten,
in welch hohem Grad sie hormonell überlagert werden kann
(z.B. Entwicklung männlicher Sexualorgane bei XX-Chromo-
somen und umgekehrt). Aber da taucht das neobiologisti-
sche Problem auf, ob nicht auch das Gehirn hormonell
so beeinflußt wird, daß Frauen anders denken als Männer,
nämlich zyklisch entgegen konstantem Denken. Dazu kommt
dann die Entdeckung, daß Frauen höhere Sprachfähigkeit,
Männer höhere räumliche Fähigkeit im Denken aufwiesen,
was flugs mit der linken Hirnhälfte (Sprachfähigkeit)
und der rechten Hirnhälfte (räumliches Denken), die sich
natürlich unterschiedlich entwickeln, in Verbindung gebracht wird. Dagegen lauten ihre Argumente, daß sich

die Experimente bezüglich der Fähigkeiten und Hirnhälf-
ten drastisch widersprächen und die hormonelle Steuerung
des Gehirns in Analogie zur hormonellen Steuerung der
Keimdrüsen (zyklisch bei der Frau, konstant beim Mann)
nicht nachweisbar sei.

So begrüßenswert die Kritik beider Autorinnen am Neo-Bio-
logismus ist, so verbleibt sie doch, wissenschaftstheo-
retisch gesehen, auf demselben Boden wie dieser. Was
Neo- und Soziobiologisten aufgrund eines empiristischen
Vorgehens glauben schließen zu können, bestreiten die
Autorinnen ihnen aufgrund desselben empiristischen Vor-
gehens. Sie weisen ihren Gegnern lediglich Fehler im
Verfahren nach, ohne das Verfahren selbst anzugreifen.
So können sie nicht die ideologische Komponente in den
Forschungsinteressen der Biologisten entdecken, welche
diese dazu verleitet, 1. ihre "Fakten" in bestimmtem
Sinn vorinterpretiert zu sehen (z.B. "weiblich": linke
Hirnhälfte, Sprachvermögen, zyklisches Denken, "männ-
lich": rechte Hirnhälfte, räumliches Denken, Konstanz,
Einheit, Abstraktion), und 2. Dichotomie von Geschlechts-
merkmalen aufzustellen, denen stillschweigend Wertzu-
schreibungen wie "männlich = besser", "weiblich =
schlechter" unterschoben werden. Die empirische Kritik
greift, da sie sich die ideologisch-kulturhistorischen
Hintergründe der kritisierten Hypothesen nicht klarmacht,
zu kurz - das ist das Problem der empiristischen amerikanischen Frauenforschung.
Die Konzepte des "Radical Feminism" lösen diese Schwie-
rigkeit, indem sie sich ins andere Extrem begeben. Das,
was an Weiblichkeitsbegriffen traditionell vorkam oder
neuaufpoliert wieder vorkommt, wird aufgenommen und konsequent umgewertet: Bei Barbara Starrett (3) wird jetzt
das Weibliche mit den Assoziationen "Erde", "Mond", "Unbewußtes", "Natur", "passiv", "ernährend", "geheimnis-
voll", "zyklisch", "kreativ", "mütterlich" das absolut
Gute und das Männliche demgegenüber das Böse, das negative Prinzip schlechthin. Zugleich wird behauptet, dies
sei keine Dichotomien-Bildung, sondern das "Weibliche"
umfasse alle positiven Werte, sogar die dem "Männlichen"
zugeschriebenen wie "Helligkeit", "Stärke", "Aktivität",
"Bewußtsein". Und diese (verworrene) Verbindung sei ein
neues Symbol. Vom Männlichen bleibt unter dieser Perspektive nur noch die Vision einer seit der Antike bis heute
wirkenden Todesmaschinerie übrig.
Nicht minder vernichtend fällt das Urteil aus, wenn dasselbe Wertesystem innerhalb einer wissenschaftlichen
Disziplin anhand ihrer Forschungsgeschichte durchexer-
ziert wird, wie z.B. in der Theologie (Mary Daly) (4).
Hier wird die soziale Gesamtsituation der Welt als
sexistisches Kastensystem definiert, dessen religiöser
Überbau ausschließlich dazu dient, dieses Kastenwesen
zuungunsten der Frau aufrechtzuerhalten. Diese These
belegt Mary Daly im Detail durch eine Analyse der Symbol-
struktur des Christentums, der christlichen Mythologie,
Riten und Kulte, der christlichen Morallehre und der

Interpretation der christlichen Dogmen bis heute. Ihre
Analyse soll den durchgehend sexistischen Charakter sowohl im Christentum selbst wie in der zugehörigen Theologie aufzeigen und ist in der Tat über weite Strecken
erfrischend rücksichtslos und entlarvend.

Leider ruht aber auch ihre Analyse auf der simplen Dichotomie der Werte von "männlich=böse" und "weiblich(sister-
hood)=gut". Damit tut sie dasselbe wie ihre Schwester
im Geiste Barbara Starrett: Sie hypostasiert unkritisch
einen Weiblichkeitsbegriff, dem eine Reihe traditioneller
Merkmale anhaften, die sie aber mit der metaphysischen
Kategorie der "Teilhabe am Sein" (an der Gottheit nicht
als Subjekt, sondern als Energie) verdeckt. Das ist scha-
de, denn sie schlägt damit ihrer eigenen Idee von der
Blasphemie als eines Denk-Blocks, welcher die Bewegung
der inspirierenden, energetischen Gottheit stört, ins
Gesicht.Denn ihre religionshistorisch ausgeweitete Dichotomie der Werte ist eine Blasphemie in ihrem Sinne. Auf
ein so simples Schwarz-Weiß-Muster lassen sich weder
Religionsgeschichte (Daly) noch Kulturgeschichte
(Starrett) reduzieren, nicht einmal im Patriarchat.
Das Problem liegt in erster Linie darin, daß beide Auto-
rinnen über einem aufgeblähten Psychologismus, selbst
in theologiekritischem Gewand, jeglichen Rückbezug auf
Ökonomie, Soziologie und Realgeschichte (statt verblase-
ner Ideengeschichte) verloren haben, was ebenfalls für
amerikanische Frauenforschung nicht untypisch ist.
Außer diesen beiden unproduktiven Extremen besteht ein
Ansatz zu einem dritten Weg: der Vorschlag für einen
materialistischen Feminismus von Christine Delphy (5).
Es ist der einzige Ansatz von wissenschaftstheoretischem
Anspruch. Sie definiert darin den Begriff des "materialistischen Feminismus" auf der Grundlage des Begriffs
der "Unterdrückung von Frauen" und deutet zugleich das
hier implizierte Konzept von Wissenschaft an:

Feminismus ist nach ihr in erster Linie eine soziale
Revolte, was voraussetzt, daß es keine unveränderlichen
Bestimmungen für "Weiblichkeit" gibt. Denn gäbe es diese,
dann wäre eine bestimmte Art von Weiblichkeit unvermeid-
bar und eine soziale Revolte überflüssig. So wie sie
aber ist, ist die Situation von Frauen veränderbar und
der Veränderung dringend bedürftig. Denn sie ist von
Unterdrückung gekennzeichnet:
"Unterdrückung" verlangt eine politische Erklärung im
Gegensatz zur naturalistischen Erklärung, die von (ideologisch ewigen) "weiblichen Bedingungen" spricht. Jede
feministische Studie hat daher vom Begriff der "Unterdrückung" auszugehen. Das hat folgende Konsequenzen:
1. wird jedes wissenschaftliche Projekt annulliert, welches über Frauen redet, ohne den Begriff "Unterdrückung"
einzuschließen. 2. schließt dies den psychologischen
Reduktionismus sowohl als Funktionalismus (der auf dem
Freudianismus beruht) als auch als Strukturalismus aus
(der auf der Verabsolutierung von Denkstrukturen beruht),

denn beide erklären soziale Formen durch die menschliche
"Natur" (als psychische oder kognitive Muster). Alle
diese Theorien sind idealistisch, denn sie betrachten
die Geschichte als Produkt universeller (biologischer)
Funktionen. Nimmt man stattdessen "Unterdrückung" als
Grundbegriff, so präsentiert sich Geschichte als Do-
minanz/Kampf einiger sozialer Gruppen über/gegen andere,
und das macht ihre fundamentale Dynamik aus. Deshalb
ist (soll) die feministische Interpretation der Geschichte "materialistisch" im weitesten Sinne (sein).
Eine solche Auffassung tangiert die herkömmliche Wissen-
schaftsvorstellung: Zunächst erledigt sie die Vorstellung
von getrennten Wissensbereichen, deren Erkenntnisse man
nachträglich kombinieren könne. Das Resultat dieser dis-
ziplinären Unterteilung des Wissens ist das Verschwinden
grundlegender sozialer Situationen wie die Unterdrückung
der Frau. Auch können Teile aus Wissensgebieten nicht
einfach übernommen werden ohne die Prämissen zu hinterfragen, auf deren Boden dieses Wissen konstruiert wurde.
Da alle diese Prämissen die Unterdrückung der Frau aus-
klammern, sind sie nicht zu brauchen, was zu einer voll-
ständigen Neukonstruktion des Wissens führen muß. Diese
wird eine umfassende Perspektive der Geschichte sein,
einschließlich der Humanwissenschaften, welche nicht
erlaubt, auf außersoziale und außerhistorische Fakten
zu rekurrieren. Sie bedeutet eine epistemologische Revolution und nicht die Entwicklung einer neuen Disziplin.
Diese Bewußtseinsbildung findet gegenwärtig bei Frauen
statt, und zwar nicht vor oder nach ihrem Kampf gegen
Unterdrückung, sondern gleichzeitig mit ihm. Denn dieser
Kampf ist bereits konkretes politisches Faktum. Der ma-
terialistische Feminismus bedeutet daher eine intellektuelle Herausforderung für soziale Bewegungen, für den
feministischen Kampf und für die Wissenschaft zugleich.
Ich stimme diesem Konzept in den epistemologischen Grund-
zügen zu, darin teile ich die Perspektive von Christine
Delphy auf die Geschichte und die Humanwissenschaften.
Meine Kritik ist hier eher immanent und richtet sich
auf ihre Bemerkungen zur Neukonstruktion des Wissens.
Denn hier kommt sie über die epistemologische Richtli-
niensetzung nicht hinaus, und ihre Wissenschaftstheorie
bleibt rudimentär. **Wie** nämlich die Neukonstruktion des
Wissens in seinen verschiedenen argumentativen Teilen
vonstatten gehen soll, kann sie nicht sagen. Und **wie**
dieses Wissen obendrein epistemologisch zurückgebunden
und zugleich in die Praxis vermittelt werden soll, geht
aus ihrer Programmatik auch nicht hervor. Um das Realität
werden zu lassen, zugleich mit dem Anspruch des Transzen-
dierens der einzelnen wissenschaftlichen Disziplinen,
dazu bedarf es stärkerer Mittel (vgl. Vorschläge dazu
in meinem Frauenforschungskonzept am Schluß).

2.2 Frankreich:

Theoretisch bewußter als in Amerika artikuliert sich
der Feminismus in Frankreich, aber auch hier gibt es
so gut wie keine expliziten wissenschaftstheoretischen
Stellungnahmen. Dieser unterlassene Selbstreflexions-
Prozeß zeitigt seine Probleme, denn auf diese Weise kommt
es zu einem Rückfall auf die idealistisch-mystifizierende
Position des "Radical Feminism". Der Unterschied besteht
allerdings darin, daß diese Position in Amerika naiv,
in Frankreich dagegen nach immensem ideologiekritischem
Aufwand vertreten wird. Repräsentativ dafür sind, neben
den Arbeiten anderer Feministinnen wie Helène Cixous,
Cathérine Clément und Julia Kristeva, die Schriften Luce
Irigarays (6), deren implizite Wissenschaftstheorie ich
hier herausarbeiten und kritisieren möchte:
Irigarays Kritik richtet sich in erster Linie gegen die
Weiblichkeitstheorie der Psychoanalyse Freuds. Sie sei
phallozentrisch, denn Freud gehe von einer feststehenden
Definition des Männlich-Menschlichen aus, das so gut
wie alle positiven kulturellen Werte vereinnahmt (Eigen-
tum, Produktion, Ordnung, Form, Einheit, Sichtbarkeit),
und alle Werte dieses Geschlechts kristallisieren sich
im Phallus (als Symbol). Damit wird das Männlich-Mensch-
liche auch zum Modell der Sexualität, demgegenüber die
Frau und ihre Sexualität nur noch negativ, als das Andere
bestimmt werden können (z.B. durch Passivität, Narzißmus, Masochismus). Da es für die weibliche Sexualität
kein Muster gibt und sie nur mit der männlichen vergli-
chen wird, kommt Freud zu so erstaunlichen Aussagen,
daß kleine Mädchen während ihrer psychosexuellen Entwicklung "männliche" Phasen durchliefe und danach zeitlebens
ihren "Penisneid" zu kompensieren suchten, etc. Dies
zeige, daß für ihn tatsächlich nur ein Geschlecht
existiert, das männliche, deshalb spiegeln sich in seiner
Weiblichkeitstheorie keine analytischen Befunde, sondern
die ideologische Situation seiner Zeit gegenüber Frauen.
Er selbst könne dies nicht erkennen, weil er die Psychoanalyse von einem quasi-naturwissenschaftlichen Standpunkt betrachtete (epistemologische Metapsychologie):
Hier gerinnen ihm die psychischen Abläufe zu einem "Apparat", der nach dem energetischen Modell funktioniere
und sich als im Grundsätzlichen invariante Struktur auf
die ganze Menschheit übertragen lasse. Das ist ein Rückfall in den Naturalismus, der Freud daran hinderte, die
sozialen und historischen Komponenten seiner Weiblichkeitstheorie zu begreifen (7).
Der zweite Schritt von Irigarays Kritik besteht darin,
daß sie nachzuweisen versucht, daß dieser Bewußtseins-
stand Freuds nicht zufällig ist: Er reflektiert nichts
anderes als das Denken seiner Zeit, das gekennzeichnet
ist vom Logozentrismus. Um dies nachzuweisen, versucht
Irigaray die logozentrischen Prämissen der europäischen
Philosophie in Freuds Diskurs aufzudecken. Es handele
sich hierbei insbesondere um das Prinzip der Gleichheit

oder Identität, das sich im Freudschen Ich-Begriff nie-
derschlage. Dieser Ich-Begriff sei aber gänzlich getragen
von der Definition des Männlichen als universellem
menschlichen Wert, wie sie sich im Versubjektivierungs-
prozeß des Mannes durch die europäische Geistesgeschichte ziehe: Dies kann nur zum Verlust der Identität
des Weiblichen generell und im Freudschen Diskurs führen:
konsequent erscheine die Frau nur als Mangel, Verlust,
Fehlen, als verkehrte Wiedergabe des einzigen männlichen
Subjekts.
Damit gelangt Irigaray zum dritten Schritt ihrer Kritik,
indem sie diese ideologische Situation an der patriarchalen Gesellschaftsstruktur festmacht: Zum totalen
Phallozentrismus und dem totalen Logozentrismus gesellt
sich nun das totale Patriarchat. Um diese These zu be-
glaubigen, schließt sie sich kritiklos an die struktu-
ralistische Anthropologie von Lévi-Strauss an, übernimmt
insbesondere seine theoretische Prämisse vom Frauentausch
als dem Motor jeder Bildung größerer gesellschaftlicher
Gruppen. Denn nach Lévi-Strauss ist der Austausch von
Frauen der symbolische Kontrakt zwischen verschiedenen
(patriarchalen) Urhorden, um miteinander ohne Krieg eine
größere Gemeinschaft bilden zu können. Frauen haben in
diesem Kommunikationssystem einen hohen Wert: als kommu-
nikative Zeichen zwischen Männern und als persönlicher
Besitz für den einzelnen Mann. Dies Gesetz gilt univer-
sell, womit der patriarchale Charakter aller gesellschaftlichen Strukturen aufgedeckt sei.
Dies führt zum vierten Schritt der Kritik Irigarays,
in dem sie diese angenommene universell-patriarchale Situation zusätzlich in Begriffen der Marxschen Wertanalyse deutet: Die Frau als kommunikatives Zeichen zwischen
Männern wird nun als "Tauschwert" definiert und die Frau
als persönlicher Wert für den einzelnen Mann als "Gebrauchswert". Die Frau wird dabei zum leeren Objekt,
zur Ware. Sie ist nur noch "Wertspiegel" des Mannes für
den Mann, und ihre "Weiblichkeit" ist der künstliche
Fetisch, die Illusion, die Männern für ihre Transaktionen
mit Frauen dient.
Irigaray konstruiert auf diese Weise auf allen Ebenen
und für alle Zeiten den maskulinen Totalitarismus gegenüber der Frau als dem ganz Anderen: Auf der ökonomischen
Ebene ist sie "Ware", auf der sozialen Ebene unterliegt
sie ewigem Patriarchat, auf der sexuellen Ebene herrscht
der Phallozentrismus und auf der ideologischen Ebene
der Logozentrismus des Identitätsprinzips. Bei dieser
Diagnose der Situation erwarten wir, daß es ihr unmöglich
ist, als Frau einen Diskurs über "Weiblichkeit" zu führen: Denn woher wollte sie die Begriffe dazu nehmen?
Aber sie bedient sich der Lacanschen Methode des Diskurses der ironischen Selbstaufhebung: Nie läßt sie sich
in eine Definition verstricken, jede Kennzeichnung demontiert sie sofort durch die Gegenkennzeichnung, um die
innere Unmöglichkeit von Kennzeichnungen zu zeigen und
führt auf diese Weise den "verrückten Diskurs". Es ist
der einzige, der innerhalb der Grenzen des Logozentrismus
möglich ist.

Aber sie hält diese sophistische Methode nicht durch
und fällt plötzlich in einen anderen Diskurs-Stil, den
der positiven Kennzeichnung des Weiblichen. Nun tauchen
solche Begriffe wie "Differenz und Vielheit" statt Identität, "Sensitivität und Taktilität" statt Logos, "Präsenz und Dichte" statt Instrumentalität, "Flüssigkeit,
Kraft und polymorphe Lust" statt des Phallozentrismus
auf. Diese Bestimmungen konzentrieren sich bei Irigaray
in ihrem Begriff vom "weiblichen Körper", einer Definition, mit der sie den Primat der Identitätslogik durchbrechen will. Vom Begriff des "weiblichen Körpers" ausgehend definiert sie dann den Begriff der "weiblichen
Sprache" (und der "weiblichen Ästhetik"): Weibliche Sprache sei nur eine Verlängerung des weiblichen Körpers,
denn sie verbinde sich frei und harmonisch mit der Ge-
stik, der Mimik, der körperlichen Expression. Sie sei
darum nicht begrifflich, sondern sinnlich, sie produ-
ziere keine körperabgelösten (Kunst-)Werke, sondern ein
ästhetisches Kontinuum zwischen Körper, Sinnlichkeit
und kosmisch erfahrener Welt.
Uns interessieren in der Kritik nur die impliziten wissenschaftstheoretischen Annahmen, die Irigaray macht,
um diese theoretischen Zusammenhänge darstellen zu können. Als erstes taucht die Frage auf, wie sie die verschiedenen theoretischen Versatzstücke, die sie benutzt
(Freudsche Psychoanalyse, Identitätsphilosophie, Struk-
turale Anthropologie, Politische Ökonomie), miteinander
verbindet, um der Gefahr des Eklektizismus zu entgehen.
Ihr Mittel dazu ist ebenso einfach wie unplausibel: Sie
wendet die Methode der semiotischen Analogiebildung an,
des Analogieschlusses via Begriffsäquivalenzen (9). So
erzeugt sie eine Serie von Quasi-Gleichungen zwischen
Begriffen: Freudscher Ich-Begriff (Ich als Form, Ratio,
Aktivität, phallozentrisch definiert) - logisches Identi-
tätsprinzip (Bewußtsein, Einheit, ausgeschlossener Widerspruch) - Frauentausch (Frau als kommunikatives Zeichen
und individueller Besitz in der patriarchalen Gesellschaft) - Marxsche Wertanalyse (Frau als Ware im Sinne
von Tauschwert unter Männern und Gebrauchswert eines
Mannes). So verlockend solche assoziativen Analogset-
zungen sind, so trügerisch sind sie auch: Der volle theoretische Gehalt der analog gesetzten Begriffe geht verloren, damit werden sie beliebig verfügbar.
Damit kommen die Probleme des Eklektizismus auf den Plan:
Die als Steinbruch benutzten Theorien verlieren ihren
erkenntnismäßigen und analytischen Wert, ohne in der
allzu flüchtigen Kombination neuen zu gewinnen. So geht
die Logik der Ökonomie, die Marx in seinen Analysen auf-
deckt, verloren, und die Logik der Sozialstrukturen,
die Lévi-Strauss entwickelt - auf welcher Prämisse auch
immer - bleibt auf der Strecke. Die Folge ist, daß
Irigarays Studien die ökonomische und soziale Dimension
vermissen lassen. Was die Identitätsphilosophie betrifft,
so fragt man sich, welche Logik sie denn eigentlich mit
dem "Logozentrismus" angreift: die dialektische Rhetorik
Platons, die Formale Logik Aristoteles', den metaphysischen Rationalismus Descartes', die transzendentale Logik
Kants, die dialektische Logik Hegels? Offenbar alle zu-

gleich, doch das hat die fatale Konsequenz, daß sie
selbst in der Logik der Äquivalenzen landet. Am differen-
ziertesten behandelt sie noch das Versatzstück der Freudschen Weiblichkeitstheorie, doch auch hier macht Irigaray
zweierlei Ausweitungen, welche ihre Absicht zu erkennen
geben: Der Begriff des "Unbewußten" wird zum "kollektiven Unbewußten" ausgeweitet, in welchem die Inhalte
des "Weiblichen" seit Urzeiten sedimentiert sind. Und
das Begriffspaar "männlich-weiblich" wird zur universal-
historischen Dichotomie. Beides verführt zu idealistischen Geschichtskonstruktionen, deren Gehalte obendrein
so unklar durch den Filter des panhaften psychoanalytischen Innenlebens erscheinen wie schon bei Freud. Neben
der ökonomischen und der sozialen Dimension geht Irigaray
damit auch die kulturgeschichtliche verloren. Konsequent
landet sie im kommunikativen Himmel der "weiblichen
Sprache".
Die wissenschaftstheoretische Ursache dieses redukti-
onistischen Desasters ist Irigarays latenter Strukturalismus. Dessen Methode besteht in der Bildung von Oppositionen - so künstlich diese auch sein mag. Was man dabei
herausbekommt ist ein Beziehungsgefüge, das eventuell
für größere Perspektiven zu benutzen ist. Irigaray geht
ähnlich vor, denn sie bildet die Opposition "männlich"
versus "weiblich" und baut damit eine Struktur des männlichen Kosmos, die auf den Äquivalenzsetzungen der genannten Begriffe beruht. Der männliche Kosmos gerät ihr
dabei so total, daß das Weibliche nur noch als dessen
leere Negation erscheint. Damit verschenkt sie aber die
Chance wenigstens eines strukturalistischen Beziehungsge-
füges zwischen ihren Oppositionen, die sich dann gegenseitig erhellen. Die Struktur ist nur eine Quasi-Struk-
tur, und sie kippt denn auch zuletzt in die naturalistischen Wesensdefinitionen der "Weiblichkeit" (Hypostasie-
rungen) um, die ihr zu einem Block gerinnen, der weiteres
Denken blockiert. Das Resultat ihrer umfangreichen Bemühungen gleicht damit dem Anfang, wo sie ihre Kritik
begann: es sind leere Abstraktionen.

Statt als feste Definition ist der Weiblichkeitsbegriff
dagegen als Komplex aus mehreren Faktoren (biologischen,
ökonomischen, sozialen, psychischen, kulturgeschicht-
lichen) zu denken, die sich ständig ändern, sogar der
biologische (vgl. Lowe, Lambert). Erst eine solche Fak-
torenanalyse für jeweils gegebene Situationen kann konkrete Ergebnisse zu diesem Problem bringen.

2.3 Deutschland:

Die im französischen Diskurs verloren gegangene sozial-
politische Perspektive, welche Christine Delphy so klar
zum Ausdruck brachte, tritt in der Diskussion in Deutschland in den Vordergrund. Und hier ist sie nicht nur als
epistemologische Programmatik vorhanden, sondern als
ausdrückliche wissenschaftstheoretische Reflexion auf

dem Boden zahlreicher konkreter Frauenforschungs-Arbeiten. Das erste Konzept von Frauenforschung in Deutschland wurde von Maria Mies (10) formuliert, es beruht auf dem maoistischen Modell der Vermittlung von Theorie und Praxis. Das zweite stammt von mir selbst (11), es nahm seine Anregungen aus dem Kritischen Rationalismus und der Kritischen Theorie, ohne sich mit deren epistemologischen Prämissen zu identifizieren:

Maria Mies geht bei ihrem Konzept von der These aus, daß die Forschungen, die sich mit der gesellschaftlichen Position der Frauen befassen, in ihrer Struktur und Funktion nicht unberührt bleiben können, wenn Frauen selbst anfangen, ihre Situation zu verändern. Denn Frauenforschung bedeute nicht nur, daß diejenigen, die früher Zielgruppe waren, nun selbst als Forschungssubjekte arbeiten, sondern daß engagierte Wissenschaftlerinnen sich deshalb mit der Unterdrückung der Frau beschäftigen, um sie praktisch aufzuheben. Denn sie sind selbst sowohl die Unterdrückung Erforschende als auch von der Unterdrückung Betroffene.

Aus dieser Situation der Frauenforscherin leitet Maria Mies die theoretischen Postulate für die Frauenforschung ab:

1. das Prinzip der "bewußten Parteilichkeit" für die Aufhebung der Unterdrückung der Frau gegen das traditionelle Postulat der "Wertfreiheit" als Neutralität und Indifferenz gegenüber der Situation der Forschungsobjekte (was nur allzu leicht zum Mißbrauch der "neutralen" Forschung zu Herrschaftszwecken führt).

2. das Prinzip der "Sicht von unten" statt der "Sicht von oben" in der vertikalen Beziehung zwischen Forschern und Erforschten. D.h. Forschung, die bewußt parteilich ist, stellt sich damit in den Dienst der beherrschten, unterworfenen und ausgebeuteten Gruppen und Klassen, als Frauenforschung insbesondere von Frauen.

3. wird das Prinzip der kontemplativen, uninvolvierten "Zuschauerforschung" durch das Prinzip der aktiven Teilnahme an der emanzipatorischen Aktion und die Integration von Forschung in diese Aktion ersetzt. Dieses Konzept verbindet konkrete soziale Analyse, politische Aktion und ideologische Inspiration (im Sinne von Mao Tsetung). Nach ihm besteht das Wahrheitskriterium für eine Theorie nicht in der Befolgung bestimmter Methoden und Prinzipien, sondern in ihrem Potential, konkrete Praxisprozesse in Richtung Emanzipation voranzutreiben.

4. Ziel dieser Teilnahme an Aktionen und Integration von Forschung in Aktionen ist die Veränderung des Status quo. Um seine Ausmaße überhaupt zu erkennen, ist die Aktion, der Kampf gegen Frauenunterdrückung, das erste, denn "um eine Sache zu erkennen, muß man

sie verändern". Veränderung einer Situation führt zur Erkenntnis und nicht umgekehrt, was sich deutlich an der Frauenbewegung zeigt.

5. Aus dieser Verflechtung der Frauenforschung mit den Aktionen und Zielen der Bewegung ergibt sich, daß die Wahl des Forschungsgegenstandes nicht in die Beliebigkeit der einzelnen Forscherin gestellt ist, sondern von den strategischen Erfordernissen der Bewegung abhängt.

6. Auf diesem Wege wird der Forschungsprozeß ein zweiseitiger Bewußtwerdungsprozeß sowohl für die Forschenden wie für die Erforschten. Diese Trennung wird dabei fortschreitend hinfällig, denn die Erforschung der unterdrückerischen Situation erfolgt nicht nur durch wissenschaftliche Experten, sondern durch die Betroffenen selbst. Sie werden zu forschenden Subjekten in einer befreienden Aktion (Weitergabe von Forschungsmitteln an sie, "Vergesellschaftung" von Theorie).

7. So werden sich Frauen allmählich ihre Geschichte als Subjekte aneignen (kollektives Frauenbewußtsein, analog zum Klassenbewußtsein). Das bedeutet, daß die Entwicklung einer feministischen Gesellschaftstheorie nicht in Forschungsinstituten entstehen kann, sondern nur in der Teilnahme an den Aktionen und Kämpfen der Bewegung.

Diese Postulate werden in ihrer Grundtendenz von mir geteilt, das sei hier ausdrücklich festgestellt. Dennoch erscheint es mir erforderlich, gegen manche Verkürzungen und Festschreibungen von Maria Mies kritisch Stellung zu nehmen: Es gibt auch in ihrem Denken einen Block, und das ist **die** Frauenbewegung. Als anscheinend monolithische Instanz ist sie nicht nur Ausgang und Ziel der Frauenforschung, sondern bestimmt obendrein die Themen in der Hand der einzelnen Forscherin (4) (5). Sie lenkt auch die Entwicklung der feministischen Gesellschaftstheorie als ganzer, die das neue kollektive Frauenbewußtsein repräsentiert (7). Ein solches Denken führt zur Dogmatisierung, denn es werden immer einzelne Gruppen sein, die dann für sich in Anspruch nehmen, **die** Frauenbewegung zu repräsentieren. Aber solange eine Bewegung eine Bewegung ist, gibt es in ihr keine offizielle Instanz, die Themen und Ziele eindeutig formulieren könnte, und gerade diese Variabilität ist ihr Vorteil. Das heißt noch lange nicht, auch alle Unklarheiten, Verworrenheiten, Widersprüchlichkeiten in Themen und Zielen bestehen zu lassen; hier gilt es durch Kritik und Gegenkritik allgemeinere Richtlinien zu schaffen. Diese sind jedoch Vorschläge für permanente Diskussion und Handlung und von keiner Instanz als absolut verbindlich legitimiert.

Themenwahl und die Entwicklung einer feministischen Gesellschaftstheorie liegen daher in der Eigenverantwortung der Forscherin gegenüber der Bewegung als kollektiv gesteuertem Prozeß, zu dem sie selbst gehört.

Das andere Problem in Maria Mies' Ansatz liegt nämlich
in ihrer ständigen Gegenüberstellung von Forscherin und
Bewegung, als seien dies zwei getrennte Gegebenheiten.
Das ergibt sich daraus, daß sie immer von **der** Praxis
der Bewegung spricht, als gäbe es auch dafür nur ein
einziges verbindliches Modell. Die Anwendung ihrer Postulate auf ein Beispiel zeigt, an welches Modell sie denkt:
an die Schaffung von Frauenhäusern. Niemand bestreitet,
daß dies ein zentraler Bestandteil der Frauenbewegung
ist, aber es ist nicht **die** Praxis schlechthin.
Eine solche Festschreibung würde den Aktionsradius von
Frauenbewegung beträchtlich verkürzen: Denn ist der Kampf
um Anerkennung der Arbeit der Hausfrau und Mutter und
der Veränderung ihrer Situation in der Familie keine
Praxis? Oder ist der Kampf von Wissenschaftlerinnen um
Frauenforschungsinstitute, um die Bedingungen von Unterdrückung und ihrer Aufhebung erforschen zu können, keine
Praxis? Auch in diesen Fällen von Praxis, nicht nur bei
der Einrichtung von Frauenhäusern, können die an den
Aktionen beteiligten Frauen einen klaren Begriff von
dem Ausmaß ihrer Unterdrückung in dieser Gesellschaft
erhalten. Und auch diese Typen von Praxis sind Teil der
Frauenbewegung, die Frauenforscherin steht mit ihren
Kämpfen nicht außerhalb oder gegenüber der Bewegung,
sondern als Teil von ihr mittendrin.
Das eliminiert auch die Idee, daß nur der richtige Typ
von Praxis die richtige Gesellschaftstheorie entstehen
läßt: Denn dies könne nicht in Institutionen entstehen,
sondern nur in der Teilnahme an Aktionen, wobei Maria
Mies an eben bestimmte Aktionen denkt. Der Kampf der
Frauenforscherin um einen Arbeitsplatz ist aber durchaus
auch eine Aktion, deren Reflexion zu einem Teil einer
feministischen Gesellschaftstheorie führen kann. Denn
die feministische Gesellschaftstheorie wird es schwerlich
geben, weil auch die Bildung inhaltlicher Theorien demselben fortschreitenden Selbstreflexions-Prozeß folgt,
gespeist aus den praktischen Erfahrungen, wie die Bildung
von Frauenforschungs-Konzepten.
Diese Probleme entstehen aus einer in mancher Hinsicht
unkritischen Übernahme des maoistischen Modells für den
Ansatz von Maria Mies: Denn im Marxismus und Maoismus
gibt es in der Tat eine Gegenüberstellung von Revolutio-
när/Funktionär und Bauer/Arbeiter/Soldat, die im allgemeinen nicht aus derselben sozialen Schicht stammen.
Der Revolutionär partizipiert durch seinen Kampf an der
Unterdrückung des Arbeiter/Bauern/Soldaten, er **wird** dabei
aber nicht zum Angehörigen dieser Schicht. Nun gehört
die Frauenforscherin im allgemeinen auch zu einer anderen
sozialen Schicht als die Frau, deren Situation sie erforscht. Aber als **Frau** partizipiert sie schon an der
allgemeinen Unterdrückung ihres Geschlechts, sie braucht
nicht erst durch ihre Aktion für die Unterdrückten eine
Ahnung davon zu bekommen. Denn anders als der Funktionär,
der vielleicht einmal Arbeiter war, aber nun endgültig
seine soziale Schicht gewechselt hat, kann die Frau die
Gegebenheit ihres Geschlechts niemals abstreifen und

partizipiert schon von daher an der Frauenunterdrückung,
ganz gleich wo sie sozial steht. Das ist im maoistischen
Modell nicht berücksichtigt und erzeugt auch bei Maria
Mies schiefe Gegenüberstellungen, die dann den Austausch
zwischen "Forschungssubjekten" und "ehemaligen Forschungsobjekten" so dringend nötig machen.
Sie versucht diese Situation durch ihren Begriff der
"Betroffenheit" einzufangen, aber hier ist auch nur wieder von **der** Betroffenheit die Rede. Es entsteht wieder
der Eindruck, als sei exemplarisch nur die Betroffenheit
der geschlagenen Frau im Frauenhaus gemeint oder die
der Frau aus der untersten sozialen Schicht, an der die
Forscherin nun durch Aktionen partizipieren müsse. Von
der Art der Betroffenheit der Forscherin als Frau und
nicht als Aktionsteilnehmerin ist dagegen nicht mehr
die Rede. Ähnlich undifferenziert wird von **der** "Sicht
von unten" geredet, wobei nicht klar wird, welches
"Unten" sie meint, und von **der** "bewußten Parteilichkeit"
der Frauenforscherin für die da "unten", wobei sie nicht
bedenkt, daß sie eventuell auch bewußt Partei für sich
selbst ergreifen könnte.
Demgegenüber wäre es wünschenswert, erst einmal klar-
zustellen, was Frauenunterdrückung als Unterdrückung
von **Frauen** bedeutet. Erst in einem zweiten Schritt könnte
dann auf die spezifische Unterdrückung von Frauen einer
bestimmten Schicht eingegangen werden, aber nicht so,
daß man zugleich die spezifischen Unterdrückungen von
Frauen anderer sozialer Schichten aus den Augen verliert.
Das wird zu strukturellen und graduellen Unterschieden
in der "Betroffenheit" führen und in deren (Selbst)-Ana-
lyse zur Bildung einer vielschichtigen und differenzierten feministischen Gesellschaftstheorie. Differenzierung
wird hierbei nicht als Mittel zur Hierarchisierung angestrebt - wie das in den herrschenden Gesellschafts- und
Wissenschaftsstrukturen der Fall ist - sondern als Aus-
faltung der Breite der Frauenforschung und Frauenbewegung.

Als solche ist sie ein Mittel zur Vermeidung von Frauen-
bewegungs-Ideologie.

Zuletzt möchte ich mein eigenes Konzept zur Frauenforschung vorstellen:

Ich gehe darin von drei grundlegenden Kategorien für
Frauenforschung aus: 1. den subjektiven Bedingungen bzw.
der "Betroffenheit": hierbei wird das erkenntnisleitende
Interesse für die Forschung intuitiv formuliert: 2. der
methodischen Reflexion oder Methodologie der Frauenforschung im engeren Sinne: hierbei geht es um die wissenschaftliche Formulierung des erkenntnisleitenden Interesses am jeweiligen Thema und die Herausbildung von Theorie; 3. die Rückvermittlung von Theorie in den sozialen
Zusammenhang: hier treten in den verschiedenen Bereichen
jeweils andersartige Umsetzungsprobleme von Theorie in
Praxis auf.

Erläuterungen dazu:

In der ersten Kategorie habe ich mich - um die Kritik zu vermeiden, die am Frauenforschungskonzept von Maria Mies geübt werden kann - von vornherein um eine differenzierte Formulierung des Begriffs der "Betroffenheit" und "Parteilichkeit" bemüht. "Betroffenheit" ist zunächst Einsicht in die subjektive Situation der Unterdrückung als Ergebnis von Selbsterfahrung. Aber diese Situation kann als mit der anderer Frauen übereinstimmend erkannt werden, dann gewinnt die Selbsterfahrung eine intersubjektive Dimension. Zugleich werden die Unterschiede in der Betroffenheit entdeckt, die graduell und strukturell sind. Daraus ergibt sich als zweiter Schritt die Reflexion auf die eigene Biographie als eine Kette von Situationen von Betroffenheit, die größere Zusammenhänge von Unterdrückung und Widerstand dagegen sichtbar macht. Zur Biographie gehören nicht nur die psychischen Komponenten, sondern die sozialen und intellektuellen. Und genauso wie "Betroffenheit" sich als intersubjektiv herausstellen kann, so auch ganze Teile von Biographien. Aus diesem biographischen Selbstreflexions-Prozeß ergibt sich die "bewußte Parteilichkeit" für die Sache der Frauen als der eigenen Sache gegen Unterdrückung, wobei die Differenzen in der Betroffenheit als Differenzen in die Parteilichkeit eingehen.

In der zweiten Kategorie geht es um die Methodologie der Frauenforschung im engeren Sinne: Diese spielt sich auf drei Ebenen ab, die im Forschungsprozeß ständig verschränkt sind, hier jedoch wegen der Klarheit analytisch auseinandergenommen werden. Auf der einfachsten Ebene geht es um eine systematische Beschreibung des Gegenstandsbereichs mit Hilfe verschiedener Methoden. Ich spreche deshalb von "Gegenstandsbereich" und nicht von "ehemaligen Forschungsobjekten", weil Frauenforschung nicht Frauen selbst untersucht, sondern deren Situationen der Unterdrückung, welche Netze von Beziehungen sind (ökonomisch, sozial, psychisch, kulturell, historisch).

Auf der Ebene der systematischen Beschreibung baut dann die theoretische Erklärung auf, deren Erklärungsmuster aus dem Gefüge einer größeren Theorie gewonnen werden. Und hier ist für kritische Frauenforschung eine direkte Übernahme traditionell vorhandener Erklärungsmuster oder vorgegebener Theorien unmöglich, denn in ihnen steckt ideologischer Gehalt, der durch das Verfahren der Ideologiekritik erst sichtbar gemacht werden muß. Aber ebenso unmöglich ist auch das totale Verwerfen der gegebenen theoretischen Sprache als "phallo-" oder "logozentrisch" und ewig-patriarchal, wie Irigaray es tut, um dann in der ganz anderen, "weiblichen" Sprache zu münden. Denn auch herkömmliche Erklärungen und Theorien enthalten emanzipatorisches Potential, das es hervorzuholen und im Kontext engagierter Frauenforschung neu zu interpretieren gilt. Dieser komplizierte Prozeß beinhaltet also eine kritische Aufarbeitung der bisherigen Forschungs-

geschichte, aus der die neue Theoriebildung hervorgeht.
Die dritte Ebene der Frauenforschung ist metatheoretisch,
denn auf ihr sollen die impliziten Normen und Werthaltungen bewußt gemacht und analysiert werden, die das
ideologiekritische Vorgehen leiteten. Das ist unbedingt
notwendig, denn nur diese kritische Selbstreflexion kann
garantieren, daß das ideologische Denken nicht umschlägt
und sich selbst in ideologischen Blöcken verfestigt (vgl.
Irigaray massiv und Maria Mies latent). Diese Normen
und Werthaltungen stammen aus der intuitiven Formulierung
des Erkenntnisinteresses aus den Lebenszusammenhängen
der betroffenen Frauen und ihrer Parteinahme gegen ihre
Unterdrückung (Kategorie 1). Ihre Offenlegung und Begründung ist das Desiderat auf der metatheoretischen Ebene,
wobei diese Begründung keine wissenschaftliche mehr sein
kann. Es ist aber eine vernünftige Begründung, die aus
der Motivation geschöpft wird, mit der Frauenforschung
begonnen wurde: Sie greift zurück auf die Situation der
Unterdrückung von Frauen in der gegebenen Gesellschaft
und setzt sich für ihre Abschaffung ein, im Sinne der
Humanität. In solchen praktisch-gesellschaftlichen Befindlichkeiten hat jede Begründung ihren Endpunkt.
Die dritte Kategorie für Frauenforschung ist die Rückvermittlung in den sozialen Zusammenhang. Hier werden von
vornherein verschiedene Umsetzungsformen von Theorie
in Praxis mitgedacht, weil es nicht nur **eine** Praxis der
Befreiung von Frauen gibt. Es geht hier um die Entwicklung von Strategien zur politischen Durchsetzung der
intuitiv und wissenschaftlich reflektierten Erkenntnis,
daß Frauenunterdrückung existiert und abgeschafft werden
muß. Dies leisten Praxistheorien, die nun in der Tat
nicht in Forschungsinstituten entstehen können, sondern
in der handelnden Auseinandersetzung mit den unter-
drückenden Mechanismen selbst. (Maria Mies wissenschaftstheoretische Verkürzungen gehen größtenteils darauf zurück, daß sie solche Praxistheorien vor Augen hatte.)
Damit endet mein Vorschlag zu einem Konzept von Frauenforschung.

Ich will die in diesem Konzept offengebliebenen Probleme
nicht verschweigen, um nicht meinerseits zur Verfesti-
gung irgendeinen Begriffs beizutragen:
Erstens sind bei der analytischen Auseinanderlegung der
Ebenen des Forschungsprozesses und ihren strikten Ab-
grenzungen ihre wechselweisen Vermittlungen vernachlässigt worden. Sie gehören allerdings nicht zur Forschungslogik, sondern zur Forschungspsychologie. Dies
hat für die Erstellung des Konzeptes keine Bedeutung,
(denn hier brauche ich nur der Forschungslogik zu folgen), wohl hat es aber Bedeutung bei der Anwendung dieses
Konzeptes auf den konkreten Fall einer Forschungs-Arbeit.
Denn bei einer konkreten Untersuchung lassen sich die
verschiedenen Ebenen des Forschungsprozesses kaum trennen, sie sind ständig untereinander vermittelt, was aber
nicht heißen darf, nun unreflektiert vorzugehen und alles
in Verschwommenheit zu belassen.

In meinem Konzept ist die Methodologie im engeren Sinne so differenziert wie möglich ausformuliert (2. Kategorie), die anderen Kategorien jedoch nur angedeutet. Die 1. Kategorie ist dabei die epistemologische, die 3. Kategorie die der Praxistheorie. Christine Delphy auf der einen Seite zeigt, welche Überlegungen nötig sind, um die epistemologische Kategorie auszuformulieren, und Maria Mies auf der anderen Seite gibt einen Eindruck, was erforderlich ist, um zu einer zureichenden Praxistheorie zu kommen. Zur Ausarbeitung dieser Kategorie werden wir in Richtung dieser Theoretikerinnen fortschreiten müssen. Dabei ist es allerdings wünschenswert, die epistemologische Programmatik zugleich methodologisch realistisch zu gestalten und die Praxistheorie von dogmatisierenden Verfestigungen freizuhalten. In diesem Sinne denke ich, lassen sich diese drei wissenschaftstheoretischen Ansätze als Epistemologie-Methodologie-Praxistheorie ineinanderschieben, womit sie ein starkes Instrument zur Bewältigung unserer Probleme ergeben. Dieses "Ineinanderschieben" ist natürlich ein weiteres Problem, denn wie diese drei kategorialen Teile untereinander zu vermitteln sind, ist noch nicht erprobt, bestenfalls angedeutet.
Die Lösung dieser Aufgaben ist meinen Kritikerinnen und anderen Theoretikerinnen überlassen. Sie führt, so hoffe ich, dann tatsächlich zur Kritik und Neukonstruktion von Wissenschaft und Feminismus und zur politischen Durchsetzungskraft unserer sozialen Bewegungen.

Anmerkungen

(1) LOWE, Marian: Sociobiology and Sex Differences, in: "Signs. Journal of Women in Culture and Society", University of Chicago Press, 1978, Bd. 4 Nr.1, S. 118-125.

(2) LAMBERT, Helen H.: Biology and Equality: A Perspective on Sex Differences, in "Signs", University of Chicago Press, 1978, Bd. 4 Nr. 1, S. 97-117.

(3) STARRETT, Barbara: Ich träume weiblich, Verlag Frauenoffensive, München 1978.

(4) DALY, Mary: Jenseits von Gottvater, Sohn & Co., Verlag Frauenoffensive, München 1980.

(5) DELPHY, Christine: For a Materialist Feminism, Vortrag auf dem Kongreß "The Second Sex - Thirty Years Later" New York University-Loeb Student Center, September 1979, (Kongreßpapiere), S. 50. Christine Delphy ist Französin.

(6) IRIGARAY, Luce: Unbewußtes, Frauen, Psychoanalyse und Waren, Körper, Sprache. Der verrückte Diskurs der Frauen, in: "Internationale Marxistische Diskussion 62/66" Merve Verlag, Berlin 1976/77.

(7) Vgl. die knappe Darstellung bei MEES, Margret, WIESNER, Doris: Zum Stellenwert von Psychoanalyse und Kritik der politischen Ökonomie für eine feministische Kritik/Theorie der Weiblichkeit, in "Dokumentation der Tagung: Frauenforschung in den Sozialwissenschaften", München, Oktober 1978, Hrsg. Deutsches Jugendinstitut, München (Leider zu unkritisch)

(8) Vgl. meine Darstellung und Kritik der Ästhetik Irigarays in: Göttner-Abendroth, Heide: Die tanzende Göttin, Prinzipien einer matriarchalen Ästhetik, Verlag Frauenoffensive, München 1982.

(9) RUNTE, Annette: Lippenblütlerinnen unter dem Gesetz, in: "Die schwarze Botin".

(10) MIES, Maria: Methodische Postulate zur Frauenforschung - dargestellt am Beispiel der Gewalt gegen Frauen, in: "Beiträge zur feministischen Theorie und Praxis", Verlag Frauenoffensive, München 1978, S. 41-63.

(11) GÖTTNER-ABENDROTH, Heide: Zur Methodologie der Frauenforschung am Beispiel einer Theorie des Matriarchats, in "Dokumentation der Tagung: Frauenforschung in den Sozialwissenschaften", a.a.O.

Zahlreiche Anregungen verdanke ich den Frauen des Arbeitskreises München, Sektion Frauenforschung in der Deutschen Gesellschaft für Soziologie.

Zu den Autoren/innen

BECKER-SCHMIDT, Regine, Prof. Dr.
Psychologisches Institut
Universität Hannover
Welfengarten 1
3000 Hannover
Arbeitsschwerpunkte: Sozialisationstheorie und -forschung,
psychoanalytisch orientierte Sozialpsychologie, Frauen-
forschung, Politische Psychologie der Arbeit und der
Arbeitenden.

BOCK, Gisela, Dr. (habil.)
Institut für Geschichtswissenschaften
der Technischen Universität Berlin
Ernst-Reuter-Platz 7
1000 Berlin 10
Arbeitsschwerpunkte: Frauen- und Sozialgeschichte des
19. und 20. Jahrhunderts in den Vereinigten Staaten und
Deutschland, Geschichte von Rassismus, Nationalsozialismus und Zwangssterilisation.

BOCK, Ulla, Dipl. Soziologin
Wiss. Mitarbeiterin der
Zentraleinrichtung zur Förderung von
Frauenstudien und Frauenforschung
an der Freien Universität Berlin
Königin-Luise-Str. 34
1000 Berlin 33
Arbeitsschwerpunkte: Frauen im Wissenschaftsbetrieb,
wissenschaftstheoretische Konzeptionen in der Frauen-
forschung, psychologische und soziologische Aspekte der
Androgynität.

BÖHMER, Elisabeth, Dipl. Soziologien
Wiss. Mitarbeiterin der
Zentraleinrichtung zur Förderung von
Frauenstudien und Frauenforschung
an der Freien Universität Berlin
Königin-Luise-Str. 34
1000 Berlin 33

BOLBRÜGGE, Monika, Dipl. Psychologin
Karpfangerstr. 17
2000 Hamburg 11

BÜTOW, Hellmuth, Prof. Dr.
Vizepräsident der
Freien Universität Berlin
Altensteinstr. 40
1000 Berlin 33

BURGSMÜLLER, Claudia, Rechtsanwältin
gemeinsames Rechtsanwältinnenbüro
mit Doris Hübner
Weimarische Str. 3
1000 Berlin 31

PUSCH, Luise F., Dr.
Universität Konstanz
Fachbereich Sprachwissenschaften
Postfach 5560
7750 Konstanz 1
Arbeitsschwerpunkte: Übersetzungstheorie, Kontrastive
Linguistik, Feministische Linguistik

SCHIEK, Gudrun, Prof., Dr.
Universität Berlin
Fachbereich Erziehungs- und
Unterrichtswissenschaften (WE 3)
Kiebitzweg 19
1000 Berlin 33
Arbeitsschwerpunkte: Wissenschaftstheorie, Innovative
Forschungsansätze, Feminismus, Kommunikationstheorien.

SALZMANN, Brigitte, Dipl. Psychologin
Kontaktadresse siehe BOLBRÜGGE

SLUPIK, Vera, Juristin und Dipl. Soziologin
Wiss. Mitarbeiterin im
Institut für Innenpolitik und Komparatistik
an der Freien Universität Berlin
Ihnestr. 22
1000 Berlin 33
Arbeitsschwerpunkte: Rechtsanwältin, freie Mitarbeiterin
der Zeitschrift EMMA, Publikationen und Forschungsinteressen im Bereich Antidiskriminierungsgesetz, Gleich-
berechtigungsfragen und rechtssoziologische Frauenforschung.

TRÖMEL-PLÖTZ, Senta, Prof., Dr.
Universität Konstanz
Fachbereich Sprachwissenschaften
Postfach 5560
7750 Konstanz 1
Arbeitsschwerpunkte: das psychotherapeutische Gespräch,
feministische Linguistik, z.Z. geplante Veröffentlichung:
Zum Ausschluß der Frauen aus der deutschen Universität.

WERNER, Fritjof, Dr.
ehem. wiss. Ass. der Freien Universität Berlin
Hohenfriedbergstr. 11
1000 Berlin 62
Arbeitsschwerpunkte: Konversationsanalyse kritischer
Ausschnitte von Gruppengesprächen (insbesondere von
gleichgeschlechtlichen Gruppen), Untersuchungen des weiblichen und männlichen Stils im Gesprächsablauf, Selbsterfahrung von Männern.

GÖTTNER-ABENDROTH, Heide, Dr.
Institut für Wissenschaftstheorie
Universität München
Ludwigstr. 31
8000 München
Arbeitsschwerpunkte: Wissenschaftstheorie, Matriarchats-
forschung, Mythen- und Märchenanalyse, Frauenforschung.

HERMANN, Sabine, Dipl. Psychologin
Kontaktadresse siehe BOLBRÜGGE

HENCK, Sabine, Dipl. Psychologin
Kontaktadresse siehe BOLBRÜGGE

MIES, Maria, Prof. Dr.
Fachhochschule Köln
Fachbereich Sozialwesen
Postfach
5000 Köln
Arbeitsschwerpunkte: Familiensoziologie, Soziologie gesellschaftlicher Minderheiten, Geschichte der Frauenbewegung, Frauen und Dritte Welt, Feministische Theorie
und Methodologie.

MÜLLER, Ursula, Dr.
Landesinstitut Sozialforschungsstelle
Rheinlanddamm 199
4600 Dortmund 1
Arbeitsschwerpunkte: Facharbeiterausbildung, Berufsausbildung und Berufsarbeit von Frauen, geschlechtsspezifische Arbeitsteilung, Methodologie der Sozialforschung.

OPITZ, Claudia, Historikerin
Blarerstr. 52
7750 Konstanz
Arbeitsschwerpunkte: promoviert zur Zeit über "Weibliche
Biographien im 13. Jahrhundert - Norm und Abweichung",
Frauenmystik, religiöse Frauenbewegung.

OSWALD, Hans, Prof. Dr.
Vorsitzender der
Ständigen Kommission für Forschung und
wissenschaftlichen Nachwuchs (FNK)
an der Freien Universität Berlin
Altensteinstr. 40
1000 Berlin 33

PAPEN, Brigitte, Dipl. Psychologin
Kontaktadresse siehe BOLBRÜGGE

PROSS, Helge, Prof., Dr.
Gesamthochschule Siegen
Adolf-Reichwein-Str.
5900 Siegen
Arbeitsschwerpunkte: Methodologische und Methodische
Probleme der empirischen Soziologie.